人間成就の仏道

大無量寿経講義　第三巻

本多弘之

法藏館

人間成就の仏道――大無量寿経講義　第三巻＊目次

［凡例］

一、本文中の聖教の引用は、真宗大谷派（東本願寺出版部）発行の『真宗聖典』を原典とし（聖典と略記）、ページ数を記した。ただし『大無量寿経』の引用部分は、組み方と書体を変えて目立つようにした。また、読者が学習しやすいように、『真宗聖典』とともに、浄土真宗本願寺派（本願寺出版社）発行の『浄土真宗聖典（註釈版）』第二版（註釈版と略記）のページ数を記した。

二、『真宗聖典』に未所収の聖教については、『真宗聖教全書』（大八木興文堂）を原典とし（真聖全と略記）、巻数とページ数を記した。

三、清沢満之の著書からの引用は、『清沢満之全集』（岩波書店）を原典とし、巻数とページ数を記した。

人間成就の仏道

――大無量寿経講義　第三巻

装丁　井上二三夫

第1章　本願成就文

衆生往生の因

仏説無量寿経《ぶっせつむりょうじゅきょう》　巻下《かんげ》

曹魏《そうぎ》天竺三蔵康僧鎧《てんじくさんぞうこうそうがい》訳《やく》す

仏《ぶつ》、阿難《あなん》に告《つ》げたまわく、「それ衆生ありてかの国に生《しょう》ずれば、みなことごとく正定《しょうじょう》の聚《じゅ》に住す。所以《ゆえ》は何《いか》ん。かの仏国の中には、もろもろの邪聚《じゃじゅ》および不定聚《ふじょうじゅ》なければなり。十方恒沙《じっぽうごうじゃ》の諸仏如来《しょぶつにょらい》、みな共に無量寿仏《むりょうじゅぶつ》の威神功徳《いじんくどく》の不可思議なることを讃歎《さんだん》したまう。あらゆる衆生、その名号《みょうごう》を聞きて、信心歓喜《しんじんかんぎ》せんこと、乃至《ないし》一念《いちねん》せん。心《しん》を至し回向《えこう》したまえり。かの国に生まれんと願ずれば、すなわち往生《おうじょう》を得て不退転《ふたいてん》に住す。唯五逆《ただごぎゃく》と誹謗正法《ひほうしょうぼう》とを除く。」（聖典四四頁・註釈版四一頁）

正依の『無量寿経』は上下二巻から成っています。上巻と下巻の性格を端的に押さえているのは、新羅の憬興《きょうごう》の『無量寿経述文賛《じゅつもんさん》』の解釈です。それを親鸞聖人は引いていています。『述文賛』は正依の『無量寿経』について、克明に上下二巻にわたって注釈をしている大変大きな注釈書です。『無量寿経』の注釈書の中で一番大きいのではないかと思います。

「如来の広説に二あり。初めには広く如来浄土の因果、すなわち所行・所成を説きたまえるなり。後には広く衆生往生の因果、すなわち所摂《しょしょう》・所益《しょやく》を顕したまえるなり」（聖典一八二頁）と。最初の因果は「果」と書いてありました。テキストでは因果という方がよかろうということで直してありますが、大蔵経の『無量寿経述文賛』が因果になっております。「後に」というのは下巻のことです。

これは適確に上巻と下巻の性格を押さえていると思います。本願の内容も、成就文の言葉でもそうですが、古い翻訳では本願の順序が正依の『無量寿経』と違っているばかりではなく、本願の数も違っている。

魏訳以前の『無量寿経』は二十四願経ともいわれて、本願が二十四になっていて、三巻に分かれていたり四巻に分かれていたりする。それが正依の『無量寿経』では上下二巻に分かれて、四十八願になっている。のちに唐の時代に翻訳されるのですが、唐訳では三十六願になっている。ですから願がだんだん増えているというわけでもないし、どうして数が違ったり、内容が前後したり、変わるのかはよく分からない。似た本願があったり、同じような意味があったりということはあるのですが、ぴったり同じというわけにはいかない。

『無量寿経』とぴったり同じというわけではないのですが、『悲華経《ひけきょう》』の中にやはり本願がある。親鸞聖人は、『悲華経』の本願の文を「行巻」に引いている。本願として伝えられていて、如来の願がどういうことをいおうとしているのかを、異訳の経典、あるいは、系統は違うけれども本願が説かれている言葉を引いて、教えとなっている言葉が何を呼びかけようとしているかを、伝えられた経典を大事にしながら考えようとしている。

『述文賛』が「衆生往生の因果」を説くと押さえた『無量寿経』の下巻、これを親鸞聖人は非常に重要視して考えた。古来親鸞聖人がされた仕事は、成就文に立って、本願成就という立場に立って本願をもう一度考え直す、了解し直す仕事であるといわれます。本願成就文を本当に了解するのにご苦労くださった。

下巻のはじめに、いわゆる本願成就の文という言葉が並べられている。本願が成就するという意味を、衆生往生、衆生の上に往生を成り立たせる、如来の本願によって衆生の上に往生を成り立たせる、衆生往生の因果と憬興師が了解した。そのことを親鸞聖人は、三国七祖という教学の背景を通しながら考えていかれた。

まず最初に、「それ衆生ありてかの国に生ずれば、みなことごとく正定《しょうじょう》の聚《じゅ》に住す。所以《ゆえ》は何《いか》ん。かの仏国の中には、もろもろの邪聚《じゃじゅ》および不定聚《ふじょうじゅ》なければなり」（聖典四四頁）、これは明らかに第十一願を受けている。第十一願成就文といわれます。

次に、「十方恒沙の諸仏如来、みな共に無量寿仏の威神功徳の不可思議なることを讃歎したまう」（聖典四四頁）、これは文字通り第十七願を受けている。第十七願成就文といわれます。

そして、「あらゆる衆生、その名号《みょうごう》を聞きて、信心歓喜せんこと、乃至一念せん。心を至し回向《えこう》したまえり。かの国に生まれんと願ずれば、すなわち往生を得て不退転に住す。唯五逆《ただごぎゃく》と誹謗正法《ひほうしょうぼう》とを除く」（聖典四四頁）、これは第十八願と対応している。第十八願成就文といわれている。願と照らし合わせて成就があるということは、親鸞聖人以前の解釈でも指摘されている。

ところが、これによって『無量寿経』が人間に呼びかけようとしている仏道の自覚、仏道の自覚を通して人間を救済するという仕事がここに成就しているとして、人間の上に成就した宗教的救済の意味を徹底的に考え尽くした。ここに親鸞聖人の一生の思想の仕事が生まれてくる元がある。

この後に『東方偈《とうぼうげ》』という偈文が出てまいります。偈文の途中に、「若人無善本　不得聞此経」（聖典四九頁）

という言葉がありますが、そこまでの偈文の内容が第二十二願成就であるといわれております。

本願の展開を受けて成就文が展開している。四十八願の願文に対して成就文がある。衆生の上に成就するという問題で成就文が押さえられる場合に、第十一願、第十七願、第十八願と展開する。経文がそのように展開しているということに疑問を感じた人はあまり無いのではないかと思います。

何故このように展開しているのか、親鸞聖人は経典を、如来の智慧、釈迦如来の智慧から衆生に説きかけてくる言葉と聞いておりますから、衆生の上に第十一願成就ということがまず教えられる。そして第十七願、第十八願ということがいわれる。

曇鸞大師が『論註《ろんちゅう》』の結びに近いところに、「覈求《かくぐ》其《ご》本《ほん》釈」といわれる解釈を置かれています。「覈《まこと》にその本を求むれば、阿弥陀如来を増上縁とするなり」(聖典一九四頁)という言葉が出ております。それは何を問題にするかというと、天親菩薩の『浄土論』が、その結びのところに、「速得成就阿耨多羅三藐三菩提故」「速やかに阿耨《あのく》多羅《たら》三藐三菩《さんみゃくさんぼ》提《だい》を成就したまえることをえたまえるがゆえに」(聖典一四五頁)、阿耨多羅三藐三菩提とは、翻訳しますと、大乗の菩提、無上菩提とか、無上正遍道といわれます。その無上菩提を成就する。速やかに無上菩提を成就することを天親菩薩が最後に置いて『浄土論』を結んでいる。

それに対して、曇鸞大師が、菩薩が五念門の行を行じて自利利他成就して、無上菩提を成就するというけれども、覈にその本を求めれば、無上菩提が成就することができるその根本を探ってみれば、阿弥陀如来を増上縁とすると。こう曇鸞大師が押さえるのは、もともと天親菩薩が、『無量寿経』によって『無量寿経優婆提舎願生偈』を作る。『無量寿経』によっていま、偈文を作って、論を作っている。その目的が一切の菩薩の上に阿耨多羅三藐三菩提を成就するという課題だ。それができる根源は『無量寿経』を成り立たせている阿弥陀如来、阿弥陀如来の上に『浄土論』の言葉が出てくるというのが『論註』の押さえです。だから、この「覈求其本釈」が大変大事な押さえとされている。

それを受けて、親鸞聖人が「行巻」に引用している問題は、「阿弥陀如来の本願力に縁《よ》るがゆえに」(聖典一九五頁)、阿耨多羅三藐三菩提が成就する。もしそうでないなら四十八願というものは、意味がない、いたずらに設けることになる。その阿弥陀如来の四十八願が何を衆生に誓うかといえば、一切衆生の上に無上菩提を成就する。こういう課題だと曇鸞大師が押さえて、「いま的《ひと》しく三願を取りて、もって義の意を証せん」(聖典一九五頁)、これは三願的証《てきしょう》といわれる。こういって三つの願を選び出している。三つの願をもって、的というのは標的の的で、三願をもって射当てる、三願を通して一つの的を射当てるという意味を持った言葉です。

一番はじめは第十八願、『無量寿経』の根本が第十八願にあるということを曇鸞大師は見抜かれた。この第十八願を選び出されて、「仏願力に縁るがゆえに、十念念仏してすなわち往生を得。往生を得るがゆえに、すなわち三界輪転の事を勉《まぬか》る。輪転なきがゆえに、このゆえに速やかなることを得る、一つの証なり」(聖典一九五頁)、まず一番根本に念仏往生、念仏往生の願といわれる元はここにあります。念仏往生の願ということを法然上人がいわれるのは、曇鸞大師に元がある。『無量寿経』の一番の中心が念仏往生にあると見ている。

続いてこの第十八願の次に第十一願を引いている。「仏願力に縁るがゆえに、正定聚に住せん。正定聚に住せるがゆえに、必ず滅度《めつど》に至らん。もろもろの回伏《えぶく》の難なし、このゆえに速やかなることを得る、二つの証なり」(聖典一九五頁)、第十八願を受けて第十一願を引き、次には第二十二願を引いている。

この曇鸞大師の四十八願の中から選び取られた三願に親鸞聖人は大変注意された。何故、こういう次第で引用するのか、第十一願、第十八願、第二十二願の順序で引くのならともかく、まず第十八願を引いて、第十一願、第二十二願と引いた。親鸞聖人はここに注意された。

本願文としては、一番最初に第十一願がある。それから、第十七願、第十八願、第二十二願と展開している。なんでもないところですが、こういう次第で引用するところに、親鸞聖人は曇鸞大師のご苦労、曇鸞大師がどう経典を読まれたかを深く深くお考えになった。

法然上人は、一願建立、つまり選択本願、選択本願念仏、専修念仏、もっぱら念仏して往生する。もっぱら念仏の身で救かるということを中心にして、第十八願が王本願である、第十八願で良い、他の四十七願は、第十八願を勧めるための助縁《じょえん》であって、『無量寿経』の中心は第十八願一つだということを押さえられた。もちろん、これも曇鸞大師から始まる第十八願中心の『無量寿経』の読み方を受けている。

けれども、第十八願を受けて第十一願、第二十二願を曇鸞大師が引かれる意味についてはあまり触れることはなかった。親鸞聖人は、いったいこれはどういう意味かという疑問を持ち続けられた。そういうことが背景にあって、成就文の次第を見直す。

成就文は一番はじめに第十一願成就文がある。続いて第十八願ではなく、第十七願成就の文がある。この第十七願成就という問題については、法然上人はあまり触れられない。浄土教の伝統もあまりこのことに注意をしない。ただ天親菩薩の『浄土論』に「五念門」が出されるのですが、そこの、礼拝・讃嘆・作願の讃嘆門のところに、無量寿仏の名を称するということが出てくる。だから、名を称することが讃嘆門だということを天親菩薩が取り上げています。そういうことと、第十七願成就文がここに置かれていることを、親鸞聖人は考えられた。

『無量寿経』の本願の中心は第十八願にある。第十八願にあることを何処で押さえるかといえば、本願成就の文に、「願生彼国　即得往生　住不退転」（聖典四四頁）とある。願生の教えは何を人間に与えるかといえば、「即

得往生　住不退転」を与える。曇鸞大師が念仏往生といった意味は、「聞其名号」から始まる。つまり、名号を聞いて「信心歓喜」する。そこに「願生彼国　即得往生」がいわれている。ここに第十八願の中心がある。
ところが、その前に第十一願、第十七願が置かれているのはいったい何の意味があるか。法然上人からすれば「忻慕の願」の成就だから、第十八願成就の飾りのようなものだという読み方になるが、親鸞聖人はそれでは納得がいかなかった。

浄土教の伝統

どうしてそのように考えていかざるを得なかったのか。天親菩薩が阿耨多羅三藐三菩提、無上菩提、仏教の目的は無上菩提の成就にある、自利利他して、速やかに阿耨多羅三藐三菩提を成就するという。つまり、自らが本当に利を得る、本当に自利を成就するということは利他を成就するということと一つである。自分が本当に救かるということは、一切衆生が救かるということと一つである。これを切り離して自分が救かってもうそれでいい、または人を救ければそれでいいという考え方では、本当の人間問題は解決しないというのが大乗仏教の根本課題です。

大乗の仏道は、大変難しい課題、問題としてはほとんど永久に解決しないような問題を、あえてそれをいかに解決するかを明らかにしようとした、それが大乗仏教の出発点です。それまでの部派仏教といわれる小乗の仏教はいかにして人間が解決するかを、個人的関心、主体的関心のみで解決しようとしてきた。しかし、それはやればやるほど本当の人間の問題から離れていってしまう。本当の人間の問題は根本的に解決せずに、議論に議論を重ねていく。

そこに大乗仏教が興ってきた。龍樹菩薩によって、大乗仏教がいままでの戯論を寂滅して、一切皆空、一切の執《と》われを離れて本当に存在の本来性に帰る。空《くう》に帰ることによって、仏陀の本当の願いを一切衆生のものとして明らかにする。

こういう課題を表に立てて、大乗、大いなる乗り物、mahayana（マハーヤーナ）というものを打ち出してきた。大乗仏教は解決することのできない問題を抱えて歩むという人間像を生み出してきた。菩薩（bodhisattva）という概念は努力すればできるというのではない。

大乗仏教の語る経典の課題は、もしこの世間的時間でいえば、三大阿僧祇劫、無限の時間をかけてでもこの課題を成就する。何年か修行したら終わりというような課題ではない。本当に如来になるという課題は何回生まれ変わってでも、何回この人間の身を受けてでも、どれだけ苦悩の身をくぐってでも、成就したいという願いに立って大乗仏教を明らかにしようというところに悲願を生み出してくる元がある。どうしても成就しなければ止まない、個人の問題ではなく、人類の問題を本当に解決したいという如来の願いです。

その如来の願いを引き受けて明らかにしたいというところに菩薩というものがある。『華厳経』では五十三位ということがいわれますし、大乗経典は皆、大乗の願心を願って歩み続ける菩薩的人間像を明らかにする。願は広大で、そういう菩提心を持ったならば、「もしよく一たび発心《ほっしん》すれば、無始生死の有輪《うりん》を傾く」（聖典二四七頁）と『安楽集』を書いた道綽禅師はいっている。無始の生死、つまり始まり無き流転輪廻の迷いのいのちをひっくり返すようなものが菩提心にある。

一度菩提心を発《おこ》せば、永遠に迷って沈没していくしかないいのちをひっくり返す意味があるということを『安楽集』は押さえている。けれども、本当にそれに立てるかという問題、本当にそういう志願を担って歩み続けられるか。ここに具体的人間としての求道者の問題が出る。

龍樹菩薩が、『華厳経』を解釈して、初地の菩薩、無限に歩み続けようという願心に立った『華厳経』の菩薩が、十地の段階を明らかにする。その初地、初歓喜地を、『易行品《いぎょうぼん》』で説いている。何故それを説くのか。龍樹は本当ならそんなものは説くべきではない。ところが、阿惟越致という課題、阿惟越致は不退転と翻訳される。願心を担って歩むならば、阿耨多羅三藐三菩提、無上菩提を担うという菩提心に立ったならば、この菩提心を担うことの重さは、三千大千世界よりも重い。全世界を担う以上の重さなのだ。それを担ったからには、くたびれるとか、重たいとかはいうべきではない。

丈夫志幹、これはいまの時代だったら女性から叱られるかもしれませんが、本当に課題を担おうとする勇者です。勇者を男性に喩える。本当に菩提心に立つということは、戦いに立つ武者のように、退くことのない武者のような願心を持って菩提心を担う。ところがそれに対して、くたびれる、自分はダメだ。怯弱下劣《こにゃくげれつ》だと。菩薩たるものがくたびれるとか、嫌になったというのは怯弱下劣だ。菩薩たる資格がない。そんな心を持つということは菩薩の死だ。菩薩にとって死ぬも一緒だと。

『華厳経』を解釈する立場からすれば、『華厳経』を受けて歩み抜き、初地に立ったなら願心を持って歩み抜けという立場で龍樹は一応解釈しているが、発願の因縁、本当に菩提心を発して菩薩に成ろうとするときに、因縁がいろいろある。如来に出遇って発願した場合は退転することがない。ところが、菩薩を見て発願するとか、生死の無常を聞いて発願するとか、いろいろな例を出して、そういう場合には退転する。状況が変わってくる。そういう退転するいのちを生きることのつらさから易行を知りたいというならば、といって『易行品』を説き出している。

その『易行品』の内容は、阿弥陀如来の本願を聞きなさい、名を聞きなさいという聞名不退です。龍樹は『華厳経』の解釈の中で、聞名不退といわれる。仏の名を聞いて退転しない。この身において不退転を得る。この身において必定の聚となると書いていています。

曇鸞大師が『浄土論』を解釈する一番はじめにこの問題に触れて、何故、天親菩薩が『無量寿経』を取り上げるのか。何故、天親菩薩のような菩薩と名づけられる方が『無量寿経優婆提舎願生偈』を書かれるのか、『無量寿経』によって『論』を作られるのかというと、龍樹菩薩による。

龍樹菩薩の教えによって、五濁の世、無仏の時代にあって仏道を求めようとすれば、この教えに拠るしかないということを、まず明らかにする。龍樹の一番中心の言葉は名を聞いて不退転を獲《え》る、あるいは正定聚を獲る。ここにあると曇鸞大師は押さえている。

こういうことは親鸞聖人以前にも気がついている方がいる。道綽の『安楽集』にも指摘されているし、源信僧都も指摘しております。何故、『無量寿経』が取り上げられるかといえば、菩薩にとってどうしても退転の危機を免れない。課題が三大阿僧祇劫ですから、三年とか五年なら、丈夫な人はいくかもしれない。千日回峰行くらいなら丈夫で息が続けばできるかもしれない。

しかし、一切衆生の課題を本当に担って歩み続けよう、自分も本当に成就して衆生も成就するというのは、いうは易しいけれども具体的にはいくら頑張ってもできない。現に事実としてあるものは一歩も進んでいない。一歩も解決していない。いつもぐるぐる回って退転していく。そういう事実にもかかわらず退転しないで歩みを続けられるか。人間関係の中に本当に菩提を成就し得るか。こういう問題を真剣に担ってみれば、やれないとしかいえない。怯弱下劣といわれようと、具体的人間としては怯弱下劣の立場でしか仏法は聞けないではないか。こういうことに気がついている伝統があるわけです。

法然上人は、自分のような愚かな、心の罪の深い者は専修念仏でしか救からないと。本当に専修念仏一つで如来の本願に目覚めていくしかないということを明らかにした伝統に触れたわけです。それに親鸞聖人も触れた。触れてみてもう一回この成就文を見直そうとするときに、そこに親鸞という人が、法然上人を本当に勢至菩薩の化現と仰ぎ、「阿弥陀如来化してこそ　本師源空としめしけれ」（聖典四九九頁）と。源空は単なる源空ではない。私の前に法然上人として現れてくださった方は、阿弥陀如来の応化であると仰いでおられます。

単なる人間ではない。私にとっては阿弥陀如来だ。こう仰いでおられる法然上人のお仕事をいただいて、本当に念仏一つで救かるという意味はどういうことかというときに、この成就の文の本当の意味を自分で了解せずにはいられなかった。

第十一願成就文

どれだけ能力のある人であろうと、仏教学者であろうと、こんな短い言葉をじっと睨み続けて、この『教行《きょうぎょう》信証《しんしょう》』が生まれてくるということは想像もできません。どうして『教行信証』というような発想が出てきたのか分かりません。

次第からいうと、一番最初にあるのが第十一願です。この第十一願を受けて第十七願、第十八願と展開する。これが本願の次第であり、如来の眼から見た展開です。成就の文は、「仏、阿難に告げたまわく」と釈迦如来が阿難にいわれた。「それ衆生ありてかの国に生ずれば」、本願文は、もちろん釈迦如来の説法の内容であるけれども、本願を語るのは法蔵菩薩です。あるいは、阿弥陀如来自身が自分の因位の本願として表す。成就の文は、釈迦如来が、「衆生ありて」という言葉で語る。お釈迦さまが人間の上に成就している本願に、その意味を語っている。

本願それ自身は法蔵願心として、法蔵菩薩自身が自分の願心を語っている。それが人間の上に成就した場合にはどういうことかを釈迦如来が語っている。本願文と成就文とはそういう意味で、もちろん、本願が成就したのですから法蔵菩薩の願心が衆生の上に成就したのですが、成就した場合には、それは人間の具体的事実となったということです。

「其有衆生、生彼国者、皆悉住於正定之聚。所以者何。彼仏国中、無諸邪聚、及不定聚」とある。第十一願成就の文といわれるこの言葉と、第十八願成就の文といわれる、「願生彼国、即得往生、住不退転」という言葉、そこに先ほどいった龍樹菩薩の初地不退、菩薩の初地において本当に不退転を成就する。不退転を成就するという課題が響いている。

身体の問題（虚無《こむ》の身、無極《むごく》の体）のところで少し触れたのですが、浄土という一つの世界、安楽国という国、国を建てて一つの世界を語って、衆生に呼びかける。国は環境ですから、いのちがそこで成り立っている世界です。その国において、ふつう私どもが感じている国の形は三界、無明流転の場所です。それに対して根源的に衆生の流転を突破した世界を開く。一切衆生に本当に無上菩提が成就する場所を開く。こういう願いで本願が建てられてくる。

そういう視点から本願文を見てみると、本願の一番中心は第十一願にある。曇鸞大師は本願文を読みながら、本願の中心が何処にあるかということをよく見ておられた。四十八願を読んでいても皆それぞれ魅力があるし、どれが中心かは分からない。

しかし、四十八願の中に一番大事な方向性を表すものは第十一願だ。「三悪趣の願」から始まって、六神通の願を経て、しだいに人間が人間以上になっていく。人間状況を本当に克服する課題というものを、神通力を得て、人間が超人間になっていく。人間以上の眼を得ていくような方向で願が展開してくる。

ところが第十一願に来ると、定聚という課題が出てくる。「たとい我、仏を得んに、国の中に人天、定聚に住し必ず滅度に至らずんば、正覚を取らじ」（聖典十七頁）、これが正依の、康僧鎧訳の『無量寿経』の第十一願文です。

常識的に理解すれば第十一願には、二つの内容がある。住正定聚と必至滅度と二つある。ところが、親鸞聖人は、この願を異訳の『如来会《にょらいえ》』に照らしてみると、「もし我成仏せんに、国の中《うち》の有情、もし決定して等正覚《とうしょうがく》を成り、大涅槃を証せずは、菩提を取らじ」（聖典二八一頁）、決定して等正覚を成ると翻訳している。如来が果としているものをどうして因としていただけるのか。

親鸞聖人は、『正像末和讃』で、等正覚という言葉をくり返して使われます。正覚に等しいと。この等正覚と正定聚とは同じ意味だ。こういうことをいわれるのは、異訳の経典に照らして、言葉は違うが課題は同じだと親鸞聖人は押さえている。

必至滅度ということは証大涅槃と同じ意味です。滅度というとニルバーナ、翻訳して涅槃、漢訳すると滅度といわれます。煩悩を滅して彼の岸に渡るという言葉になる。ところが異訳の経典では、それを大涅槃と翻訳している。こういうことが親鸞聖人が異訳の経典に照らして押さえる大事な仕事になる。これが第十一願の意味であると。

必ずという方向性を持って本願が誓っている。浄土に生まれたならば、浄土の衆生には、あるいは、『如来会』では、国の中の有情、国の中の人天は、正定聚に住する。異訳によれば等正覚となる。そうすれば必ず滅度に至り大涅槃を証すると。ところが、親鸞聖人は願の名前について、「必至滅度の願」と名づける。どちらに重点があるかといえば必至滅度に重心がある。第十一願は必至滅度というところに中心がある。本願自身の中心は必至滅度にある。

願成就の文に来ると、「それ衆生ありてかの国に生ずれば、みなことごとく正定の聚に住す。所以は何ん。かの仏国の中には、もろもろの邪聚および不定聚なければなり」（聖典四四頁）と。浄土に生まれたならば正定聚に住すると誓っている。正定聚とは不退転という意味です。

こういうことは龍樹菩薩や曇鸞大師の解釈を通して分かるのですが、浄土に生まれたならばこういう功徳を与えようと。だから、浄土に生まれたいと願う。ところが、本願成就の文として、「それ衆生ありてかの国に生ずれば、みなことごとく正定の聚に住す」とあるのはどういただくべきか。

こういうところを、親鸞聖人はどうでもいいと済まさない。そこで、『如来会』の成就の文を見てみますと、「かの国の衆生、もしは当に生まれん者」（聖典二八一頁）と書いてある。正依の『無量寿経』の成就の文では、「それ衆生ありてかの国に生ずれば」という言葉がある。「みなことごとく無上菩提を究竟」（聖典二八一頁）する。阿耨多羅三藐三菩提の翻訳語が無上菩提です。「涅槃の処に到らしめん。何をもってのゆえに」（聖典二八一頁）、この国にはもろもろの邪定聚・不定聚が無いというのを、『如来会』で、「何をもってのゆえに」と理由句として押さえてくる。

「もし邪定聚および不定聚は、かの因を建立せることを了知することあたわざるがゆえなり、と」（聖典二八一頁）、邪定聚および不定聚という聚に対して正定聚という。正依の『無量寿経』ならば、「かの国に生ずれば、みなことごとく正定の聚に住す」と書いてあるわけですが、『如来会』では、「みなことごとく無上菩提を究竟し、涅槃の処に到らしめん」（聖典二八一頁）と書いてあって正定聚という言葉は落ちています。けれども、「何をもってのゆえに。もし邪定聚および不定聚は、かの因を建立せることを了知することあたわざるがゆえなり」（聖典二八一頁）と。

邪定聚・不定聚は、無上菩提の因を建立することができない。明らかに知ることができない。だから、彼の国の衆生は、もしは当に生まれん者は正定聚である。無上菩提の因を建立することができる。それに対して、邪定聚・不定聚は、無上菩提の因を建立することができない。

親鸞聖人は、天親菩薩の『浄土論』と、それを解釈された曇鸞大師の『浄土論註』の言葉とを扱うときに、『論註』の言葉を『浄土論』として引く。親鸞聖人にとっては、『論註』の言葉は『浄土論』を受けて、『浄土論』の仕事を成就している。だから、『浄土論』として引きます。

「もし人ただかの国土の清浄安楽なるを聞きて、剋念して生まれんと願ぜんものと」（聖典二八一頁）、剋念して願生する者、剋念という意味は時刻と同じ意味でtimeです。刻々と念を切る。本当にこの時を切って願生する。そして、「また往生を得るものとは」、得生したものとは、「すなわち正定聚に入る」と。『論註』では明らかに曇鸞大師が、願生《がんしょう》するということと得生《とくしょう》するということとは一念同時の意で、いずれもすなわち正定聚に入ると解釈している。

親鸞聖人はこういう言葉を見逃さなかった。少し読めば本願文といい、成就文といい、浄土に生まれたら正定聚をあげます、だから、浄土を願いなさいという勧めの言葉に終わっていて、伝統教学からいうと、成就の利益は彼土の利益とすべきなのでしょう。ところが、親鸞聖人は単に彼土の利益のみではない。本願の意図は浄土を建立して、浄土の国・如来の国を開いて、本当に衆生がこの国に生まれたならば正定聚不退転、無上菩提を成就するという永遠の課題を本当に成就し得る存在になる。

そういう世界を与えよう。これは人間の悲願であると同時に人間として成就できない悲願である。個人ではとてもそれだけの願に耐え得ない。妥協するか逃げるか諦めるか、いずれにしても自分も救からないし人も救けられない。無上菩提の課題というのは大法螺を吹いているのではなく、本当に人間として成就しなければならない課題なのです。けれども、この世で本当にそれを担おうとしたら担えない。そこに浄土は建立され、浄土において正定聚を与えようという言葉が、願生せずにはおれないという要求を呼び起こす。

ところが、願生していつ向こうに行けるのか、亡くなったら行けるのか、これまた問題である。龍樹菩薩は、聞名不退、本願自身の中に名を聞けという本願がある、名において正定聚を与えようという願があるではないかという。課題は無上菩提にある。無上菩提を本当に成就するという課題は、第十一願にある。だから、『無量寿経』下巻はまず第十一願成就から出る。まず第十一願から出るということは仏教独自の課題が初めて第十一願で出てくるからである。

第十一願以前はいのちあるものの深い願いといってもいい。三悪趣無きところ、あるいは悉皆金色、絶対平等の世界、絶対美の世界です。

あるいは意思の疎通があり、あるいはお互いに心の底が読み取れるという他心通、何でも聞き取れる天耳通、そういう能力が無いばかりに我々は真実が読めない。本当のいのちが読めない。自分も見えないし、人も見えない。人の現在も読めないし、人の過去も見えないし、未来も見えない。現在の科学が対象的分析としていろいろやるが、生きているいのちの本当の過去、本当の現在、本当の未来を何処まで読めるかということになれば、ほとんど不可能でしょう。ある程度までは解説し解明はできる。しかし、いくらいわれても本当は分からない。六神通を成就するということは、そういう中に何処までも見えるような眼を与えよう、何処までも聞けるような耳を与えようと願が展開してきて、いかにも人間が無限の能力を得られる世界のように語ってくる。

第十一願に来ると初めて正定聚という言葉が出てくる。この正定聚の課題こそ、『無量寿経』が説こうとする仏法の課題である。その課題を本当に衆生の上に開くものが第十八願である。第十八願は何のためかといえば、第十一願のためだと曇鸞大師が教えていると気づいたのが親鸞聖人です。よく経典を読めばそうなっている。ふつうはそうは読めない。なぜここに第十一願があるのかが分からない。親鸞聖人はそこに食い付いたわけです。そして、『論註』の言葉、『如来会』の言葉、龍樹菩薩の言葉などをじっくりと考えたのです。

同じ念仏を称えて浄土宗とどこが違うかということを聞かれることがあるのですが、浄土宗ではこのことはほとんどいわない。「それ衆生ありてかの国に生ずれば、みなことごとく正定の聚に住す」（聖典四四頁）、この意味は現生《げんしょう》正定聚だ。これは親鸞聖人の非常に強い主張です。「かの国に生ずれば」といっているから、彼土の利益、念仏して早く往生する、往生すれば正定聚だと浄土宗はいうわけです。

一念義と多念義

ところが、本願に照らし、異訳の経典に照らし、さらに解釈の歴史に照らして見れば、この釈迦如来の意図は何処にあるかといえば、それは『一念多念文意』の読み方になる。『如来会』の第十一願文を出してその意味を考えている。

「かくのごとく法蔵菩薩ちかいたまえるを、釈迦如来、五濁のわれらがためにときたまえる文のこころは、「それ衆生あって、かのくににうまれんとするものは、みなことごとく正定の聚に住す。ゆえはいかんとなれば、かの仏国のうちには、もろもろの邪聚および不定聚は、なければなり」とのたまえり」（聖典五三六頁）と。浄土に生まれた人の立場として正定聚を誓っているだけではなく、正定聚になる因の立場も正定聚だと。

しかも、この身において現に正定聚を得ることができるということはどうして成り立つかといえば、これが第十七願、第十八願が、正定聚を衆生の上に開く方法である。親鸞聖人は、このようにお読みになった。『無量寿経』や『如来会』、あるいは曇鸞大師の解釈を読みながら、浄土の利益を要求するということは仏道にとってどういう意味になるのか。願生、浄土に生まれようとする意欲の意味はいったい何であるか。そしてそれを成就し浄土に生まれしめるということはいったいどういう用きなのか。こういうことを突き詰めて、人間の上に法蔵菩薩の願が成就してくるということはいったいどういう意味なのかを明らかにしていかれた。

人間に正定聚をいただくということがどういう意味であるか。浄土に生まれてから正定聚を得るというのは、浄土に生まれることによって、もう退転しないで、これからずっと仏法を聞き仏道を求めて、必ず仏道を成就する資格をいただくことができる。浄土に生まれたならそうなれる。この世にいる間はなれないから浄土に生まれるように願い続けて、その方法として念仏し続けて、せめて浄土に生まれさせてくださいということになる。浄土宗の願生はそういう考え方です。

正定聚に住するために、いま、念仏して死んだら正定聚になるということです。いま、与えられる位は凡夫であることは事実なのですが、凡夫である身がどうして信じられるかというと、如来の本願が念仏せよといっているからということになると、念仏し続けなければならないない。念仏して必ず浄土に行くことができるという約束事が来るまでは、ということになります。

親鸞聖人は法然上人の専修念仏の教えをいただきながら、念仏していてどうも一つ成就しないものがある。この問題を、一つには第十八願成就の文に照らして第十一願をもう一度読み直された。別の言い方でいえば、法然上人は行を大事にされた。けれども、行ずる行者の信心は、行者に任せたわけです。内容は分かりませんから、とにかく、表に念仏し続けておられる法然上人を真似しようということです。そうすると真面目な求道者は多念義、たくさん称える。

法然上人が念仏し続けておられる。ナンマンダブ、ナンマンダブ、ナンマンダブと朝から晩まで、寝ても覚めてもへだてなく称えておられる。あれが念仏の行者だ、ああならなければいけないと、皆真似をする。法然上人はこの念仏一つで救かるのだといわれるから信じるのだけれども、救かるという保証は死んだら往生するというのですから、浄土に生まれるとはどういうことか、生まれたときには浄土に生まれたという証明が欲しい。

そうすると、法然上人以前の平安仏教の浄土教は、山越えの阿弥陀を生むような、つまり、彼方の世界がこの世に現れて、死んだ瞬間に阿弥陀が手を差し延ばして救ってくださると。そういう神秘的な事実が起こる。奇瑞といいます。

法然上人が亡くなったときには紫雲がたなびき、すばらしい香りがして、音楽が聞こえてきた。だから確かに、法然上人は往生した。そういうことが起こったら誰でも、法然上人は往生したのだと思う。しかし、念仏していたけれども何も起こらなかったらどうなるのか。地獄に行ったのではないかと。そうすると、臨終の善し悪しが問題になる。臨終に本物かどうかが分かるのだと。生きている中で本当かどうかは臨終に勝負が決まるということになる。そうすると、それは不安でしょうがない。そういう信仰になる。

ところが、親鸞聖人は常識的というか、一般的というか、そういう信仰の在り方に対して、それでは本願の成就ということは何処にも成立していないのではないか、と。本願の成就文、「それ衆生ありてかの国に生ずれば、みなことごとく正定の聚に住す」(聖典四四頁)。これはいったいどういうことか。本当に教えを聞いて、剋念して願生する。本当に本願に乗託するところに正定聚に住する。

正定聚に住することが、我々が本願に救われることだ。必至滅度して、必ず涅槃を成就するということが本願ですから、一切衆生の上に大涅槃を成就したいという本願が、いま、私の上に、確かに、そうですかと響いた。これが正定聚だ。一念義でもないし多念義でもない。本願を聞いて念仏往生して行く、そこに安住できる。多念でなければいけないというわけでもないし、一念で終わりというわけでもない。こういう立場を親鸞聖人はお開きになった。

一般的には、仏教の教義体系の上において、教えを聞いて、それを信じて、実践して、悟る。『六要鈔』によれば、信解行証という次第です。教えの言葉が本当だと信じる。仏教徒になるということは、釈迦如来の教えが本当だと信ずる。信じたら信じた内容をよくよく理解する。それが学びである。

戒定慧の三学といわれますが、仏道を学ぶ。そして、理解したらそれでよいかというと、そういうものではない。そこから本当に、主体的に、自分自身の身の上に仏陀の教えを身につける。それが実践で、「行」という。そして悟りを開く。これがふつうの仏教の成り立ちです。広くいえば教理行果ともいう。人間が釈迦如来の教えに出遇って、自分としてできるだけ理解しようと努力する。理解したうえには身につけようと努力する。努力した上で悟ろうと努力する。こういう努力の道である。これは聖道門の教えの体系です。

浄土教の教え、本願の仏法は、どういう体系を持ち得るかという問いを持ったのが親鸞聖人です。本願に立って仏教の教理を編成し直す。構築し直す。本願力を入れるということは、人間は有限であるということを認めるということです。果に至るということは無限の課題といってもいい。阿耨多羅三藐三菩提を成就するということは、有限ではできない課題です。

阿耨多羅三藐三菩提を成就せんとすれば、三大阿僧祇劫の修行に耐えよと教えている。三大阿僧祇劫、仏法の修行の時間は、いわゆる時計の時間ではない。だから、無限大の時だけれども、成就すれば一念だ。こういう解釈もあります。一念の内容としての阿僧祇劫ともいわれるのですが、努力の立場からいえば成就しないのですから、永々と努力し続けなければばらない。このように考えているが、有限であり、罪であり、愚かな罪業の凡夫であるという自覚に立ってみれば、この課題は諦めるしかない。しかし、諦めて済むものではない。

そこに『無量寿経』という経典の意味がある。十方衆生に無上菩提を成就しなければ如来が救からない。如来が如来として自己を成就できない。これが不取正覚の意味です。だから、十方衆生と呼びかけて、この願が成就しないならば、阿弥陀如来自身が自分を成就しないと誓っているわけですから、無限なる者の願いに立って、もう一度仏法の体系を構築し直すならば、そこに、信解行証の次第とは違う次第が編み出されてくる。

「証行信」、証（涅槃）から行・信が出てくる。これが成就文の次第です。ふつうは信じてから行ずる。内容が正しいと信じないのに実践するわけにはいかない。信じてから行ずるというのが次第である。ところが、本願に立てば、本願の願心に触れれば、信じて行ずるのではない。如来の行によって信心が与えられる。これが親鸞聖人の見い出した本願の次第なのです。

成就文は明らかに、「十方恒沙の諸仏如来、みな共に無量寿仏の威神功徳の不可思議なることを讃歎したまう」（聖典四四頁）とある。これはいったい何をいっているのか、ふつうは分からない。ところが、この願は第十七願だ。第十七願の成就ということは、天親菩薩でいえば讃嘆門だ。そこで、親鸞聖人の独自の了解、非常に苦労した了解が出てくる。法蔵菩薩の本願が衆生の上に成就する。だから、この願を成就させようとする願心自身は法蔵願心である。その法蔵願心が衆生の上にこのようにして成就する。

「十方恒沙の諸仏如来、みな共に無量寿仏の威神功徳の不可思議なることを讃歎したまう」、ふつうこれを聞けば、自分とは無関係だ。十方恒沙の諸仏如来は何処かにおられるかもしれない。それが無量寿仏を讃めている。それを衆生は聞くのだと了解する。それでは、第十七願の行にはならない。どこか世界中でたくさんの仏さまがいて、皆阿弥陀如来を讃めている。そういう世界をイメージして、だから阿弥陀の声が聞こえてくる。だから信が成り立つのだと考える。

親鸞聖人ご自身はどう読んだかというと、第十七願成就だと。第十七願は何のためかといえば行の願だと。行は何のためかといえば、衆生が行ずる実践の行に対して、如来が衆生の上に用《はたら》く行、こういう概念を明らかにしてきた。第十八願成就文と絡んで、そう読まなければ本願成就の文がはっきりしない。

天親菩薩、曇鸞大師なども、第十七願に触れてはいるのですが、第十七願にそれだけ重要な意味があるということをはっきりと述べていません。法然上人ですら、第十七願はほとんど無視した。第十八願一つでいい、第十八願に念仏往生がある。乃至十念の十念は念仏だ。十念とあるけれども本願成就の文では乃至一念とある。一念でも十念でもいい。要するに念仏往生だ。数は一念でも十念でも執われるな。このように法然上人は教えてくださる。

法然上人がいくら教えてくださっても法然門下の教義問題として、一念義多念義という問題、法然上人の門下の中にそういう両方が出て、これを法然上人は裁くことはできなかった。法然上人の流れの中から一念義という系統、多念義という系統が出ています。

法然上人の教えが弾圧されたときは、一念義中心だったといわれています。一念義というのは、一ぺん称えたら、そこで阿弥陀如来の救いに預かるのだ。本願を信じて、念仏を称えなさい！　分かりましたといって南無阿弥陀仏と一声称えたら救かる。もうこれで救かった。救かったのだから、もう放っておいても必ず浄土へ行ける。こういって、後はふつうの人間が執われていることを、反逆的に、否定的に生きる、そういう元気者が出てくるのです。そういう人の発言は極端になる。

罪に苦しみ、生活の中に罪悪を犯して苦しむ人たちに、念仏して救かる、一声でもいいから称えなさい。そういう勧めが非常に効果がある。藁にもしがみつく思いで念仏する。あなた方はもう救かったのだと肯定される。そういう人たちが教えの意味を誤解して、カソリックの免罪符みたいに自分は救いをもう獲得したのだという立場でこの世で行動する。外から見ると恐れを知らない傍若無人の振る舞いをする。そういうことが一つの弾圧の口実になったのです。

三条河原で死罪になり首を斬られた法然上人の高弟たちは、だいたい一念義です。一念で救かるということを強く主張した人たちが中心に捕まって斬られた。法然上人自身も流罪にあったわけですが、親鸞聖人もどちらかというと一念義と理解された。

親鸞聖人は一念義ではなかったのですが、一念義のように理解された。それはなぜかというと、多念義は先ほど申したように、称え続けることに固執する。とにかく念仏し続ける。朝から晩まで念仏し続けようとする。こういう立場を支えるものは、人間的な誠実さです。如来が念仏せよというのだから念仏しようではないかと、続けようとする。誠実のようだが、そこに努力があります。誠実になろうとする努力は人間の努力です。親鸞聖人は、人間は誠実になどなれない。人間には誠はないということを認識した立場です。

ただ、頭を垂れて念仏せよという声を聞くしかない。それも形としては、ナンマンダブ、ナンマンダブといっているのかもしれないが、だからいけないとか、寝るときまで称えなければいけないとか、そういう固執はない。親鸞聖人からすれば、一ぺんだけ称えたら後は称えなくてもいいなどということは、さらさら思わないのでしょうが、多念義から見れば彼奴は不真面目だ。称え続けようともしないで平気で飯を食っているとか、本を読んでいるときには称えていないとか、外形から見る。

親鸞聖人からすれば何をしていようと他力に帰している。別にわざわざ発音しなければならないということはない。本願念仏によって生きるしかない。しかし、そのことを明らかにするために、思索をしたり、聞法をしたり、生活をしたりする。全体が念仏生活なのでしょうが、表から見たら、彼奴はふざけている、念仏をほとんどしていないと見えるのかもしれない。

晩年の清沢満之先生は念仏が無かったという非難があったのですが、本願念仏の信心を、「他力の救済」とか、「我が信念」と表白している。けれども信心の内容を表白しているところに念仏が無いではないか。表からだけしか見ないならそう見られるかもしれない。

清沢満之先生は、「他力の信心」「他力の救済」というのですから、他力というのは如来の本願力、それは称名せよといっていることはもう知っているわけです。充分承知の清沢先生は、一般の方に呼びかける言葉、信心を本当に確立せんとする立場を明らかにするために、いわば、「信巻」の仕事をしているわけです。それを「行」

が無いと批判する。そういう誤解があって、親鸞聖人も法然教団の代表者として連座された。特に承元の法難では、どちらかというと一念義に近い人たちが弾圧されたといわれている。おそらく法然門下にあったときから、親鸞聖人はこういう問題にぶつかっていたのではないかと推測されます。それが『歎異抄』に伝えられる、法然上人の信心と自分の信心とは違うか同じかという問答です。あの問答では、親鸞の信心も、法然上人の信心もただ一つだと主張したということは、本願成就の文という立場に立って初めて、「聞其名号　信心歓喜」だといえるわけでしょう。

回向の問題

さらにそれは、第十八願成就文を解明していくことによって出てくる問題、回向という問題です。これはおそらく法然門下にあったときにヒントはあったかもしれませんが、越後流罪の時代に本願成就の文を『浄土論』『浄土論註』と照らし合わせて読み抜いて、「教行信証」という思想体系を確立した。本願による仏道の成り立ち、教えは釈迦如来の教えが基本にあって、釈迦如来の教えの中心は『無量寿経』であり、そこに真実教がある。真実教によって本願の行が教えられる。その行が我々において成就する。

第十七願成就は、「十方恒沙の諸仏如来、みな共に無量寿仏の威神功徳の不可思議なることを讃歎したまう」という事実が起こる。そこに、「聞其名号　信心歓喜」が成り立つ。これを成り立たせる願が第十八願だ。法然上人は念仏往生というわけですが、親鸞聖人は念仏の信心だ。信心の願成就の文だという。

私どもの心といえば、煩悩の心と分別の心、感情の心情的な面と合理性を要求する理性的な面とが働いている。

そういう私どもの心の中に、単なる理性でもないし、単なる情緒でもない、もっと根源的ないのちの本来の用きが出てくる。そういう用きが一如から出てくる「行」、如来の行、如来の用き、それが念仏の信心、本願の用きです。それが私どもの上に用き出るについては、第十七願の形を取って呼びかける。これが『無量寿経』の教えです。

『無量寿経』の教えが用くところに私どもの心の中に如来の心が用く。これが信心の成就だ。この本願成就文を展開して「信巻」を明らかにされた。本願にとっては第十一願から出発するわけですが、我々に与えられるものは行信である。念仏と信心とが与えられる。その与えられた信心というものは何をいただくのかといえば、本願成就の文でいえば、「即得往生　住不退転」です。彼の国に往生することを得て不退転に住する。それは実は第十一願の成就の文にあるように、彼の国に生まれれば正定聚に住することをいっている。

このことは、願生の因からすれば得生の果です。しかし「証巻」に引いてありますように、得生の果をすでに願生の位にいただくことができる。ここに、親鸞聖人の本願を信ずる信心という問題の思索が、掘り下げられていったのだと思います。ところが、如来の果としているものを、どうして因としていただけるのか。因であるかぎりは如来の果はいただけないというのが、ふつうの感覚です。ところが因である位に果の位はすでにいただくことができると教えられている。

だから、本願成就の文をよく読めば、「願生彼国　即得往生」と、即の字が付いている。即の字が付いているところに親鸞聖人は注意された。『浄土論』では、「速やかに阿耨多羅三藐三菩提を成就したまえる」（聖典一四五頁）と、速の字がついている。即も速も時に絡みます。時間に絡むけれども、時間を延長することを拒否する概念です。

速やかにということは、いずれは、いつかは、という話ではない。時間的概念を使いながら時間を斬るような概念、それが即・速という字ではないか。大乗仏教では、「空即是色」とあるように、相対するものが即ち一つだという時に即の字を使う。一即二とか、一即多とかです。全然相容れない概念が即という字で一つになる。これを常識的に時間概念を入れたり、臨終という条件を入れたりして読むのはおかしいのではないか。おそらくそういう親鸞聖人の疑問ではないかと思います。

そういうことを疑問にしながら法然上人の念仏往生の教えを純化する。法然上人の背景は、『選択集』の教相章、教えの第一章に自分が専修念仏をここに立てようとするのは、自分の独断ではない、伝統がある。法然上人の掲げた伝統と、親鸞聖人が押さえた七祖の伝統とは違いますが、法然上人もきちんと伝統を出している。自分の師匠は善導大師だ。善導大師の背景には道綽禅師がある。その前に曇鸞大師があり……とずっと出している。伝統を受けてここに専修念仏ということを立てて浄土宗を名告るのであって、自分勝手に名告るのではないと、法然上人はいう。

親鸞聖人は法然上人の仕事を、単に個人法然の仕事としてではなく、法然となって現れた如来の教えの背景を訪ねていかれた。それによって、三国七祖の伝統が見い出されてきた。三国七祖の教えに照らし、本願成就の文を読み抜いて見れば、現生正定聚こそ浄土の教えの本意だ。親鸞聖人が現生正定聚ということをいつから主張し始めたかを証明する手立てもないし、分からないのですが、おそらく「教行信証」の体系に着眼されて、これを充実させ、これをまとめていこうという仕事を築いていかれたのは、流罪の間ではなかったかと推測します。

法然門下にあったときにも、ものすごい勉強をしておられたということは想像されます。しかし、法然門下にあったときの勉強は法然上人の教えを聞くことと、与えられる聖教を読んだり写したりすることに集約されていた五年間であったと思います。自分で体系を作るなどということは考えもしなかったと思います。法然上人に聞けば教えてくださるのですから。しかし、その後師匠から切り離されて、ひとり罪人として流された。そこで親鸞聖人が課題として睨み続けていたのが成就文とその背景です。こうして、「教行信証」という次第をほぼ築いてこられたのではないか。

「教行信証」という展開を支えるのが本願の次第、行信証、これは第十七願、第十八願、第十一願。第十一願は本願からすればテーマです。しかし、いただく我々からすれば課題ですから、本願が衆生にこれを与えたいのだという中心が第十一願です。これを与えんがために第十七願、第十八願が展開される。いただく我々からすれば、第十七願、第十八願をいただく。第十一願はそれによって果たされる課題です。それによって成就する課題です。そういう次第として読み直されたのが親鸞聖人の仕事で、行信証という展開にしてあるのです。

人間からすれば証からは出発できない。如来は証から出発する。如来は悟りから出発して教えが開かれる。そして衆生のために行信となる。本願の展開、成就の展開は如来の教える次第である。我々からすれば、証は未来である。

経典というのは、誰がどうしてこう書いたのかは分からない。仏法の方法論は聞くことから始まる。聞くことから始まりますから、「如是我聞」、教えの言葉を大切にして教えの言葉の中に意味を聞き開いていく。ここに人間が一如の前に心を開く。如来から来る言葉に心を開くということですから、徹底して教えの言葉に心を開く。こういうことが成り立つ内容となるものが、釈迦如来の教えとして伝えられている。

大乗仏教の経典は、聞き届けられたものである。聞いた側に責任がある。阿難をはじめとして釈迦如来の弟子方が聞いて伝承してきた言葉です。釈尊が書いたわけではない。釈尊のいわれた言葉の意味が人間に聞き届けられて、釈尊はこういうことが言いたかったのだと聞き届けられてきた。その聞き届けられてきた教えの言葉の中に親鸞聖人は重要な意味を徹底して読んでいかれた。同時に何処でも彼処でも全部というのではない。一番大事な柱について疑わない部分をはっきりと押さえる。

法然上人の場合は第十八願一つ。諸々の雑行を捨てて専修念仏と非常にはっきりとさせた。これも大事な視点なのでしょうが、さらにその専修念仏の意味を、大乗仏教の背景、大乗仏教の歴史を受けた浄土門の教えの背景に照らして読んできた。第十八願一つでは分からないから四十八願が展開されている。

中心願文は第十八願ですが、それを本当に頷く人間の側のいろいろな問題を解明するために他の言葉が置かれてくる。どれを取り出してどれを捨てるか、そこに親鸞聖人のご苦労があって、「教行信証」というテーマを本願に立った展開として押さえ、本願成就を人間の上に成り立つ本当に宗教的な救済、本願が人間の上に成就することの意味としていただいて明らかにした。

法然上人から聞いたテーマを、自分の問題とし、分からない問題を徹底的に解明していこうとされた。自分の中にどうしても解明できないものが後から後から残る。寝ても覚めてもそういう問題から離れずに生きておられたものと思います。浄土宗が本願文を大切にするのに対して、浄土真宗は成就文を大切にするということもいわれる。浄土宗には本願成就がないという言い方もする。本願を信ずるというけれども、本願を信ずるということは我が上に本願が成就するということだとはっきりさせることが、浄土真宗の教えの聞き方なのです。

本願を単に外に信ずるのではない。本願が成就することを信じる。私の上に本願が成就する。こういう聞き方をはっきりさせてくださった。金子大栄先生がいわれましたが、「いわゆる真宗学の確立者は親鸞聖人なのだ。親鸞聖人が書いたものを研究するのが真宗学ではない。本願成就に立って本願を聞き直して行く。それが真宗学だ」。ふつうは宗祖聖人を持ち上げておいて、我々末徒が真宗学をするというのですが、先頭に立って人間の疑問を解明すべく、孤軍奮闘とまではいわないけれども、ほとんど止むことなく如来の前に十方群生界を背景にして、徹底して解明していかれた方が親鸞聖人である。

そのためには何が起ころうとどんなことが来ようと、そういうものを乗り越えて本願の真実一つを明かにする。それで我々が読んでいて何か響いてくるのです。本願成就の文は、一番大事な部分、特に浄土真宗にとって、親鸞聖人の教えにとっては一番大事な部分である。これをどう読むかということで勝負が決まるわけです。

「信巻」標挙の文

信心を問題にする「信巻」の標挙の文は「信巻」全体のテーマを示している。そこに「至《し》心《しん》信楽《しんぎょう》の願　正定聚の機」（聖典二一〇頁）という言葉を出されています。これは第十一願成就というテーマを第十八願が持っていると、親鸞聖人は必至滅度の願を見ています。第十一願の願文をそのように読むのは親鸞聖人の独自の了解といってもいい。

曽我量深先生が表街道といわれたような意味でいえば、努力してこの世で悟りを開くという、この世で完全に煩悩を解脱して、完成された無垢なる人間になる、自利利他を成就した仏陀になる。こういう人間像に対して、浄土教が、人間存在はそんなに簡単なものではない。深い煩悩に覆われて、宿業重き存在として、この世で生きていて、完全に満足できるような存在ではないという人間像を出して、そこに浄土を建立して摂取する。そういう大悲の願心が教えられてくる。

その大悲の願心を人間が受け取ったときに、この世では成就しない、もう一つの世界ということになれば、我々が考え得るのは、死後とか、十万億の世界を超えた遥か彼方、手の届かない遠い世界として教えられる。この世では諦めて遥かな希望、切ない望みという形で救いをお願いする。そのような教え方であったものを、大悲の願心が教えられるということは、そんな人間のはかない思いを教えているのではない。もっと積極的に苦悩の衆生を本当に立ち上がらせる。苦悩のいのちを本当に積極的にいただいて生きる根拠を与える。いま生きているいのちの本当の意味を開いてくるものとして、浄土の教えの根本的な意味を獲得された。

親鸞教学は法然上人の教えを受けて開かれたには違いないが、法然教学ではまだ何処かに、彼岸の浄土を人間が仰ぐようなものが残っている。本願を人間がいただこうとすると、本願は手の届かないものとして遥かなものとなりますが、本願成就をいただくということは、ここに来ているものをいただくのです。ここに来ているものを立場にして立ち上がるということがなければ、本願成就はないのも一緒です。そこに、親鸞聖人は本願成就に立って第十一願をどう読むか、真実証ということは、いったいどういう意味かを考えていかれた。ここに一番大きな問題がある。

第十一願成就の文の内容を、親鸞聖人は、「真実証」を開いて検討されるわけですが、第十一願の課題は、「証巻」では利他の妙位であるといっています。親鸞聖人が利他という言葉を使われるのは、天親菩薩、曇鸞大師の言葉を手掛かりにされる。一般に人間が求道者となって、大乗仏道を求めるときの課題は自利利他である。自らが利益を得るということは、仏法では悟りを開くということです。自利とは、自分の個人的な、この世的利益というのではない。自利を得るということは、仏道の課題を自分が満足するということです。利他ということは、衆生を利益する。一般仏教の言葉で自利利他ということが、菩薩道の課題として教えられている。

天親菩薩が、本当に自利利他を成就するということがいかにして成り立つかという課題のもとに『浄土論』を開かれた。『浄土論』の結びは、「自利利他して速やかに阿耨多羅三藐三菩提を成就したまえることを得たまえるがゆえに」（聖典一四五頁）という言葉で結ばれていて、自利利他という課題が『浄土論』一巻を開いてくる課題でもある。

曇鸞大師は、この天親菩薩の『浄土論』の課題を読むについて、自利利他と天親菩薩がいうのはどういう意味かを検討した。天親菩薩自身は、一応、善男子、善女人が、五念門を修して自利利他するといわれているのですが、よく読んでいくと、その善男子、善女人の五念門行の中に菩薩ということが出てくる。

「善巧摂化章」というところがあります。巧みに善巧して摂化する、善巧摂化という課題は回向の課題である。この善巧摂化章に来ると主語が菩薩になる。善男子、善女人が菩薩になってくる。そしてこの菩薩行の満足として自利利他がいわれてくる。

自利は、五念門のはじめの四門、礼拝、讃嘆、作願、観察と展開されて、浄土の姿は観察門の内容として説かれている。第五の回向門は利他です。自利と利他とは、自利を満足して利他である。利他を満足して自利である。「自利にあたわずしてよく利他するにはあらざるなり」、「利他にあたわずしてよく自利するにはあらざるなり」（聖典一九三頁）。だから、しだいに自利から利他に行くように書いてはあるが、天親菩薩自身は、自利と利他とはお互いに照らし合って、自利を孕んだ利他であり、利他を孕んだ自利であるといわれます。

本当の意味の利他ができないで自利することはできない。利他ができて初めて自利である。また、自利なくして利他ということはない。自利を成就して利他である。交互的に自利と利他の課題を語っている。曇鸞大師はいったいそういう利他というものを人間ができるか、人間がなにか人を救けたいという場合に、願いとしてはそのことが自分の本当の満足であり、人も救かる。これが成り立つのが人間存在が満足するということだというのです。

人間にはお互いに我執がありますから、そう簡単に自利利他が成就するということはない。曇鸞大師は、天親菩薩が、自利利他して速やかに阿耨多羅三藐三菩提（無上菩提）を成就するといわれるが、その利他とは何かを問題にした。利他とは実は本願力を表す。他は衆生ですから、衆生が衆生を利益することはできない。利他を本当に成り立たせることができるのは仏のみである。これが、「証巻」の結びに親鸞聖人がいわれる問題です。「ねんごろに他利利他の深義を弘宣したまえり」（聖典二九八頁）と結んでいる。『論註』では「仏をして言わば、宜しく利他と言うべし」、「衆生をして言わば、宜しく他利と言うべし」（聖典一九四頁）、こういう注をつけている。利他と天親菩薩がいわれるのは如来の願いを表している。衆生からいうなら利他とはいえない。他利ということならいえる。利他というのは仏智を表す、仏の意図を表すと注を付けられた。

これを受けて、親鸞聖人が利他という言葉を使うときには、必ず如来の利他という意味です。衆生の利他ということはあり得ない。他利、衆生が利益を得るということは衆生からしてもいえる。しかし、対象化して衆生をということになると、衆生からは本当はいえない。日常的な相対的な意味では、全然いえないということはない。ある程度まではできないことはない。しかし本当にはできない。

本当に存在として成就する、満足するという課題は、如来の用きである。こういう分限をはっきりして、親鸞聖人は、人間には真実はない、人間には虚偽のみがあるということを徹底して押さえられ、利他は如来の用きであると。利他円満といってもこの利他は如来の利他です。つまり、本願が本当の意味で成就するのが、真実証である。その真実証の内容は、無上涅槃の極果である。これが第十一願の課題です。

終末論的な宗教を克服

真実証ということをはっきりしないと、仏道というものが曖昧になる。これは、『安楽集』で道綽禅師が取り上げている、弥勒《みろく》の浄土と阿弥陀の浄土という問題です。弥勒の問題が出てまいります。親鸞聖人も正定聚をいわれるについて、後に「弥勒と等し」ということを、ご消息や和讃で取り上げています。仏法は、もしこの世で完全に悟る、この世で完全円満に成り立つならば、弥勒などはある意味では問題にする必要がないのかもしれない。

いわゆる諸宗教の中で、仏教は宗教ではない。外なる神、無限者というか、そういうものに依頼する、頼りとする宗教が、一般には宗教である。人間を超えた存在を仰ぐのが宗教である。ところが、人間自身が仏陀になるのが、仏教ですから、そういう意味で仏教はいわゆる宗教ではない。

しかし、自ら悟りを開くという仏教を具体的に実践しようとし、求めてみると、そうなれない存在ということがもう一回自覚されてくる。そこに親鸞聖人がいわれる報仏、報土という教え、我らがために本願が阿弥陀如来というお姿をとられたと教えられる。

親鸞聖人の言葉に、「弥陀仏は、自然《じねん》のようをしらせんりょうなり」（聖典五一一頁）、阿弥陀如来というけれども、それは自然である、自然というのは、無為自然《むいじねん》といってもいいのでしょうが、無為自然というものを願力自然《がんりきじねん》を通して我々に教える。一如法界が願力として用いて我々を一如法界に帰す。

一如法界そのものをこの世で悟るという悟りの仏教に対して、私どもは本当に悟りそのものになることができない存在である。理論としては可能だが現実にはそうなれない。現実存在としてそうなれないという問題に立って阿弥陀如来を仰ぐ。阿弥陀如来は方便法身《ほうべんほっしん》、我らがために形を現したもうという、善巧という意味がそこに出てくる。

如来の智慧が巧みをもって我のために現れたもう。その形を通して我らに本来のいのちに帰らしめようとする用きが用く。悟りの仏教に対して信心の仏教、ご開山聖人の中心眼目は信心であると蓮如上人がいわれたように、信心の仏教です。

信心の仏教という立場は、完全円満な存在になるという立場ではない。利他円満の妙位ということを了解する場合に、自分がいま、利他円満の妙位に立つというのではない。自分は愚かな、どれだけ教えられようと、どれだけ本来はそうであろうと、それに背く存在、それからこぼれ落ちる存在、それに手が届かない存在として現にここにある。だからこそ、本願を仰ぐ。

その本願をいただいたところで、如来の円満の妙果と現在の私はどう関係するかという問題がかかわってくる。そんなものはどうでもいいのかとなると、今度は人間が完成したいという要求を求め続けるということから、迷いが生ずる。

信仰問題にかかわると、例えば、絶対者を信じるという表現の場合に、キリスト教もそうですが、必ずといっていいほど終末論が絡む。今度のオウム真理教でもそうですが、最後は皆死ぬという終末的な危機感をくぐってしか助からない。それまでは助からないがそこで必ず助かるという、予言者的な救いです。

仏教といっても信という立場で明らかにしようとする仏教になると、その問題が入ってくる。いま現に完全円満ではないなら、いつ円満するのか。そこに入ってくるのが弥勒の問題、五十六億七千万年後に、初めて衆生を成仏させましょうと、そういう弥勒の浄土。この問題がやはり、魅力を持つ。

弥勒の問題と、末法の問題。しだいにこの世が悪くなっていく。五濁悪世、本当に自分の内にも外にも、解決し難い問題が山積してくる。私どもの上に一つの問題が危機として見えてくると、一ついじるともう一つが壊れてくる。そこに世は末だとか、本当に解決のしようがないという絶望感が絡んで、危機意識と同時に、人間を超えた運命的な力とか、絶対的な力によって救って欲しいという危機意識が出てくる。

そういう信仰と、いま本願によって本当に我らの煩悩のいのちに立ち上がるということとの違いをはっきりさせるためには、真実証ということをはっきりさせておかなければならない。親鸞聖人は「信巻」（聖典二四五頁）で、本当の仏陀の弟子、真の仏弟子といわれるについて、そこに大涅槃を必定する。涅槃ということがはっきりしていないなら、仏法ではなくなるといわれる。

善導大師が、三心釈を展開される中で、深心の釈の中に出てくる言葉が、真仏弟子です。その言葉を親鸞聖人は、信心の問題としてここに明らかにされて、真仏弟子というのは、釈迦、諸仏の弟子である。釈迦、諸仏の弟子ということは、「この信・行に由《よ》って、必ず大涅槃を超証すべきがゆえに」（聖典二四五頁）、この大涅槃は、「証巻」の問題です。大涅槃を超証するという内容がはっきりすることが信行である。信行に由《よ》って大涅槃を超証する。第十一願の問題を第十七願、第十八願によって成就するということです。それによって、私どもは真仏弟子とされる。

『無量寿経』の終わりの方に流通分があり、「止住百歳」ということがいわれる（聖典八七頁）。末法から法滅に至っても、百年はこの経が止まるという。法滅に至っても残るものとして、法然上人はその言葉を大事に取り上げられて、『選択集』では、『無量寿経』が本当に残る経典だという。人間存在が最後に滅んでその中で残るものが欲しいということと、信仰問題とが絡んでいると思います。

最後の審判で地獄に行くか天国に救われるかということが、信仰自身をはっきりさせるための内面的なエネルギーとして非常に大事な問題です。つまり、終末論を内面契機として信仰を本当にはっきりさせることが大事な問題なのです。そういうことが危機感になって、今度のオウム真理教のように狂信的になっていく。そういう悪い面にも使われるのですが、人間のいのちの不安感がそういう終末論的なものに対して弱い。逆に、そういうものを通して本当に、後生の一大事、この世だけで問題を糊塗していっただけでは済まない問題を自覚させるための大きな力を持つ。

いわゆる諸々の神々が訴えかける恐ろしさ、最終的にお前だけ救ってやる、後は全部地獄行きだといわんばかりの恐ろしさを諸々の神々が持っている。そのためには神様の前には奴隷となってでもいいから、私だけを助けて欲しいとなっていく。

それに対して仏陀は、そういう恐ろしさ、誘惑からは完全に超越した。魔を退散させる、諸々の神々の恐怖心を克服した。恐れるものは何もない、この世で完全に円満した。そういう存在になったということは、諸宗教に対して、仏教はもう宗教ではなくなったといってもいいような人間の自立が成り立った。

ところがそういう存在になるということは課題だけれども、いくらそれを追いかけてみても、それはまったく驚異的なあり方で、諸宗教という発想で人間は完全に流転させられる。その流転から独立する、これが仏教の宣言ですが、そういう仏陀に成れるかというと、私どもには成れないという問題が残る。

この世で本当に成就しない、未来永劫に助からないという恐ろしさ、これが、仏教に対して外道といわれる、人間を虐げてくるような思想をはびこらせる。九十五種の外道から本当に独立して、人間が人間として自立するのが、仏教の願いでありますが、本当にそうなれない。大涅槃という問題を本当にはっきりしないならば解決しない。

それに対して親鸞聖人は大涅槃を必定する、超証するといわれる。願力によって人間がそういう問題を本当に克服できる。それが正定聚という意味なのです。正定聚に住するということは、大涅槃の課題、完全円満した位に立つという課題を追い求めるのではなく、私どもがいま、ここに本当に立つ。その課題の完全円満をいま、ここに、願力を通して確保する。これによってもう終末論的な囁きに恐れない。必ず大涅槃を成就するという願力の用きの中にいま、ここに、住するということが、第十一願が我々に誓っている内容です。

「証巻」の内容は、利他円満の妙位と同時に、その中に第二十二願の還相回向の問題を包んできて、利他円満ということは、如来が私どもに与えてくださる円満の位で、その内容は、今度は如来自身がそこから用き出る。一如から来たって私どもの上に、浄土から来たるが如くして用く力を与えてくる。そういう還相回向の用きを真実証が孕んでいる。

大涅槃ということは大乗の涅槃、菩薩道の言葉でいえば無住処涅槃という意味を持っていて、小乗の涅槃のように灰身滅智して死んで骨になって得る涅槃ではない。単に静かな、相対的な意味の動きを止めて静かになったという意味ではない。むしろ、動く世界の中にあって充分に動くことが成り立つことこそ大涅槃だ。

我々は凡夫ですから、それを求めて得ることはできない。しかし、求めて得ることができないものを求めずして本願力によって与えられる。そういう課題が真実証の内容として展開される。第十一願の課題を、私どもの位においては、正定聚としていただいて大涅槃を必定する。大涅槃を必ず得ることにおいて、私どもは歩んでいくことができる。こういうことを親鸞聖人は開かれた。ここに、法然上人以前の浄土教が持っていて、何か言い当てようとしてはっきりしなかった問題を、しかも、それは大乗仏教が願ってきて、大乗仏教が表現しようとしてきてはっきりしなかった問題を、親鸞聖人が本願力によって明らかにした。

これが浄土真宗の立場になる。本願成就を立場にするのが浄土真宗だということを強くいう。本願に立つのではない、本願成就に立つ。本願成就に立たないなら、何処かでまだ本願を単なる未来の救いと考えますから、単なる未来の救いであると、何処かに現在がはっきりしないということが残っていて、未来の救いに絡んで自力が入ってくる。自力が入ってくると同時に誘惑も入ってくる。

親鸞聖人は、あえて浄土の功徳であるものを現生の功徳として、正定聚という。龍樹菩薩も、天親菩薩、曇鸞大師もいおうとしてきた。正定聚の課題は単なる未来の課題ではない、歩んでいる位において不退転だ。不退転ということは現在与えられなければ意味がない。退転しないという位を与えてくるものこそ本願力だ。こういうことを龍樹菩薩、天親菩薩、曇鸞大師の釈論を通して明らかにされて、積極的に現生正定聚ということをいただいた。

「かの仏国の中《うち》にはもろもろの邪聚および不定聚なければなり、と」（聖典二八一頁）、邪聚、不定聚について、例えば「化身土巻」の本巻を見ますと、「ここをもって釈迦牟尼仏、福徳蔵を顕説して群生海を誘引し、阿弥陀如来、本《もと》誓願を発してあまねく諸有海を化したもう。すでにして悲願います。「修諸功徳の願」と名づく、また「臨終現前の願」と名づく、また「現前導生の願」と名づく、また「来迎引接の願」と名づく、また「至心発願の願」と名づくべきなり」（聖典三二六頁）、ここにいろいろな願名を出して、第十九願の意味をいわれて、第十九願の本願成就は、「この願成就の文は、三輩の文これなり。『観経』の定散九品の文これなり」（聖典三二七頁）と押さえています。親鸞聖人独自の経典理解が、特にこの「化身土巻」で出てきます。

また聖典三三八頁の最後からは第二十願の問題に入ってきます。「しかるに今『大本』に拠《よ》るに、真実、方便の願を超発す。また『観経』には方便・真実の教を顕彰す。『小本』には、ただ真門を開きて方便の善なし」（聖典三三八〜三三九頁）、このように『観無量寿経』と『阿弥陀経』を位置づけて、それを貫く意味と、それぞれの位置づけを展開して、三経と、三経それぞれに対応して三願、三往生、さらに三聚と対応させて、三三の法門といっています。衆生の機類を三つに開いて、求道心の中に持っているデリケートな問題を分析していかれる。それが最終的には、三願転入という言葉でいわれる問題として結ばれるわけです。

第十七願成就文

親鸞聖人の正定聚の信念というものは、清沢先生の『他力の救済』にありますように、現に救済されつつあるを感ずる、煩悩のいのちを生きながら現にここに本願が用いて来ている。濁浪滔々《だくろうとうとう》の暗黒世裡にあって、暗黒の世を生きる煩悩の身に、浄土に入らしむるが如き、清風掃々《せいふうそうそう》の光明海中に遊ぶを得る信念を開く。まさにこれが、現生正定聚の信念の風光だろうと思います。

本文に戻ります。次の段は、「十方恒沙の諸仏如来、みな共に無量寿仏の威神功徳の不可思議なることを讃歎したまう。あらゆる衆生、その名号を聞きて、信心歓喜せんこと、乃至一念せん。心を至し回向したまえり。かの国に生まれんと願ずれば、すなわち往生を得て不退転に住す。唯五逆と誹《ひ》謗《ほう》正法とを除く」（聖典四四頁）です。「心を至し回向したまえり」を、親鸞聖人の場合は、「至心回向したまえり」と読んでいます。親鸞聖人によれば、これは、第十七願成就の文、諸仏称名の願成就の文と、第十八願成就の文、至心信楽の願成就の文といわれています。

本願成就の文を、そう読まれるのは、いわれてみれば当たり前のことです。前半は第十七願、諸仏称揚、諸仏によって我が名を誉められんという願の内容ですから、まさに第十七願成就の文であり、後半の部分は、念仏往生の願成就の文と押さえる。前半の第十七願成就の文を非常に大事な願成就の文として、改めて取り上げたということは、親鸞聖人の非常に大きな仕事であり、以下第十七願の問題を考えてみます。

四十八願全体を、唐の浄影寺慧遠は、阿弥陀仏自身の法身、摂法身の願、衆生を摂する摂衆生の願と、もっぱら浄土を表す願、摂浄土の願と押さえられ、摂法身の願として、第十二願、第十三願、第十七願を当てています。第十七願は摂法身の願として阿弥陀自身を誓っている願といわれています。浄土自身を誓う摂浄土の願は、二願（第三十一願、第三十二願）で、他の四十三願は、十方衆生、他方仏土の菩薩衆などの衆生にかかわる摂衆生の願といわれています。

成就の文に来ますと今度は浄土の荘厳が非常に多い。けれども、それは上巻に限られる。下巻の初めに来て、第十一願、第十七願、第十八願ということが出てくる。上巻は、如来浄土の因果を表す、如来そのものと如来の国土とを表す。下巻は衆生往生の因果で、ほとんどの本願の内容であったものは、下巻に来ている。衆生往生の願の成就という問題も下巻で明らかになる。憬興という新羅の学者はこのように了解した。親鸞聖人も一応その了解をとっているのですが、第十七願を親鸞聖人は行を明らかにする願であると見定められた。ここに親鸞聖人が非常に大事な仕事をしたということがある。

法然上人は行についてどう考えていたか。浄土の行を明らかにしている願という場合に、わざわざ別の願に注目するのではなく、第十八願それ自身の中に行があると考えていた。第十八願を念仏往生の願といわれます。念仏してすなわち往生するといわれたのは曇鸞大師ですが、念仏往生の願だとはっきりさせたのは善導大師です。

法然上人も念仏往生の願といわれて、第十八願が中心である。曇鸞大師も善導大師も第十八願が中心だと押さえているのですが、改めて本願の意味を選択本願と押さえて、選択の中心は何であるかというと、第十八願である。選び取り、選び捨てるという選択が本願の中心である。取るものを取り、いらないものを捨てるという用きを孕んだ本願の一番の中心が第十八願にあると押さえたのは、法然上人です。

行については本願によるというよりも、「二行章」という章を立てて、諸行と念仏という相対をされた。人間が善しとするさまざまな行為、『歎異抄』でいえば、第一条に「念仏にまさるべき善」（聖典六二六頁）という言葉がありましたが、念仏とその他のあらゆる善とを対応させて、諸行に対して念仏という比較をされて、善導大師の教えに従ってあらゆる点から比較して、念仏の方が衆生にとって勝れている。衆生にとって縁が深いことを明らかにして、念仏一つを選び取る。これが法然上人の行の考え方です。

「本願章」へ行きますと、四十八願が本願だけれども、中でも本願中の本願は第十八願であるといって、第十八願文と、第十八願文に並べて善導大師の本願了解、「若我成仏」、もし我成仏せんにという言葉で始まる善導大師の有名な本願文の了解がある（「設我得仏　十方衆生」というのが『無量寿経』の言葉です）。「若我成仏十方衆生　称我名号下至十声　若不生者不取正覚」（聖典三九九頁）、「もし我成仏せんに、十方の衆生、我が名号を称せんこと下十声に至るまで、もし生れずは正覚を取らじ」、これを法然上人は、第十八願文の意味を善導大師が取られたと考えた。

第十八願自身に「乃至十念」という言葉がある。何の十念かといえば、善導大師でいえば十声だと、一声乃至十声、もっと広げれば一生にわたるまでです。「上尽一形　下至十声」という言葉もある。十にこだわらない、声に出して仏の名を称える。称名念仏をもって衆生を往生せしめん。これが阿弥陀の本願である、まさに選択本願であるといわれて、第十八願が、衆生に念仏を与えて衆生が念仏したならば、浄土に往生せしめよう。衆生に「若不生者不取正覚」という誓いをかけて衆生がそれに応じたならば浄土を開こうというのが本願である。

第十八願こそが選択本願であり、選択本願の中に「行」が誓われていると法然上人は了解した。第十八願一願で「行」ということが出され、念仏往生がいわれてある。人間の側の行為として念仏を捉えてしまうと、どうしても人間の側の条件が問題になる。それが、のちの浄土宗、浄土真宗の中にも巻き起こってきた、一念多念の問題や有念無念の問題、あるいは造悪無碍の問題、ともかく行為に関係していろいろな問題が絡んで、それをどのようにはっきりさせていくのかでどうしても了解が分かれてくる。本願成就の文に第十七願成就の文があることをどう押さえるか、こういうことが親鸞聖人の課題になったのではないかと思います。

曽我量深先生は、法然上人が引用になった善導大師の文を、第十七願、第十八願の二つの願と成就の文とを合わせて、「若我成仏十方衆生　称我名号下至十声　若不生者不取正覚　彼仏今現在成仏　当知本誓重願不虚　衆生称念　必得往生」という言葉を、善導大師の本願復元の文、根本本願復元の文という。法然上人は、第十八願の因願文と成就文を合わせたものだと了解したが、曽我先生は、その中に実は第十七願成就の文を包んでいると了解した。

この第十七願はどういう意味があるのか。「十方恒沙の諸仏如来、みな共に無量寿仏の威神功徳の不可思議なるを讃歎したもう」、文字通りには、あらゆる世界の数限りない仏さま方が、阿弥陀如来の威神功徳の不可思議なるを讃歎したもう。諸仏称名の願に応じて諸仏が現れて、阿弥陀の願を成就している。無量寿仏の威神功徳の不可思議なるを讃歎するという行為は、第十七願においては阿弥陀の名を称するということですから、その称えられている名号を聞く。

衆生が聞くということは、一応は耳から発音されている音を聞く。如来の本願が成就して、十方恒沙の諸仏如来が阿弥陀の名を称えている、称名する声がここに響いているという事実があって、それが聞ける。本願が名号となっているということは、十方恒沙の諸仏如来に讃められているという事実があって、その用きが聞こえる。そうすると第十八願は第十七願を離れて成就しない。第十七願を受けて第十八願成就が成り立つ。

こう考えてくるヒントは、天親菩薩が、「帰命尽十方　無碍光如来」、無碍光如来という言葉について、五念門の中に讃嘆門を開いている。天親菩薩自身が、讃嘆門とは何であるかというと阿弥陀の名号を称えることだと書いている。ただ称えるのではなく、名義《みょうぎ》と相応する。名前の謂れと相応するのが讃嘆門だといわれますから、名号を称えるということは讃嘆門だと、天親菩薩が押さえています。

それを受けて本願成就の文によれば、信心の願成就ということが成り立つためには、まず、第十七願成就がなければならない。だから、第十七願と第十八願とは一体である。その一体になっているのが、善導大師の「若我成仏十方衆生」の文である。この文は、法然上人が親鸞聖人に書いてくださった言葉の中にある文です（聖典三九九頁）。第十八願の「至心信楽　欲生我国」をはずして、「乃至十念」を「下至十声」にしている。そして「称我名号」を加えた。だから本願加減の文といわれます。

善導大師が本願を加減したのだといわれているのを、曽我先生は、第十七願と第十八願とが分かれる以前の根本本願を表したのだと。法然上人は、選択本願の王本願は第十八願、第十八願こそ四十八願の根本だと押さえたが、この第十八願から第十七願が分かれてくる。もっといえば第十八願の根本という意味で、善導大師がこの文を書かれたのだと、曽我先生は了解された。それで本願復元の文、あるいは本願還元の文といわれた。

そこから実は第十七願と第十八願が分かれてきた。曽我先生がくり返し取り上げられた存覚の言葉でいうと、「行」は所行の法、「信」は能信の機である。「行」の第十七願は、諸仏称名の願である。名号そのものは行ぜられるべき法。「法」というのは個人が所有するものではない、公のもの、誰にあっても平等のもの、そういうものが真実、本来の事実を表そうとするのだ。

人間は、宿業の身として、苦悩の実存状況を引き受ける、一人ひとりが一人ひとりのいのちを自分で苦しむ。自分の実存状況の中で自分のものとする分限を一応分ける。そうすることによって、初めて苦悩のいのちが、公なる法の世界に還っていける。如来が衆生のために名号となろうということの意味が、称えるという行為を条件として救けるということを人間が聞くと、自分が行為すれば救かる。自分の行為で救かると考えるから、機の分と考えてしまう。

自分が行為する、能行と考える。行をするのは自分だから、自分が行為する。そうすると行為自身が個人の行為になる。法然上人の称える念仏と親鸞が称える念仏とは価値が違うとか、修行した人間の念仏は尊いけれども、あなたの念仏は価値が低いとかいうことになる。

これでは、お釈迦さまがお説きになった仏法、人間が法によって成仏していく、平等に法によって人間が個我的世界を超えた公なる世界に還っていける、一如の法に還っていける、真理の事実に還っていけるという仏法の願いを成就するどころか、人間の個我的世界に何かを加えるだけになる。個人体験の行為の一つとしての念仏ということになれば、いくら法然上人が、諸行と念仏といって分けられて、念仏の方が尊いといっても、行為の側からすると諸行とどう違うのかという問題がはっきりしない。

念仏は本願の行だといくらいわれても、本願の行だから尊いといわれて聞いた人間が行為をする。人間はその行為に執着しますから、自分の行為にして、その行為を通して救かろうとします。如来の一切衆生を平等に潤そうという願を信じて、願の用きである名号を称えるのだけれども、称えた途端に自分の行為にしますから、救からないという問題が出てくる。そういう問題をどう乗り切るか、そこに親鸞聖人の一代のご苦労があった。親鸞教学の独自の意味がそこから生まれてくる。

真実行と真実信

第十八願が第十八願だけでは、はっきりしない。第十八願を名号を誓っている願と受け取ってしまうと、どうもはっきりしない。善導大師の『観無量寿経』の三心の釈論、「具三心者　必生彼国」の解釈である、至誠心、深心、回向発願心の三心の解釈文と、さらにさかのぼっては曇鸞大師の讃嘆門釈にある淳心、一心、相続心という三つの心がないならば相応できない、こういう信心をもって名号と相応する曇鸞大師の指摘などを徹底して読んで、一番の問題は信心である、本願を信ずること、信心を要とすと『歎異抄』が押さえるように、要である信心を誓っている願が選択本願である第十八願であることに気づいた。

そうすると、信心は機の問題、「世尊我一心」の我が信じるこの一心を明らかにすることが、第十八願の眼目である。本願成就の文によれば、「聞其名号　信心歓喜」、信心が成り立つには名号を聞くということがある。だから、「信巻」では、「真実信心は、必ず名号を具す」（聖典二三六頁）、名号のない信心ということはない。名号において信心が成り立つ。

本願を裸で信じるということはない。本願は名号となって私に響く。だから、名号を信じることが本願を信じることである。本願というものを信じるのではない。本願は具体的には諸仏称名の願となって私に聞こえる。本願が称えられているという事実が第十七願の意味である。

名号を称えるという行為は何によって成り立つか。人間の努力意識で成り立つのではないということを、親鸞聖人はこの本願によって明らかにした。能行ではない、所行の法だと存覚が明らかにした。何によって行ぜられるかというと、人間によって行ぜられるのではない。人間の上に行為が起こるのだが、本願の誓いがここに現行する。私に発《おこ》るというよりは、私を通して本願が起こる。

曽我先生は称えるというより称えられるのだといわれる。称えんと思い立つということは、大行の催しである。大きなる本願の用きがここに催してくる。本願の用きで行為が起こる。それ以外の行為というならば自力の行ということだから、諸行と同じ意味になる。本願の行ということは、行そのものが本願の用きである。その根拠は第十七願にある。『教行信証』では、「真実行」をあえて取り上げて、「信」に先立って「行」を置いた。行信という次第を取った。これは本願成就の文によるわけです。まず行があって信が発る。行なくして先に信があるということはない。本願の用きにおいて信心が発る。それでなければ信心の真実性というのは根拠がない。

不実な人間の体験で真実というものを作り出すことはできない。人間を破って発る真実は、本願に根拠がある。名号それ自身が本願の選びだから、名号を人間の上に現行させる用きそれ自身が本願である。十方諸仏が称えて勧めてくださるということがあって、初めて一人に発る。念仏の全歴史の証明があって初めてそこに発る。それこそ諸仏称名の願の催すところである。

親鸞聖人は、本願成就の文に依られて「真実行」ということに気づいた。一方で真実行に気づかれると同時に

「真実信」がそこから分かれてくる。人間存在が自我の思いを持ち、自我の思いによって諸善万行を行為する。自分の功徳、人の功徳という実体的な主観的観念があって、そういう観念のところで何でも所有しようとし、その観念に苦しむ。それを破らせるのが仏法の教えの意味である。実体的観念を強調するのは外道の体験ではあっても、仏法の教えの体験ではない。本当に用くものは、十方諸仏の用きと平等の用きです。

主体は選択本願の主体ですから、法蔵菩薩である。第十七願成就、第十八願成就が分かれているということは、法蔵菩薩が一方で誉められんという第十七願になり、他方で衆生を摂取せんという第十八願になる。そして、第十七願と第十八願をもって、自我の分裂に苦しむ衆生に浄土を開いて、一如平等の光明の世界あるいは法身の世界を与える。

第十七願成就の文を、親鸞聖人は改めて本願の大切な意味として取り上げた。そこから「行巻」が開かれてきて、行の中に信を包んでくる。真実行は諸仏の伝承を表す。法は十方世界に普遍していると同時に三千世界の歴史を貫く、個人を超えて、時間を超えて貫くような用き自身である。

具体的には私どもの上には、本願が南無阿弥陀仏となって呼びかける。何故南無阿弥陀仏となるかという問題については、法然上人が「本願章」で掘り下げていますが、何故本願が我々のために第十七願を発すのかは、分かり難い。勝劣、難易といわれまして、諸行は劣っている、念仏は勝れているというのですが、何故勝れているのかと問い直すと分からない。

いつでも何処でも誰でもできる、平等に潤さんがためという大悲の慈悲の心からすれば、勝れている。難しいものは人を選ぶことになる。これは大悲に背く。一番易しいものを通して大悲を表す。このように法然上人はうかがっているが、そういわれてみても一つの理屈であって分からない。念仏という一つの仏の名前を称えるという行為、何故一つの仏の名前なのか、何故称えるという行為にするのか等の疑問があって分からない。

一番凡夫に響く、一番勝れている。どういう意味で勝れているか。人間存在を成り立たせている人間的基底として、法蔵願心の根源体験にあるものを法蔵願心が選択してくる。法蔵願心は言葉を選び取った。身口意の三業というならば、大悲の心が、身業か、口業かというときに、身の用きを選び取るということになれば、身の表現は意味が徹底しにくい、了解が難しい。真言密教ではあえて身業を取ります。言葉を使わない。言葉でも言葉以前の言葉、「あ」というような象徴を取る。さもなければ形で意味を象徴する。それが密教の表現方法ですが、阿弥陀の本願は十方衆生に呼びかける形として、口業を選ぶ。身業だけでは秘密を残す。

身業の魅力はあります。人間と人間が出会う場合には、その出会いにおいて相手をこちらが観察する。一人の実存と実存が出会うときの出会いの仕方は向こうが現れる、見るということです。見聞覚知といいますが、見るということが大事な働きを持つ。ですから身業というものも大事です。

ところが、身業というのは人間の根源体験というところまでは入りにくい。このごろテレビでも手話がよく出てきます。身体の表現で意味を表して身体の表現を言葉に対応させる。もともとの言葉があって、その言葉を表現する形と約束事において手話も了解できる。言葉なしにあれだけだったらとても分からないだろうと思います。元に言葉があってその言葉に対応して発音で当ててみたり、意味で当ててみたりしてやっています。

アジアというのは表現してみようがないから、ア、ジ、ア、という字を当てています。やはり、身体の表現の上に言葉がある。身体だけで表現するのは、特殊な状態のことなら分かるかもしれない。「目は口ほどにものを言い」とか、ウインクとかは、特殊な状況で特殊な伝達はできるかもしれないが、意味を伝えるということは容易なことではない。デリケートな信仰内容というような意識の内容の問題になると、言葉が大事なものになる。

仏教では、お釈迦さまは、人間がいかに言葉に迷うか、言葉によって分別し、苦しむかということをさんざん考えた上で、その言葉の執着を破る概念を考えている。しかし、言葉によって言葉を破る、言葉を通さずして言葉を超えることはできない。いくら言葉であっても、本当は言葉が破れないのだけれども、では、言葉なしでやれるかというと、そこが超えられない。そのへんに宗教体験を伝達することの難しさがある。

最終的に言葉を信頼しない、言葉以上のものがあるということを伝えようとする傾向の強いものに、一方では真言密教があり、一方には禅がある。けれどもそうはいっても、どちらもやはり言葉なのです。人間は根源的に言葉を持って人間になる。言葉を持たずしては人間になれない。

十方衆生の一番根源にあるものに呼びかけて、それを通して十方衆生の本来のいのちを回復する。どういう言葉を選び取るかというときに、阿弥陀の本願は我が名を念ぜよ、本願が本願の名を名告るからそれを念ずることを通して本願に触れよという方法を選び取った。それは、親鸞聖人がいわれるように、名は、名を超えた根源である一如の世界、平等の世界、あるいは自然法爾の世界に還さんがためである。

弥陀の本国、四十八願の法性の世界に触れしめていく。必至滅度とか証大涅槃といわれていた、法性の世界それ自身に至らしめたいという第十一願を受けて、まず、第十一願が成就してくる。釈尊の『無量寿経』を説かんとする教え、十方衆生を恵まんとして本願を説こうとする教えが、衆生の上に念仏が称えられてきた歴史を呼びかける。

曽我先生が、キリスト教の聖書の言葉にヒントを得て、「初めに行あり」という講演をなさった。本願がはじめにあったというよりも、事実は、名号があった、名号が行ぜられてきたのだ。名号が行ぜられてきたところから本願が掘り下げられたのだ。「初めに行あり」ということをいわれた。

名号と本願は、本願から行が現れてきたともいえるが、行のところに本願が掘り下げられた。掘り下げてみたら本願から行が現れていた。事実は名号が称えられてあったのだ。十方衆生の上に名号が伝えられてきていた。そこに本願の教えが掘り下げられたのだとお話になった。

名号は仏法の歴史を証明し、仏法の歴史がそれによって伝えられていた具体的な行なのだ。衆生の上に名が伝えられていた。広くいえば諸仏の名が伝えられていた。しかし、諸仏の名は諸仏それぞれの願があるが、阿弥陀の願は独自の願で、単なる名ではない。本願において浄土を開こうという法蔵願心のもとに呼びかけられている名である。経典の根源は名号であると。

親鸞聖人がこの経の宗体ということをいうときに、『無量寿経』を押さえて、「如来の本願を説きて、経の宗致《しゅうち》とす。すなわち、仏の名号をもって、経の体《たい》とするなり」（聖典一五二頁）、本願を説くことはこの経典の宗である。体ということは経典自身が、具体的に経典となるような体です。体は名号だ。

名号が具体的事実であって、その意味が経典として語られている。経典の一部が名号なのではなく、『無量寿経』となっている、教えの言葉となっている具体的な事実が名号だ。これが仏法の歴史である。それが諸仏称名の願として押さえられたという。

第十七願を読み直すことによって初めて、名号は個人の自我が行為するという意味の行為ではない、最低限人間の根源経験に呼びかけるために言葉となった。言葉となるかぎりにおいて衆生の行為である。しかし、衆生の行為としては一番行為的でないもの、努力の要らないものだということが分かる。

ところが、念仏もはじめは意欲が要ります。我々が称えると何となく頼りないとか、何となく恥ずかしいとか、自分で自分が面白くないとか、称えたくないとか、いろいろな抵抗があって、それを破るには称えるための努力が要るのです。しかし、称えられてみれば、それは本願の催しである。易行というかぎりは、易しいといっても、人間の努力にとって易しいという意味である。最低限の努力がある。他の行為をするのに比べればずっと易しい。行ではないような行である。

悟りを開くというが、悟りは、個人体験とか特殊能力とかではない。第十七願からすれば自力無効の歴史です。人間の努力意識では開けない一如の世界、人間の個人体験にしてしまうと、どんな人間が生まれてみても、どうしても自我を破れない。だからお釈迦さまは、「我を見るものは我を見るものにあらず。法を見るものは我を見る」、といわれた。釈尊の釈尊たる所以は法にある。私にあるのではないのだと。

昨日テレビで洗脳、mind conntrol ということを学者が解釈していましたが、mind conntrol を受けるのも人間なのです。人間存在は、自分を求めながら自分でないものに自己を売りたいところがある。『ファウスト』でゲーテ（一七四九～一八三二）が書いていますように、人間には自分で悪魔に売りたい心が自分の中にある。自分の恐ろしさの中に、自分の心を悪魔に売りたいという魅力も持っている。天使に売りたいばかりではない。それがスティーヴンソン（一八五〇～一八九四）の小説『ジキル博士とハイド氏』になる。mind conntrol を受けている場合は、完全に自分の魂を抜かれていますから、自分というものがない。そういう恐ろしさを人間が持っている。四六時中、ああいう特殊状況に置かれたら、誰でもそうなってしまう。

『夜と霧』のフランクル（一九〇五～一九九七）は、ナチスによるユダ人強制収容所という皆が自己を失ってしまう状況の中でも自己を失わなかった。最終的に信仰があったのです。死を超えたものを信頼しているところがあった。だから、どんなひどい状況になってもそれを見ている自分があった。自力で頑張ったら絶対何処かで負けてしまうわけです。自分が罪であるということを忘れることが一番罪だといいます。

教団ができるとどうしても階層構造化されてしまいます。それを何処かで破る原理を釈尊は法というところに置こうとした。人間が大勢集まる場合に、先に入った順番で一応序列を作るけれども、それは縦の序列ではない。釈尊は本当に法の前の平等ということを明らかにしようとされた。これのみが人間を本当に解放する。その願いがなかなか伝わらない。伝えようとすると、どうしてもまた人間の世界に戻る。人間の自我の意識の構造の世界に戻る。そういう形で仏教がいつも仏教でなくなる。

二回向四法の大綱

阿弥陀の本願は時代を超えて、いつでも根源の平等性を開こうとする願いですから、そこに行は平等である、諸仏の行である。一応、西方阿弥陀仏として教えが説かれるが、用く場所は十方世界です。そのために名号となる。法身ということを了解したのが浄影寺慧遠で、第十二願、第十三願、第十七願を法身と押さえた。阿弥陀が阿弥陀自身の身というものを願っている。自分自身は光であり、寿《いのち》であり、名である。これが阿弥陀自身の法身の願だと了解した。

親鸞聖人はさらに、阿弥陀の法身というならば単なる身ではない。身土不二《しんどふに》、身であると同時に世界である。第十二願、第十三願というのは、真仏真土を表すといわれて、その真仏真土が、単に法身に留まらないで、阿弥陀が本当に阿弥陀自身に成ろうとするならば衆生に用く。衆生に用くときに名号となる、言葉となる。単に身体として他の世界にましますというのではなく、言葉となる。単に阿弥陀仏に留まるのではなく、南無阿弥陀仏という名となって、我々に呼びかける言葉となる。それを善導大師が、内に願と行とを具している、願いと用きを具体化して名号となるといわれるわけです。願行具足だ、と。

南無阿弥陀仏という言葉では救かりたいという願はあるが、行が無いではないかというのが、聖道門仏教の念仏の了解、特に『摂大乗論《しょうだいじょうろん》』の論家の理解です。『摂大乗論』を表向きから了解すれば、実践は六波羅蜜の行です。存在の事実を、阿頼耶識、末那識、六識として明らかにするというのが意識の了解ですが、それを本当に具体的に悟りにまで至って了解するためには六波羅蜜の行、菩薩行の実践、『華厳経』でいえば十地の実践を通して悟りを開く。こういう実践行が『摂大乗論』に説かれています。

教えの対象である教と、行という実践と、果があり、行を積んで菩提・涅槃に至るというのが一般仏教の了解です。そこからすれば、南無阿弥陀仏などは行にもならない。行が欠けているというのが摂論家の非難です。一応、念仏も行為としては認めよう、しかし、ちゃちな行為ではないか。口で称えるというのは、片手間にやるような行為だ。摂論家は、浄土の教え、念仏に対してそういう非難をしてきた。

それに対して道綽、善導という方々が、念仏それ自身にも十分に願行が具足しているといおうとする。善導の場合は立場が違います。人間にとっての願行ではない。人間の願と人間の行がそこに具足しているといおうとすると、聖道門仏教の願と行の方が偉いということになる。人間の願と行は偉いかもしれないが、いくら積んでも自力の行ですから、人間の行為で仏の世界には行けないという断絶を自覚せざるを得ない。本当にそれを超えて人間の世界から如来の世界に行けるかという問題に立って、善導は、念仏は如来の本願からの行だ、如来の本願がそこに具足しているという。

阿弥陀仏というのは如来の行である。南無は如来の願である。親鸞聖人は、第十七願と第十八願成就の文と『浄土論』の了解とをくぐって本当に我々の上に真実が用く、本願がそこに行じているという事実の用きを第十七願成就の意味として明らかにした。第十七願をわざわざ見い出して、行の願とした。行と信を選択本願の行信と名づけた。

選択本願に二つの了解があり、選択本願という言葉は法然上人の言葉だから、選択本願は第十八願に限るべきだという了解も一方にあります。広くは四十八願だが、浄土宗からすれば、王本願は第十八願だ。あえて選択本願といえば第十八願だと。

親鸞聖人は「行巻」の『正信偈』の前の文に、選択本願の行信ということを書いている。「おおよそ誓願について、真実の行信あり、また方便の行信あり。その真実の行願は、諸仏称名の願なり。その真実の信願は、至心信楽の願なり。これすなわち選択本願の行信なり」（聖典二〇三頁）。また、「行巻」の最初の標挙の文に、「顕浄土真実行文類二　諸仏称名の願」と建て、「浄土真実の行　選択本願の行」（聖典一五六頁）と書いている。

古来、真宗学者でも、浄土真実の行といった場合、浄土真実と行との関係は浄土真実を表す行だ、選択本願の行は（選択本願は第十八願なので）第十八願の行だ、行が選択本願ではなく、第十八願のための行だ、という了解もあります。ところが親鸞聖人の教えからすれば、行は選択本願の用き自身で、行は選択本願である。

曽我先生が『正信偈聴記《ちょうき》』を講義された安居《あんご》のときに、親鸞聖人は、行信ともに選択本願であるとおっしゃりたかったのだ、と主張していました。機と法とがはっきりしないということは、せっかく人間に教えが与えられても、人間がそれを自分の内に閉鎖的に所有してしまう。公に還れない。人間は公に還ることによって救われる。自分の個人性に閉じ籠もったらますます暗くなる。個人を破って公にするために、行が用く。行は個人性を破る行だ。個人にとってはほとんど功徳にならないような行、それこそが本当は大善大功徳だ、と。

大善大功徳という意味は人間の功徳にならない、人間が積み得るような功徳にはほとんどならない、そういう行為をもって個人的努力意識で積み上げようとする功徳の意欲を破る。人間は欲が深いですから、大功徳だと聞くと、我が大功徳を包んでやろうという気になる。それでは、大功徳を小功徳にしてしまう。小善根福徳では浄土には生まれられない。

人間の功徳にするということは、我執の思い、所有欲ですから、それは仏法にはならない。仏法に触れるということは、人間の苦悩の根源を破って、愚かな心の狭い人間が、そういう心を破って仏の世界、広大無辺なる公の世界に目を覚ます。なかなか私どもの執着は破れないもので、自我の形をとって意識としてあるが、本来は自我はないのだ、自我でなく、事実として自己がある。

自己とは、自分の所有ではなく、たまたまここに因縁あって生きているという事実です。自分で思うままにできるものは一つとしてない。飢餓状態で狭いところに閉じ込められて、ある特定の情報だけを与え続けられると、人間は完全に自分を失うそうです。心理学者がそういう分析をしていました。自白を強要する冤罪《えんざい》などもその一つです。それは独裁者が使う手です。

中国、ソヴエト、軍国主義の日本にもありました。破壊的な mind control です。破られてみると自分など本来ないみたいなものです。我々の教えというのは、執われているものは本来ないものだと気づく。そこで、何もなくなるとか、違うものが入ってくるということではない。そういう心を開いて如実にこのいのちを本来のいのちにしていく。

執われて苦しむ不安とか、心配とか、あるいは煩悩にがんじがらめに苦しめられている状態を、破られていく方向に歩む。そこに、個人性の機を破るために公が用く。その公の用きを、一つの言葉として選んで、ほとんど個人の努力の要らない用きとして呼びかける。その用きのところに浄土真実、本願の選択の真実が来たる。それが本願の行である。こう親鸞聖人は了解した。

善導大師の本願復元の願からいえば、事実は行信一体である。事実は名号が称えられてある。本願を信じて念仏申すというのが本願が用いている事実である。教えとして何故本願が、行と信に、第十七願と第十八願に開くかといえば、分けないと人間は何でも機の側に取り込んで所有してしまう。本当は取り込むことのできない大きさなのだ。

一如法界から現れたら、もう名号をこちらの体験に取り込むことはできない。如来の本願の用きを孕んでいるような言葉だから、我々の功徳にすることはできない。そういう意味を表すために、「行巻」を開いて、真実行というものを徹底して明らかになさった。これは浄土教の祖師方の中にはない独特の仕事です。

親鸞聖人は、全部経典に書いてある、それを受け止めた歴史として書いてある、それを私はこのようにいただきました。だから皆さま、歴史を信頼して欲しい、「唯可信斯高僧説」「ただこの高僧の説を信ずべし、と」（聖典二〇八頁）、弥陀、釈迦、諸仏の伝統を信ずべしといわれる。こういう世界が開けるのは、親鸞聖人が第十七願成就を、行の願の成就として見い出されたことによってはっきりするわけです。たとえ私において、本願を信じて名号が称えられてあっても、称えられた事実それ自体は私のものではない。私化したものは小さい行で本当の大行ではない、諸仏称名の願であるというのが親鸞聖人の着眼です。

『教行信証』という体系を何処でどのように作られたかは分かりません。いつ作ったたか、一応は関東で作ったことになってはいたのですが、最近の歴史学者の中で、京都で作ったのではないかということがいわれだして、寺川俊昭先生も、どうもそちらの方が信頼できると言いだされていますが、分かりません。私は、関東時代にほとんど大綱はできていたのではないかと思いますが、何も書いていないのですから、分かりません。ただ、親鸞の名告りのもとに書いてあるので、親鸞の名告りと『教行信証』とを切り離してよいのか。親鸞の名告りは流罪が解けたときだというのが一つの説です。

しかし、法然門下のときに親鸞を名告っているという説もあるし（筆者は二〇一〇年現在ではこの名は法然からいただいたと考えている）、もっと後ではないかという説も立て得る。流罪が解けたときに、改めて愚禿親鸞と名告られたとすれば、二回向四法のこの大綱に対する方向性、着眼は流罪時代ぐらいに開けておられたのではないかと思います。行信ということに気づかれるということと、回向ということに目が開けるということとは重なっています。『往還回向文類』（『如来二種回向文』）にはもうすでに、行信証ということが、きちんと分けて取り扱われています。

二回向四法という大綱がどういう形で親鸞聖人の中に開けていったかは分かりませんが、流罪時代に徹底して、『浄土論』『論註』と『無量寿経』とを読み抜いていかれる中で、この仕事一つを明らかにするために以後の一生を捧げようという方向性として、『教行信証』の方向性がほぼ築かれたのではないかと思います。

それまでの聖道門仏教の教行果、つまり、教理行果という次第、釈尊の教えを信じて、その教えを聞いていく。信は一番先に問われるわけです。信じて実践（行）する、信行の次第です。信というものがなければ実践に入っていけない。入信の動機に自分の中に不純粋なものがあることに気づかないと、信の不純粋性がその後ずっと残る。ところが、親鸞聖人は、本願の信という場合に、信じて実践するのではない。本願の信は、用いているものにおいて信が発ってくる。真実が用いているところに真実の心がいただけるといわれます。

聖道門仏教などもそうですが、本当のものが最終的にあるのだという大前提を信じさせる。本当は釈尊がいて成り立つ仏教なのです。釈尊に替わって悟りを開いたものがいないから、釈尊がいるならば釈尊になれると信じて実践するわけです。そこに人間の努力を通して近づこうとする姿勢がある。それは本当はダメだとはっきりさせたのは、浄土教の教えである、親鸞聖人の教えです。

『正像末和讃』ではっきりしますように、「釈迦如来かくれましまして　二千余年になりたまう　正像の二時はおわりにき　如来の遺弟《ゆいてい》悲泣せよ」（聖典五〇〇頁）、理想とすべき釈尊はいない、無仏の世に生まれたのだ。そういうときに本当に仏弟子になる道は何処にあるか、我人ともに大法が用くものを信じる。誰か人がいて信じたというのではない。人ということをいうなら、仏法の伝承をしてきた諸仏全部が真実であることを成り立たせるような法、それのみが真実だ。

まず行がある。行があって信が成り立つ。この行は人間の、偉い人の実践する行ではない。だから、行が先にあって信だ。信じて実践するという自力の心で了解した仏法の次第と違う、ひっくり返った行信という次第です。この次第を『無量寿経』成就の文が教えている。これに親鸞聖人が気づかれた。

自分の思いとぶつかった経典との違いに、自分が翻されながら聞いていくという親鸞聖人の教えの聞き方がある。そういうことに出遇っていかれたのが、親鸞聖人の名告りと重なる内容ではないかと思います。いよいよ法然上人の本願、念仏一つの教えを明らかにしていかなければならない。この自分の使命を了解していかれたのが流罪時代ではなかったかと思います。

第十七願の問題を押さえるとき、第十七願成就の文が先に出ていることの意味は、以上のように考えられるのではないかと思います。

第十八願成就文

『無量寿経』下巻冒頭の三つの本願成就文の最後は、第十八願成就文です。「あらゆる衆生、その名号を聞きて、信心歓喜せんこと、乃至一念せん。心を至し回向したまえり。かの国に生まれんと願ずれば、すなわち往生を得て不退転に住す。唯五逆と誹謗《ひほう》正法とを除く」（聖典四四頁）、これについては、法然上人もいわれていますが、読み方が違います。一番違うところは、親鸞聖人では、「信心歓喜せんこと、乃至一念せん」で文章を切っている。ふつうは、「信心歓喜せんこと、乃至一念まで心を至し回向して、かの国に生まれんと願ずれば」と続けて読む文章でしょう。ところが、親鸞聖人は、この文を本願成就の文としていただくについて、大変苦労された。

具体的な問題として法然門下の中にあって、念仏を称えるというときに、専心専念、念仏に集中して三昧に入るという形で、（念仏を如来が誓っている行為だから）信じて行ずる、そこに如来によって私どもに利益が与えられる。宗教的な体験が与えられるという利益を信じて行ずれば、一声の念仏に本願の誓いが成就して、一切の解決がつくと信じる。

信ずること自体は純粋で情熱的であるにしても、一回行為したということに執われて、その前と後の人間の生活がまったく異質な時間、空間になってしまうと感ずる。そのように執われてしまう立場が、宗教に触れた人間が陥りやすい間違いなのではないかと思います。自分もそう思い、人にもそう思わせる。

例えば、一瞬特殊な体験によって自分は解脱したと思いこむ。思ったとたんに、それまでの自分とは違う自分になったと感じる。感じること自体は間違いではないのかもしれませんが、そう感じたところから、現実にはほとんど変わっていない人生を、あたかも違う人間になり、違う体質になったと思いたい。そうなることが宗教体験だという誤解がある。

人間が宗教を求めるときに、いままでの人生が無意味だ。いままで何のために生きているのか分からない。そこで新しい体験を得て新しい意味のある人生に立ち上がったときに、それまでの生活を牛耳っていた価値観、倫理感、人生観などが消えてなくなって、まったく新しい、闇から光へというような人生になったと思う。一回の体験というものを自分の拠りどころにして、それから後の人生は、自分に都合のいい価値判断基準に生きていいような錯覚に陥る。これは、今回のオウム真理教の場合でもそうですが、宗教がもたらす害悪なのではないかと思います。これが法然門下にあっても「一念義」といわれる形をとった。一回南無阿弥陀仏と念仏した、信じた、もう後は別の人間になったような、それまでの倫理であろうと価値観であろうと、全部を否定してもいい。そういうものが宗教体験によって成り立つ新しい人生だと思い込みたい。

確かに、宗教体験は、それまでの空虚な、無意味な、孤独な人生から、喜びに満ち溢れた、友達もある、豊かな、意味のある人生に変わるということを求めて止まないし、ある意味でそれが成り立つのだろうと思いますが、人間の体験でそう思い込んでしまうと間違いが起こる。その問題が、親鸞聖人に本願成就の文をどう読むかというときに、大きな問題の一つになったのではないかと思います。

また、弥勒付属の文に、「仏、弥勒に語りたまわく、「それ、かの仏の名号を聞くことを得て、歓喜踊躍して乃至一念することあらん。当に知るべし、この人は大利を得とす。すなわちこれ無上の功徳を具足するなり。」」（聖典八六頁）、「乃至一念」で文章が切れている。これと照らすことが一つです。

いったんここで切らないと、「至心に回向して」と繋がってしまうと、これは第十八願成就の文というよりも、第二十願成就の文になってしまう。第二十願は至心回向の願といわれますが、欲生我国に条件が付いている。「我が名号を聞きて」というのは、第二十願に出ています。ところが、「念をわが国に係《か》けて、もろもろの徳本を植えて」ということが加わっている。係念定生の願とか、植諸徳本の願という願名が付いています。念を係ける、徳本を植える、そして至心に回向してということが加わって、我が国に生まれんと欲う、「至心回向　欲生我国」ということが出てくる。

第十八願と第二十願が、どういう違いがあって改めて誓い直されるのか。この問題が、親鸞聖人が法然上人によって与えられた宿題です。この点が、はっきりしない問題として残っていたのだろうと思います。

親鸞聖人は、真実の浄土に対して、如来が方便して顕された浄土、こういう問題に、『真仏土巻』に対して『方便化身土巻』を立てる。その方便化身土において、親鸞聖人は第二十願に非常に力を入れて対面している。その問題と、ここの本願成就の文をどう読むかという問題とが絡まっています。

『観無量寿経』の三心の第三番目に、回向発願心があり（回向発願のところに、第十九願の発願回向とが重なっていますが）、至心回向、至心発願というのは、自らが至誠の心を持って思い立つ、回向する。自分の個人の側の真実な思いを加えて浄土に行こうとする。その心自身がいいとか悪いとかいう問題ではなく、そういう形で興した心で浄土を求めても、浄土に本当に触れることができない。本願の教えに触れながら、自分の努力意識と、それをもって如来の本願に出遇おうとする心との食い違いがある。本願他力を信じるというが、本願他力に完全に乗託することができない。そういう問題が『化身土巻』で克明に論じられます。

名号を称えながら、一ぺん称えたら全面的に人生が変わるような錯覚、あるいは、一ぺん称えても一向に変わらないということから、くり返し、くり返したくさん称えていこうとする。そこから、「一念義・多念義」という問題が起こる。念仏という行為は与えられているが、念仏を信じた心自身の中に潜む自己の自力の思いがはっきりしてこない。

法然上人の『選択集』をくり返し読んでいってもどうしても、その問題がはっきりしない。おそらく、それが『選択集』の「三心章《さんじんしょう》」と「本願章」でしょう。浄土に往生するについて三つの心（至誠心、深心、回向発願心）を持ちなさいと聞くと、自分でこういう心にしなければいけないと『観無量寿経』が教えていますから、この三つの心を持とうとする。そうすると、至誠の心を持とうとして至誠になれない。深い心を持とうとして深くならない。回向発願に完全になれずして、自分の中に功徳を貯めようとする。これが壁になって念仏しても三心が備わらない。ところが、法然上人は念仏すれば三心は自ずから備わるというようにいう。聞いた方はそうなのかと思って念仏するが、心自身がそうならない。そこにギャップが生ずる。

そこに法然上人の解釈と親鸞聖人との問題があって、親鸞聖人は法然上人と流罪で別れてから以降、おそらく、法然上人から与えられた宿題をどう領解するかという問題を、念仏を称え続けながら考えていかれたのではないかと思います。また、法然上人は『浄土論』『論註』の大切さを指摘しながら、その教えの意味をはっきりとは解明していない。親鸞聖人にとっては、それが大きな課題であった。

本願寺派の三業惑乱

親鸞聖人は、『浄土論』『論註』を読んでいく中で、浄土教における回向とは何であるかという問題にぶつかって、『浄土論』の五念門の回向を『浄土論』は菩薩の回向といっている。菩薩の回向ということは、『無量寿経』

の教えに照らせばどういう意味か。これを考えていかれて、これは法蔵菩薩の回向心、十方衆生に呼びかけようとする、本当の人間の深みから出る如来の大悲の呼びかけだ。人間がこちら側から何かに振り向けようとする善根意識、人間の善いことを振り向けていこうとする善人意識からする回向ではない。純粋清浄なる如来の回向ということを顕《あらわ》そうとするのが、天親菩薩の回向門だ。一切の衆生の苦悩を見そなわして回向しようとする。それは四十八願をもって衆生を摂取せんとする法蔵願心の回向であると、親鸞聖人は読むことができた。

それを通してこの本願成就の文を読むと、至誠を、人間の至誠と取るかぎりは努力意識になるが、本当の至誠の心は如来の心だ。如来の心に我々が本当に出遇うのが、名号を聞くということだ。名号を聞いて信心歓喜することができる。至心回向ということは、これから人間が至心回向していくということではなく、名号を聞いて信心歓喜することができる、そこに実は如来の回向があるのだ。

如来の回向に遇うことにおいて、我々が本当の意味で大利を得る。「乃至一念」することにおいて大利を得る。しかもそれは、人間の行為とか、人間の体験という意味ではなく、如来がこちらに用き出る。私自身としては、どこまでも愚かな凡夫である。愚かな凡夫が突然仏になってしまう、闇が完全に光になってしまうということではなく、どこまでも我々は愚かな凡夫でありながら、そこに如来の用きに出遇う、と。

親鸞聖人はここにはっきりと分限を見い出した。愚かな凡夫が、宗教体験を求めても得ることはできない。にもかかわらず、それを大悲して本願が回向する。本願に出遇うことが「乃至一念」だ。「乃至一念」のところに我々は凡夫でありながら、如来の本願力に遇う。南無阿弥陀仏という行為の中に如来の智慧がある。

智慧は、如来が方便して衆生を法性に出遇わせるべく、法性から名号を方便して我々に語りかける。その言葉自身が智慧である。諸仏の伝統において無数の諸仏が証明する智慧、個人が開く智慧ということではなく平等の法性が開けてくるような智慧、そういうものが名号の用きとしてある。「光明名号をもって十方を摂化《せっけ》したまう」（聖典一七五頁）とあるように、光が名となって我々に用く、そこに闇が光に転じるような智慧がある。

これは、法の用きとしての智慧、あるいは本願が用く側としての智慧です。ところが、愚かな人間がそれに出遇う。そこに法の側の智慧が衆生の側の智慧にならなければならない。親鸞聖人は、「智慧の念仏」と「信心の智慧」という言葉でいわれる。

善導大師は信知という。深く思い知る。その知り方は理性的に知る、合理的に知るという知り方ではなく、本当に自力無効であると思い知らされる。頭を持ち上げて分かったというのではなく、まったく降参しましたと分かる。名号を聞いて信知するところに、名号の用きが人間の上に智慧の用きをもたらす。これが信心の智慧です。

名号の側の智慧と信心の側の智慧と、親鸞聖人は問題を分けられた。法然上人では一つのようになっている。だから、法然上人は、「乃至一念まで至心に回向して」と読んで分かっている。ところが、念仏は浄土往生のための不回向の行だという。回向の要らない行である。他の行ならば、積んだ功徳を浄土に振り向ける、如来に振り向ける、あるいは衆生に振り向ける。善行によって往生する。

善導大師が、雑行に対して正行というときに、法然上人は、回向を用いずして浄土の行となるということをいわれる。さらに法然上人は徹底して念仏は不回向の行だという。回向が要らないといっているのに至心に回向してというのは、どういうことか。

この問題を、親鸞聖人は、『浄土論』の回向門を法蔵菩薩の回向と読まれて、本願成就の文として読むためには、「乃至一念まで至心に回向して」と読まずに、「乃至一念せん」でいったん切る。宗教体験としてもいったんここで文章が切れる、と。

それから後は、親鸞聖人は欲生心成就の文と取られる。欲生心とは、浄土に往生せんと思う心です。三願（第十八願、第十九願、第二十願）に通じて欲生我国ということが誓われている。欲生心が三度呼びかけていて、浄土に生まれることができるといっているのが、本願成就の文、「即得往生」という言葉です。

浄土に生まれることができた。欲生心が成就したといってもいい。その欲生心成就の文として読まれるについて、至心回向から読んでいる。「信巻」の欲生釈の中で、「ここをもって本願の欲生心成就の文、『経』に言わく、至心回向したまえり。かの国に生まれんと願ずれば、すなわち往生を得、不退転に住せんと。唯五逆と誹謗正法とを除く、と」（聖典二三三頁）と読んでいる。

「本願成就の文」といったときには全体を取る。「本願成就の文、『経』に言わく、諸有衆生、……ただ五逆と誹謗正法とをば除く、と」（聖典二一二頁）と。しかし特に欲生という問題になると、「欲生心成就の文」という言葉を出してこられる。欲生心が成就するというときに、至心回向から読まれる。欲生というのは人間が生まれんと思うという心よりも、如来が生まれんと思えと呼びかける心です。

西本願寺（本願寺派）の方では、江戸時代を通じて長い論争があったのは、この欲生心の問題なのです。三業《さんごう》惑乱《わくらん》といわれています。身口意の三業、その意業に、欲生心、浄土に生まれたいという要求をはっきりと持って念仏する。ただ口で発音していたら救からない。本当に浄土に生まれたいと思って念仏すれば浄土に生まれることができる。そういうことを強調してくると、（『歎異抄』の第一条にありますように）如来の本願を信じて念仏して摂取不捨の利益に預かるということよりも、生まれていこう、救かっていこうという思いを募らせて、念仏する行為の動機を、自分の中の浄土を要求する心に力点をおいて教えを聞こうとする。信仰体験を得て、全面解決して救かってしまいたいと思う、浄土を理想境のように思って、それが欲しいから念仏する。

これでは称えても称えてもなかなかそうならないという問題が出てきます。人間の「願生《がんしょう》づのり」といいます。浄土に生まれたいと思って念仏せよというと、どうしても、人間の心に、浄土に生まれたいという真摯な要求を突き付けて念仏することになる。

いかにも真面目そうに見えるのだが、それが自力ではないか。浄土に生まれたいと思えということを如来から要求されるのだから、そういう心にならなければダメではないかという論理で、教学を建てる。そういう派が出てくる。もし、願生が要らないといったら浄土の教えにならないし、願生せよということを強調すると「意業づのり」、つまり、心に願生という思いをもって念仏しなければ救からないという面倒な議論が起こって、西本願寺は二派に分かれて延々と議論して、決まらない。どちらの派からも立派な学者が出てきて、法主もあたふたしていて決められない。

蓮如上人の中にも、後生の一大事ということをいって一大事を強調して浄土を念じて念仏せよという面があるし、他面では、もう救かっている姿なのだから、救かっていることを感謝して念仏せよとも取れる面もある。救かって念仏するという立場と、救かりたいと思って念仏する立場と、どちらに立つかということが決めかねる。欲生という問題は厄介な問題です。西本願寺の方は欲生の問題は扱わない、これを扱うと間違うから、欲生心はいわないということになったわけです。信心一つ、信じさえすればよい。

ところが、曽我量深先生が、「信巻」を読めば欲生心というのは大変大事だ、少なくとも親鸞聖人は「信巻」に欲生心成就の文ということをいい、欲生ということは、如来の勅命だといわれる。欲生を抜いて浄土真宗の教学を建てるのはおかしいといわれた。

ところが欲生を立てると、どうしても人間の側で思い立とうとする心と了解するから、自力ではないかという疑いが出る。曽我先生も自力ではないかといって非難される面もあるわけです。親鸞聖人は、欲生心成就は至心回向、如来が至心に回向したまえり、これが私どもの上に成り立つことが欲生心成就だ。欲生心は私どもの自力の願生より深く、如来が真実を要求せよと命令している、と。

如来の欲生心は私どもの思っている欲生ではない。私どもの思っている欲生は第十九願、第二十願の欲生です。欲生は貫いているが、第十九願、第二十願の欲生には、欲生に条件が付いている。至心に発願せよ、至心に回向せよ。ところが、第十八願の至心信楽は、人間的、行為的な条件ではない。至心も信楽も如来の真実であり、如来の信心である。こういうことを親鸞聖人は「信巻」の三一問答を通して明らかにした。

三心ともに如来の回向だ。至心、信楽、欲生とも如来の心である。欲生心は回向心だという。私どもはそれに値遇する、自分から発《おこ》すことはできない、むしろ如来の回向心に出遇うのだ。『歎異抄』でいえば、賜るのだ。自分から発すというよりはいただくものである。欲生心をいただくと親鸞聖人は読んでいる。いただくということは、こちらの有る無しを超えて感動するわけです。

至心回向とは何をいっているかというと、「聞其名号　信心歓喜　乃至一念」ということを成り立たせる原理、『一念多念文意』では、「「一念」というは、信心をうるときのきわまりをあらわすことばなり」（聖典五三五頁）、一念というのは、信心を得る時の極まり、私の上に信心が与えられた、歓喜だ、これが乃至一念だ。私の上に、単なる時の流れではないような時が開ける。確かに闇の生活の中に光が与えられる。求めて得られなかった信仰体験が与えられるということです。どれだけ求め、努力し、修行しても得られないような時が事実発る、発想がひっくり返るような体験です。

「至心回向」というは、「至心」は、真実ということばなり」（聖典五三五頁）、真理がここに現実に成っているという意味が至心だ。「真実は阿弥陀如来の御こころなり」、それが実は阿弥陀如来の御心である。「回向」は本願の名号をもって十方の衆生にあたえたまう御《み》のりなり」、至心回向は、我々が聞くことができる名号を如来がここに表現しておられる。求めて止まない如来の浄土が、至心回向ということによって、欲生心成就として成り立つ。求めて得られないものが求めずして与えられるという意味だということを、これに続く言葉の解釈として、親鸞聖人は一貫して読んでいかれる。

「願生彼国　即得往生」、それに私は出遇う。我々の側から「至心に回向して」と読んだのでは、「彼の国に生まれん」と思ったところで、いつ生まれるか分からない。本当に生まれられるかどうかも分からない。しかし、至心回向が如来の回向ならば、我々を超えて、如来が摂取不捨の用きとして、私どもを浄土に納めとろうという心がここに来たるのですから、ここに欲生心が成就する。乃至一念で切らなければ第十八願成就にならない。

第十八願が成就するということは、「願生彼国　即得往生」がここに成り立つ。名号による如来の回向、そこに私どもは、愚かな凡夫でありながら、「乃至一念」をいただくことができる。時の極まりをいただくことができる。

如来の回向に値遇するというところに、〝念々〟に如来の本願力回向に値遇するのだと、欲生心成就の文を読む。そのときに私どもに成り立つ立場は、「すなわち往生を得て、不退転に住す」です。この言葉を親鸞聖人は、第十一願成就の文の「正定の聚に住す」という言葉と重ねたわけです。「正定の聚に住す」ということは「不退転に住す」るということと一つだ。第十一願が衆生に誓おうとする利益を、第十八願を通して我らは獲得することができる。

浄土教というのは、現生には願生して死んでから得生だというのが一般的な浄土理解ですが、親鸞聖人は本願と本願成就の文とを照らし合わせて、『無量寿経』の教えとして浄土の教えをいただくというのはどういうことかを解明された。如来の本願の因願と成就の文とを照らし合わせるところに、私どもは、如来の本願を信じる。信じて念仏申さんと思い立つ心、そこに摂取不捨の利益に与《あず》かる。まさに現生に正定聚に住するという形で開かれてくる。

それまでの仏教の理解では、解脱とか涅槃というものを得るまで努力していく、極限概念を体験するまで努力していくという発想だったのですが、浄土の教えに触れるところに、極限概念をいま体験する必要がない。極限概念を人間が求めて得ることはできない、だから如来がそれを発願して、衆生に名号として触れさせようと。名号を信受さえすれば、如来の本願の因果において、いまここに愚かな凡夫のままに如来の本願の用きをいただく。こういう信仰生活が与えられてきたわけです。

存在の故郷

本当に他力によって生きる、本当のいのちの本来ある在り方を自覚して、それを生きる。愚かな凡夫でありながら、如にして生きるという仏教が教える生き方をここにいただく。

人間、個体が持っている自己執着の問題を破って、本当の本来のいのちの意味に触れながら、自分の自我愛を捨てられない存在として、しかも、本来のいのちの在り方に念々に触れつつ生きる。人の上に特殊体験を持った人というものを要求する必要がない。

人間を神にする必要がない。真実なる如来からすれば、人間は平等に、どこまでも愚かな、どこまでも罪の深いいのちを生きている存在である。どれだけ行為の上では善人であろうと、あるいは、心の上で相対的にはきれいであろうと、人間存在の持っている根本の罪を逃れることはできない。

如来の本願は十方恒沙の諸仏によって証誠されたいというのであって、誰か特定の個人に証明されたいという要求ではない。十方恒沙の諸仏によって開かれるような精神界です。これが、新興宗教が教祖を立てて教祖のもとに独善的な閉鎖的な世界を作ってしまう誤りを、本当に批判することができる原理ではないでしょうか。

釈尊のもとに立った教団を考えると、釈尊教団の持っている閉鎖性ということが出ると思います。釈尊が生きているときには、釈尊がどれだけ遊行に生きても、決して自分の所有物として教団を作るということをされなかったが、釈尊に執われる側からするとどうしても閉鎖的になる。もちろん、釈尊は人類の教師として、私どもにとってかけがえのない方であるには相違ない。けれども、釈尊を絶対化するとやはり閉鎖性が出てくる。

浄土教が開かれると、十方諸仏のお一人として念仏を教えてくださった。私は釈尊の生まれ変わりだというものを要求しないでいいわけです。そういう意味で、特殊な個人の体験や能力などで信仰を立てる必要がない。

真理の前に、十方諸仏の証誠が生まれてくる。歴史が生まれてくる。歴史の証明を通して真理を本当にいただいていくことができる。公明正大な道理が開かれてきた。願生は個人の願いよりも深い如来の願いが私に発る。発れば、私においては、同時に往生を得る、光の世界に遇うという事実が与えられてくる。

信心を得たら、それまでの倫理観や価値観と変わった人生が開けるという信仰理解は、親鸞聖人からすれば、第十九願か第二十願でしょう。疑城、胎宮といわれます、自分が信仰を得て、それを作った宮殿の中に閉じ籠もる。どうしても人間は、比喩的にいえば、そこで一服する温室空間のようなものを要求する。そういうものを念仏で得られるのだと思う。それを親鸞聖人は徹底的に批判する。そこに閉じ籠もってしまえば、本当の凡夫を忘れる。我々はどこまでも愚かな凡夫だという事実を忘れて、念仏で特殊なものになったように思う。それを批判し、しかし、救からん、救からんといって、ただダメだというのではない。すでにここにもう救けに与《あず》かっている。救けに与かるということが回向である。曽我先生は、浄土に往生してお救けなのではない、回向がお救けなのだといわれる。回向ということは、私どもにおいては、自力の心が翻えされる、つまり回心です。努力意識がある間は人間は救からない。

努力意識がなければ人間は、ほとんど問題を感じないし、苦しみもないのかもしれませんが、善を求め、より善きいのちを求め、より善き幸せを求める。そこに人間が苦しむ。より善きいのちも幸せも、求めて得られないものが、我々より深く、我々より遠く、如来の側から願い続けられている。それを親鸞聖人は「一如宝海よりかたちをあらわして、法蔵菩薩となのりたまいて」(聖典五四三頁)といわれる。

「行巻」に、名号に出遇うまで歩んできた自分ということを述べているところがあります。安田先生は「再会」といわれた。前のいのちに仏に遇っていたから、いま遇えるのだ、と。そうでなければ本願の教えを聞いて出遇えない。いま名号に出遇うことができるのは、前のいのちの時に光明土に生まれて諸仏を供養してきた歴史がある。こういう神話的な表現を親鸞が引用しておられます。法蔵菩薩の歴史があっていま、聞くことができる(聖典一五九～一六〇頁意)。

私どもの経験において、前にすでに逢っていたような気がするということがあります。精神分析学者にいわせれば、子どものときの体験だというのでしょうが、そういうレベルよりももっと深く、よくよくいただいてみると、前のいのち、あるいはずっと昔に逢っていたような気がする。説明をつければいろんな説明になるのでしょうが、よく分からない。

本願の教え、一如法性を顕そうとする方向から来る言葉は、私どもの存在の一番深い祈りが、そこから出てくるような呼びかけです。人類の根源からの呼びかけ、個人の幼年期の体験よりもっと深い。そういうことを仏教の上では本生譚《ほんじょうだん》という言い方をします。人間のさまざまな諸状況のいのちのくり返しではなく、このいのちより根源的な昔、そういうものに出遇う。ああ、そうだったかというものに出遇える。

安田先生は「存在の故郷」という言い方をされました、いのちの本来の故郷、故郷という言葉で呼びかける、そこに触れるときに自分を取り戻す。自分で自分を大切にしようとすれば、自己閉鎖的、あるいは個我的自己に閉じ籠もっていく。そうではなく、もっと大切な人間存在それ自身を、法蔵菩薩という言葉で呼びかける。そういうものが私に響いたときに、法蔵願力の回向が、自分にとって本当にいただける。いままで自分の中に在りながら自分と思っていなかった自分に出遇う。法蔵願力の回向に出遇うところに、この厄介な有限ないのちの中にありながら、正定聚不退の位を得る。十方恒沙の諸仏が証誠してくださる、本願力の用きに乗ずるいのちを、自分の生活の中心に持つことができる。

晩年の親鸞聖人の仮名聖教を見ますと、くり返し、往生を得るというのは不退転に住することだ、不退転に住するということは摂取不捨の利益に与かることだといわれます。本願力回向に出遇うところに、浄土の功徳をいただくのだ。浄土の功徳をいただくということは、穢土ではなくなるような特殊体験を経て、この世と違う世界を得ることなのか。人間はそういう発想が抜けないのです。そうではなくて、凡夫のいのちを見直すような見方が本願力回向によって成り立つ。

説明というのは信仰的世界ではない形で、理性的観念の世界で説明しますから、そうすると、生きていながら浄土に生まれたということになってしまいます。浄土の功徳とは、如来の無量光明土の用きに触れるということです。どういう形で触れるかといえば、光が名となって私どもに来たる。信心の智慧においてそれに出遇う。あたかも、浄土の光にいま、そこに生活するが如き喜びが与えられる。

我々の生活は相変わらずの人間関係、相変わらずの愚かな凡夫、限られた環境、限られたいのちであるにもかかわらず、そのいのちの意味がいままでの価値観を転換する。如来の大悲によって包まれている自己という見方ができるようになる。凡夫が治るわけではないが、単なる凡夫ではない。こういう生活が成り立つ。それを「願生彼国　即得往生　住不退転」、本願成就の意味だと親鸞聖人はいわれる。至心回向を抜きにして欲生心を読もうとすると、「かの国に生まれんと願ずれば、すなわち往生を得て、不退転に住す」、いくら願ってみても、まだ浄土ではないではないかということになる。

そうするとこの中に死んでからということを入れなければ成り立たない。至心回向から始まっているということが大事なのです。至心回向ということを本当にいただくところに、「願生彼国　即得往生」が成り立つ。至心回向を抜きにして、現生往生か、死後往生かというのは、話にならない。至心回向を認めながら、願生したけれど死んでからだというと、至心回向の意味が分からない。

如来が真実を回らし向ける、そのために名号を通して本願名号を回向したまう。本願名号をいただくところに本願の願力を私はいただくことができる。「我、他力の救済を念ずるときは、我が処するところに光明照らし、我、他力の救済を忘るるときは、我が処するところに黒闇覆《おお》う。」（清沢満之「他力の救済」）ということが成り立っているということです。

念仏していても黒闇が来るのではダメではないかというのは、本当の信仰の事実に触れていないからです。信仰の事実に触れれば、私どもの心は何処までも闇だ、闇だからこそ、光に遇うのです。闇の事実は、何処までも光に出遇うためにある。そういうのが信仰生活の事実でしょう。

「至心回向」は、自分から回向していくのではない。如来の回向に出遇うことだと親鸞聖人は読まれた、大事な意味がある。それが、第十一願成就の真実証を第十八願成就でいただくということです。本当に信心をいただく、これはかたじけない、難思議である。

『愚禿鈔』では、「本願を信受するは、前念命終なり」（聖典四三〇頁）、本当に願生が成り立つということは、このいのちに死ぬということ、そうすれば即ち往生を得る。「即得往生は、後念即生なり」（聖典四三〇頁）、前念に死んで、後念に甦《よみが》えるということが、信心の内容として現生正定聚の内容である。一念のところに、闇から光へ転ずる。その事実をここに至心回向によっていただく。

愚かな凡夫のいのちであることを感謝し、喜んでいける。悲しい場所こそ嬉しい場所だというように、念々に翻っていく。自然に本願力に乗じて、闇から光へということが、ここに成り立ってくる。

名号を抜きにしたら、人間が自力で願生して、何処まで行っても浄土はない。念仏しても、至心回向として出遇わないならば、如来の回向として本願名号をいただかないならば、人間の努力意識になる。そうすると「多念義」になる。信受したからといって行為に執われれば「一念義」になる。

信の一念は、「願生彼国　即得往生」ということが成り立つ、時の極まりです。それを支えるのは、行の一念、南無阿弥陀仏として人間の信受する心に一如が表現して現れる行為で、本願がそこに現行する。行の一念に信の一念が成り立つのです。本願成就の文は、信の一念だと読む。「聞其名号　信心歓喜　乃至一念　至心回向　願生彼国　即得往生　住不退転」、ここまでを信の一念の内容として読む。

「信楽に一念あり。「一念」は、これ信楽開発の時剋の極促を顕し、広大難思の慶心を彰すなり」（聖典二三九頁）、念々に時を切って時が極まるような事実、これが信の一念です。禅の言葉に「一期一会」というのがありますが、一時一時がかたじけない、かけがえのない出遇い、取り返しのつかない時。その時は、この世的な経験としてくり返しがないという意味だけではなくて、闇から光へという意味を持った、一時一時が信仰体験という意味を持った、この闇、この苦悩の時が、本当の光の体験になるような時の極まりです。法然上人も「本願章」に第十八願成就の文を引くときは、ここまでを引用しています。

無慚無愧のこの身

自力無効の自力ということは、人間のいままでの考え方、自己を中心にして、いかに世間を都合よく生きるかということだけを考えている生き方に対して、至心ということは、如来の誠がこちらに響くということです。人間の一部が認められるというのでなく、人間の凡夫性が全面的にひっくり返される真実がここに出ることです。どんな人間であろうと、どんな罪深い生活であろうと、如来の至心の前には平等である。これが、法然上人の「本願章」ですし、親鸞聖人の「信巻」の前半なのです。

「信巻」は、一巻が途中から二つに分かれている。真実の信心自身を問答を通して表す。至心、信楽、欲生の三心の問題を論じて、三心は人間の心ではなく如来の心だということを明らかにするための議論が、「信巻」の前半です。ところが、途中に懺悔《さんげ》という問題が入ってきます。

「「仮《け》」と言うは、すなわちこれ聖道の諸機、浄土の定散の機なり」（聖典二五〇頁）、真実信心を論じてきて、突然「仮」という問題を出している。その後「偽《ぎ》」という問題が出ています。「「偽」と言うは、すなわち六十二見、九十五種の邪道これなり」（聖典二五一頁）、「仮」とか「偽」とかいう問題は「化身土巻」で延々と論ずる問題です。

そして、「誠に知りぬ。悲しきかな、愚禿鸞、愛欲の広海に沈没《ちんもつ》し、名利の太山《たいせん》に迷惑して、定聚の数に入ることを喜ばず、真証の証に近づくことを快《たの》しまざることを、恥ずべし、傷むべし、と」（聖典二五一頁）という言葉が出てくる。

親鸞聖人の文章は、喜びを語っている中に突然悲しみが出てくる。こういう文章を書く人は珍しいと指摘する人がいます。実は、親鸞聖人を宗教者として活かしている非常に大事な要素が、この一貫した懺悔です。決して自己の愚かさを忘れない、地獄に足を着けて歩んでおられる。決して踊り上がるような喜びに浸らない。事実を何処までも忘れない。

真実信心ということをここまで論じてきて、「仮」「偽」という問題、定聚の数に入ることを喜ばずという言葉を出してくる。真実信心というのは、正定聚の機ということを明らかにするわけですから、真実信心ということによって、浄土の利益である正定聚の位を、いまここにいただくことができる。こういうことを論じてきて、「仮」「偽」を通して、自分自身が定聚の数に入ることを喜ばない。そして、第十一願成就である真証の証、真実の証に近づくことを快《たの》しまない。

埴谷雄高（一九〇九～一九九七）という作家、一時流行った全共闘運動の教祖的な人が、自分の文学の動機の中に、「自同律の不快」ということがあるといっています。文学の動機をいうについて、彼は幼児のときの体験を、自分の動機として出しています。お父さんが、台湾に赴任していて、当時台湾は植民地ですが、そこに日本人が行って生活しているのを見ていると、当時の平均的日本人は台湾の人を人間扱いしない。満洲の日本人も、一般的には向こうの人をふつうの人間扱いしない。当たり前のように奴隷のように使っていた。

当時満州で生活した私の記憶では、子ども同士は、そのようなことはなかったのですが、平然として満洲の人たちを肉体労働者として使っていた。ところが、埴谷雄高さんは、十二歳までいたので、ある程度いろんなことの判断力がつくようになる年頃まで台湾におられて、日本人でありながら日本人のしていることがいやでしょうがなかった。

これが埴谷雄高さんの一生の文学活動の原点になっています。自分でありながら、自分の中で切り捨てることのできないものがいやでしょうがない。これを本当に革命できるかということが、埴谷雄高さんの文学のテーマなのです。自分の自己同一性の中にある不快感、分かりやすい言葉でいえば自己嫌悪みたいなものでしょう。

レベルが違うかもしれませんが、親鸞聖人がいわれる不快。「無上妙果の成じ難きにあらず、真実の信楽、実《まこと》に獲ること難し」(聖典二一一頁)。ふつうなら難しいといわれる証は、難しいわけではない。本願の因果を信ずれば、真実証は求めずして与えられる。第十一願の課題は、第十八願において求めずして与えられる。

「もったいなくも賢くもお前は日本人ではないか」といえばその通りだ。けれども日本人はいやだ。そんなもの押し潰してしまって、日本人であることを感謝せよというのが、いわばナショナリズムでしょう。しかし人間の個というものはそうはいかない。実存はそうはいかないということを、はっきり見るのが文学者であり、宗教者であると思います。

人間の事実そのものをよく見よ、それを忘れるな、これが親鸞聖人の信仰の非常に厳しいところです。法然上人と違うところだと思います。法然上人は、念仏すれば三心自ずから備わるといってしまうのです。ところが親鸞聖人は念仏すれども三心にならないといいます。こういうところに親鸞教学が始まるわけです。大事なところです。これを忘れると、親鸞の言葉を語りながら、親鸞でないものになってしまう。

これは何の問題かというと、本願の中にあって本願からはずすもの、唯除《ゆいじょ》の問題です。唯除の文は、ふつうは何のことかよく分かりませんから、たいして大事に読まない。法然上人ははずして引用しておられる。ところが、親鸞聖人は唯除の文を、「信巻」の教学動機にしている。

心理的にいえば、懺悔とか、慚愧という心なのでしょうが、それを言葉に出せば、人間が自分で自分を恥じるという心だ。そういうと、自分で自分を反省するという発想になる。親鸞聖人は、自己反省など役に立たない、自己反省は自力だ、自分で自分を懺悔するのは虚偽だと。それを第十九願意で押さえるわけです。ふつうは懺悔というのは行だ。自分で真実になろうとしてなれないということを三世諸仏の前に懺悔する。自分の師匠の前に自分の罪業を懺悔する。実践的に表白する。

善導大師は非常に厳しく懺悔ということをいわれます。とてもそこまで懺悔できないというぐらいでなければダメなのです。全部洗いざらい懺悔する。ところが、人間には、いえることといえないことがあります。本当はいえないことをいえるような人間は、まだ傷みを知らない。本当に傷んだらとてもいえない。傷んでいるような顔をしていても、傷まないからいえるのであって、どうしてもいえないということが出てきます。それを懺悔せよというわけです。

親鸞聖人は、無慚無愧《むざんむぎ》のこの身だとまでいわれます。本当は慚愧しなければならないかもしれないが、それすら感じられない身だ。本当の人間の罪などは、自分で自覚したくないのかもしれません。

深層心理でいえば、自分の思いより深く隠して、隠していることすら意識しない。そういうところまでは懺悔できません。そういう問題を本当に深く知れば、本願力以外に救かる道はないということがはっきりしますが、どこかでやはり自己を許していますから、本願力に帰するということに甘いところが残る。

そういう問題を自覚する契機として、親鸞聖人は唯除の文を取り上げられる。親鸞教学にとって生命線のようなところです。真実は虚偽と紙一重です。そういう問題を「信巻」の真実を表す中に取り上げてくる。「化身土巻」の問題と、「信巻」の「仮」「偽」の虚偽の問題とがダブったような形になっています。この問題を考えていくとわけが分からなくなります。

親鸞聖人は、分かったようで実はよく分からないところをテーマとして真実信心の問題を深めていっています。浄土教の祖師方がそれぞれ浄土ということを顕してくださっていますが、誰も真似ができない、本当に浄土でなければ救からないということを明らかにする。そのための親鸞聖人の営みというのが、「信巻」の後半部分の課題になるわけです。

本願成就の文自体の中に唯除の文を納めています。唯除の文というのは、本願文にも付いているし、成就の文にも付いている。覚如上人は、この文は釈尊の抑止だ。法蔵菩薩の願心は十方衆生を摂取したい。けれども全部をそのまま認めたのでは浄土は汚れてしまうから、入れない者もある。これはお釈迦さまが付け加えているのだと解釈する。

全部釈尊の教えで、その中に自分の心よりも深いものとして、本願のお心を説いてあるわけですが、法蔵菩薩は十方衆生を救おうとしているから、除くといっているのは、釈尊だという解釈です。親鸞聖人は、仏法に本当に依るべき問題を明らかにする。本願自身の中にある意味、真実信心自身というものを本当に明らかにするための、必要な自覚契機として、唯除の文の問題を展開される。その問題の内容が、『観無量寿経』の悲劇の問題と絡んでくるわけです。

欲生心成就の文

第十八願を親鸞聖人は、至心・信楽・欲生の三心の願、往相三心の願と読んでいます。そう読んだ場合に欲生心成就の文ということで、至心回向以下を引用している。

「至心回向　願生彼国　即得往生　住不退転　唯除五逆　誹謗正法」、この引用の仕方が大事なところなのですが、先に触れたように、「信巻」を見ますと、広く本願成就の文と名づけて引用する場合には、『経』に言わく、諸有衆生、その名号を聞きて、信心歓喜せんこと、乃至一念せん。至心に回向せしめたまえり。かの国に生まれんと願ずれば、すなわち往生を得、不退転に住せん。ただ五逆と誹謗正法とをば除く、と」（聖典二一二頁）、このように全体を引用している。

ところが三一問答では、「愚悪の衆生のために、阿弥陀如来すでに三心の願を発したまえり。云何が思念せんや。答う。仏意測り難し、しかりといえども竊《ひそ》かにこの心を推するに、一切の群生海、無始よりこのかた乃至今日今時に至るまで、穢悪汚染にして清浄の心なし、虚仮諂偽にして真実の心なし」（聖典二二四～二二五頁）と展開してきて、「如来、清浄の真心をもって、円融無碍・不可思議・不可称・不可説の至徳を成就したまえり。如来の至心をもって、諸有の一切煩悩・悪業・邪智の群生海に回施したまえり。すなわちこれ利他の真心を彰す。かるがゆえに、疑蓋《ぎがい》雑わることなし。この至心はすなわちこれ至徳の尊号を体とせるなり」（聖典二二五頁）とあります。

何故三心を発《おこ》すかということについて、「仏意測り難し」と答えられて、「しかりといえども竊かにこの心を推するに、一切の群生海……」（聖典二二五頁）と展開しています。そして、「如来の至心をもって、諸有の一切煩悩・悪業・邪智の群生海に回施したまえり」と。どこから至心が始まるのかということについて議論がある。仏意測り難し、「しかりといえども竊かにこの心を推するに」の「この心」が至心だという説もある。これに対して三心を受けているのだから、「この心」は、三心だという説もある。

「円融無碍・不可思議・不可称・不可説の至徳を成就したまえり」（聖典二二五頁）この内容は名号です。名号を「如来の至心をもって、諸有の一切煩悩・悪業・邪智の群生海に回施したまえり」と、名号の心を衆生に回施する。だからここから至心だという考え方もある。三心をどう考えるかということで、三心というのは、一つの心の三つの部分と考えると、何処からかというのが大変問題になるわけですが、「竊かにこの心を推するに」という「この心」というのは、「ひとえに親鸞一人がためなりけり」（『歎異抄』後序、聖典六四〇頁）ということをいい得るこの事実、ここに発っているこの信心です。

だから、三心に展開されている課題は、具体的には体は信心だ。その信心を三心に開くのは何のためかという問題で、信心そのものを明らかにすると曽我先生は読んでいる。要は信心だ。この信心自身をよくよく思い測っていくと、まず至心ということが出てくる。それは如来の十方群生海に回向しようとする心が、まず南無阿弥陀仏として表現する。南無阿弥陀仏全体を衆生の上に与えるというときに、まず如来の成就した功徳全体を如来の至心として衆生の上に与える。

そこに『無量寿経』の勝行段といわれる法蔵菩薩の修行の段が引用される。このように、至心ということが展開され（聖典二二七頁まで）、この至心を受けて信楽が来ます。

「次に「信楽」と言うは、すなわちこれ如来の満足大悲・円融無碍の信心海なり。このゆえに疑蓋間雑《ぎがいけんぞう》あることなし」（聖典二二七頁）と。如来の至心を受けて如来の満足大悲・円融無碍の信心海だから疑蓋間雑あることがない。だから、体は「利他回向の至心」です。これをもって「信楽の体とする」、利他回向の至心のほかに信楽があるのではない。「利他回向の至心」ということを押さえると、その用きが満足大悲・円融無碍の信心である。だから疑蓋間雑がない。至心をさらに信楽として現してくる。

信心を、「至心」と「信楽」と「欲生」の三つに切るのではない。体は名号、名号の心が衆生にそのまま「至心」として回向する。この至心の本質をさらに展開すると「信楽」だ。「信楽」と開く意味は疑蓋間雑がない。如来の真実心は疑蓋間雑がないという面を「信楽」として表す。

第十八願成就の文をまず本願成就の文として「信巻」全体の信心として引用されて、次にここに信楽を表す場合には、「本願信心の願成就の文」（聖典二二八頁）といわれて、この場合には、「諸有の衆生、その名号を聞きて、信心歓喜せんこと、乃至一念せん、と」、ここまでを引用する。信楽ということを『涅槃経』によって、如来の信心海の意味を明らかにする。

「次に欲生と言うは」（聖典二三二頁）、信楽を受けてさらに欲生と展開する。その欲生については、「すなわちこれ如来、諸有の群生を招喚したまうの勅命なり」（聖典二三二頁）と。第十八願の中の三つの言葉は、全部如来の願であって如来の願が名号の功徳をそのまま真実として衆生に回向しようという意味であり、その内容はまったく衆生の疑いを許さないという本質を持っている。それが乃至一念だ。

そこに名号の真実心が、その内に群生を呼び起こす命令を孕んでいる。こういう意味が欲生だ。その体は信楽だ。「真実の信楽を持って欲生の体とするなり」（聖典二三二頁）と。三つの面を表して語るけれども、体はそれぞれその前の言葉を体とする。同じ面について光を当てるスポットの違い、同じ如来の回向心の意味を解明するために、違う方向から光を当てたものです。

そういうところから、曽我先生は、この三心と阿頼耶識《あらやしき》の三相とを交互に照らして、アーラヤとは、一切の経験を引き受けるような、薫習《くんじゅう》を受けるような用きと同時に、そこから一切の経験を生み出すような用きを持っている。阿頼耶識の自相は、薫習を受けながらまた一切の経験を生み出す用き、一切の経験の結果、いまここに在るという我の主体は、経験の果相である。同時にそれが、あらゆる経験をし得る能力を持っているという意味で因相である。その可能性と歴史を引き受けてきたという限定性、有限の面と無限の面を同時に孕んでいる主体、阿頼耶識ということで解明された人間存在の根本主体と、いま法蔵願心が衆生に回向しようとする信心の三相とを照らし合わせて、信心の三心とは何であるか。信心の三相とは何であるか。信心自身は自相である。

至心、如来の真実心（それを表すについて、親鸞聖人は勝行段を引用している）は、『無量寿経』の法蔵願心の修行の結果である南無阿弥陀仏の内容、南無阿弥陀仏は、法蔵願心の歴史、その法蔵願心の歴史が、ここに果相として、真実それ自身として我々に与えられる。そういう法蔵願心の歴史に対する信頼が、名号の果相としての至心に当たる。

ふつうは、人間が信心を持ってそれから浄土に行こうとすると考える。成就の文の「願生彼国　即得往生」の「願生彼国」について、疑いのない信心を持った、そこから浄土に願生しようとして得生する。このように語られていて、願生は果相だ、と考える。信心の結果、浄土に生まれたくなると考える。

それを曽我先生は、三心一心の親鸞聖人の展開をよく読まれて、如来の群生を招喚する勅命ということは、（欲というものは内から起こってくる動機になり因ですから）結果ではない。信心になろうとする欲求の根にある、衆生の上に如来を信ぜずにはおれないという心が発るその根にあるもの、それが、実は如来の勅命だと曽我先生は取られた。

その欲生心は利他真実の欲生心、如来が衆生を利益せんとする真実の欲生心です。根元へ根元へと法蔵願心自身が自己を訪ね当てていって、その一番元にある欲求が欲生心だ。その欲生心をもって諸有海に回施したまう。そこに親鸞聖人は欲生心成就の文としていまの至心回向以下を引用する。

本願成就の文を親鸞聖人は三度引用し、はじめには全体を、次には「乃至一念」までを、そしてここでは「至心回向」以下を引用する。一念の問題のときには、成就の文を「往生を得、不退転に住せん。」というところまで引用する。ところがここ（聖典二三九頁）では、「ここをもって『大経』に言わく」とだけいって、何々成就の文とはいわない。何処まで引用するかということについて、それぞれ違っている。

これは何でもないようですが、何処までがどういう意味を持っているかということについて親鸞聖人が非常に厳密に思索している。この欲生心成就の文については「至心回向」から引用を始めている。

本願で三心の問題で欲生心といっているのは、回向心だ。回向心というのは何処から来るかというと、本願成就の文の至心回向から来る。欲生心成就の文の場合には、「唯五逆と誹謗正法とを除く、と」、ここまで引用している。

本願信心の願成就の文の場合には、「至心回向」の前までです。一念の問題のときには「不退転に住せん」というところまで引用する。引用の仕方が少しずつ違う。本願成就の文がいくつかの課題に対して重なった意味を持っていると、親鸞聖人は考えを深めていっている。

「唯除」の文

本願全体の誓いの中に「唯除五逆　誹謗正法」という課題は包まれている。しかも、本願の文にも付いていて、本願成就の文にも付いている。浄土教の祖師としてこの言葉に最初に注意されたのは曇鸞大師です。曇鸞大師が『浄土論註』を作られるときに、『浄土論』の偈文の解釈が終わって、解義文といわれる天親菩薩自身がお作りになった偈文の釈論に入る前に、『浄土論註』の上巻の結びとして新しく問題を取り上げられた。天親菩薩が「普共諸衆生　往生安楽国」、「普く諸々の衆生と共に安楽国に往生せん」といわれる、この言葉を解義文の回向文に合わせて曇鸞大師は読まれた。

普く諸々の衆生と共に安楽国に往生しようという願いが回向文だ。ここで「衆生」とは何であるかという問いを、改めてわざわざ起こす。これについて大変長い問題を論ずる。それを実は、親鸞聖人が「信巻」に引用している。「『論の註』に曰く」（聖典二七二頁）から始まっている長い引用文です。いわゆる『論註』の八番問答といわれています。八番の問題を出して「衆生」という問題について解明している。何が問題かというと、本願文に「唯除五逆　誹謗正法」という言葉が付いている。

本願はすべての人を救いたいと十方衆生に呼びかけているにもかかわらず、「唯除」、ただ除くといっている。天親菩薩は、普く諸々の衆生と共にというけれど、本願文には、「唯除」という除外例がある。これは矛盾している、と。衆生とは何であるかというときに、経典を引くについての言葉の上の疑問というようにも見える。ところが、内容を読んでいくと単なる言葉の解釈にとどまらない。大変重要な問題に触れてくる。親鸞聖人は曇鸞大師の八番問答の意味を、大変大事にした。安田理深先生の『浄土論』の講義の筆録が本になるとき、本の題名を『仏に背くもの』とつけられた。「唯除五逆　誹謗正法」というのは、如来の願に対して反逆するものを除くという意味を持っているのではないかということです。

なるほど、内容を読んでみますと、如来の願いに対して、如来の願いを聞かない存在、親鸞聖人が押さえる場合には、難治の病、難化の機（聖典二七一頁）といわれる。治しがたい存在、難病という問題として『涅槃経』を長々と引用する。

何故そういう問題を出してくるかというときの手掛かりになるのは、弥勒大士という言葉が出てきて、「念仏衆生は、横超の金剛心を窮《きわ》むるが故に、臨終一念の夕べ、大般涅槃を超証す」（聖典二五〇頁）という大事な言葉が出てきます。次に『楽邦文類』が出ていて、念仏行者のいろいろな方、律宗の元照《がんじょう》、天台の智覚《ちかく》、華厳の杜順《とじゅん》、禅の高玉《こうぎょく》、智覚、それから官僚、文化人の劉、雷、柳子厚《りゅうしこう》、白楽天というような人々が、皆この願生浄土の教えに参じた。このような形で一応「信巻」を結んでいるようですが、そこからまた「仮」「偽」という言葉を出してきて問題を展開される。

それから『涅槃経』の長い長い引用文があって（聖典二五一～二七一頁）、「ここをもって、今大聖の真説に拠るに、難化の三機、難治の三病は、大悲の弘誓を憑《たの》み、利他の信海に帰すれば、これを矜哀して治す。これを憐憫して療したもう」（聖典二七一～二七二頁）と、治しがたい存在を治療することができるのが、本願醍醐《だいご》の妙薬である。この治しがたいという問題を展開してくるのは、実は、「仮」「偽」という言葉を一つの契機にして、「九十五種みな世を汚す。ただ仏の一道、独り清閑《しょうげん》なり、と」（聖典二五一頁）という言葉を出して、仏法以外のあらゆる考え方、人間が考える考えすべては一切皆世を汚す。「ただ仏の一道、独り清閑なり」という意味の釈尊が明らかにされた仏法にある、と。

たくさんの宗教や神々がある。そういう中で、釈尊がいろんな思想界を遍歴されて、最後にもう自分の苦悩は除くことはできないところまで行って、菩提樹下に座られた。そのときにはほとんど人間に絶望している。あらゆる思想によって自分は救われることはない。あらゆる先輩の考え方において自分は救《たす》かることはできない。そこまで突き詰めて菩提樹下に座られた。激しい修行と聞法の生活を尽くして、そのままそこで、いのち終わるまで座り続ける。もう立ち上がることはあるまいという覚悟で座ったろうと推測される。

何週間かの思索の中に、夜明けのような存在の道理に触れる喜びが与えられてきた。そのときの釈尊の法を表して涅槃、寂滅という。法そのもの、存在の道理そのもの（人間が自己を正当化するため、あるいは自己を強化するために作り上げる論理ではなくて）、一番の苦悩の根を破るもの、徹底した人間批判をくぐった涅槃。人間が持っている根本の闇、無明を破って自己を本当に知る。

そこに現れる存在の自覚が菩提といわれる智慧であり、その菩提の内容が涅槃といわれる静けさなのでしょう。これをいかにして人類に伝えるかということが釈尊の如来としての仕事になったわけです。親鸞聖人は善導大師に依られてこれを、「ただ仏の一道、独り清閑なり」と押さえられた。

九十五種みな世を汚すというのは、自我がある、つまり有に立って発想する。それが思想的に独善性を孕み、自己正当化を孕んでいるということから、今度は無に立って、一切を否定するという考え方が出てくる。ニヒリズムです。一切を否定するというけれども、否定している主体自身は否定できない。人間を信頼しないというけれども、信頼しないということをしている存在自身はどうなのか。有であろうと無であろうと、人間の事実そのものではないというのが釈尊の存在了解です。

人間が考えれば必ずその思想の限界を突破できない。そういうものを破って涅槃ということを表す。それが、釈尊が人類に、いわゆる宗教、神によって救かるとか絶対者によって救かるとかいう宗教ではない、人類救済の道理、仏法というものを開いた意味だろうと思います。こういうものが開かれていながら、それに何処までも反抗してそうなれない存在という自覚が、親鸞聖人のここの「悲しきかな」という表白をなさってくる問題になるわけです。

欲生心ということは回向心だといわれる。至心回向から始まって如来が本当の要求を衆生に与える、その要求が衆生の中に芽生えてくる。そのときに、衆生自身が持っている如来の勅命を聞こうとしないという反逆性、(反逆性という強い自覚も持っていないのです)が、何故そうなっているかを知らないで、如来の心によって治されることを阻止している。

難治の病、難化の三機と押さえられてくる無自覚的存在です。健康性というものをいのちが持っていれば、病気などは放っておいたらひとりでに治ってしまうわけです。気を病むといいますが、病気を意識すると病気になってしまう。

安田理深先生が六十五歳で大谷大学を定年退職なさった直後に、風邪をこじらせて結核になった。先生は入りたがらないのに無理やり、強制入院させられた。先生は病気をしたことがない。自分は病気にならないと思っている。下痢になったって、下痢などは放っておけば治るのだ。結核でも気を病むと病人になるが、結核などで自分の精神を病むことはないのだ、と。とにかく厄介な患者だったのです。

医者が往診に来ると、殊勝な顔をする。医者のいうことを聞いているような顔をしている。しかし全然聞いていない。昼間は昼寝している。夜、看護婦が見回りに来るときだけパッと電気を消して、後はずっと勉強している。一晩中本を読んでいる。だから病室に行くとたくさんの本が積んである。医者が何といっても止めない。

わしは別に病気を病むつもりはない。絶対安静だといくらいわれても、先生は、寝ているのだから安静だといって本を読むのを止めない。先生は医者を信頼していない。だから、とにかく権威のある医者を呼んでこなければダメだということになった（はじめは先生の知り合いの医者にかかったのです）。

京都大学は金子大栄先生の因縁もあり、『京都大学仏教青年会』がずっとあって、京都大学の総長をされた平沢興先生などの聞法者がおられる。結核研究所長の辻先生も昔からの聞法者です。その辻先生に頼んで出張していただいた。そこで、辻先生は安田先生に厳命された。「絶対安静ということは本当に何もしないで医者に任せることです。即座に京大病院に入院してください」ということになった。

結核病棟というのは隔離病棟です。辻先生が直接ご覧になる。空いていないからというので大部屋に入れられた。さすがに安田先生もこれには閉口したそうです。周りの患者さんに悪いから夜中に電気を付けていられません。それで考えられた。本が読めないというので思索だけする。

それから、いままで何十年間筆を執らなかったのを日記を付け始めた。暇があると日記を書く。思索ノートを作る。そこから始めた思索ノートが段ボール一杯になるほどになった。そんなふうに、病気を病むということに対して、安田先生は、はじめ徹底的に抵抗された。あるときようやく絶対安静という意味が分かった。何が分かったのかといったら、俺は病人ではないぞといって頑張っていたけれども、本当に病人になることが絶対安静なのだと分かったというのです。当たり前のことなのですが。そのくらい頑固な先生でした。

難治の病、難化の機というけれども、なぜ治し難いかといえば、病気の自覚がない。如来がいくら衆生を治療したいと願っていても真実自身が真実になりたいと思っていても、虚偽に生きている人間は虚偽が真実だと思っている。安田先生がよくいわれました。人間というのは傾向性があって、何しろ、正しいこととか真実であることを要求する。けれども、間違っているということが分からない場合は、間違っていることを真実にする。正しいことを知らないという否定的状態で留まっていることができない。知らないと必ず間違ったことを正しいと信じる、と。

何かを正しいと信じていないと人間は不安でしょうがない。正しいと信じたらそれが間違っているということは分からない。ふつうの私どもも、そういう状態なのです。これが私の信念だといいますが、その信念なるものが間違っているとは思わない。如来の真実の回向をいただくためには、こちらに間違った信念があったら絶対両立しない。

いわゆる信仰と真実信心とは両立しない。如来の欲生心が何故必要かといえば、いくら至心に信楽を回向するといっても、それが人間の上に与えられたときには、自己批判能力を持たない。与えられたのだから正しいのだといってそれで留まるかというと、正しいのだとする心自身の中に自我意識が正当化しているものが乗っていた場合には、「仮」とか「偽」というものを本当に破ることができない。

念仏というものを真実だと聞いても、それが何のための真実なのかというときに、人間の基準に取り込むわけです。人間の何かを正当化するための基準にする。それがいわゆる信仰が必ず持っている深い罪なのです。

法然教団の中にあって、雑行を捨てて念仏を称えるといいながら、念仏によって自分を武装して相手をやっつけに行く。必ずそうなる。そのときの論理はやはり自分が正しい、自分の教団は正しい、それに敵対するものは敵になる。そういう問題を親鸞聖人は現実に与えられていましたし、曇鸞大師が、衆生の課題として「唯除の文」を考えていること、利他の課題について「唯除」という問題が絡んでいることを、親鸞聖人はしつこいほど追求していかれたわけです。

これはやはり、同じ浄土教の中でも徹底しているのではないかと思います。親鸞聖人の懺悔というのは、単なる感情論ではない。「悲しきかな」といっているからといってメランコリーな心情論ではない。真実信心というものに反逆する存在としての自己の自覚という問題であって、決して心理的に、あるいは状態的に自分が悲しいといっているのではない。

本願文にも、成就文にも付いている「唯除五逆　誹謗正法」という言葉を欲生心の問題として、真実に如来が衆生の中に誕生する、衆生に勅命して衆生の中に信心が発起する、そのための大事な契機として「唯除五逆　誹謗正法」という問題をどう考えるか。これを抜いては欲生心が成り立たないという重要課題として、この問題を取り上げているのではないかと思います。

安田理深『自己に背くもの』

安田先生の八番問答の講義は、京都の文明堂という本屋が『仏に背くもの』という題で本にしており、その後、この本を再版したいと安田先生の所に相談に行った。本屋の方が、読みたい人がいるのだからなんとか再版と販売を許して欲しいとお願いしたら、先生は、「それなら題を変えよ。『仏に背くもの』という講義をしたのではない」と。それで改題して出されたのが『自己に背くもの』という本です。

本当の存在になろう、自分が自分になろう、安田先生が自分の一代の思索を表現する場合に、自己の根源が自己になれるか。如来というものが何処かにあって私に回向するのではない。より根源的な自己が自己になろうとする。そう表現をしていかれた。

我々が自己と思っているのは自我である。釈尊が無我ということをいわれたが、無我にして成り立っている自己、それが阿頼耶識という言葉で教えられてくる大乗の主体です。阿頼耶識といわれる自己と、法蔵菩薩といわれるような自己ということから、自己に背くという自覚、本当の自分に背いている、自分が自分になれなくなっているとして「唯除」の問題を考えていく。

欲生心ということは如来の回向心なのですが、衆生は真実が見えない。仏性を知らない存在。しかし広くは、凡夫、菩薩、仏といっても全部衆生である。衆生の位であり、自己の位である。自我は凡夫ですが、自己そのものは、菩薩ともなり、仏ともなる。本来の存在に還ろうという自己の根元的な願いに背くということが「唯除の文」で教えられてくる。

欲生心は何処からか来る心なのではない、本当の自己が自己になろうとする欲求、これが如来の欲求なのだ。如来の勅命なのだ。「信巻」で、「悲しきかな、愚禿鸞、愛欲の広海に沈没し、名利の太山に迷惑して、定聚の数に入ることを喜ばず、真証の証に近づくことを快《たの》しまざることを、恥ずべし、傷むべし、と」（聖典二五一頁）とある。これは、明らかに「真実証」の前に立って信心自身が、真実証を必定しているにもかかわらず、それを喜ばない、それに近づくことを快しまないという反逆性、真実の中にありながら真実であることを不快に思う、そういう複雑な構造を持った人間存在を示している。

引用してくるのは『涅槃経』の阿闍世《あじゃせ》の問題です。阿闍世が、何故、王舎城《おうしゃじょう》で事件を起こし、それにどのように苦しみ、どのように釈尊に触れていったかをずっと引用している。釈尊の大悲に触れて阿闍世が救かるという問題は、単に阿闍世個人が救かるのではない。未来世すべての衆生が救かる道が開けたということだ。

これを結んで聖典二七一頁の最後の段に、「ここをもって、今大聖の真説に拠るに、難化の三機、難治の三病は、大悲の弘誓を憑《たの》み、利他の信海に帰すれば、これを矜哀して治す。これを憐愍して療したもう」、そういう課題を押さえて、改めて「唯除五逆　誹謗正法」という言葉を出してくる。

「唯除五逆　誹謗正法」という言葉は単なる言葉ではなく、何故こういう言葉を本願自身が誓うかという問題の序論として、『涅槃経』の具体的な問題を長々と引用している。唯除の文の信仰における意味、欲生心の内における意味を明らかにすべく『涅槃経』を引用された。

さらにここで、『浄土論註』の八番問答と善導大師の抑止《おくし》文《もん》釈が出されている。罪を犯している衆生は黙って摂取する、罪を犯していない衆生には罪を犯すなよと抑制するという意味なのだと解釈するところから出てくる専門用語が、抑止文です。

何故、抑止文というか。「これは未造業《みぞうごう》について解《げ》するなり。もし造らば還りて摂して生を得しめん」（聖典二七六頁）、たまたま罪を作ったという存在はそのまま摂取する。造っていないものについては造ってはならんぞと止める。善導大師は、已造業《いぞうごう》、未造業という言葉で解釈をしている。

親鸞聖人はこのように長々と引用して「唯除五逆　誹謗正法」という言葉が持っている意味を明晰にしている。五逆というのは、釈尊の教えを聞く人たちの集まりができてきたときに、この人たちに、してはならないとして与えた倫理です。

「戒」や「律」というものがあるのですが、それよりもっと広く在家の信者たちに仏教徒として守って欲しいと出された制戒という意味を持っています。それに対してそれを破る存在を「五逆」といいます。父親を殺す、母親を殺すという、倫理的に許されない、仏教徒以前の問題であり、まして仏教徒になったからにはそういうことをしてはいけないという教えです。

「誹謗正法」とは、仏法を誹《そし》る。正しい真実の人間存在の自覚、人間を肯定したり、否定したりするために考え出した論理ではなく、人間が考える存在の事実そのもの、自分を中心にして建てた論理ではなく、自分も与えられてある因縁生起の事実そのもの、これを人間は分かったようでいて分からない。「因縁」ということを聞かされても納得できない。自我の思いというものがあって解釈していますから、存在そのものをそのまま受け入れることができない。

例えば安田先生の場合でもそうだったのですが、病気になっても病気を認めない。病気になったといって病気に負けてしまえば確かに本当に病気になってしまう。しかし、病気になったのに病気ではないというのも独断であって、事実に背いている。病気になりながら、病気に負けるのではなく病気をそのまま認める。

病気になりたくないという心があって病気になってしまったなら、病気に負けてしまう。病気に負けるのでもないし、病気に勝つのでもない。病気のままで生きるということがどうして成り立つか。一番易しいようだがそれができない、どちらかになる。

事実を解釈して、自分に都合よくして事実を叩き伏せるか、さもなければ、事実に負けてしまって存在そのものを本当にいただけないかです。そのために信仰というものが藁をも掴むという形ではびこるわけです。自分が勝つために神も頼む。そうではなく、そのまま存在を引き受けて、しかもそこに何も無理がないと、いかになれるか。そういうことを仏教で一如《いちにょ》というのです。

我々は一如になれない。そのまま素直に事実を引き受けるということほど難しいことはない。正法を誹謗するということは仏法の道理を非難する。人間の論理、考え方を正しいとして解釈する。その立場に立ったら、そういう解釈で貫く。

唯物論に立てば唯物論的解釈になるし、唯心論に立てば唯心論的解釈になる。事実を事実として見ることができない。歴史学者でも歴史を忠実に読むというけれども、都合のいいように解釈する。ある立場があって文献の都合のいいことを読んでいる。そういう作業をいつの間にかしている。客観的にということは絶対あり得ない。そんなことをしたら学者にはなれない。解釈する原理を自分が持たなければならない。

正法を誹謗するということは、本当の仏法が教えようとする存在そのものになることを何処かで誹《そし》る、正しい道理を誹る。「五逆」と「誹謗正法」とはまったく質が違う。「五逆」というのは表に現れた倫理的な行為としての罪、「誹謗正法」というのは存在それ自身を本当に知らないという、無知の罪。こういう次元の違いがある。『観無量寿経』では、「下品」のところに五逆の衆生について、例えば「あるいは衆生ありて諸々の悪行を作り。方等経典を誹謗せずといえども、かくのごときの愚人、多く衆悪を造りて、慚愧《ざんぎ》あることなし」（聖典一一八頁）、そうであっても救ける。南無阿弥陀仏と称せしめて救ける。また、「あるいは衆生ありて、不善業たる五逆・十悪を作る。もろもろの不善を具せるかくのごときの愚人、悪業をもってのゆえに悪道に堕すべし」（聖典一二〇頁）という。それに対していのちが終わろうとするときに善知識に遇って、念ずることさえできないなら、無量寿仏と称えよと教えて救ける。

ですから、『観無量寿経』では五逆罪を造っても救けると書いてある。ところが、『無量寿経』では、「五逆」と「誹謗」を除くと書いてある。これはどういうことかというのが、曇鸞大師の問題提起の発端なのです。「五逆」の身ならば救ける、「誹謗」の罪は重いと、こういうことを八番問答を通して明らかにしてくる。

親鸞聖人の読み方は欲生心の内なる罪、欲生心の呼びかけを受けながら、そこに除かれる存在に対して、罪の深きことを知って如来の教えに帰せよという意図なのだと、仮名聖教では簡単に解説されます。

難治の病、難化の三機は、「五逆」と「誹謗」と「一闡提《いっせんだい》」と『涅槃経』ではいわれます。「一闡提」というのは、ほとんど教えに対して無関心、宗教関心に対して感覚を持たない存在といわれている。罪意識がないような存在、そういうことが人間にあるのかどうか分かりませんが、「一闡提」という問題は大乗仏教の課題としては大きな課題です。その問題を「一闡提」すら救うといって一闡提成仏ということを大乗の『涅槃経』はテーマにしている。

親鸞聖人は唯除の文の内容として取り上げて、如来が十方衆生に真実信心を持って、難治の病、難化の機を治していくことができるという意味として解釈している。因願の方は法蔵願心、成就文の方は釈尊の教えと分けて考えられることがあります。

成就文の方は衆生往生の因果、衆生往生の因果ということは人間が本当にそれを信受して自覚する。法蔵願心は、それよりも先験的、根元的に、真実の宗教的要求自身が、自分の願心を深めて歩む。それが願の内容です。人間の上に自覚されてきたのは成就文だ。これは釈尊の教えとなったということだ。釈尊の教えと阿弥陀の願いとを分ければ、釈尊個人よりも深い阿弥陀如来の願心の世界と、釈尊が自覚してそれを衆生の言葉にして教えた成就文の世界と分けられる。

両方に抑止文が付いている。それは親鸞聖人が初めて気づいたのではない、気づいてみれば、善導大師が気づき、それに先立っては、曇鸞大師が気づいている。こういうことで論拠を明らかにされて、それに先立っては、実は『涅槃経』がこの問題を扱っている。非常に普遍的な課題として、人間存在の罪の問題、存在に背く罪、倫理的な罪よりも重い、真実になることができない罪を人間は抱えている。

真実信心というものの内に、真実にならしめないような障害を抱えた人間存在を見ていく。自分は正しくて外に「誹謗正法」がいるという排除的発想ではなく、排除するものは内にある。

この問題と欲生心が、機の三願を開いて第二十願を展開するのですが、これは、「仮」「偽」の問題の展開として「化身土巻」でさらに論じられます。「化身土巻」を開いていかれる場合と抑止文を扱われる場合とは少し方向が違う。

「化身土巻」の問題は、三願転入で端的に示されますように、信仰自身の自覚的歩みという意味を持っている。しかし、この唯除の文は、「悲しきかな、愚禿鸞」というこの親鸞の叫びは、真実信心になってしまったらもう無くなるというものではなく、名号に生きていながらそこに背くようなものを抱えている。

「悲しきかな、愚禿鸞、愛欲の広海に沈没し」という事実は自分が念仏生活を生きているかぎり付いている悲しみという問題です。これが欲生心の内なる抑止文という課題なのではないかと思います。これを持っているので親鸞聖人の信仰生活が非常に深い。非常に我々に響いてくるのだと思います。

第2章　三輩段

『選択集』の三輩章

仏《ぶつ》、阿難《あなん》に告《つ》げたまわく、「十方世界の諸天人民《にんみん》、それ心《しん》を至《いた》してかの国に生まれんと願ずることあらん。おおよそ三輩《さんぱい》あり。その上輩《じょうはい》というは、家を捨て欲を棄《す》てて沙門《しゃもん》と作《な》り、菩提心《ぼだいしん》を発《おこ》し、一向に専ら無量寿仏《むりょうじゅぶつ》を念じ、もろもろの功徳を修して、かの国に生まれんと願ぜん、これらの衆生、寿《いのち》終わらん時に臨《のぞ》んで、無量寿仏ともろもろの大衆《だいしゅう》と、その人の前に現ぜん。すなわちかの仏に随《したが》いてその国に往生せん。すなわち七宝華《しっぽうけ》の中より自然《じねん》に化生《けしょう》し、不退転に住せん。智慧《ちえ》勇猛《ゆみょう》にして神通《じんずう》自在ならん。このゆえに阿難《あなん》、それ衆生ありて、今世《こんぜ》において無量寿仏を見たてまつらんと欲《おも》わば、無上菩提《ぼだい》の心《しん》を発《おこ》し功徳を修行してかの国に生まれんと願ずべし。」

仏《ぶつ》、阿難《あなん》に語《かた》りたまわく、「それ中輩《ちゅうはい》というは、十方世界の諸天人民《にんみん》、それ心《しん》を至《いた》してかの国に生まれんと願ずることあらん。行《ぎょう》じて沙門《しゃもん》と作《な》り大きに功徳《くどく》を修すること能《あた》わずといえども、当《まさ》に無上菩提《ぼだい》の心《しん》を発《おこ》し一向に専ら無量寿仏を念じ、多少に善を修し、斎戒《さいかい》を奉持《ぶじ》し、塔像《とうぞう》を起立《きりゅう》し、沙門《しゃもん》に飯食《ぼんじき》せしめ、繒《ぞう》を懸《か》け灯《とう》を然《とぼ》し、華《はな》を散《さん》じ香《こう》を焼《た》きて、これをもって回向《えこう》してかの国に生まれんと願ぜん。その人終わりに臨んで、無量寿仏、その身を化現《けげん》せん。光明相好《そうごう》つぶさに真仏《しんぶつ》のごとくならん。もろもろの大衆とその人の前に現ぜん。すなわち化仏《けぶつ》に随《したが》いてその国に往生し不退転に住せん。功徳智慧《ちえ》、次《つ》いで上輩《じょうはい》の者のごとくならん。」

仏《ぶつ》、阿難《あなん》に告《つ》げたまわく、「その下輩《げはい》というは、十方世界の諸天人民《にんみん》、それ心《しん》を至《いた》してかの国に生まれんと欲《ほっ》せんことあらん。たといもろもろの功徳《くどく》を作ること能《あた》わざれども、当《まさ》に無上菩提《むじょうぼだい》の心《しん》を発《おこ》して一向《いっこう》に意《こころ》を専らにして、乃至《ないし》十念、無量寿仏を念じてその国に生まれんと願ずべし。もし深法《じんぽう》を聞きて歓喜信《かんぎしん》楽《ぎょう》せん。疑惑《ぎわく》を生ぜず。乃至《ないし》一念《いちねん》、かの仏を念じて至誠心《しじょうしん》をもってその国に生まれんと願ぜん。この人終わりに臨んで夢のごとくにかの仏を見たてまつりて、また往生を得《う》。功徳智慧《ちえ》、次《つ》いで中輩《ちゅうはい》の者のごとくならん。」（聖典四四～四六頁・註釈版四一～四三頁）

第十八願成就文が「唯除五逆　誹謗正法」で結ばれて、次の段に入ります。人間の機類を大きく三つに分けている。ここを「三輩段《さんぱいだん》」といいます。三輩段については、親鸞聖人の師匠であった法然上人が『無量寿経』の問題として取り上げています。『選択集』「三輩章」の「三輩念仏往生の文」で、この三輩段を大変重要な問題を持つ段として扱っています。

まず、「仏、阿難に告げたまわく、「十方世界の諸天人民、それ心を至してかの国に生まれんと願ずることあらん。おおよそ三輩あり」（聖典四四頁）、至心願生の内容として三輩が開かれてくる。至心願生は因願でいうと至心欲生です。至心欲生は機の三願に通じている問題です。第十九願は至心発願欲生、第二十願は至心回向欲生、第十八願は至心信楽欲生という違いはありますが、至心と欲生ということは三願に通じている。

願生は成就の文の場合は願生、人間からすれば浄土に願生する、如来からすれば欲生せよという違いで、経典は翻訳されています。その至心願生について三輩がある。

最初は上輩について、「その上輩というは、家を捨て欲を棄てて沙門と作り、菩提心を発し、一向に専ら無量寿仏を念じ、もろもろの功徳を修して、かの国に生まれんと願ぜん。これらの衆生、寿《いのち》終わらん時に臨んで、無量寿仏ともろもろの大衆と、その人の前に現ぜん。すなわちかの仏に随いてその国に往生せん。すなわち七宝華の中より自然に化生し、不退転に住せん。智慧勇猛にして神通自在ならん。このゆえに阿難、それ衆生ありて、今世において無量寿仏を見たてまつらんと欲わば、無上菩提の心を発し功徳を修行してかの国に生まれんと願ずべし。」」（聖典四四～四五頁）とある。

阿弥陀仏に遇《あ》いたいと思うならばこのようにして願生せよ。『無量寿経』の第十九願を見ていただきますと、「たとい我、仏を得んに、十方衆生、菩提心を発し、もろもろの功徳を修して、心を至し願を発して我が国に生まれんと欲わん。寿《いのち》終わる時に臨んで、たとい大衆と囲繞してその人の前に現ぜずんば、正覚を取らじ」（聖典一八頁）とあり、よく似ています。発菩提心、修諸功徳、命終の時に如来が大衆の前に現れる、そっくりです。

中輩に行きますと、「仏、阿難に語りたまわく、「それ中輩というは、十方世界の諸天人民、それ心を至してかの国に生まれんと願ずることあらん。行じて沙門と作《な》り大きに功徳を修すること能わずといえども、当に無上菩提の心を発し一向に専ら無量寿仏を念じ、多少に善を修し、斎戒を奉持し、塔像を起立し、沙門に飯食せしめ、繒《ぞう》を懸《か》け灯《とう》を然《とぼ》し、華を散じ香を焼きて、これをもって回向してかの国に生まれんと願ぜん。その人終わりに臨んで、無量寿仏、その身を化現せん。光明相好つぶさに真仏のごとくならん。もろもろの大衆とその人の前に現ぜん。すなわち化仏に随いてその国に往生し不退転に住せん。功徳智慧、次いで上輩のごとくならん。」」(聖典四四〜四六頁)とある。

前の段は、「家を捨て欲を棄てて沙門となり」(聖典四四頁)といっていたのですが、今度は、沙門となって「大きに功徳を修すること能わずといえども」(聖典四五頁)、まさに無上菩提の心を発《おこ》すべしといって、一向専念無量寿仏、一向に専ら無量寿仏を念ずべしと。良いことをたくさんして回向して彼の国に生まれようと願ずる。中輩は上輩までは行かないが、それなりに真面目にやる。

次いで下輩は、「仏、阿難に告げたまわく、「その下輩というは、十方世界の諸天人民、それ心を至してかの国に生まれんと欲せんことあらん。たといもろもろの功徳を作ること能わざれども、当に無上菩提の心を発して一向に意《こころ》を専らにして、乃至十念、無量寿仏を念じてその国に生まれんと願ずべし。もし深法を聞きて歓喜信楽せん。疑惑を生ぜず。乃至一念、かの仏を念じて至誠心をもってその国に生まれんと願ぜん。この人終わりに臨んで夢のごとくにかの仏を見たてまつりて、また往生を得。功徳智慧、次いで中輩の者のごとくならん。」」(聖典四六頁)とある。

下輩では、功徳はできないが、無上菩提心を発すということは上輩、中輩と共通する。このように上中下と三輩に分けて説かれている。法然上人はこの三輩段を、専修念仏ということをはっきりさせたと押さえる。この三輩段は、読んでみると、いろいろな行がそれぞれの機類に分けて説かれている。人間の機類が、選ぶ行や菩提心などの違いで教えられている。

善導大師の心を通してこの三輩を見れば、三輩に通じて一向専念無量寿仏ということがある。一向ということでは、真宗が一向宗といわれるのは、蓮如上人が「一心一向に、仏《ぶつ》たすけたまえともうさん」(聖典八三二頁)といわれたので一向宗といわれるのですが、元はこの『無量寿経』から来ています。

実は法然上人は一向ということをいいます。浄土宗は一向をいわなくなりましたが、蓮如上人は一向をいいました。二向、三向ではなく、三輩に通じて一向専念無量寿仏と書いてある。それでは何故念仏以外の行が説いてあるのか。そこで法然上人は廃立《はいりゅう》、助正《じょしょう》、傍正《ぼうしょう》という三つの解釈を立てられた。

善導大師の心によってよく見れば、諸行を捨てて念仏を立てる。何故諸行を立てるのかといえば、諸機を摂するためである。人間はそれぞれ自分の因縁で自分の行が欲しい。だから、諸々の機類を摂するがためにいろいろな行を説く。そうしておいてその諸行を廃する。自力の行は役立たないということを本当に自覚させるためには一ぺん教えなければならない。やってみたら、やってもやっても役に立たない。そのことを通してそれを捨てる。諸行を廃して念仏を立てるためにわざわざ諸行を説く。これが廃立です。

次は、念仏が主だけれども、菩提心に立って生活をするときに、諸々の行は念仏を助ける。たとえば、出家すると日常生活をしているよりも念仏ができる場合もある。それぞれの人によってそれぞれ念仏を勧めんがためにそれぞれの行を教える。これは念仏を助けんがためである。助けられるのは念仏、助けるのは諸行だ。こういう意味も考えられる。これが助正である。

もう一つは、上輩、中輩、下輩と分ける。上中下輩を分けるのは、人間には意志の強い人もあれば、弱い人もある。難行が好きな人もあれば、難行がいやな人もある。それぞれ機類によって行が違っていないと摂することができない。だからいろんな人にいろんな行を勧める。単に諸行で三輩を立てるのではない、念仏にも三輩が立てられる。念仏にも深いか浅いか、多いか少ないかということで機類が立てられる。そういうことで、諸行を通して上中下輩の三輩を立ててくる。念仏にもそういう違いが出てくるということを教えんがためである。これが傍正である。

三輩段の解釈にはいろいろな解釈がある。善導大師によって、よく見れば、第一義、廃立の意味が自分は本当だろうと思うが、取捨はあなた方に任せると、法然上人は三輩章を結んでいます。中心は一向専念無量寿仏です。諸行を通して諸行をやってみると、自分はやはり諸行では救からないことがはっきりしてくるから、諸行を捨てて念仏に立つ。自力を捨てて他力に帰するために三輩段が説かれているというのが、法然上人の了解です。

曇鸞大師はこの三輩を読むときにどう読まれたかというと、一向専念無量寿仏というところに注意するのではなく、発菩提心に注意された。浄土を願うというが、三輩に通じて発菩提心がある。願生は本当は菩提心なのだ。無上菩提の要求というものが内にあって浄土を要求する。無上菩提心と別に願生するのではない。願生の内に本当の菩提心があるというのが曇鸞大師の読み方です。

親鸞聖人はそれも取る。『教行信証』「信巻」や和讃でそれを取ります。願作仏心は度衆生心、信心は大菩提心といわれるのは、曇鸞大師の三輩段の読み方から来る。

法然上人は、菩提心であっても余行で、一向専念無量寿仏が大事だ。菩提心は要らない、菩提心も諸行の一つだ。凡夫は菩提心が発せないから浄土に南無阿弥陀仏ひとつで救かりたいと思うのだ。同じ経文でもそれぞれ読み方が違う。

法然上人は、菩提心も余行で、それをも捨てる。これが選択本願の教えなのだといったために、明恵《みょうえ》上人からは、菩提心を捨てるようなものは仏教ではない、外道だ。こういう批判が『摧邪輪』として出てきた。

十方衆生が本当に平等に救かるためには、いろんな条件を全部捨てて、如来の選択本願を信受する。選択本願は念仏一つにある。個人の、どういう心か、どういう行が好きか、どういう生活かなどは条件としない。どんな生活をしていてもよい、念仏が中心なのだから、念仏ができるように生活せよ。念仏ができないのならば、結婚するな、念仏ができるなら結婚せよ。南無阿弥陀仏を基準にして生活をしなさいといいます。三輩段は真実の言葉が出ているとして、一向専念無量寿仏をいわんがための三輩段だというのが法然上人の読み方です。

親鸞聖人の読み方

ところが、親鸞聖人はこの文は願に返せば十九願の成就文だと読まれた。ここをも真実の願の成就文だとして読もうとするから面倒な議論をしなければならないわけです。三輩段と『観無量寿経』の散善の内容である九品、機類の上中下の中にまた上中下あって九つに分けられる。この九品と三輩とはどういう関係かというと、同じ教えだ、「開合の異なり」と法然上人はいわれる。九品に開いてあるが同じ意味なのだといわれる。

これを親鸞聖人は人間に機類を分けて教えを開く、と。つまり、自力の心に応ぜんがためだと。人間が自分を自分で正当化する場合に、自分に応じた行なり、条件なりを取る。十九願文に拠れば「発菩提心、修諸功徳」、菩提心を発して、諸々の行を積んでいく、功徳を積んでいく。そして、臨終に初めて如来に触れることができる。これは第十九願の願文です。

親鸞聖人は、第十八願と第十九願を照らし合わせて、三輩段を読まれた。一向専念無量寿仏はあるが、余行に包まれていて純潔ではない。だからこれは、第十九願では自力の心に呼びかけ、自力の心を育てていくという本願、方便の願であるといわれます。方便の意味があると親鸞聖人は読まれた。その方が無理がありません。

法然上人のような鋭い頭で読めば、一向専念無量寿仏だけが真実で、後はいらないと読めるかもしれない。しかし、一般的に読めば無理です。親鸞聖人は、これは第十九願の方便の願の成就文という意味を持つ、だから「化身土巻」に引かれる。方便意で取れば、菩提心という言葉があっても矛盾はしない。

三輩章は非常に分かりにくい章です。何故説いて捨てさせるかといえば、そこに方便という意味があるからだとはっきりさせればいい。自分自身が教えを求めるときの心の中は自力の心で出発しますから、それを言い当てているのが第十九願です。第十九願の教えによって、自分の求道の要求が第十九願意であるということに目が覚めれば、第十八願に転入できる。無理やり捨てるというのではなく、そこから出発するという位置を教えていると読んだのが親鸞聖人です。

その中にある菩提心という問題は、人間が発す心よりも深い欲生心として、如来の勅命として読み取ってきた。菩提というのは悟りになる心、本当に悟りになる心というのは自分で悟りたいと思ったから悟れるわけではない。どれだけ悟りたいと思っても悟れない人間が、如来の本願力を信受すれば、大菩提心に叶う。信心が菩提心だというのが親鸞聖人の解釈です。

「願作仏《がんさぶつ》の心《しん》はこれ　度衆生《どしゅじょう》のこころなり　度衆生の心はこれ　利他真実の信心なり」（聖典四九一頁）と『高僧和讃』にあります。これによって明恵上人の法然上人に対する疑難を乗り越えていかれたのです。

法然上人の立場は本願に拠るならばというのですが、この文からすれば、仏の本願に拠れということがはっきりしていない。やはり方便意だと親鸞聖人は押さえた。ある意味で法然上人の教えと違う解釈をするわけですから、充分に吟味した上で、こう読んだ方がいいと読まれて「化身土巻」を立てられたのだろうと思います。

法然上人には化身土はありません、捨てるか取るかです。念仏か諸行か、聖道か浄土かという判断です。非常にはっきりしていますが、それだけに敵ができるし、疑難を超えることが難しい。法然上人ご自身が生きておられればどうにでも相手をひっくり返していけたのでしょうが、道理として教えをどう解釈するかはなかなか面倒です。そういうところに親鸞聖人が『教行信証』を造っていかれたご苦労があると思います。

私は、二回向の問題とか、菩提心の問題について、ある程度『教行信証』の骨格ができていったのは、関東時代だろうと思います。寺川先生は、嘉禄の法難を縁にして（親鸞五十五歳）、『教行信証』を書くために京都に帰ったといわれます（宮崎圓遵氏の説）。

往還二回向とか、本願成就文に立って本願文を読み直していくような緻密な作業を、六十過ぎて京都に帰ってから初めて始めたということはないと思います。嘉禄の法難は完成のための大きな動機になるかもしれませんが、おそらく、親鸞の名告りとともに始まって、骨格は関東時代にまとめていかれたのでないかと推測されます。

曇鸞大師や源信僧都は、願生の要求は菩提心だというところに力点がある。ところが法然上人は、一向専念というところにあると読まれた。一向専念ということだけを出そうとすると、諸行と念仏との選びという問題だけになりますが、親鸞聖人は、信心ということが大事な問題で、念仏を口で称えるか称えないかという問題よりも、本当に選択本願を信じるか否かということに重点がある。

信心という方に力点を置いてこの文を読み直してみれば、これは第十九願意だ、形は専念といっても、第十九願意の問題を孕んでいる。自力の心を孕んでいるという問題が出てくる。親鸞聖人は専念ということは教えますが、一向の方はほとんど落とされた。

天親菩薩に拠られて、一心ということをいわれますが、一心というのは信心で、人間が努力して一つ心になるという意味ではない。疑いが晴れたというのが一心だ。一心に帰命するということは、一生懸命帰命するということではない。純粋な信心において帰命する。「罪悪深重煩悩熾盛《しじょう》の衆生をたすけんがための願にてまします」（『歎異抄』、聖典六二六頁）と本当に信受して、南無阿弥陀仏と念ずる。自分の二つある心を一つにして念ずるという意味ではない。

一心は信心だというのが親鸞聖人の理解です。不思議なことですが、親鸞聖人が取り上げられなかった一向という言葉を、法然上人から取って復活したのが蓮如上人です。浄土宗は、木魚を叩いて念仏するのですが、出家とか受戒などをも大切にする。つまり諸行を取り込んでいっている。三輩段を、どう了解するかというところで、解釈が大きく分かれてくるので大事なところです。

一向専念無量寿仏

『観無量寿経』と三輩段とを第十九願の成就の文として、親鸞聖人が取り上げる意味をもう少し考えてみます。人間の努力意識に立って人間を見れば、無数の差別が人間の常識にありますから、たとえ菩提心に立っても、そういう階梯を必要としてくる。

曇鸞大師の言葉に拠って、元は九品であっても、本願の大海に帰すれば平等であると教えられるわけです。元はということは人間心であればどうしたって平等になれない。善悪の分別、上下意識をはじめから無視したら、人間は出発できないということがあります。

『十地経』によれば、まだ本当に心が清くなっていない、未証浄心の菩薩は分別意識しか湧いてこない、そういう人間でも浄土に触れるならば平等だ。この世で人間が条件的に生きている場合には、平等をいうことは簡単だが現実には平等になれない。しかし、存在の本当の平等性の真実というものをいただかなければ、単に差別の状況、それぞれの違いの状況だけでは、欲求不満、恨み心というものが消えていかない。

人間を人間として認めながら、本当にそれを批判して本来に還していく。存在の真実というものは平等である、しかし凡夫はそれになれない。そこに自分のある場所を批判的に自覚して畢竟平等の世界を共に仰いでいく。如来の本願をいただいていく道には終わりはない。人間の凡夫性、罪悪性が終わらないかぎり、つまり人間であるかぎり終わらない。ずっとそれをいただいて歩んでいく道である。単なる理想を求めて歩むのでもないし、単に現実肯定して開き直るのでもない。そういう道が、宗教に照らされて生きていく道でである。

一九五四、五年ごろから始まった「証巻」「真仏土巻」の安田理深先生の講義が、三重県の聞法会で行われた。長い時間をかけて『教行信証』を「教巻」から読んできたのだが、「証巻」に関して、花山さんという方が丹念に取られたノートが数年前に相応学舎に届けられました。『安田理深選集』の編集は、全部で二十二巻が完結して、完結したあとどうするかという会議が行われれた結果、せっかくノートがあるなら「証巻」と「真仏土巻」を整理して出してはどうかということで、「証巻」の講義録をいま編集しています。

ちょうどその直前ぐらいに、曽我先生が北海道のノサップ岬でソビエトの国境線を見ながら、「分水嶺の本願」ということを題にして第十一願の講義をした。前からぽつぽついわれていたのですが、親鸞聖人が浄土真宗は誓願一仏乗であると断言している。誓願一仏乗であるということは何処でいえるか。それは「必至滅度の願」による、『三誓偈』の三誓でいえば第一声です。「我建超世願　必至無上道　斯願不満足　誓不成正覚」、仏道を成ずるという願、四十八願全体の根底に無上道を成就せんという願がある。それが第十一願である。

これに気づかれたのは曇鸞大師の指摘によります。曇鸞大師が第十八願を中心にして第十一願と第二十二願を引用して、「三願的証」といっている。必至滅度ということ、異訳の経典によれば、大涅槃を証するということが四十八願の目的である。親鸞聖人は、本願による仏道ということを確信されて誓願一仏乗といわれる。

江戸時代までの教学では「証巻」はあまり重視しなかった。法然以来の念仏往生が中心ですから、救かる念仏ということが中心であって、聖道門の悟りの仏道ではなく、浄土に生まれて救かる仏法ということでした。浄土に生まれることがどうして仏法かという問題について、積極的に取り上げられなかった。

念仏して生まれていく「行信」中心であって、浄土に生まれれば必ず悟りを得られるという間接的な形でいわれていて、「真実証」ということがどうもはっきりしないということで、曽我量深先生が「証巻」に中心をおいた思索を展開した。時を同じくして、安田先生が「証巻」の講義を大変力を入れていった。

一般の往生は西方往生ということですが、親鸞聖人の往生においては、第十八願、第十九願、第二十願の三願の問題と絡んで、『無量寿経』の往生とは、難思議往生だとされる。つまり、死んで往生する双樹林下往生（第十九願）と念仏して往生するという難思往生（第二十願）に対して、本願力の回向による往生の難思議往生が『無量寿経』の往生です。

「証巻」の標挙には「難思議往生」ということを掲げている。難思議往生を包みながら、しかも、大涅槃を証するという仏道の目的を充分に包んだ念仏である。親鸞聖人の『教行信証』の仕事の大切さの中で、どちらかというとあまり積極的に触れられなかった「証巻」を、安田先生は力を入れて講義している。『教行信証』『無量寿経』『正信偈』『浄土論註』等を包んで蘊蓄を傾けた講義です。第十一願成就文の了解が、その講義の元です。

「真実証」は願にあっては必至滅度、成就にあっては正定聚で、真実証があってそこから第十七願、第十八願が展開している。親鸞聖人は「必ず滅度に至らずんば」の必至滅度の方を願の内容として取られて、「必至滅度の願」といっています。

「住正定聚の願」という名前は取らない。住正定聚の課題は第十一願成就として与えられる。その位は実は第十八願成就によって内容づける。親鸞聖人は第十一願と第十八願とを交互に照らして、住不退転の内容として住正定聚ということを押さえてくる。

浄土教というと何処かで現生を厭うて（厭離穢土）、美しい仏の世界に生まれたいという、美的、逃避的な関心が強い宗教ということで、蓮如上人も、「白骨《はっこつ》のお文《ふみ》」などで、この世は短い徒《いたずら》なるいのちだからこそ後生のいのちという形で、この世のあり方をどこかで軽んじるような表現があります。

親鸞聖人は、そういう凡夫のいのちを軽んずるのではなく、むしろ、そういう愚かな短いいのちを哀れんで発したもう本願が本当に私どもに響いたときには、この私どものいのちこそ、仏法を証明し、本願を証明する大切ないのちになる。凡夫としてのいのちを本当に無上仏道の場所とするという本願の仏法を親鸞聖人は力を尽くして明らかにした。

この世を厭うというのは、間違った見方であり、煩悩によって狂わされた人間理解、あるいは大切なこのいのちを何処かでないがしろにするような独断的、偏見的な人間のものの見方です。真実のものの見方、如来の大悲による存在の再発見を自覚していくというのが親鸞聖人の仏法理解です。自力の聖道門が夢にも見ることができなかった大切な意味を人間存在に回復する。そういうことが「証巻」を媒介にしていよいよ明らかになる。

「三輩段」は第十九願の内容と対応していますから、諸行往生と読むことができますが、その文の中に「一向専念無量寿仏」という言葉が三輩にわたってある。「一向」とありますから諸行を廃して念仏を立てる。「三輩段」は決して単に方便ではない。人間が諸行に執着するから、諸行を立てながら実は諸行を棄てさせて、「専念無量寿仏」、そこに仏の本意がある。これが法然上人の一貫した見方です。

その教えを受けて、親鸞聖人は、三輩往生の文を第十九願成就の文として「化身土巻」に引用している。「この願成就の文は、すなわち三輩の文これなり」（聖典三二七頁）と押さえ直している。法然上人は、「一向」ということは、二向、三向がないことだ。あれも、これも、それもがないことだといっています。「専修」ということを中心にして、念仏を取って諸行を棄てる。三輩の文の真実は、行の選びとして「一向専念無量寿仏」、無量寿仏の名を称するということと一つになる。

この法然上人の見方に対して、親鸞聖人の見方は、「一向」ということ自身、定散の色が抜けていない。この問題を親鸞聖人は「化身土巻」で展開される。これは実は『阿弥陀経』の問題にも絡んでくる。行は念仏だが信が定散の雑心だ。「真門の方便について、善本あり徳本あり。また定専心あり、散専心あり、また定散雑心あり」（聖典三四六頁）、行は善本、徳本の念仏である。しかし信は定散の雑心である。念仏で心を澄ませようとか、念仏することを善根にしようとか、結果を求めようとして念仏を方法にする自力の問題が残るわけです。それを「助正間雑の心をもって名号を称念す」（聖典三四六頁）、定散雑心と押さえる。

人間の心の深みにある、何処まで払っても払えないような心にひそんでいる自力性。本願を聞いても聞いても本当に本願力になれずに自分を立てている、そういう自我の執心。これを救けるものとしてしか本願力を頼まないという問題です。

「三輩段」は、行は「一向専念」とあるが、信心としては問題があるということから、親鸞聖人は、第十九願成就、「化身土」の文としてはっきりさせた。「三輩段」をはっきりと「化身土巻」に置くという決断をいつごろしたかは分かりません。ずうっと法然上人のことを憶念しながら、何処までも仰いでいかれるのですが、法然上人がいわれたことに執着はしない。法然上人は、法然教学の中心テーマが出ている場所として「三輩段」を取って、「一向専念無量寿仏」から廃立という概念を立てられた（三輩章）。

その「三輩段」を親鸞聖人が化身土を開いてそこに収める、これをいつごろ決断されたかは分からない。『教行信証』六巻の構想と絡んでいます。ただ、三輩の文を「化身土巻」に置くということと、真実は如来回向のみだということには切っても切れない関係があります。往相還相二回向は如来の回向で、如来の回向のみが真実だ。如来の真実の本願力回向のみが凡夫に仏法を成り立たせる。「一向」は人間の一向専念であって、如来の至心回向による一心ではない。

『浄土論』の本願力回向が法蔵願心の回向であることと、第十八願の成就の文を至心に回向したまえりと読むこととは無関係ではない。言い換えれば、人間の上に本当に金剛心が成り立つ根拠は本願にあることと、人間が求めて得たいと思っている真実を全部方便化身土で包んで批判するということとは無関係ではない。表裏一体である。

親鸞の名告り

親鸞の名告りは、法然上人に反逆するのではなく、法然上人の使命をいただいて、それを達成すべく自らが本当に本願を聞くために、改めて独立者とした名告りだと思います（この名は、直接に師から「名の字」として与えられた、と筆者は考えています）。その名告りとともに熟考の末に「三輩段」は化身土だとされた。

法然上人には「真仮批判」はありません。真実か、棄てるべき虚偽かどちらかです。「仮」とは方便のことで、人間が自覚的に自己を明らかにするについてなくてはならないものです。第十九願と第二十願はなくてていいのではない、なければ第十八願がはっきりしない。そういう意味で大切なのですが、執《とら》われている人間的真実を批判する場所として大切なので、真実そのものは至心回向です。

教行信証という四法が真実であり、方便化身土で人間が批判される。この関係をはっきりさせると、「三輩段」は第十九願成就の文となる。安田先生の「証巻」の講義の一部を十三回忌の記念に本にしまして、『純粋未来』（文栄堂）という小さな本を作りました。これを今年の大谷大学の講義のテキストにして、学生と一緒に読みながら話をしていました。

ちょうどそのときに名古屋から（前に引き受けていた）報恩講のテーマについて電話があって、親鸞という名告りと、親鸞聖人が本当に親鸞という名告りとともに立ち上がったその喜びの内容をお話しすることにしました。「選択本願」という法然上人の教えをいただいたけれども、選択本願だけでは念仏が仏道だということが本当にはっきりしない。本願を信じる信心によって、一切の衆生の上に大乗仏道が成就する、それを成就したいというのが如来の本願だ。本願を私の主体としていただけば、選択本願が我に来る。これが成就の文だ。本願成就の文にあって、人間に来るということを明らかにしているのが至心回向です。

至心回向に気づかれた。それが『浄土論』「五念門」の回向門にあって一切苦悩の衆生を観察して、「回向を首として大悲心を成就」したまえりという言葉と映るのです。この如来の課題が回向によって成り立つ。『無量寿経』を通しても「回向」という言葉が何処にでもあるわけではない。本願でいうと第二十願にある。あとは本願成就文のここにある。『浄土論』は「五念門」の第五回向門にある。親鸞聖人が法然上人の恩徳への報謝として、本当に念仏が一切の愚かな凡夫の上に無上仏道を成就しようとする本願の大悲を実現することを明らかにできた。これが至心回向です。

この発見の喜びが親鸞聖人に「親鸞」を名告ることを許した。この名告りのもとに、法然上人が果たそうとして果たせなかった浄土真宗ということを達成した。至心回向一つで念仏の内容を明らかにしていく、これが教行信証というテーマになったわけです。教行信証の発見ということは至心回向の発見といってもいいでしょう。至心回向というものは人間の回向ではないということがはっきり見えた。

如来の回向があるからこそ成就の文といえる。真実報土の往生ということはどういう意味か。『無量寿経』の本願の独自の課題である、法蔵願心が浄土を建立して一切衆生を摂め取ろうという根源には無上仏道を成就しようということがあり、その無上仏道を成就するために報土を建立して一切衆生を摂取したい。その報土を建立するという意味が「真仏土巻」と「化身土巻」で浄土の課題としてあって、一方に人間の上に回向するものは教行信証です。

『浄土論』『浄土論註』を読んでいって与えられた着想が、親鸞聖人を動かし、その歩みが『教行信証』の内容になっていった。法然上人ではまだどこかに本当に救かるのは現在ではないようなニュアンスが残っている。それをさらに徹底して、現生正定聚という。現生正定聚は真実証の第十一願成就の文にある。真実証の我々における具体的な形は信心です。信心は真実証の因である。真実証を果とすれば、真実証の因は信心です。信心を得れば真実証の果は、本願自身が誓っている果は、具体的には因となる。無上菩提の因を我々が本当に得るならば、もう果の中に包まれる。浄土の中に包まれる。

必至滅度というかぎりは、時間的な未来性を孕んでいる。けれども、その必至を孕んで現在化されたものは現生正定聚です。正しく定まるとは、仏に成ることが定まる。本願成就の因という意味は、果を孕んで因に来ている因ですから、因に何かを加えて果にする必要はない。人間の因が人間の果になるのではない。本願の因が本願の果になる。本願の果をもって人間の因になったからには、その因は単なる人間の因ではない。

如来の本願の因果ですから、人間が何かを加えて果にする必要はない。因がそのまま果の功徳を持っている。本願を信じることによって成り立つ現在の意味を、因だから果ではないからまだダメだという意味ではなく、果をくぐった因をいただく。ほんとうにそれをいただいたら人間の因ではない、如来の因ですから、如来の因は如来の果を当然孕んでいるから、人間が果にする必要はもうない。そういう信心を持つということが至心回向に遇うということです。

真実信心と真実証との間にはこの世の有限の時間を挟まない。当然の因果として、第十一願の果は真実証、第十八願の果は真実信心です。第十八願の果である真実信心と第十一願の果である真実証とは、内面的に正定聚において一体である。人間の自力の考え方を交えて聞くから、信心が因だから果は死んでからとなる。

親鸞聖人が明らかにしようとした真実証は、至心回向の往相回向の果で、往相の回向として本願力が人間の上に成就しようとして用きかけてくる教行信証ですから、証は如来の側から人間に与えられてきている。与えられた事実は私においては名号の信心である。位が正定聚である。正定聚に住するというのは現生です。

真実信心は自分で作る信ではない。本願がここに成就した信です。我々は降参して、お手上げで万歳していただく。が、その万歳ができない。万歳ができないのは何故かという問題が、第十九願の問題です。信心を得ることが難中の難だというのは、法然上人の場合は、圧倒的に諸行だけが仏法だと思われている時代ですから、その中にあって念仏こそが仏法だということをいうのが難しかった。だから「一向専念無量寿仏」をいわざるを得ない。人間の立場で念仏を取るといったわけですが、法然上人の本当の願いを明らかにするべく、さらにそれを徹底して、人間の立場ではないのだ、本願が成就するのだと経文を読んだのが親鸞聖人です。

我々が読んでもここまで徹底するのは容易ではない。一語一語の言葉の中にそのご苦労が思われます。三輩には似たような言葉が絡んでいます。例えば「七宝華の中より自然に化生」するのだったら、単なる第十九願ではないということもいえるかもしれません。やはり、全体として三輩段が人間の立場で菩提心を発して努力をする、努力を積んでいって無量寿仏に遇おうとする発想になっています。

無上菩提の心といいながら、修諸功徳として人間の因を積んでいこうとする。真面目であるが故に人間の因を積んでいこうとする。そういう問題を第十九願が克明に描いている。人間存在に機類の無数の違いを生んでくるというのはいかにも人間的です（上中下輩）。

如来からすれば一如平等である。一如平等の上に、人間の在り方としては一々について違いを生んでくる。人間の上には同じいのちをいただき、同じ生命体として生き、同じ人類として生きる。そういう共業の面はあるけれども、突き詰めると一人ひとりということになってきて、人間の努力をもって向上していくところには無数の違いを見てくる。

方便化身土を生んでくるのは各別の因といって、一人ひとりの原因がそれぞれの浄土を生み出してくる。「化の仏土の業因千差《ごういんせんじゃ》」（聖典三二四頁）という言葉があります。化身土はそれぞれの業に応じて現れる仮の姿です。生活、教育、環境、時代の違いといった無数の違いがありますから、理想像として描かれる仏土というものも人間の影を映してくる。方便化身化土は人間が選んだ理想的な世界ということになります。

自力の菩提心

真実の巻を開いた、証、行、信に対応する第十一願、第十七願、第十八願の成就の文と、第十九願成就の文が表裏を成しています。そう読むことによって三輩段の位置がはっきりするわけです。例えば下輩では、「至心欲生」とあって、諸功徳を修めようとしてできなくても、無上菩提心を発して専念し、無量寿仏を念じる。こういうわけで歓喜信楽という言葉もあり、似ているのですが、やはり、努力できるできないという問題と、努力ということがあって臨終にかの仏を見る、このいのちのあるかぎりは見られない。これは第十九願、「臨終現前の願」と押さえられる意味です。

この臨終について、「信巻」に、「念仏衆生は、横超の金剛心を窮むるがゆえに、臨終一念の夕、大般涅槃を超証す。かるがゆえに「便同《べんどう》」と曰うなり」（聖典二五〇頁）とある。ここが、親鸞聖人はやはり死んでからの往生ということをいっているという根拠になることがあります。

臨終について覚如上人が面白いことをいっています。親鸞聖人の往生ということを突き詰めて考えていこうとすると、善導大師の「前念命終、後念即生」、前念に命が終わり、後念にすなわち生まれるの文と、本願成就の文と照らし合わせて、親鸞聖人は「聞其名号　信心歓喜」のところで前念命終といっている。これはそこで死んでしまうという意味ではない。この命終は、あたかも命が終わるという意味で、心の臨終だと覚如上人はいっています。

覚如上人は心の臨終と身の臨終という言葉を分けて、心の臨終を「不体失往生《ふたいしつ》」、身の臨終を「体失往生」といっています。宗教的信念で救かるというのは心の臨終としています。覚如上人のその言葉は蓮如上人は取らない。往生について、親鸞聖人が明らかにした難思議往生に肉薄しているのは覚如上人です。蓮如上人は、難思議往生の問題に入ると一般に布教するのに難解になるという配慮からか、「後生の一大事」といっています。

親鸞聖人の真筆がないので本当に聖人自身の言葉かどうか分かりませんが、『文類聚鈔』の善導大師の讃のところに「得難思議往生人」（聖典四一三頁）という非常に重要な言葉があります。「人」という言葉があります。この世の「人」です。人天というのは「非人非天」、「虚無の身、無極の体」といわれていて、一応かの土にも在るとはいうものの、ここでは凡夫人が本願に遇《あ》うという意味です。「必ず信、喜、悟の忍を獲れば」（聖典四一三頁）、因に必ず信を獲れば、（難思議往生）の人を獲得する。「すなわち法性の常楽を証す」（聖典四一三頁）、これは真実証です。つまり、生きている人が難思議往生を得る。真実証の難思議往生と現生正定聚との内面関係は非常に大事なテーマです。

前念と後念は因果ですから分けられる意味がある。しかし、不即不離で因果一体である。我々が立つのは因ですが、果は因と別ではない。それが本願の至心回向だ。こういうことをはっきりさせたのが親鸞聖人の仕事ではないかと思います。

我々が本当に本願力の信心を得るということの持っている意味は、難思議往生を得るということだ。これが往相回向の果ですから、往相の回向として教行信証の四法全体を恵む。浄土真宗は、名号の信心を得ればいいのです。往相の信心を得たということが即、無上菩提を必ず成就するという本願力の用きをいただいたことです。これが我々を解放する。「報土因果顕誓願」といわれていますが、因・果ともに本願である、本願の因をいただければ本願の果は自然に開かれる。

凡夫である証拠の煩悩は生きるかぎり付いている。煩悩を生きながら真理に触れる、それが本願をいただくという仏法だ。臨終ということを入れてくるのは自力だということです。身の臨終を条件にしてしか救からないと考えることは、生きているということにある障害を障害として感じているということです。無碍の信心は障害を障りとしないということです。

「三輩段」の置かれている場所は、「化身土巻」の第十九願の位置ですが、了解されてきた歴史には大切な意味があり、その菩提心という問題は第十九願にある「発願」という問題です。曇鸞大師、源信僧都が指摘するように、願生心といっても菩提心と無関係ではない。菩提心を孕んだ願生心です。

ところが法然上人は、「一向」ということを押さえて、たとえ他の行や、菩提心が説かれていても一切を棄てる。菩提心であっても棄てるといわれた。だから、他の功徳を作らなくても無上菩提心だけは発《おこ》せと下輩にまで書いてあると、明恵上人が怒るわけです。

これを親鸞聖人は、自力聖道門の菩提心と押さえたのです。ここがはっきりしていないと、明恵上人のまともな問いに対しては答えられない。弾圧するための問いではなくて、仏道かどうかの問いを『選択集』に投げかけたわけですから。親鸞聖人は、法然上人の「浄土の菩提心」という言葉などを通して、回向の信心のみが無上菩提を成就する、本願力回向の信心が菩提心であると。そのほかの心は自力の菩提心である。存在の深い真実に照らして、各々の心が催してくるような真面目さを縁にして求めるというのは自力である。どれだけ激しくても、真面目でも、本願からすれば狭い了見の、個人的な事情です。

一切衆生を平等に恵むような無上菩提心は信心です。人間の見方を逆転する発想ですから、親鸞の思想はなかなか分かりにくい。明恵上人と親鸞聖人はおそらく交流はなかったので、親鸞聖人は問いを受けていましたが、答えは明恵上人に直接には返されていないと思います。しかし、完全に問いに対して答えています。真実信心のみが菩提心だということを答えています。

この「三輩段」を根拠にして曇鸞大師は、「願生」は「為楽故願生」ではなく、菩提心だといわれています（善巧摂化章）。さらにそれを受けて、源信僧都は『往生要集』で、浄土の要求は菩提心の要求であるということを押さえている。

そういう歴史があるにもかかわらず、法然上人は、専修念仏のために一切を棄てる（廃立）といわれた。その問題を本当の意味で答えるのは非常に難しい。誰も答えられなかった。菩提心に答えられないと仏道とはいえない。人間の関心で要求する世界（為楽故願生）への逃避で、外道ではないか。仏法を本当に成就するとはいえないではないか。しかし、そういう真面目さで行く世界は、千差の業因の世界、自力聖道門の第十九願の世界だ。こう押さえ直したのが親鸞聖人の仕事です。

三輩段の意義

この三輩段について、親鸞聖人に先立って法然上人が『選択集』の「三輩章」で論じています。善導大師が『観無量寿経』全体を読んで一番最後に至って「仏の本願の意《こころ》に望まんには、衆生をして一向に専ら弥陀仏の名《みな》を称するにあり」（聖典三五〇頁）、如来の本願の心に照らせば、念仏を衆生に与えるためだといわれている。この「三輩段」の三輩にわたって「一向専念無量寿仏」という言葉があって、表向きは諸行を行ずるように説いてあるが、その中に「一向専念無量寿仏」という言葉が入っている。そこに「三輩段」の秘密がある。ちょうど

『観無量寿経』の説き方の秘密のようなものが『無量寿経』の中ではこの「三輩段」にあると法然上人は読まれた。

「三輩章」の注釈をするについて、『観無量寿経』の散善の九品の中に念仏が出てくるのは下品ですが、「三輩段」と照らし合わせれば、九品に通じて念仏があると法然上人は説かれる。諸行を説いてあるけれども「一向」ということは二向三向ではない。では何故諸行を説きながら一方で一向というのか、はじめから一行といえばよいではないかと。それに対して、何故かというと諸行は助業だ。善導大師の言葉でいえば、念仏に対して他の行を雑行、正行の中では念仏に対して助業といわれます。

そういう正定業と助業という善導大師の教えに照らして、ここでは助業を説きながら正定業が説いてある。はじめから正定業だけを説くのではなくて、五行（五正行）と説いている。助業を説いて正行を表す。何のためかといえば、善導大師の説き方の解釈で、法然上人は、実は「往生の業には念仏を本とする」という『往生要集』の言葉をここに出してこられて「念仏為本」といわれます。何のために他の行を説くのかというと念仏を助けるためだ（助正）といわれます。

それから念仏と諸行と二門を説いて念仏を正として、諸行を傍らにする。本当は正しいもの一つでよいが、他のものを消さないで正行も成り立たせる。例えば料理でいえば、主菜を本当に味わうために、前菜やらフルーツを付ける。周りがあることによって真ん中が本当においしくなるという考え方です。

しかし、一番中心は廃立です。人間は自力の心で諸行を好むので諸行を説くけれど、本願の意を本当に頷けば助業は要らない。諸行を廃して念仏を立てる。人間の常識としては、念仏を立てるための助けをするという助正は分かりやすい考え方です。念仏を本当に念仏にするために、坐禅をするとか、お経を読みながら念仏をするとかです。念仏の功徳を周りから助けるということで人間の常識にとって非常に分かりやすい考え方です。また傍正も人間の常識として分かりやすい。

　ところが、他の行を棄てよ、念仏一つが本当の本願の意だという廃立は、分かりにくい。もちろん法然上人は選択本願に立たれて、他の行を棄てて念仏を取るという専修念仏を主張され、廃立の義に立たれた。しかし一向専念と説いてあることをどう了解するかというときには、三つの考え方があるので、どれを取るかは「面々の御はからい」だといわれます。

「これらの三義」（廃立、助正、傍正）は、「殿最知りがたし」、どちらが頭でどちらがしんがりかは分からない、何が本当かは知り難い。「請う、もろもろの学者、取捨心にあるべし」、どれを取ってどれを棄てるかは心の問題だといわれ、表向きはこれが正しいとはいわれない。けれども読めばどこに本義があるかは歴然たるものです。

　善導大師が大切にされた『観無量寿経』の結びの言葉「汝好くこの語《ことば》を持《たも》て。この語を持てというは、すなわちこれ無量寿仏の名《みな》を持てとなり」（聖典一二二頁）、この言葉を法然上人もこの「三輩章」の最後に押さえてこられます。

　私どもは自分で行った行為によって自分の功徳を具体的に感じますから、これに対する執着を切り離し難い。ところが念仏というものは、自分が念仏を称えて何かの功徳を感じるという立場に立つ場合には、一番遠いもので、念仏を称えてみても功徳になるとは思えない。人間の努力意識からすると一番遠いものです。けれども本願の意はそこにある。自力を超えて本願力に帰せよということを呼びかけるために、念仏という方法を通して本願の心を聞かせる。

　ところが人間からすると諸行の方が分かりやすい。諸行を全部棄てて念仏だけ説いたのでは何のことか分からない。そこで助業を説きながら、機を勧めて、最終的にはそれを棄てさせる。念仏が功徳を隠して説かれている。『観無量寿経』の九品の説き方と同じように、できない人間、劣った人間、劣等感に苦しむ人間に与えてあるように見せてある。自分の自力で行けると思っている人間には関係ないと説いてある。

けれども、それは仏の本願の意《こころ》を聞いていない証拠であって、如来の本願の前には一切の善悪凡夫人は、念仏一つをいただくしかない。人間の立場が本当に破られるためには、いったん人間の好む行を説きながらそれを棄てさせる。そこに、「三輩段」の説き方が持っている意味が『無量寿経』の第十九願の持っている意味だと、親鸞聖人は読み抜かれた。法然上人はそういっていない。親鸞聖人が「三輩段」と『観無量寿経』の九品を照らし合わせて、本願から見て第十九願の内容とされた。

第3章　東方偈

東方恒沙の仏国

仏《ぶつ》、阿難《あなん》に告げたまわく、「無量寿仏《むりょうじゅぶつ》の威神極《いじんきわ》まりなし。十方世界の無量無辺《むへん》不可思議の諸仏如来、彼を称歎《しょうたん》せざることなし。東方恒沙《とうぼうごうじゃ》の仏国の無量無数のもろもろの菩薩衆《ぼさつしゅ》、みなことごとく無量寿仏の所《みもと》に往詣《おうげい》して、恭敬《くぎょう》し供養してもろもろの菩薩声聞大衆《ぼさつしょうもんだいしゅう》に及《およ》ぼさん。経法《きょうぼう》を聴受《ちょうじゅ》し道化《どうけ》を宣布《せんぷ》す。南西北方、四維《しゆい》、上下、またまたかくのごとし。」その時、世尊《せそん》、頌《じゅ》を説《と》きて曰《のたま》わく、

　東方《とうぼう》諸仏の国、その数恒沙《ごうじゃ》のごとし。
かの土の菩薩衆《ぼさつしゅ》、往《ゆ》いて無量覚《むりょうかく》を観《み》たてまつる。
南西北・四維《しゆい》・上下、またまた然《しか》なり。
かの土の菩薩衆《ぼさつしゅ》、往《ゆ》いて無量覚《むりょうかく》を観《み》たてまつる。
一切のもろもろの菩薩《ぼさつ》、おのおの天の妙華《みょうけ》・
宝香《ほうこう》・無価《むげ》の衣《ころも》をもって、無量覚《むりょうかく》を供養したてまつる。

咸然《げんねん》として天の楽《がく》を奏《そう》し、和雅《わげ》の音を暢 発《ちょうほっ》し、
最勝の尊《そん》を歌歎《かたん》し、無量覚を供養《くよう》したてまつる。
神通《じんずう》と慧《え》とを究達《くだつ》して、深法門《じんぼうもん》を遊入《ゆにゅう》し、
功徳蔵《くどくぞう》を具足し、妙智等倫《みょうちとうりん》なし。
慧日《えにち》、世間を照らして、生死《しょうじ》の雲を消除す。
恭敬《くぎょう》して繞《めぐ》ること三帀《さんぞう》して、無上尊を稽首《けいしゅ》したてまつる。
かの厳浄《ごんじょう》の土の、微妙《みみょう》にして思議し難《がた》きを見て、
因《よ》りて無上心を発《おこ》して、我が国もまた然《しか》らんと願ず。
時に応じて無量尊、容《みかお》を動かして欣笑《ごんしょう》を発《おこ》し、
口《みくち》より無数の光を出《い》だして、遍《あまね》く十方国を照らす。
回《めぐ》る光、身を囲繞《いにょう》すること、三帀《さんぞう》して頂《いただき》より入《い》る。
一切の天人衆、踊躍《ゆやく》してみな歓喜《かんぎ》せん。
大士《だいじ》観世音《かんぜおん》、服《きもの》を整《ととの》え稽首《けいしゅ》して問うて、
仏に白《もう》さく、「何に縁《よ》りてか笑《え》みたまえる。唯然《やゆしか》なり。願わくは意《こころ》を説きたまえ。」
梵《ぼん》の声《みこえ》、雷《らい》の震《ふる》うがごとし。八音妙 響《みょうこう》を暢《の》べて、
「当《まさ》に菩薩《ぼさつ》に記を授《さず》くべし。今説かん、なんじ、諦《あきら》かに聴《き》け。
十方より来《きた》れる正士《しょうじ》、吾《われ》、ことごとくかの願いを知る。
厳浄《ごんじょう》の土を志求《しぐ》し、受決《じゅけつ》して当《まさ》に作仏《さぶつ》すべし。

一切の法は、猶《なお》し夢《む》・幻《げん》・響《こう》のごとしと覚了《かくりょう》すれども、
もろもろの妙願《みょうがん》を満足して、必ずかくのごときの刹《せつ》を成ぜん。
法は電影《でんよう》のごとくなりと知れども、菩薩《ぼさつ》の道《どう》を究意《くきょう》し、
もろもろの功徳の本を具して、受決《じゅけつ》して当《まさ》に作仏《さぶつ》すべし。
諸法の性《しょう》は、一切空無我なりと通達《つうだつ》すれども、
専ら浄仏土《じょうぶつど》を求めて、必ずかくのごときの刹《せつ》を成ぜん。」
諸仏、菩薩《ぼさつ》に告《つ》げて、安養《あんにょう》の仏を観《み》せしむ。
法を聞き楽しみて受行《じゅぎょう》して、疾《と》く清浄《しょうじょう》の処《ところ》を得よ。
かの厳浄《ごんじょう》の国に至りなば、すなわち速やかに神通《じんずう》を得《え》、
必ず無量尊《むりょうそん》において、記を受けて等覚《とうがく》を成《な》らん。
その仏の本願の力、名《みな》を聞きて往生せんと欲《ねが》えば、
みなことごとくかの国に到《いた》りて、自《おの》ずから不退転に致《いた》る。
菩薩《ぼさつ》、至願《しがん》を興《おこ》して、己《おの》が国も異《こと》なることなからんと願ず。
普《あまね》く一切を度《ど》せんと念《おも》いて、名《な》、顕《あき》らかに十方に達せん。
億《おく》の如来《にょらい》に奉事《ぶじ》し、飛化《ひけ》して諸刹《しょせつ》に遍《へん》じ、
恭敬《くぎょう》し歓喜《かんぎ》して去《ゆ》いて、還《かえ》りて安養国《あんにょうこく》に到《いた》らん。
もし人、善本《ぜんぽん》なければ、この経《きょう》を聞くことを得ず。
清浄《しょうじょう》に戒《かい》を有《たも》てる者、いまし正法《しょうぼう》を聞くことを獲《う》。

むかし、さらに世尊を見たてまつるもの、すなわち能《よ》くこの事を信ぜん。
謙敬《けんきょう》して聞きて奉行《ぶぎょう》し、踊躍《ゆやく》して大きに歓喜《かんぎ》せん。
憍慢《きょうまん》と蔽《へい》と懈怠《けだい》とは、もってこの法を信じ難し。
宿世に諸仏《しょぶつ》を見たてまつれば、楽《この》んでかくのごときの教を聴《き》かん。
声聞《しょうもん》あるいは菩薩《ぼさつ》、能《よ》く聖心《しょうしん》を究《きわ》むるものなし。
たとえば生まれてより盲《めし》いたるもの、行《ゆ》いて人を開導《かいどう》せんと欲《おも》うがごとし。
如来の智慧《ちえ》海は、深広《じんこう》にして涯底《がいてい》なし。
二乗《にじょう》の測《はか》るところにあらず。唯《ただ》仏のみ独《ひと》り明らかに了《さと》りたまえり。
たとい一切人、具足してみな道を得て、
浄慧《じょうえ》、本空を知らん。億劫《おっこう》に仏智《ぶっち》を思いて、
力《ちから》を窮《きわ》め、極《きわ》めて講説して、寿《いのち》を尽《つ》くすともなお知らじ、
仏慧《ぶって》の辺際《へんざい》なきことを。かくのごとくして清浄《しょうじょう》に到《いた》る。
寿命《じゅみょう》は甚《はなは》だ得難《えがた》し。仏世《ぶっせ》また値《もうあ》い難《がた》し。
人、信慧《しんね》あること難《かた》し。もし聞かば精進《しょうじん》して求めよ。
法を聞きて能《よ》く忘れず、見て敬《うやま》い得て大きに慶《よろこ》べば、
すなわち我《わ》が善《よ》き親友《しんぬ》なり。このゆえに当《まさ》に意《こころ》を発《おこ》すべし。
たとい世界に満てらん火をも、必ず過ぎて要《もと》めて法を聞かば、
会《かなら》ず当《まさ》に仏道を成《じょう》ずべし、広く生死《しょうじ》の流《ながれ》を度《ど》せん。

（聖典四六～五一頁・註釈版四三～四七頁）

「三輩段」に続きまして、『無量寿経』は方向を転じています。「仏、阿難に告げたまわく、「無量寿仏の威神極まりなし。十方世界の無量無辺不可思議の諸仏如来、彼を称歎せざることなし。」」（聖典四六頁）。親鸞聖人は「行巻」に、第十七願成就の文に続いてこの言葉を引用しています（聖典一五八頁）。

第十七願成就の意味を受けて、東方恒沙《とうぼうごうじゃ》という言葉が出ています。無量寿仏が説かれるときは西方浄土です。それに対応して東方の恒沙の仏国が出ています。「東方恒沙の仏国の無量無数のもろもろの菩薩衆、みなことごとく無量寿仏の所《みもと》に往詣して、恭敬し供養してもろもろの菩薩声聞大衆に及ぼさん。経法を聴受し道化を宣布す。南西北方・四維《しゆい》・上下、またまたかくのごとし。」」（聖典四六頁）とある。

無量寿仏の西方のテリトリーからすれば一番遠い国土の菩薩衆が、みなことごとく無量寿仏の所に往詣して、無量寿仏の世界の菩薩声聞大衆に恭敬し供養する。さらに十方もかくのごとしである。十方世界の無量無数の諸仏の世界から、菩薩衆が、阿弥陀の国土に詣ってきて供養する。このように語られています。

この意味を受けて次の偈文が開かれます。諸仏如来が無量寿仏を称賛する内容が、阿弥陀の国以外の求道者たちが阿弥陀の国に行って、参拝し、供養、恭敬するという形で説かれています。それが『東方偈』です。三十行偈といわれる長い偈です。

『無量寿経』の『東方偈』と『如来会』の『東方偈』とを照らしてみますと、『無量寿経』の『東方偈』は一つになっていますが、『如来会』では二つに分かれている。「東方諸仏刹」から「志求清浄土　了知法無我　願生安楽国」までで一つの偈文、次に長い文が入って、続いて「若於福徳初未修」という言葉から次の偈文が始まっている。

それと『無量寿経』を比較すると、「若人無前本」（聖典四九頁）から大きく意味が変わってくる。『無量寿経』

が編集される過程で、二つの偈文だったものがなぜか一つになって伝わっていた。はじめから「還到安養国」（聖典四九頁）までを一つの偈文として読むことができる。

「東方諸仏の国、その数恒沙のごとし。かの土の菩薩衆、往いて無量覚を観《み》たてまつる」（聖典四六頁）。ここに「往観」という言葉が使われています。「覲」という字は「みる」という意味です。「見」という字とほとんど同じ意味ではないかと思いますが、「観」という字とは違う。「観」という場合は、こちらから向こうを注目して「みる」という人間の努力意識が入っている場合です。それに対して「見」という字になると、現れてくる、見えてくるという意味です。見ようとしてみるのではなく、見えてくるというニュアンスを出す場合に「見」という字を使う。「覲」は、「見」に近いのでしょうが、ほかにはあまり使われていません。

東方の諸仏が、それぞれの如来の諸仏の国の国籍（境界）を持ちながら、「無量覚」、つまり阿弥陀仏の国に参詣に行く。自分の立っている立場は諸仏の国にある。しかし阿弥陀の国にお参りに行く。お参りに行くけれども、こちらに生活の場はある。往生人が本当に願生安楽国で、安楽国に往生して、そこの国土の人民になるという場合には、「見」という字を使います。

ところが東方諸仏国から往く場合はどういうわけか「覲」という字を使っている。そこにデリケートな違いを表そうという意図があるのかもしれません。「観」でもないし、「見」でもない。「観」と「見」が合わさったような意味を出そうとしているのかもしれません。

阿弥陀以外の国にいても、阿弥陀の国に自由に行って阿弥陀如来を「覲」ることができる。他の国にいたら見えないとか、入れないとかいうのではなく、自由に行って「覲」ることができる。そういう意味と、無量無辺不可思議の諸仏如来が阿弥陀如来を讃めるという意味とが通じてくるのではないかと思います。

安田理深先生は、自分の持っている信念や宗教は、それぞれの諸仏の国が、どのようなイデオロギーや思想や立場も超えて、あらゆる人間が生きようとし、道を求める場合には、阿弥陀の本願である一切衆生を救わずんば止まんという願いの前には賛同する、といわれる。

自分のもって生まれた好み、性格、思想、立場というどうにもならない宿業、それを譲ってしまっては自分でなくなるものを皆抱えている。それをそのままにしながら、しかも、阿弥陀の前には讃歎が成り立つ。これが仏法の持っている真理性（事実）だ。個性を輝かして平等ということを与える根拠がある。征服者として乗っ取るのではない。諸仏の国は諸仏の国としてありながら、皆が阿弥陀の国土を讃歎して止まない。

一応西方という一つの領土を立てるような願の形を持っているが、何も他と対立するという意味ではなく、むしろ十方それぞれの仏国を認めながら、そこから自由に往詣できる。こういう場所を本当に開いていこうという願がないなら、諸仏の国土といってもナショナリズムです。ナショナリズムを超える道が人間の立場では作れない。そこに諸仏の国土を観見しながら、それを超えるような願を超発してくる。こういう願いの持っている方向がある。

日本の歴史では不幸にして、先の戦時中に転向という問題があり、力でねじ伏せて他の考えに変えさせる形で、親鸞聖人の教えなども利用された嫌いがあるものですから、そのままにしてということが分かりにくい。十方世界を照らして、十方衆生を本当に摂取するという本願が成就している国、闇を本当に焼き尽くす願いを持って建てられている国が、東方諸仏の国との往詣という言葉で暗示的に出されてある。

東方諸仏国は、一切衆生に念仏の行を与えようという第十七願の成就として与えられている。「三輩段」が諸仏の諸行（思想もあれば、菩提心も入っている）を説きながら念仏を建てているのは、いろいろなものを価値としている国々の立場から本願の国土に自由に出入りしてよいというように開かれている。

「南西北・四維・上下、またまた然なり。かの土の菩薩衆、往いて無量覚を観たてまつる」（聖典四七頁）。縁あれば結び、縁なければ離るという自由な立場を開きながら、呼びかけるということを象徴しています。

「一切のもろもろの菩薩、おのおの天の妙華・宝香・無価《むげ》の衣《ころも》をもって、無量覚を供養したてまつる」（聖典四七頁）。「無価の衣」とは、価値を測ることができない、値するものがないような尊い衣ということです。それぞれの菩薩がそれぞれの国の華、香、宝、無価の衣をもって阿弥陀如来を供養する。

「咸然《げんねん》として天の楽を奏し、和雅《わげ》の音を暢発し、最勝の尊を歌歎し、無量覚を供養したてまつる」（聖典四七頁）。これは音楽です。音楽、音、歌をもって讃める。この音楽の喩えをよく使われたのは金子大栄先生です。「天耳遥聞力」、天の耳は遥かに聞くことができるといわれていて、金子先生は具体的な音楽とか、音質は苦手だったようですが、音楽が持っている意味についてはよくお考えで、時々音楽の喩えを出しておられました。「楽」という字を「ぎょう」と読んだ場合は願ですし、「がく」と読んだ場合は音楽になります。そういう音楽をもって供養する。

功徳蔵を具足する

「神通と慧とを究達《くだつ》して、深法門を遊入し、功徳蔵を具足し、妙智等倫なし」（聖典四七頁）。精神的な能力と智慧とを究竟して、深く仏法の門に遊び入る。無量覚を供養するところに、遊ぶがごとくに入る。

『論語』の言葉に「楽しむに至たらずんば、これを学と言うべからず」とある。「勉強」という字は勉めて強いると書きます。いやいやるのが勉強だというのですが、本当の学は楽しむ。仏法の場合も、本当に聞こえるということは努力意識ではないのです。

第二十二願では、阿弥陀の国から出る場合に、遊びに出るといわれます。三昧の力とか、自分で立てた価値観への奉仕とか、そういう形で人間にとってはある意味で自我を破って何かをしなければならないという使命感を持って行動する。そういう義務感から善を積もうとする意識です。

それとは違って、阿弥陀の国に拝みに行くのも、阿弥陀の国から出てくるのも、一切の菩薩が阿弥陀の国土の衆生に供養する。自然にあらゆる功徳をもって供養する。「暢発」という字は無理やり出すのではなくて、のびのびと発する。

さらに無量覚を供養するところに本当の智慧が究竟してくる。テイリッヒの ultimate concern は「究極的な関心」と翻訳されていますが、私どもにとっては、相対的なものなら分かるけれども究極的なものは取ろうとすると逃げてしまう。最終的なものへ近づいている間は相対的です。人間の側から無限なるものへ歩もうとするとどうしても行き着けない。

ところが、本願に乗託するときに、むしろ本願に支えられ本願に摂取されて、そこから出発してくるような力に触れると、自ずから人間の側から無限に行くという発想ではなくなって、有限の所に無限を味わう。本願の用きに乗託することによって与えられる、有限のままに感じられる無限なる喜びです。

これは無理やり無限を求めて無限を獲得しようという発想では絶対に行き着くことができないものが、阿弥陀の国土に触れるところに自然に感じられてくるのです。遊入せしむる力は阿弥陀の本願力にある。

曇鸞大師は、「劣夫《れつぷ》の、驢《ろ》に跨《またが》りて上らざれども、転輪王の行くに従えば、すなわち虚空に乗じて四天下《てんげ》に遊ぶに障碍するところなきがごとし」（聖典一九六頁）、転輪聖王の飛んでいく車にたまたま乗ることができたならば、どんな人間であろうと天下をあっという間に飛んで行って遊ぶがごときだと喩えています。本人が自分で走って行ったのでは何万日走ろうと着けない所に、あっという間に飛んで行ける。そういう力を「遊入」という字で表しています。「遊」という字は三昧の力を表します。自分が何かを思って対象を意識したとたんに壁ができる、本当の一体感が破れてしまう。

ところが、自分が居て見ているのではない、机があるという事実だけがある、自分という意識は消えている。そういう状態を三昧といいます。三昧の力を表す場合に「遊」ということをいいます。

オランダの歴史家ヨハン・ホイジンガー（一八七二〜一九四五）が、遊びということをテーマにして大論文を書いています。『ホモ・ルーデンス』（人間、この遊ぶもの）というタイトルです。水がかかった薪が燻《くすぶ》っている状態ではなく、本当に悠々と燃えるような在り方を遊びに喩えます。

仏教の言葉である自然法爾を遊びに喩えるのではないかと思います。任運無功用、運に任せて功用を求めない在り方は、八地以上の菩薩の菩薩行です。自由で、闊達で、何の無理もない、何の嫌味もない生き方、人間のそういう願いを遊ぶがごとくと喩える。

たとえ物質中心であろうと、観念中心であろうと、どんな価値観を持っていようと、皆人間として自由に、共同体にいのちを捧げながら、しかもその功徳を無量に自由に味わえる、仏法が教えている人間の本来のいのちの在り方を「遊」という言葉で呼びかけている。第十七願の内容として、念仏で呼びかけようとする広大な精神界の持っている意味がここにある。

「功徳蔵を具足し」の「功徳蔵」とは、功徳を生み出してくる、功徳を溜め込む蔵。蔵と翻訳される梵語もいろいろな言葉があるようですが、ダルマーカラの翻訳を法蔵という場合は、法を生み出してくる、仏法を本当に出生してくる力を持っている場所で、本願の用きを蔵に喩える。本当の願が湧き出してくる泉のような蔵を法蔵と名づける。

真実功徳を親鸞聖人は念仏といいますが、功徳蔵は真実の功徳の蔵です。これを具足する。我々は煩悩具足です。あらゆる煩悩の心理が起こる素質を持っている。経験を蓄積してきた記憶があり、縁があればそれを思い起こして起こってくる。そういう意味でこれを蔵ともいいます。

功徳の蔵は、あらゆる功徳を経験してきた結果を存在が覚えていて、そこからあらゆる功徳を生み出してくる。阿弥陀の国の功徳に参画することにおいて、阿弥陀の国の功徳蔵を具足する。自分では阿弥陀の国に行って阿弥陀の国に供養し、称賛するという形で参画する。その結果としてその国土の持っているあらゆる智慧や力を与えられてくる。

親鸞聖人は「福智蔵」「福徳蔵」「功徳蔵」という三つの言葉で「蔵」という言葉を少しずつニュアンスを変えて使っておられます（聖典二〇三頁、三二六頁、三四七頁）。第二十願の呼びかけとして「しかればすなわち釈迦牟尼仏は、功徳蔵を開演して、十方濁世を勧化したもう」（聖典三四七頁）、如来の善本、徳本を説くというときに功徳蔵を開演するといっています。真実功徳（善本、徳本）を人間が自分の功徳のごとくに思い込んでしまう在り方をここで「方便蔵」として使っています。

何故そういうかというと、「それ濁世の道俗、速やかに円修至徳の真門に入りて、難思往生を願うべし。真門の方便について、善本あり徳本あり」（聖典三四六頁）。行は、第十八願の行も第二十願の行も念仏です。信心において「至心回向の願」か、「至心信楽の願」かという違いが出てくる。善本、徳本でどうにかしようとする場合は、如来の功徳の世界を自分の所有にする、人間が持っている我執の構造がそのままに如来の功徳が欲しいという発想だと親鸞聖人は指摘される。

念仏の功徳はよく分かった、それを信じてやるぞ、やるぞといったとたんにそれに執《とら》われる。それに完全に執着させることで自分の思うままに動かしていこうとする。人間の根拠が開かれていませんから、どうしても自己中心的です。提婆《だいば》達多《だった》です。提婆達多は神通力まで持っていて、ほとんど能力的には釈尊と一緒なのですが、結局、人類に対して反逆的な意味で貢献してしまった。提婆達多の効能は抜群なんです。

だから親鸞聖人は提婆達多も善知識だといわれる。そういう機縁があったから釈尊がますます光る。提婆達多がいなかったら浄土教が生まれたかどうか分からない。提婆達多がいなければ阿闍世はああいう目に遭わないので、浄土教が説かれなかったかもしれない。浄土教が説かれたおかげで、私どものような心の狭い愚かな人間が救かる道が開けた。

反逆性というものが効能的にはすごい力を持つ。政治の場合はそれを利用しますから、あの人のやったことを逆に何処までも利用する。人間の努力では絶対に人間を破れません。人間の持っている壁を破るということが遊ぶということです。

ところが自由に生きようと思えば思うほど縛られてくる。それを破るために人間の一番欲しい物、方便蔵として善本、徳本がある、念仏は善本、徳本で、人間ができないほどの功徳が積んであるのだと教えて与える。そこで初めて諸行が棄てられる。ところが諸行に執着していた人間の心は念仏でも棄てられない。そこに果たさずには止まない果遂の誓い、願心が込められている。

功徳蔵というのは面倒な概念です。親鸞聖人は「功徳蔵」という言葉をこのように見ています。念仏を通して本願に触れたら念仏なんかしなくてもよいということをいうならば、念仏を説いた本願を忘れてしまうことになります。

念仏を称えればいいというものでもない。称えたら効能があるというのは、功徳蔵になります。「念仏もうさんと思い立つ心のおこるとき」、本願を信じ念仏申すということで、自分が行為することに意味があるのではない。本願の国に生きるなら、人間の国土にありながら参詣して阿弥陀の国土をいただくなら、そこで自由がいただける。本当に阿弥陀の国土ができるなら国境がなくなるということです。そうでなければ無量寿仏は無量寿仏にならないのだというのが本願です。

「妙智等倫なし」（聖典四七頁）とは、阿弥陀の智慧をいただいて等しきともがらがない。続いて、「慧日、世間を照らして、生死の雲を消除す」（聖典四七頁）、阿弥陀の日が世間を照らす。『浄土論』でも光が闇を晴らす「光明功徳」などが説かれています。本願の用《はたら》きに触れるということが、我々の心の闇を晴らす。自分で取り除こうとして取り除けない我々の執われを、阿弥陀の本願の用きが破ってくる。阿弥陀の光が具体的に我々の精神生活に明るみを与えてくる。

「生死の雲を消除す」、雲は光を遮る用《はたら》きをします。光は遮る用きを消し去る。「恭敬して繞《めぐ》ること三帀《さんぞう》して、無上尊を稽首したてまつる」（聖典四七頁）。これは『浄土論』では「大衆功徳」といいまして、仏の功徳は、仏を取り巻いて無数の衆生が如来を恭敬すると荘厳されている。「三帀」、仏さまの周りを三回回《まわ》って稽首礼拝する。「かの厳浄の土の、微妙にして思議し難きを見て、因りて無上心を発して、我が国もまた然らんと願ず」（聖典四七頁）。「厳浄」の「厳」は「かざる」という意味と「きびしい」という意味と両方あります。しかし、「荘厳」といった場合には、「厳」は、権威性とか、重さとか、厳（いか）つさとか、厳粛さという意味を持った飾りです。

人間存在を圧倒するような力を持った何ものかを表現するのが「厳」で、英語でいえばdignity、人間を本当に跪《ひざまず》かせる。力で圧伏するものではなく、本願の大悲の用きの前に本当に人間が自我を砕かれて、まったく降参するという力を持っている用きです。

そういう「荘厳」が持っている力が清浄性を兼ねている場合に、「厳浄」といいます。人間の作った権威性、堅苦しい重さではなく、何の無理もない自由な平等な力を持った、それに触れるところに降参する力が阿弥陀にある。そういうものを「厳浄の土」という。

『浄土論』では、「如須弥山王」という喩えを使っています。阿弥陀の国土の衆生は、皆平等でほとんど体が無い、「虚無の身　無極の体」のようなものだが、皆、ヒマラヤの山のような存在感がある。これは眼無き者には見えない力です。本願の信心に生きている存在の力には存在感がある。こういうものは浄土教とか本願とかに触れないと分からない世界ではないでしょうか。

世間で権威づけとか、重みといったら外から付けなければならない。かえって悠々と生きているということが、圧倒するような権威を持っている。高史明さんがいっていましたが、田舎の念仏者、おじいちゃん、おばあちゃんに触れてみると、光り輝く存在として拝めるようになってきた。凡夫として生きているだけなのですが、触れてみるととても叶わないといっておられました。ふつうの人なのですが、人間存在として、その前に圧倒されるような力がある。不思議な力です。

「厳浄土」に触れると「厳浄」の力が与えられてくる。そういうのを見て、「因りて無上心を発して、我が国もまた然らんと願ず」、このように触れる。安田先生が教えるように、どんな立場で、その功徳が最上の立場と思っていても、自分の立場を棄ててからでなくても、触れて見れば本当のいのちの世界が拝まれてくる。ここはそういうことを比喩的に語っているのではないかと思います。

「因りて無上心を発して」、「よって」を中国語にすると無数の字を使います。それぞれデリケートな違いがある。この場合の「因って」は、厳浄の土を見ることによって無上心が発《おこ》ってくる。安田先生は「発」という字を「初めておこる」といっていました。

本当に考えられなかったような思いが発ってくる。自分が起こすのではなく、自分を超えて噴出する。宗教心の発り方をこのようにいわれました。これを親鸞聖人は「選択本願」から発るといいます。自分を超えて発ってきたものは、不思議な因縁で立ち上がっているのですから、消えるものではない。浄土に触れて、これ以上発しようがないものが発ってくる。

『浄土論』の「性功徳」では、「正道大慈悲　出世善根生」、正道大慈悲は出世の善根である。その出世の善根から浄土が発ってくる。浄土はこの世を超えた善根より発ってくる。出世の善根から発るもので、人間心から発るものではない。出世の善根に触れない人間には、浄土は説明しても分からない。

安田先生に教えられたのですが、他力の本願だから何もしなくてよいのだということはない。本当に触れるということは触れたら立ち上がるのだ。だから念仏行者というので、念仏信者ではない。念仏に触れたら念仏に立ち上がるのだ。念仏、本願を生きるのだ。浄土は念仏者と共に拡大していく。念仏者のいる所に浄土がある。

浄土に触れたら、浄土がその人の中から無上心として立ち上がってくる。信心として本願が生きてくる。自分の立場は東方諸仏国にいるが、自分の国も阿弥陀の国のような力を持ちたいと思うようになる。触れた人間が自分の国を阿弥陀の浄土にしていくのですから、自分でことさら拡大していく必要はない。

法蔵願心に触れると法蔵願心を生きようとする存在となる。あたかも法蔵菩薩が立ち上がってくるように生きる。『東方偈』は、第十七願の意味を象徴的に、比喩的な表現を持って語っている。第十七願は、本願が一切の衆生に念仏を与えようという願ですが、与えられた衆生に本当に念仏が受け止められたなら、受け止めた場所が諸仏の国ですから、諸仏称名なのですが、諸仏が諸仏の国に留まらない。無量寿仏の国の用きを持ってくる。

ここに大行と名づける意味がある。本願がそこに用いている用きを大行という。人間を通して人間の中に大行が現じてくる。大行に触れて大信が成り立ってくる。

『教行信証』の「信巻」に「それ以《おもん》みれば、信楽を獲得することは、如来選択の願心より発起す、真心を開闡することは、大聖矜哀の善巧より顕正せり」（聖典二一〇頁）とありますが、ここでは「より」は「自」、「従」になっています。「自」は「因」と同じです。「従」は「したがう」から縁です。教えを聞いて従っていくということと、願心自身が信心として発起してくるということが一つの事実です。

私どもの経験は因と縁の両面がある。しかし、因も広い意味では縁なのです。起こるという事実からすれば、因が無ければ事実は起こらない。因があるから縁が縁になる。縁だけあるということもない。たまたま火災が起こったときに、起こった原因を突き詰めていくと、たまたま湿度が低かったとか、周りに燃えるものがあったとか、そういう条件（縁）があるのです。

本願が用く場所が浄土

「時に応じて無量尊、容《みかお》を動かして欣笑を発し、口より無数の光を出だして、遍く十方国を照らす」（聖典四七

~四八頁)。浄土の難思議なるに触れて、無上心を発す。浄土に触れることによって、浄土を生み出している心(無上菩提心、大慈悲心)を発す。「無量尊」とは、無量光、無辺光、無対光、無碍光などということを、ここでは無量尊といっています。無量寿仏が言葉を発して、光を出す。

「回る光、身を囲繞《いにょう》すること、三帀《さんぞう》して頂より入る」(聖典四八頁)。回光とは、無量寿仏の光があらゆる世界を巡っている、その光が、また自分自身の身を包んでいる。閃光する光が返ってきて、また自分の姿を包んでくる。こちらから投げた光が行きっぱなしではなく、返ってくる姿を光が語っています。そして、三回巡って戻ってきて、また阿弥陀仏自身になる。

「一切の天人衆、踊躍してみな歓喜せん」(聖典四八頁)。その浄土の衆生が、それを見て踊躍歓喜する。「大士観世音、服《きもの》を整え稽首して問うて、仏に白さく、「何に縁りてか笑みてたまえる。唯然《ややしか》なり。願わくは意《こころ》を説きたまえ。」」(聖典四八頁)、観世音は阿弥陀仏の脇侍といわれています。前に「容を動かして欣笑を発し」とありましたから、これを受けて、観世音菩薩が、何によって微笑んでおられるのかといわれます。

この部分はちょうど、『観無量寿経』に、韋提希夫人《いだいけ》が「教我思惟　教我正受」「我に思惟を教えたまえ、我に正受を教えたまえ」と問いを吟味してきた時に、釈尊が微笑まれたという情景が出ていますが、親鸞聖人はここを捉えて釈尊が本当にこのことを説きたかったという出世本懐の状況が出てきた。この状況を「化身土巻」で「微笑の素懐」と押さえています。本当に時が来たという存在の喜びが微笑みに象徴されています。

それと同じように観音の問いが発った。その問いに対して「梵《ぼん》の声《みこえ》、雷を震うがごとし」(聖典四八頁)、梵というのは梵天、インドの神々です。梵天が、雷の震うがごとく振動した。

「八音妙響を暢《の》べて、「当に菩薩に記を授くべし。今説かん。なんじ、諦《あきら》かに聴け。十方より来れる正士《しょうじ》、吾、ことごとくかの願いを知る。厳浄の土を志求し、受決して当に作仏すべし……」（聖典四八頁）。
このように説き始められた。ここからが阿弥陀如来の応えとなっています。十方より来た菩薩方、「マハー・サットバ」を中国語でいろいろに訳しています。大士とか、大侍とか、大丈夫（菩提心に強い人）と翻訳されています。ここの正士は正しい道を歩む人という意味です。

十方から来たすべての菩薩方の願を、私は知っている。荘厳された浄土を要求せよ。ここの「受決」の「受」は「授記《じゅき》」ということです。釈尊の時代に、菩薩に記を授ける。必ず悟りを開くであろうと認められた場合に記を授ける。十大弟子のほとんどが記を授けられたが、一生付き添った阿難尊者だけが記を授けられなかった。

釈尊在世当時に、釈尊と同じ境地に達した人はいなかった。しかし、釈尊は自分が亡きあと自分を継ぐような悟りを得ると予言された。その内容をもって、いま、無量寿如来が十方から寄って来た菩薩方に、阿弥陀の浄土に触れることによって記を授ける。この授記を受けて必ず仏になるべしと。

十方から阿弥陀の国に来て虚《むな》しく還るということはない。いったんこの浄土に触れるならば、必ず仏になるという誓いを具して還っていく。こういう誓いをいま、阿弥陀仏が誓う。そういう内容を持って微笑んでいる。十方から菩薩が我が浄土を要求するところに、阿弥陀自身の存在を本当に成就するような喜びを持って微笑む。

「一切の法は、猶し夢《む》・幻《げん》・響《こう》のごとしと覚了すれども、もろもろの妙願を満足して、必ずかくのごときの刹《せつ》を成ぜん。法は電影《でんよう》のごとくなりと知れども、菩薩の道を究竟し、もろもろの功徳の本を具して、受決して当に作仏すべし。諸法の性は、一切空無我なりと通達すれども、専ら浄仏土を求めて、必ずかくのごときの刹を成ぜん。」」（聖典四八〜四九頁）。

ここに大事な言葉が三度くり返されています。最初は一切法、どのような存在であっても、存在自身が、夢、幻、響のごとしだ。夢、幻、響のごとしだということは、実体がないということです。夢に喩えるということは我々がいま生きている経験を、知らない間に執着し、実体化しています。その実体化した在り方に執着しているにもかかわらず、我々の執着のように思ったごとくに存在が留まっていないで、どんどん移ろっていく。我々が実体的に執われていることが間違いだということが仏陀の説き方です。

「必ずかくのごときの刹を成ぜん」の刹は国という意味です。一つの境界を作る、境目を作る。この世をこの世と知らしめるために、あの世として浄土を作る。作り出すことによって、夢、幻と知らしめた上でその国を建立して、その国において十方から来た菩薩方に本当の志願を与えていく。これが第一段です。『浄土論』の浄土の功徳の中で、二十九種荘厳の中の器世間荘厳十七種の第十七番目が「一切所求満足功徳」です。衆生の一切の志願を満たすような国でありたいという荘厳が、こういうところを受けてくる。

第二番目は、「法は電影のごとくなりと知れども、菩薩の道を究竟し、もろもろの功徳の本を具して、受決して当に作仏すべし」（聖典四八頁）、電影は雷の稲妻です。これも実体があるかというと、何が光ったのか分からない。だから昔の人は龍神の怒りと感じた。パッと光って消えてしまう。では無いのかというと時々光る。光が何処にあるのかといえば分からない。そういう用きです。だから、法は実体ではない、法は立てるけれども、立てられた法はあたかも稲妻のように、光ったら終わりです。

具体的な行でいえば、南無阿弥陀仏とは、南無阿弥陀仏という物があるのではない。思い立つ心の発ったそこに南無阿弥陀仏という用きがある。それが私どもの闇の心に光を与えてくる。あたかも雷が光ったごとくに与えてくる。

「他力の救済を念ずる時、我が処するところに光明照らす」（清沢満之）という用きとして有る。法は電影のようなものだが、菩薩道を究竟まで歩み続けよう。功徳の本というのは、荘厳功徳といって、浄土が荘厳された用きが功徳である。「徳」は人間が持っている優れた能力などをいいます。

儒教の場合は仁義礼智信というような概念です。人間がそれを具えることによって、人間存在そのものが力を持ってくる。人間としてあるべき方向に育っていく力です。孔子が聖人という概念を作りました。儒教の場合の聖人は、人間の愚かさを突き抜けた優れた存在をいいます。キリスト教の「聖」は holy で神の概念です。キリスト教の言葉を中国語に翻訳したときにこの字を充てたわけです。

そういう人間として優れた存在にならしめる用きを持っているものを、功徳という。この場合は仏陀の方向性に役立つ用きを持っているものを功徳という。目に見えないが、人間の具えている力です。だから、親鸞聖人は南無阿弥陀仏の名号が、徳本、功徳の本だ。仏陀にならしめる力を持っているといわれる。

「もろもろの功徳の本を具して、受決して当に作仏すべし」（聖典四八頁）。『三誓偈』の場合は、第一は無上道、第二は慈悲、第三に名号が出てきている。「我、超世の願を建つ、必ず無上道に至らん」（聖典二五頁）、これが第一願。第二願は、「我、無量劫において、大施主となりて、普くもろもろの貧苦を済わずは、誓う、正覚を成らじ」、一切衆生を救うために施していこうという誓いです。第三誓で「我、仏道を成るに至りて、名声十方に超えん」、名号が出てくる。

『東方偈』ではそれを受けて、「もろもろの妙願を満足して、必ずかくのごときの刹を成ぜん」、浄土を建立するときに一切の願を満足しよう。第二のところに、「もろもろの功徳の本を具して、受決して当に作仏すべし」、功徳の本である名号を生み出してこよう。第三番目のところで、「諸法の性は、一切空無我なりと通達すれども」、あらゆる存在の本質は一切空、無我である。「専ら浄仏土を求めて、必ずかくのごときの刹を成ぜん」。浄土建立の志願を確認してくる。こういう本願を自覚してきたということが、阿弥陀如来自身が阿弥陀如来であることの喜びである。

安田先生がよくいっていましたが、我々は本願といっても分からない。本願があってそれが成就するのだと教えられるが、本当は本願が本願として自覚されることが成就なのだ。成就したところから始まる本願なのだ。我々の願は煩悩の願だから、煩悩の願は願であるかぎりは成就していない。成就したら願はなくなるというのが我々の願であるが、本当の宗教的な願とは、願が願として自覚されることがもう成就なのだ。法蔵願心が願を建てて、修行して、成就したというのは、人間の体験に即して教えが開かれているが、本当の願は、願が見い出されたらそれが成就なのだ。願が用くのだといわれました。

だから、浄土というのは浄土という場所があるのではない、本願が用くということが浄土である。願が願として本当に用くということが浄土である。願が環境となって人を育てる。十方仏国から来たる菩薩方にいま、我が国というものを建立する、その願を見い出して、そこに阿弥陀如来自身が満足している。十方から来たる菩薩方の願と、阿弥陀の願とが響き合う。そういうところに阿弥陀の国が建立されていくということです。

諸仏と菩薩

「諸仏、菩薩に告げて、安養の仏を観《み》せしむ」（聖典四九頁）。今度は十方仏国の諸仏がそれぞれの菩薩に告げて、阿弥陀如来を見せしめる。

「法を聞き楽しみて受行して、疾く清浄の処を得よ」（聖典四九頁）。阿弥陀の法というものを聞き、本当にそれを楽しむ。信楽です。宗教的楽しみというのはいわゆる楽しみではない。宗教に触れるということは、趣味とか、人生の楽しみとは異質のものです。ふつう我々は宗教に触れるのも、趣味などと同じように考える。

そうではなく、仏法に触れるということは、ふつう我々が執着して止まない、この世での私の思いが満足する方向とは違うものに触れる。私自身が根源的に否定されるようなことをくぐるのが宗教です。その否定抜きに楽しい世界、認められる世界ということになれば宗教にならない。いったん死ぬ。自分が否定されるような喜びです。サディズムではない。難行、苦行して自分の肉体を痛めつけるというのは間違いです。ああいうことをやっても無駄だというのが、釈尊の一生のご苦労で示された教えです。

人間の深い我執、法執というものは、肉体を痛めつけたからといって、本当に否定されるものではない。人間の有限なる存在を、本当に否定する根拠に常に出遇う。『他力の救済』の表現はそういう意味を持っていると思います。自分が他力の前に全面的に否定される。そういうことによって立ち直る。「他力救済の教えなかりせば、我は迷乱と悶絶とを免れざりしなるべし」と清沢先生がいうように、もし、根源的否定がないままに自己肯定していこうとするなら、行き詰まってしまってそこから立ち直れない。

本当に自我が否定されるのはつらい、厳しいことです。そこから改めて苦悩の人生を受け直す。そこに楽しみというものが出てくる。聞法は好きで聞いているのではない。仏法は聞いていたら、降参するという厳しさがある。それをくぐると、本当に生きていてよかったという楽しみが与えられる。

我々は自己を認めて、自己をそのまま与えてくれるような楽しみに執着して、それだけで行けそうに思っている。そこに人間の増上慢がある。宗教を持つことで根源的に人間が否定され、そこから立ち直ることが有難いのです。

「聞法楽受行」、「聞法能不忘　見敬得大慶」（聖典五〇頁）という本当の喜びを願楽というのです。この願は自分で発すのではなく、自分に発ってくる。不思議なものが初めて発ってくる。これが本当に自己を支えてくる。カトリックの神父で南山大学名誉教授のヤン・ヴァン・ブラフトさん（一九二八～二〇〇七）が、定（禅定）について、人間の体験をどれだけ純化し、神秘体験に近づいても、そこに宗教がないといっていました。宗教がないということは、人間存在が根源的に否定されることがないということです。仏教の言葉でいえば、「大死一番、絶後に蘇る」という禅語があります。

臨死体験、臨終体験が宗教体験のように説かれていますが、それは体験ではあるが、宗教ではない。悟りが開けたわけではない。人間の意識の間違い、人間の自覚の間違いを、根源的に否定する原理に触れることが、大事な宗教の原点ではないかと思います。

日蓮上人が、「禅天魔」といっています。禅宗という宗派のことをいっているのではなく、坐禅とか、禅定というものをいったんくぐると天魔になる。一番高い位に自分を置いてしまう。そういう誘惑を魔といっています。釈尊は求道者と共に生活され、一緒に歩まれた。一切法、空、無我をくぐって、衆生と共に歩もうという願を持たれた。阿弥陀の場合も、「もろもろの妙願を満足し」、「菩薩の道を究竟し」、「専ら浄仏土を求め」ようという願に立ち上がってくる。この願に対して、諸仏が阿弥陀のもとに行けと勧める。

「かの厳浄の国に至りなば、すなわち速やかに神通を得、必ず無量尊において、記を受けて等覚を成らん」（聖典四九頁）。浄土に至って、速やかに神通を得て、必ずそこで受記を受けて、等覚を成る。

浄土が、無三悪趣の願から出発して、六神通の願を経て、それから第十一願になっています。法蔵願心には、神通力を与えようということがある。神通力は、仏法を本当に伝えていくために、人間の過去、未来、現在を見抜いていくという能力です。等覚を成るというのは第十一願の内容です。等覚というのは、正覚と等しい、無上覚と等しいということで、これを親鸞聖人は正定聚と受け止められた。

「その仏の本願の力、名《みな》を聞きて往生せんと欲《ねが》えば、みなことごとくかの国に到りて、自ずから不退転に致る」（聖典四九頁）。この言葉を親鸞聖人は、「行巻」（聖典一五八頁）に引用しています。

阿弥陀如来の本願の力によって、名を聞いて往生しようと願う。阿弥陀の名において阿弥陀の国に生まれたいと思う。阿弥陀の本願は、一切衆生に我が国に生まれて欲しい、そのために国を作ろうという。この願の力が、阿弥陀の名を聞いてその国に生まれたいと思うならば、皆ことごとくかの国に至る。

願に触れれば願の中にある。如来の願が我が願になれば、如来の願が私に用き、必ずかの国に至る。そのように願が響いたときに、自ずから不退転に至る。欲往生と到彼国とは、一応は位が違う。けれども、本願力の中には名を聞いて往生せんと思わしめて、それを包んで不退転を与えようという内容になっています。

ここは第十八願成就の文と第十一願の文とが関係している。親鸞聖人は、これを本願力の用き、第十七願と名を聞かしむる信の問題と押さえました。第十七願を開いて信心を与える。そこに不退転を開く。不退の位に至るというのが往生だと親鸞聖人はいわれる。

「菩薩、志願を興して、己が国も異なることなからんと願ず。普く一切を度せんと念《おも》いて、名《な》、顕らかに十方に達せん」（聖典四九頁）。それに触れた菩薩が願を発す。浄土に触れることによって、我が国も浄土のごとくになろうと願ずる。そして、阿弥陀の名が諸仏菩薩を通して伝わっていく。

「億の如来に奉事し、飛化して諸刹に遍じ、恭敬し歓喜して去《ゆ》いて、還りて安養国に到らん」（聖典四九頁）。あらゆる世界に行って、あらゆる世界の如来に仕えて、飛化して諸刹に遍じる。『浄土論』では、仏功徳の結びが、不虚作住持功徳で、「仏の本願力を観ずるに、遇うて空しく過ぐる者なし。能く速やかに功徳の大宝海を満足せしむ」（聖典一三七頁）。仏の本願力に触れる。

これが浄土の一番中心の願である。仏の本願力に触れれば、本当にそこに仏道が満足してくる。これを受けて菩薩功徳が出されてくる。菩薩は如来の力を受けて用く存在、不動而至、一念遍至で、一刹那にあらゆる世界に用こう、あるいは動かずしてあらゆる世界に用こうという荘厳になっています。一個の有限の存在が自分で用くというよりも、阿弥陀の用きに乗ずる。

本願の用きに乗じて用かずして用く。本願に身を託すことにおいて、自我を超えて、本願が無限に用いていく。これは何を象徴しているかといえば、不虚作住持功徳、本願力に触れれば、本願力の用きを受けた存在になる。ここでも、無数の如来に仕えると語られています。

諸仏、菩薩というものをどう考えるか。具体的な問題として、阿弥陀一仏といわれると、聞いた庶民は要らないものを叩き壊せというわけで神社、仏閣を壊しに行く。それは間違っている、逆に弾圧を受ける。

諸仏、菩薩は阿弥陀にまで育てるためのご苦労がある。諸仏のおかげで我々は阿弥陀まで歩めた。潰してはダメだ。諸仏を拝むのではなく、諸仏において阿弥陀を拝めばいい。蓮如上人はこのように教えています。あらゆる諸仏を本当に拝める原理に触れれば、そのことをあらゆる如来が讃めたまう。

龍樹菩薩の言葉を親鸞聖人が和讃している言葉にありますが、「弥陀の浄土に帰しぬれば　すなわち諸仏に帰するなり　一心をもちて一仏を　ほむるは無碍人をほむるなり」（聖典四八二頁）、阿弥陀一仏を本当に拝めば、十方諸仏の願でもあるのだから、あらゆる仏を讃めることになる。

『十住毘婆沙論』では、阿弥陀一仏に執着することにならないか、他の諸仏はどうするのかという問いを起こして、そうではない、諸仏は法界平等だ。だから、本当に法界に触れて一仏を讃めれば、諸仏を讃めることになる。龍樹菩薩はこういっています。ましてや阿弥陀の願は、諸仏によって讃められたいという願です。そういう意味で億の如来に奉事するという言葉が出てきたのです。

我々が観音、勢至、地蔵を拝みに行くのは、自分の都合を拝みに行くのですが、そうではない。そういう諸仏方が根源的には、この世の苦悩を通して、仏法に触れしめたいと願っているのです。億の如来に奉事するということは、根本は阿弥陀に奉事することと一つです。「億の如来に奉事し、飛化して諸刹に遍じ、恭敬し歓喜して去いて、還りて安養国に到らん」。一生懸命行くと安養国に還ってくる。あらゆる国に飛んで行って用いて、歓喜して、還ってくる。

比喩的には、留学して外国にずっと行っていると、しだいに日本人になるといいます。森有正《もりありまさ》（一九一一～一九七六）が東京大学のポストを棄ててフランスへ行って、遍歴して、ずうっとフランスの哲学を学んでいたら、いつの間にか日本語が自覚され、日本の文化が自覚されてきたといわれています。

諸仏のみもとに行くことによって阿弥陀になってくる。こういうのが信仰生活が生きている場合の、具体的な姿ではないでしょうか。お互いにそういうことが成り立つということが、宗教が根源的に持っている大切な面だと思います。

他の宗教と対話ができる。対話をすると宗教問題の本質が自覚されてくる。表現は違うし、考え方も違いますが、根本問題は共通する。そうすると自分に還って来れる。ここまでが第十七願あるいは第二十二願の内容が展開されているといわれています。

信仰の内なる罪の問題

第十七願の内容を、第十七願だけ読んでいたのでは分かりにくいのですが、『東方偈』を通しますと、浄土を建立してどういうことを願っているのかが、少しくいただけてきます。

「もし人、善本なければ」（聖典四九頁）以下が第二十願の成就文といわれています。『無量寿経』では、ここまでと、これからが一つの偈文として続いていますが、昔からこれは二つの違う偈文がここで一つに繋がっていると指摘されていて、「若人無善本」以下は、親鸞聖人は一方で第二十願の問題として押さえられるのですが、第十七願を受けて続いて出ているということで、ここの異訳の文を「行巻」にも引用しています。

「もし人、善本なければ、この経を聞くことを得ず。清浄に戒を有《たも》てる者、いまし正法を聞くことを獲。むかし、さらに世尊を見たてまつるもの、すなわち能くこの事を信ぜん。謙敬して聞きて奉行し、踊躍して大きに歓喜せん」（聖典四九頁）。このあたりの問題を、親鸞聖人は、正依の『無量寿経』ではないのですが、『平等覚経』から、「行巻」に「この功徳あるにあらざる人は、この経の名を聞くことを得ず。ただ清浄に戒を有てる者、いまし還りてこの正法を聞く」（聖典一六〇頁）と引用しています。

また、それと同じ言葉「もし人、善本なければ、この経を聞くことを得ず。清浄に戒を有てる者、いまし正法を聞くことを獲ん、と」（聖典三四八頁）を「化身土巻」に引用しています。

流れとして全体を包んで「行巻」に引用し、その中でこの言葉だけを第二十願の問題として「化身土巻」に引用しています。『平等覚経』ではさらに、「この功徳あるにあらざる人は、この経の名を聞くことを得ず。ただ清浄に戒を有てる者、いまし還りてこの正法を聞く。悪と憍慢と蔽《へい》と懈怠とは、もってこの法を信ずること難し」と、一連のこの言葉を「化身土巻」に引用しています（聖典三四八頁）。これは「行巻」に引いているのと同じ文ですから、いったいどういうことかという疑問が出るわけです。

この間、ある会で「宿善」という問題を質問されました。自分が仏法に遇えるのは、自分が前のいのちのときに善い功徳を積んでいたからだというのはどういうことか。そのときは、曽我量深先生の最晩年の課題、「宿縁と宿善」というテーマで話されていた問題を憶念していました。この同じ問題を安田先生が、非常に魅力的な違うテーマで、考察されています。

晩年に相応学舎で聞いたことがありますが、同じテーマで、専修学院の報恩講で話され、また同じ年ぐらいに、広瀬杲先生の聞光学舎の報恩講で、学生の願いを受けて話されたのがやはりこのテーマです。どういうテーマかというと「再会」です。

聞光学舎が出している雑誌『聞光』に、安田先生の講演を筆録したものに先生が手を入れて載せてあった。安田先生の自筆論文に近いものを編集して選集の第一巻入れるという作業をやりましたが、こぼれ落ちているものがたくさんあった。『安田理深選集』第一巻に収めたのですが、後から後から出てきまして、もう一度編集し直して「補巻」に収めました。この中に、先生の自筆の文章ないし明らかに先生が手を入れているものを収録しました。「再会」はこの中にあります。練りに練っていろいろのところで話された後、さらにお話の倍ぐらい書き加えられている。

ここでの問題は、「宿縁」という問題です。仏法に遇うということは、本当の自分に遇うということである。本当の自分というのは、個人ではなく個を成り立たせる根源の願で、それを見い出すべく我々は生きている。本来の在り方を求めている。求めるのは求める根源に本来のものがあるからである。これが安田先生の人間観です。

菩提心は迷っている立場からはどれだけ探しても迷いを出ることはできない。本来の根源の在り方、一如と教えられるような在り方を基底にして、我々は迷っている。本当に自分が自分を発見するということは、本来に還るということである。無始以来迷っているので、いつか分からないが、しかし、構造からすると本来の在り方の上に迷っている。

「宿世」といっても、神話的な意味の六道流転しているような迷いのいのちで過去の時という意味ではない。「宿縁」と「宿善」と言葉が似ているのですが、二重の意味がある。『歎異抄』に「本願を信ぜんには他の善も要にあらず」（聖典六二六頁）という言葉がありますが、他の善である人間の積む善根功徳、私どもの行為や考えは、身口意の三業の行為を起こして、その結果を念々に引き受けて生きる。念々に起こした行為の責任を負いつつ生きる。そういう業のいのちとして人間を見る。そういうものだけが人間ではない。

仏教の人間観からすると人間は単に迷っているのではない。業の縁によって流されながら生きている。しかし人間は単にそれだけではない。その中に自分が自分になっていくという面を持っている。常に本来のいのちになろうという方向性が、流されつつある人間と共に歩んでいる。

宿善という言葉は、人間主義的自我心が三業を起こして迷っている在り方だけが本当の自分ではない。そうであってはならないぞという囁《ささや》きかけが響いてそれが歩んでいる。人間が積み重ねる宿善という善は、異質の善が積み重ねられていなければ、いま自分が聞いてそうだと思うはずがない。

どれだけ迷っていても、迷っているいのちと共に本来に還れという意欲が歩んでいる。「宿善」は、単に「宿業の縁」（業縁）として、いま、かくの如き環境、いのち、生活の在り方の違う、その一人ひとり違う在り方をなす宿善という意味ではない。

同じ表現を「行巻」で見る場合は、南無阿弥陀仏に出遇うということは、南無阿弥陀仏の歴史をいただいたから感動する。突然南無阿弥陀仏に出遇っても感動するはずがない。ところが、「化身土巻」、第二十願に引かれる場合は、己が功徳、自分の背景に自分が良いことをしてきたからだという思いで、迷ってきたいのちと共に歩んでいる菩提心を、迷ってきたいのちの上での善根と了解する。

第二十願は、いただいた念仏の功徳を己が功徳とするという問題だと、親鸞聖人は押さえる。本当の力は、自分のいのちであっても自分のいのちが勝手に思って作ったわけではない。こういういのちが与えられていること自体は不可思議力の用きです。それを我のいのちと思うのは賜ったものを取り直すということです。

名号に出遇うということは、難中の難である。出遇うはずがないものに出遇った。出遇わないものには難ということすら分からない。出遇った人間が難というのだと安田先生はいわれます。困難だということはやってみなければ分からない。難ということは、喜び、懺悔の表現であるといわれます。

「宿世の時、仏をみたてまつれる者、楽《この》んで世尊の教を聴聞せん」（聖典一六〇頁）、我が背景に菩提心の歩み、法蔵願心の歩みを賜らないならば、私が法蔵願心に出遇うはずがない。「行巻」の引用はこういう意味です。

「行巻」と「化身土巻」は言葉が同じである。事実は一つなのですが、それを私が解釈する、解釈の誤りが、第二十願で指摘されています。第二十願は、南無阿弥陀仏に出遇っていますから、南無阿弥陀仏をどうにかするわけではない。南無阿弥陀仏に出遇いながら、解釈して自分で取り直している。了解の間違いを正すために第二十願が置かれている。信仰の内なる罪の問題です。目覚めていよいよはっきりしてくる自我意識の問題が第二十願で指摘されています。

「もし人、善本なければ、この経を聞くことを得ず。清浄に戒を有てる者、いまし正法を聞くことを獲。むかし、さらに世尊を見たてまつるもの、すなわち能くこの事を信ぜん」（聖典四九頁）、もし善本がないならば、この経を聞くことはできない、『無量寿経』あるいは浄土の教えに出遇うことはできない。「善本徳本」という言葉も「行巻」と「化身土巻」と二回扱われる。南無阿弥陀仏は善本徳本であるといわれて第二十願でもう一度押さえられる。善本は人間が個人で積んだものではない。「行巻」に引かれる善本は法蔵願心、衆生をして功徳を成就せしめるという用きです。そういう意味が一切の存在に与えられている。

けれども、与えられているということと、それを本当に主体化することとは別です。与えられていても我々はそれを自覚できない。あるいは与えられているものを己が所有物にしようとする。はっきりした自覚がないか、自覚しても己が所有物にするかです。

分別があると、自分は得たが他の人はまだ得ていないという差別意識が出てくる。せっかく浄土の功徳をいただいてそれに触れながら、浄土の功徳を失うような発想になってしまう。これを突破するときに、空無我という、平等というものに触れると同時に意味がなくなるという難関がある。人間は差別意識を助長するようなものなら元気を出してやる。自我を強くする、自我の領域を広めていくことになると元気が出る。やってもやっても平等だということだと誰もやらない。それが社会主義の教育の行き詰まりになるのです。

理想とか理念では動かないような根の深い迷いの歴史を身が生きていますから、教育したら治るというものではない。情けないことですが、人間の深い罪の問題をどこかで突き抜けるためには、自分の努力ではできないのです。一切衆生を平等に包んで、本当にその人その人がそのいのちを、自分自身のいのちとして尊ぶことができるような力を与えるのが、法蔵願心が一切空無我をくぐって浄土を建立しようとする目的です。無をくぐって有として用く。

昔の言葉で半自力半他力という言葉があります。自力から、半自力半他力、そして他力ということで図式的に分かりやすい。自力というのは妄念で、自力の妄念が破れたのが他力に触れるということです。他力に触れたら、それで終わりというのではない。他力に触れるところにいよいよ深く自力の執心があるということが教えられてくる。

他力中の自力ということは、真実に触れて照らされる自己自身の深い罪福心《ざいふくしん》の問題です。これが他力中の自力であって、半自力半他力ということではない。そういうことで、特に第二十願という問題を、曽我量深先生は大事にされた。

自我というのはどれだけ固めてみても虚構ですから、本来「無我」だと仏陀はいわれた。ほんとうは実体がないものを自我意識で了解しようとしている。業縁の結果、ここにかくの如く流されて生きている。縁によってはどうなるか分からない。

近代から現代のように、人間中心主義、自己中心主義になると、自我意識としていのちの意味を探そうとする。曽我先生はそういう現代の問題を感じながら、第二十願は単に三段跳びのように、自力から、半自力半他力、他力へと簡単に入れるようなものではない。我々が第二十願に立てるということはたいしたことだ。もう救われているということだ。ところが、救われたということは、いよいよ我が救われ難き罪が見えるということなのだ。そのように、救い難き人間を本当に自覚していく歩みとして第二十願を考えていこうとされた。

親鸞聖人は「化身土巻」で、それがいったいどういう言葉で教えられ、どういう問題があるのかを、克明に論じられた。善本は、第十七願で本来法蔵願心が誓っている言葉です。個人にとっては、教えに出遇ってみれば、本当に出遇い難きものに出遇ったという感激がありますが、出遇った事実の本質は、一切衆生に出遇わしめようという願心あるがゆえに、私ごときものも出遇えた。

この「もし人、善本なければ」以下は第二十願の問題だといわれ、この後の方の「智慧段」（聖典七九頁以降）と呼応している。

「むかし、さらに世尊を見たてまつるもの、すなわち能くこの事を信ぜん」（聖典四九頁）。出遇ってみたら、ふたたび会ったのだ。一時あった邂逅、値遇という言葉をさらに深めて、安田先生の「再会」が生まれたのです。再会というとロマンのようです。安田先生は、哲学者みたいですが、ロマンチストで、小説や詩も読んでおられる。その背景から再会という言葉が出たのだろうと思います。

仏教の言葉からいうと『東方偈』のこのあたりから来ている。前に世尊に遇っていたから、いま、釈尊の教えに出遇える。出遇ってみると初めて出遇ったとは思えない。真理に出遇うということは初めて出遇うのですが、前に出遇っていたような気がする。自覚してみれば、真理の構造に出遇ったのだ。

浄土の教えも浄土に還る、故郷に帰るという意味で、浄土に往ける。そういうことも、再会ということからいえてくるのではないかと思います。

「謙敬して聞きて奉行《ぶぎょう》し、踊躍して大きに歓喜せん」（聖典四九頁）。親鸞聖人は「専らこの行に奉《つか》え、ただこの信を崇《あが》めよ」（聖典一四九頁）といって、「奉行」を「行に奉える」と読んでいます。我々が行ずるのですが、行ずることが行に奉える、奉賛するという意味を持つ。

法に依りて人に依らざるべし

「憍慢と蔽《へい》と懈怠《けだい》とは、もってこの法を信じ難し」（聖典五〇頁）。これは『正信偈』に「邪見憍慢悪衆生」という言葉でまとめられますが、インドの言葉では、憍は、おごり高ぶるということで、慢というのは必ずしも己が高ぶるというのではなくて、比較するということです。比較など無くて、自分に自惚れているのが憍です。比較する心を慢という。「等慢」ということもあります。俺はダメだといって卑下する「卑下慢」というのもあります。いつも一歩引いているようだけれども、なかなか厄介だという人があります。威張っているのよりやりにくい。厳密にいうと憍と慢とは違う心理作用を押さえているのです。

「蔽」というのは、覆われるということで、病的には自閉症です。心が晴れていない、秘密主義的である。自己保身というものが自分を閉鎖する。自分ですら自分を見ようとしない。自分の中にあっていやな心を閉じ込めている。自分では分からないが、精神分析によって何を隠しているかを知ることができる。自分が抱いているいやなものを自分ではっきりと自覚して、明るくその心自身を自分だと認められると、くよくよする必要はなくなる。ユングの心理学はこういうことを扱っている。そういう作用が「蔽」ではないかと思います。

「懈怠」は文字通り、怠り侮ることです。人が亡くなったときに天国でゆっくりお休みくださいというのは、あれは煩悩です。体がくたびれて寝たいというのは煩悩ではないのですが、仕事がしたくないとか、これはいやだといって逃げようとする心は懈怠です。仏法の方向に対して憍慢とか、弊、懈怠ということがいわれます。

菩提心に立とうとするときに、許されない心、こういうものがあったら絶対に出遇えない。他力だから自分は何もしないでいいのだというのは懈怠です。胎生《たいしょう》、懈慢界《けまんがい》という化身土の問題です。くたびれてやりたくないというのが自我意識で、それを破るのが願心です。願心には休憩はないのだといわれます。凡夫が願心に出遇えば懈怠などに止まっていられない。そういうのが報恩謝徳という心です。

「宿世に諸仏を見たてまつれば、楽《この》んでかくのごときの教を聴かん」（聖典五〇頁）。もう一度「宿世」が出ています。法蔵願心の永劫修行といわれる言葉と照らし合わせると、いま出遇っているという事実を成り立たせている背景を時間的に表現すれば宿世という言葉しかない。いま自分が記憶している背景で出遇う必然性はさらさらない。にもかかわらず出遇う。これは宿世の縁です。

それほど深い感動が「宿縁」という言葉でいわれることではないかと思います。諸仏に出遇うということは教えの歴史に出遇うということですから、ずうっと出遇ってきたのではないか。「宿」ということは、現在を与えてくる過去の生活全体の因縁です。一々の因縁ではない。いまかくの如くにあらしむる一切の背景を押さえた言葉です。いま感動できる深みには宿世に出遇ってきたというほかないようなものがある。念仏あるいは本願に触れれば触れるほど深みがしだいに見えてくる。

「声聞あるいは菩薩、能く聖心《しょうしん》を究むるものなし。たとえば生まれてより盲いたるもの、行《ゆ》いて人を開導せんと欲うがごとし。如来の智慧海は、深広にして涯底なし。二乗の測るところにあらず。唯《ただ》仏のみ独り明らかに了《さと》りたまえり」（聖典五〇頁）。

これは曽我量深先生がよく出されました。「唯仏独明了」、仏と仏の智慧の出遇いは、声聞と菩薩の測るところではない（ふつうは二乗は声聞と縁覚です）。因の位から果に行こうとするもので、よく如来の心を極めた者はない。それはできない相談だということです。ここは眼の不自由な人を喩えに出していますのでよくないのですが、喩えとしてはできないものをできると思う態度をいっています。

因位のものが果位の心を先取りすることはできない。如来の智慧海、善導大師はこれを「智願海」と言い換えています。如来の智慧海は、深く広くして涯がない。ふつうの海は測ることができるが、如来の智慧の海は、深広無涯底だ。我々の側から測っても測っても計り知れない。広大無辺際です。ただ仏のみが本当に分かっておられるのだ。

この言葉で思い出されるのは、清沢先生が、『エピクテタス語録』に出遇ったときのことです。明治三十一年、三十五歳のころエピクテタスに出遇って、何をそんなに感動されたのか。それは、エピクテタスの「自分とは何であるか」という大変強い問いです。

肉体が自分ではない。肉体はむしろ自分を縛るものだ。主人は奴隷である自分の体を縛ることはできる。しかし、自分自身は縛れない。どれだけ主人が自分の手や足を縛っていても心までは縛れない。だから本当の自分自身は身ではなく、心だ。こういう思いを起こす自分の意志が自分だ。

他人、ほかのものではない自分というものを探していこうとした営みを、先生は大切にしておられた。そして、自分とは何だということを突き詰めていくと、自分が自分だと思っていたものはほとんど自分ではない。外物、他人によって左右されるような自分は本当の自分ではなかった。こういうふうに目覚めていかれた。「分限の自覚」といわれます。

自己とは何ぞやという表白が出てくるわけです。絶対無限に乗託してある自分です。自分の側からすると如来の智慧海は見えないが、如来の智慧海からすると自分を浮かべている。そういう発想の転換が大きな手掛かりになったのではないかと思います。自我意識が破られて、絶対無限の妙有に乗託している自己が浮かべられてくる。

こういう自己発見です。

第二十願と第十八願とは立体的です。第十八願の中にありながら自力の意識が抜けないという自己発見です。如来智慧海の中にありながら、じたばたしている自分が本当に自覚できるという構造で第十八願と第二十願とが重なっている。ただ第二十願をくぐらないと、第十八願に入ったという思い込みの中にある自力が自覚できない。

如来の領域は如来のみが分かっているのだというのも、そういうことをはっきりさせる言葉として大事ではないかと思います。如来智慧海は全部を包んでいる。にもかかわらず、我々からすると見えない。

如来智慧海と憍慢・弊・懈怠ということは、まったく対立するようであって、実は、如来智慧海の前にいよいよ憍慢・弊・懈怠という意味がはっきりしてくる。人間が根源的に持っている、憍慢・弊・懈怠としてしか生きられない人間存在、そこには絶対の断絶がある。けれど如来の智慧海からすれば深広無涯底ですから、一切の憍慢・弊・懈怠をも包んでいる。それが絶対無限の妙有に乗託するという自覚になるわけです。

安田先生は「再会」で二つの時を考えておられます。宿業の時と菩提心の時です。菩提心の時が本当に自分が自分になる時として、いま、ここに現前する。その時と宿業の時とが切り離せない。どれだけ本願に触れたからといって、宿業が無くなるということはない。宿業は、かたじけない自己を与えてくれる背景としていただき直すものです。そういう構造が「再会」ではっきりすると思います。

「如来の智慧海は、深広にして涯底なし。二乗の測るところにあらず。唯仏《ただ》のみ独り明らかに了りたまえり」。二乗とは、声聞と菩薩で、それは「能く聖心を究むるものなし」、本当の如来に触れることはできない。

安田先生は、「法に依りて人に依らざるべし」（聖典三五七頁）という言葉を大切にしておられました。しかし我々が出遇うのはまず人を通してである。ただ人なしの法に出遇うということはない、これは『涅槃経』の教えです。道ありと信じて、人ありと信じないのは「信不具足」だ。法があれば必ず人がある。法だけあるけれど人がいない、それは本当の法を信じていない証拠である。人に出遇うと（法を生きている人ですが）、その人に執われる。だから人に依ってはならない、言葉に依ってもならない、義に依れと。

言葉の表の意味に執われてはならない。真の意味に依れとも教えられる。人は生きていますから、全部が正しいというわけではない、間違いも起こします。しかし、出遇っている法は真実である。人と法とは、単に別ものでもないし、まったく一致でもない。

我々は人に出遇って、その人を通して何をいただくかといえば、自己をいただく。人に出遇うということは、自分をいただく、自分が明らかになる。その自分は、執着していた自分ではない。自利の一心が求めて獲られないということがあって、それを破るものが善知識である。しかし、破られたときに善知識に執着すると、法に出遇えない。教えに遇うということが、なかなか困難な構造を持っている。念仏に出遇ったといっても、本当の自己を開くものとして出遇わずに、念仏を自分の幸せを得るための道具にする。

出遇い難い師に出遇うということに関しては、「専修にして雑心《ざっしん》なるものは大慶喜心を獲ず」（聖典三五五頁）といっています。出遇いというものが本当に明らかになっていない場合には、どれだけ称えていても雑心（人間心）が残る。純粋に念仏といいながら、念仏によって自己を立てる。それでは大慶喜心を獲られない。

『正信偈』に「獲心見敬大慶喜」という言葉があります。この言葉について親鸞聖人は、何回も直している。どの言葉を落として、どう直すか大変苦労している。信心を獲るということは自己を獲ることである。「獲心見敬大慶人」と書いている例もある。大いに喜ぶ人を獲る、大慶喜の人になる。本当に出遇うということによって成り立った人間は、喜ぶ人になる。感情的な喜びに流れるというのではなく、悲しみがあろうと、喜びがあろうと、それを乗り越えて存在を喜ぶ人間になる。このようになるのが、本当の信心を獲るということだ。

そうではない場合は、「かの仏恩《ぶつとん》を念報することなし、業行を作すといえども心に軽慢を生ず。常に名利と相応するがゆえに、人我おのずから覆《おお》いて同行・善知識に親近《しんごん》せざるがゆえに、楽《この》みて雑縁《ぞうえん》に近づきて、往生の正行を自障障他するがゆえに」（『往生礼讃』、聖典三五五頁）、善導大師の雑修十三失の最後の四つです。これを親鸞聖人は第二十願の意味として引いています。はじめの九失は第十九願の問題として引いてくる。何故後の四つをここに引くのかというと、仏恩、同行、善知識という言葉をもって第二十願の問題としてここに引いてくる。

真実そのものに、人間抜きにして出遇うということでもない。人間そのものが真実だというのでもない。善知識の言葉を通して、自分を開く、自分を破るものとして出遇う。自分が自分で満足したいという関心である場合は、善知識は怖い。善知識の言葉はいやなのです。そうなると、仏恩を思わない、善知識を忘れたい。だいたい分かったとなると先生が煙たくなる。それではダメだぞという指摘をされますから、煙たくなる。そういう課題が第二十願にある。

「如来の智慧海は、深広にして涯底なし」、深い大海の中に浮かされながら、どれだけ訪ねても底までは行けない。そういう深みを持っているということは、私どもの迷い、闇の深みを表すのだと安田先生はいわれます。如来だけが深いのではない。我々が深い。我々の深さは闇の深さである。如来の深さは大悲の深さである。これは無関係ではなく、第二十願をくぐって初めて第十八願の本当の深みを私どもは明らかにしていくことができる。

第二十願により、『無量寿経』『観無量寿経』『阿弥陀経』を立体的に読まれた。三願に照らして、三経を立体化したのが親鸞聖人の独特の仕事です。信じる心の内面の矛盾、あるいは信じようとする動機の持っている不純粋性を克明に明らかにした。

我が善き親友

「たとい一切人、具足してみな道を得て、浄慧《じょうえ》、本空を知らん。億劫に仏智を思いて、力を窮《きわ》め、極めて講説して、寿《いのち》を尽くすともなお知らじ、仏慧《ぶつて》の辺際なきことを。かくのごとくして清浄に到る。寿命は甚だ得難し。仏世また値《もうあ》い難し」（聖典五〇頁）。

末法の自覚、末代の凡夫は仏の在世に遇うことができない。釈尊の教えに直接出遇う時代に生まれることができなかったという問題を「化身土巻」で明らかにした。末法ということで、釈尊の世に生まれなかったということは取り返しがつかない。釈尊に直接逢って教えを受けることはできないにもかかわらず、聖道門は釈尊がいるが如き錯覚の中で、釈尊の通りになれると思って修行をし、学問をする。仏さまがいない世に生まれたということをはっきりと認識していない。これが親鸞聖人の押さえ方です。

「『大論』（大智度論）に四依を釈して云わく、涅槃に入りなんとせし時、もろもろの比丘に語りたまわく、「今日より法に依りて人に依らざるべし、義に依りて語に依らざるべし、智に依りて識に依らざるべし、了義経に依りて不了義に依らざるべし」と」（聖典三五七頁）、四依の中の第一が「依法不依人」です。

この『大智度論』の引用の最後に「無仏世の衆生を、仏、これを重罪としたまえり、見仏の善根を種《う》えざる人なり、と」（聖典三五八頁）という言葉を置いている。仏に値うことは得難い、できないことである。できないということは出遇うべき善根を種えなかった人です。これは重罪である。親鸞聖人は罪の問題として押さえています（この言葉は現行の『大智度論』にはない。しかし、親鸞は、『大智度論』にある言葉として記しています）。

「法に依りて人に依らざるべし」という言葉から出発しているのですが、人はいなくてもいいのかというと、仏陀のいない世に生まれるということは重罪だ。人を通さずして法に触れることはできないといっています。これが末法を押さえていく親鸞聖人の押さえ方です。末法の世に生まれて、『無量寿経』の大悲に触れなければ、真実には触れられない。そういう内容が「仏世また値い難し」という言葉の背景にあるわけです。

「人、信慧《しんね》あること難し。もし聞かば精進して求めよ。法を聞きて能く忘れず、見て敬い得て大きに慶《よろこ》べば、すなわち我が善き親友《しんぬ》なり。このゆえに当に意《こころ》を発すべし」（聖典五〇頁）。「見敬得大慶」は、第十八願の信楽の内容であると同時に、第十九願の願をくぐって初めて明らかになる。困難至極だという自覚と、本当に出遇えた喜びが重なるのです。

困難をくぐらずしては本当の喜びには出遇えない。本当の喜びに出遇うことは、仏恩を報ずること、所有できない、お返しするしかないという感情に生きることです。それが「自信教人信　難中転更難」という言葉を第二十願のところに引いてくる意図だろうと思います。

「実《まこと》にこれ娑婆本師《ほんじ》の力なり。もし本師知識の勧めにあらずは、弥陀の浄土いかんしてか入らん。浄土に生まるることを得て慈恩を報ぜよ、と」（『般舟讃』、聖典三五五頁）、これは釈尊の教えに出遇った。十方恒沙の諸仏の証誠を通して釈尊の教えに出遇った。

それを受けて、「また云わく、仏世はなはだ値いがたし。人、信慧あること難し。遇《たまたま》希有の法を聞くこと、これまた最も難しとす。自ら信じ人を教えて信ぜしむること、難の中に転《うた》たまた難し。大悲弘く普く化するは、真に仏恩を報ずるになる、と。」（『往生礼讃』、聖典三五五頁）という言葉を引いてくる。

法に出遇うということは、単に出遇って良かったということでなく、それによって変えられるということです。

対話の場合、相手の思想と対話するということは、自分が変わるということがなければ成り立たない。体験したということは、それまでの自己ではない自分が生じたという意味を持つ。特に善知識に出遇うということは、いままでの考え方が間違っていた、頭が下がった、教えによって変えられたということです。変えたくなかった自分が変えられることです。そこに本当に有難いというものが出る。

それが、「見敬得大慶」です。見て敬い得て大いに慶ぶという存在になれることを、釈尊は「我が善き親友」であるといっています。「mitra（友）」という言葉は、善知識とも翻訳するし、善友とも翻訳する。我々がお釈迦さまを本当に善知識としていただくということは、お釈迦さまが汝も善知識だといって認めてくださるということです。出遇うということは、自分が自分に出遇う、自分が開かれる、自分が変わるという意味を持つ。これが自分だったのかという新しい自分に出遇うことです。善人的、倫理的自分ではないものをいただく。

第二十願と第十八願の境、第十九願から転じて法に帰したとしながらも、本当に開けていない自我が残るという問題が境になる。その「難」を破るものが諸仏の恒沙の勧めである。我々が出遇うことができるのは、ふたたび出遇うのだ。ますます出遇ってどこまで深めていっても、まだ底がない。そういうことを親鸞聖人は第二十願を通して読んでいったのではないかと思います。

「たとい世界に満てらん火をも、必ず過ぎて要《もと》めて法を聞かば、会《かなら》ず当に仏道を成ずべし、広く生死の流《ながれ》を度せん」（聖典五一頁）。これが結びの言葉です。我々の経験世界は、「火」の家に喩えられる（『法華経』）。短い寿命を忘れて、火が付いた家の中で遊んでいる子どもに喩えられる。ここでは世界が火に満たされている。煩悩とか戦争とか、修羅の如きいのちの状況であっても、それを過ぎて必ず法を聞く。衆生貪瞋煩悩中でも、たとえ火があろうとも、それを過ぎて法を聞く。必ず仏道を成ずる。

相対的な平和というものは、本当の平和ではない。内面的には常に戦争を予感し、戦争の準備をしている。また戦争を起こすような心を持って生きています。人間が生きるということは、煩悩状況が、お互いに、自己、家庭、地域、国というような共同体を造るところに、他なる自我が造る共同体とぶつかる。

世界の火は常に新たなる火種を抱えている。その世界の火の中をくぐって本当の涅槃、静けさに出遇い直していく。人類としての道を明らかにしていかなければならない。人類があらんかぎり、新たに新たに願心が立ち上がって伝えていくしかない。「自信教人信」の事実が仏法の生きている証明になっていく。出遇うということは、また新たにその道を引き受けていく人間になっていくということです。

生死の流れを度するということが、法蔵願心をいただいていくということによって、与えられてくる。第十九願から第二十願意を明らかにすれば、本願自身の力に乗託して、第十八願が自ずから来るというのが本願の用きではないかと思います（『大蔵経』および親鸞聖人の原本は、「広度生死流」の「度」は「済」になっています。『教行信証』に使っている文字とこの流布本『聖典』とはずいぶん違っています）。

親鸞聖人の読み方を通して読めば、『東方偈』のこの部分は第二十願という意味を充分に持ってきます。

第4章　衆生往生の果

第二十二願成就文

仏《ぶつ》、阿難《あなん》に告《つ》げたまわく、「かの国の菩薩《ぼさつ》は、みな当《まさ》に一生補処《ふしょ》を究竟《くきょう》すべし。その本願、衆生のためのゆえに、弘誓《ぐぜい》の功徳をもって自《みずか》ら荘厳《しょうごん》し、普《あまね》く一切衆生を度脱《どだつ》せんと欲《おも》わんをば除く。

阿難《あなん》、かの仏国の中のもろもろの声聞衆《しょうもんしゅ》の身光、一尋《いちじん》なり。菩薩《ぼさつ》の光明、百由旬《ゆじゅん》を照らす。二《ふたり》の菩薩《ぼさつ》あり。最尊《さいそん》第一なり。威神《いじん》の光明《こうみょう》、普《あまね》く三千大千世界を照らす。」阿難《あなん》、仏に白《もう》さく、「かの二《ふたり》の菩薩《ぼさつ》、その号云何《ないかん》。」仏の言《のたま》わく、「一《ひとり》をば観世音《かんぜおん》と名づく。二《ふたり》をば大勢至《だいせいし》と名づく。この二《ふたり》の菩薩《ぼさつ》はこの国土にして菩薩《ぼさつ》の行を修す。命終《みょうじゅう》して転化《てんけ》して、かの仏国に生ぜり。阿難《あなん》、それ衆生《しゅじょう》ありてかの国に生まるれば、みなことごとく三十二相《そう》を具足す。

智慧成満《ちえじょうまん》して深く諸法に入《い》る。要妙を究暢《くちょう》す。神通無碍《じんずうむげ》にして諸根明利《みょうり》なり。その鈍根の者は二忍《ににん》を成就《じょうじゅ》す。その利根の者は不可計《ふかけ》の無生法忍《むしょうほうにん》を得《う》。またかの菩薩《ぼさつ》、乃至成仏《ないしじょうぶつ》まで悪趣《あくしゅ》に更《かえ》らず。神通《じんずう》自在にして常に宿命《しゅくみょう》を識《さと》らん。他方の五濁悪世《ごじょくあくせ》に生じて、示現《じげん》して彼《かれ》に同《どう》じ、我《わ》が国のごとくせんをば除

く。」（聖典五一～五二頁・註釈版四八頁）

「仏、阿難に告げたまわく、「かの国の菩薩は、みな当に一生補処《ふしょ》を究竟すべし。その本願、衆生のためのゆえに、弘誓の功徳をもって自ら荘厳し、普く一切衆生を度脱せんと欲わんをば除く」（聖典五一頁）。これは、究竟的に一生補処に与《あずか》るということと、「除」という字があり、「衆生のためのゆえに、弘誓の功徳をもって」という言葉がありますから、本願に充てると第二十二願のことであると分かります。

「教行信証」という展開を『文類聚鈔』では、巻を分けずに、本願文を引かずに、成就文だけでまとめあげています。「「還相回向《げんそうえこう》」と言うは、すなわち利他教化地の益なり。すなわちこれ「必至補処の願」より出でたり。また「一生補処の願」と名づく。また「還相回向の願」と名づくべし」（聖典四〇七頁）というように、願文の名前だけを出しています。

「必至補処の願」と「一生補処の願」は、願文の中の言葉をとってつけた名前です。その後、親鸞聖人独自の言葉で、「亦《また》」の字が置かれて、「還相回向」ということがいわれます。そういって、「願成就の文、『経』に言えり、「かの国の菩薩は、みな当に一生補処を究竟すべし。その本願の、衆生のためのゆえに弘誓の功徳をもってして自ら荘厳し、あまねく一切衆生を度脱せんと欲わんをば除かんと。」」（聖典四〇八頁）と、第二十二願成就文として、この文を引用しています。

『教行信証』の「証巻」には、第十一願文を、「必至滅度の願」また、異訳の経文により「証大涅槃の願」といって、真実証の往相の面を、「それ真宗の教行信証を案ずれば、如来の大悲回向の利益なり」（聖典二八四頁）と結ぶと同時に、「二つに還相の回向と言うは」（聖典二八四頁）といって、還相回向を展開しています。

つまり、往相の結びから還相が出発している。ここの「亦」の字が付いた「一生補処の願」も、親鸞聖人独自の、己証《こしょう》の名前です。そこから展開するについて、願文を『浄土論註』に譲っている。「『註論』に顕れたり。かるがゆえに願文を出ださず。『論の註』を披《ひら》くべし」（聖典二八四頁）といって、第二十二願を直接出さずに、親鸞聖人が気がついた元である、曇鸞大師の『浄土論註』の指示に依っています。はじめは『浄土論』の「出第五門」の文を出して、次に『浄土論註』に入ります。第二十二願の文は、その解釈の中に出てきます。

『浄土論註』の中に曇鸞大師は二度、第二十二願を引用して、第二十二願によって、阿弥陀の浄土が非常に積極的な意味があることを注意しています。その浄土の用《はたら》きが第二十二願として誓われている。その意味を、親鸞聖人は真実証の用きと了解された。

浄土の用きは「真仏土巻」で表されるが、その願文は第十二願、第十三願による。真実証は「証巻」で、願文は第十一願を依りどころとして展開しますから、一応は分けていますが、重なるところもある。往相回向は教行信証に収まる。還相回向は「証巻」に収められる。そこから往還二回向とは別に、「真仏土巻」は第十二願、第十三願によって建てられる。

そこにちょっと注意する言葉があります。「しかればすなわち大悲の誓願に酬報《しゅうほう》するがゆえに、真の報仏土と曰うなり。すでにして願《がん》います、すなわち光明・寿命の願これなり」（聖典三〇〇頁）、「酬報」と「すでにして願います」です。「行巻」「信巻」については「願より出でたり」ということが一貫しています。本願から出てきているということです。ところが「真仏土巻」については「願います」といっています。わずかな言葉の違いですが、非常に大きな意味の違いを見ている。

往還二回向を包んだ「教行信証」は、本願から衆生に用きかけんがために顕れ出てきている。浄土そのものは、本願によって存在する。本願は往還二回向として衆生に積極的に用きかける。

還相回向には、『浄土論註』の長い引用があります。下巻の中に「観行体相章」の、（仏荘厳の結びの）「不虚作住持功徳」の注釈から後を「還相回向」の文として、親鸞聖人は取り出した。本願自身が衆生に用こうとする、真実証からの用きを還相回向と了解して、『浄土論註』を長く引用している。

宗教における近代の課題

キルケゴールが「反復」といい、ニーチェが「永劫（永遠）回帰」という。くり返し、くり返し迷いのいのちを生きながら、真実に触れていく。それが我々の実存的状況である。いったん触れたら全部が明るくなっておしまいというのではない。触れつつ歩む。念念に本願力回向の用きを荘厳していく。無から立ち上がるような用きに触れていく。第十一願と第二十二願を親鸞聖人は、真実証の内面として、出発点と究極点を包んだ真実証で表して、そこから教行信を開いてくる。

この間、京都で、臨済宗の平田精耕（一九二四―二〇〇八）さんが中心になっている禅セミナーがあり（すでに十三年間続いているセミナーですが）、初めて浄土真宗に呼びかけがありまして、近代教学をやっている私が呼ばれました。「宗教における伝統と近代」というテーマで五日間のセミナーに参加してきました。

キリスト教の側から、プロテスタントもカトリックも、仏教界からは臨済禅、曹洞禅（鈴木格禅さん）、日蓮宗、神社神道（神主で京都大学名誉教授の薗田稔さん）が参加していました。時代という問題、特に近代ということについて、いつも宗教の側は遅れてついていく。カトリックには、ルネッサンス以降非常に強固なドグマがあって、さらに頑固な儀式、ローマ・カトリックの組織があって、容易に動かない。ところが近代から現代の社会状況は有無をいわさず、あらゆる人間を巻き込んでいく。その大きな流れは問題にしないでもいいのだといっておれない。そういうことから、カトリックの方から（諸宗教との）対話路線が出てきた。

はじめは帝国主義と同時に、神父が入ってきて宣教する。宣教することが自分の領土を広げることと重なっていた。他の宗教は全部撲滅して、全部キリスト教にしていくのが西洋の考え方だった。ところが、どうにも行かなくなった。絶対的な正しさというものでは立ち行かない。いやでも相対化してどちらも正しいということにしないと話が付かない。それで対話になったわけです。

相手をやっつけるために研究するという発想では成り立たない。お互いがお互いの問題を了解し合う。相手を了解するためには、自分が開放されなければならない。そういう努力として、エキュメニカル運動(the ecumenical movement、全キリスト教会を統一しようとする運動）が積極的に行われてきている。

日本の仏教は、まだそれほどの危機感がない。何故かというと、鈴木格禅さんがいみじくもいわれていたのですが、本当に坐禅に立てば、時代を超える。時代の問題は相対的で、次の時代になったらどうでもいい問題になるかもしれない。仏法の課題は時代を超えた課題だ。時代とともに変わる方は、根本問題ではないという発想です。仏教の教学者は、近代とか現代とかの問題の深刻さを真剣に痛みとして感じていないところがあります。

その点、キリスト教は悲鳴を上げながらも、なんとか時代と語り合おうとしています。宗教が完全に要らなくなってしまうという危機感を持っています。宗教に背を向けて立ち退いていってしまう人間に、いかに宗教が語りかけるかという時代です。

中世までは充分に人々を説得し得た神話だが、科学的な発想が流布して、人間を対象化し、物質化し、理論化し、抽象化し、相対化して考える癖ができた現代人にとって、絶対化したものを信じなさいということは、窮屈なだけである。キリスト教は、そういう絶対的なものを捨てられず、絶対的なものを訴えようとすると相対的な立場から嫌われる。そういうことが如実に出てきている。西谷啓治さんは、時代ということをうるさくいっていまして、宗教研究所を造って、諸宗教および時代との対話を先駆けていった方ですが、現代は仏教がない、仏教と現代を渡す橋がないということを問題提起していました。

仏教を基本的にどのように了解するかというと、大乗仏教は、単なる個人の釈迦の体験内容というよりも、一切衆生に究極的なものを訴えかける訴え方、証から言葉が出てきて教えになるときに、一つの物語が語られる。『本生譚《ほんじょうだん》』というのは単なる神話ではない。菩提心がどういう意味を持つかということを、釈尊の前世が兎であった、鷹であったときというように童話の如くに語る。童話の如くに語りながら、人間に、実存的に、深い真理性を呼びかける。大乗経典は物語として展開していて、物語が非常に大きな意味を持ち、物語を通して説得してきた。

ところが、基本的に仏法がどう考えられてきたかというと、出家仏教として、修行仏教として位が上がって人間を超えていけるという理解、釈尊の勤苦六年の求道が、上昇して人間を抜け出して、高みへいく悟りとして考えられた。物語として語られていたものを、自分で修行して心を清めて覚っていくのが正しい仏教だという了解が何処かにあった。その立場だと、出家したとたんに時代を切る。時代とか、社会から切り離された一人の人間として、孤立者になって、特定の精神状況に入ることで解決しようとする発想がついてきていた。

悟りを開いたと称する人が村へ出てきて、本当に悟りが開けていないので、利他に立ち上がれずに、そのまま朽ちていく。孤高になるか、あるいは堕落するかであって、両立して自利利他を成就する人間は何処にも居ない。

本当に人の間に人として生きて、本当に成就するという意味で、大乗になっていないのではないかという問いがくり返し出されながら、はっきりしなかった。そこに、時代というものと離れて自分が救われるような発想が仏法だということになっていたのではないかと思います。

物語は物語としての一つの世界があって、それが説得するということがあるのですが、pre-modern から post-modern の不幸は、物語とともに埋没するのではなく、物語を分析してしまう。だから、物語で救かるというわけにはいかない。そこに、キリスト教では非神話化ということが提起されざるを得ない状況がある。

科学的な教育を受けた現代人にとっては、神話をそのまま信じる意味が確保されない。時代を超えて働くものもあるのでしょうが、時代が大きな意味を持って迫ってきているので、ほとんどの人間が、現代教育を受けて、そういう発想をしますから、共通の基盤を失う。ところが、非神話化されてみたら、理性的になっただけであって、信仰による実存の立ち直りは出てこない。分析されたいのちには感動がない。

仏教は近代といいながら、時代とは無関係なわけです。大乗仏教が物語を通して語ったということは、実在の人物が何かをしたという意味ではなく、普遍的な意味を持つわけです。しかし、普遍的な意味が現代の解釈の時代をくぐらないと、本当の意味で人間を解放するということにならない。

日蓮の教徒にはまったく時代がないと思います。即日蓮と一つになる。仏を背負って街頭へというのが、日蓮の徒なのだといっていました。信じて正しいものを実現するためにいのちを懸けるという、日蓮が「立正安《りっしょうあん》国《こく》」を叫んだと同じようなことを、現代にしていこう、物語そのものを主体化しようとしています。信仰内容が思想的に現代を孕んでいるのではなくて、行動が現代に行われているだけなのです。その精神は神話の時代だと思います。

親鸞の精神は、神話の根源でもあるような一如からの真理性が、物語的な形を通りながら、本願として教えられて我々に用く。その用きを仏道の道理によって一度分析して、我々がいただく信心の内容まで厳密に純化して、教えとして開かれた。ある意味で物語性をいったん解体して、そこから立ち上がってくる法蔵願心として呼びかける。個人でもなく、普遍的人間でもない。菩提心の主体である。阿弥陀の因位の用き、法の蔵が、本当に人間に用くのである。単なる概念ではなく、用く物語、それは失ってはならないものです。

歴史的人物ではないが、法蔵という名前を他の名前で置き換えて解釈したら意味がない。一如の法を蔵としてそこから立ち上がってくる願です。教相《きょうそう》は大事ですが、どれだけ教相が大事でも、それが本当に主体化されるときに、物語的主体がここに実際に用いているということがないと、信仰にならない。

神話の時代というものは、人間を貫くような意味を持っているが、ある意味でいったん解体される場所が近代である。解釈として、遺伝子の意味に直されてみたり、深層心理学の意味にとられてもいいわけです。しかしそれだけではない。解体される以前の物語的主体というものが何処かで体験されなければならない。そういうことが、浄土真宗において成り立つのではないかと思います。

清沢先生がした仕事は、できるだけ仏教用語を使わないで信仰を明らかにすることです。しかし清沢先生自身には、法蔵願心を生きて念仏するということが根源にある。最後に『我が信念』で如来という言葉が回復されています。後を引き受けた曽我量深先生は、はじめから法蔵願心がテーマです。思索の一番はじめは「地上の救主」というテーマで、『法華経』との対話です。『法華経』の物語が語りかける迫力は、地涌《じゆう》の菩薩にあり、その菩薩が法蔵菩薩だ。悲願の救い主である阿弥陀が、本当の人間の救いにはならない。阿弥陀の名が救うのではない、法蔵願心が救うのだといわれます（曽我先生には、実存的思索と同時に神話的な感動があります。それが、どれだけ分析しても分析する言葉の根に迫力を持つ所以です）。

第二十二願も、この言葉が持っている迫力があります。「衆生のためのゆえに、弘誓の功徳をもって自ら荘厳し、普く一切衆生を度脱せんと欲わん」。この願は、人間でも一応は分かるけれども、人間がその願に立てるかというと立てない。

日蓮の信徒であった宮沢賢治が、亡くなる前に、自分のノートに有名な『雨ニモマケズ』という「メモ」を残した。あれは菩提心の願心です。身が一つしかないので、実践はできません、願心です。しかし、やりたいのだ。「一日ニ玄米四合ト　味噌ト少シノ野菜」でいい、とにかく菩薩行がしたいのだというのが、宮沢賢治の願心だった。

『法華経』を信じて、『法華経』の行者になろうとしたのが宮沢賢治の悲願です。宮沢賢治ができるできないではない、そういう願が立ち上がっているわけです。それを背負って立ち上がれば死ぬしかない。我々凡夫は、我を救わんがために願心が立ち上がってくださるのを、いただくのです。それに感動し、その感動をいただいて生きていく。

賢治は門徒の育ちだったのですが、両親との葛藤などもあり、若くして亡くなったので真宗には戻れなかった。自分が早死にする（三十七歳）については、親に遺言を残して「自分は早く死ぬ、親不孝ものだ。しかし、次に生まれ変わってきたときには、必ず親孝行します」と誓っている。これも願心でしょう。

安田理深先生がいっていましたが、日本における一神教は、日蓮宗だ。折伏《しゃくぶく》で他を許さないのです。浄土真宗は一神教的に見えるけれども、一神教ではない。阿弥陀如来は、法蔵願心の成就であって、絶対者ではない。阿弥陀は、諸仏の用きによって自分を具体化しようというので、我に従えというのではない。

生きた仏法とは、現代という時代と切り結びながら、失ってはならない真実性を回復していくことです。ここに還相回向ということの積極的意味がある。迷いの世界に用きかけねばならないという願心がある。ここに時代の課題を感じる。これを明らかにしていかなければならない。時代を生きている我々に、本願自身から課題を投げかけられている。それを我々が受け止めて表現していく、自分の考えの大事な基軸にしていく。

一切衆生が何処にあるかといえば、我々が生きて、感覚して、考えてというところ（六根、六境）に、具体的な衆生がある。一人ひとりに全衆生がある。その一人に、時代からいただくあらゆる課題に答える宗教の意味を、どのように切り開いてくるかということです。禅では「喫茶喫飯　これ仏法」といいますが、具体的になると坐禅しているのが正しい仏法で、それ以外は堕落だという表現が出てくる。そこにはまだ思索が足りないような気がします。浄土真宗もそういう課題をいつも憶念して、明らかにしていかなければならないと思います。

本願は、比喩的にいえばいろいろの意味がある。大地のようにあらゆるものを支えるという喩えにもなるし、いつでもいつでも涌く泉のようだと喩えることもあるし、利斧のように鋭い斧のようだという喩えもある（禅の活人刀、殺人剣）。現代の状況を仏教者が語り合いだすと宗派の現状の話になる。そこに本当に宗教があるかというと、ないような状況を現代の宗教問題だと思って話している。現代の状況を問題にするのではなく、生きている一人の人間が宗教にぶつかることでなければならない。

時代と切り結ぶというときに、自分が忘れられて、現代的状況を客観的に問題にする視点に立っている。また、自分が宗教を語ろうとすると、時代と切り離して純粋に仏法そのものを生きようとする。両面の問題があります。聖道門仏教も聖道門ではなくなっている。結婚生活して、弟子という名前のもとに、自分の息子に自分の寺を継がせている（父親を師匠と呼ばせる）。

真実証というのは、涅槃、寂滅だから、死後の世界としてもう用かないというのではなく、そこが、永劫の修行を通してきた法蔵願心とともに立ち上がる根源だということを、親鸞聖人が押さえている。そこが、浄土真宗が教えとして人間に本当に語りかける大地です。そこに、第二十二願がある。第十一願だけでは、ニヒリズムに行ってしまうような感じです。ニヒリズムを超えて、迷いの中に立ち上がってくる用きが本願にある。

観音菩薩と聖徳太子

「阿難、かの仏国の中のもろもろの声聞衆の身光、一尋なり。菩薩の光明、百由旬を照らす。二《ふたり》の菩薩あり。最尊第一なり。威神の光明、普く三千大千世界を照らす。」阿難、仏に白さく、「かの二の菩薩、その号《な》云何。」仏の言わく、「一《ひとり》をば観世音と名づく。二をば大勢至と名づく。この二の菩薩はこの国土にして菩薩の行を修す。命終して転化して、かの仏国土に生ぜり」（聖典五一頁）。

ここに観音、勢至という名前が出てきます。『観無量寿経』の十六観の中で仏の姿を見ていく「真身観」に続いて、「観音観」「勢至観」が出てきますが、『無量寿経』も観音、勢至の名前が出てきます。菩薩が、かの国土に対してこの国土の菩薩行を修するといっています。

観音、勢至については、『無量寿経』ではあまり重い意味がないのですが、この二人の菩薩は、菩薩の中では大変信仰されています。特に観世音については、『法華経』の「観世音菩薩普門品」という観音の名によって語られている章があって、『法華経』全部を読まなくても「普門品」だけは暗記している人がいます。『法華経』に立とうとする宗派は、まず『観音経』（普門品）を挙げる。あるいは『法華経』に依らなくても『観音経』を挙げることが多い。

観世音菩薩という名告りのもとに語られる菩薩は、衆生の要求に応じて現れて、衆生の願いを満たすという内容が語られている。大乗仏教は元は、菩提を開き、涅槃を得るという仏教の大きな願心を持ちながら、空《くう》に触れて、しかも、大乗であるからには、寂滅涅槃といっても、そのまま死んでいくような空に留まらない。「生死に住せず、涅槃に着せず」といわれます。

生まれて生きて死んでいく生活の中に執着して、苦しむのだが、その苦しみを解脱する。その解脱の方向をとったのが空あるいは涅槃です。しかしそこに留まるなら、小乗仏教が目指す涅槃と大差ない。本当の空は空に留まらない。寂滅の功徳を持ちながら、生死の中にあえて用く。この教えが第二十二願の意味と重なる。

浄土に触れて、浄土の功徳を持って、あらゆる世界に行って、そこで菩薩道を修するという願いと重なってくる。法蔵願心は、第二十二願を通して、浄土をいったん建立して、浄土において一切衆生を摂取する。浄土は浄土に留まらないで、浄土を通して苦悩の衆生にいよいよ用いていく。

執着を本当に離れるということは、執着を離れることができないこの世のいのちの中にあえて生きる立場を持つ、こういう困難至極な課題を抱える。現実に大乗の悲願を本当に生きるということは、言うは易く、実際は難しい。そういう願心を具体化する名告りとして、観世音という名が親しく感じられる。

世の音を聞くというこの音は、無数の衆生の苦悩の声です。濁世、浮世といわれる我々のいのちの在り場所は、濁っていて、罪が多く、無意義で、諸行無常で終わってしまう。そういう衆生の声を本当に聞き、大乗の生命を菩薩の名のもとに呼びかける。こういう名として、観世音の名が親しく庶民の中に入っていった。

『観音経』とか、観世音の名前は、いまでいう現世利益的な働きを持って、苦悩の衆生を具体的に救ってくれる名告りとして信じられてしまった。大乗の願いが観音信仰になるところに、大乗仏教の課題が非常に困難だということが思われます。

菩提心の側から苦悩の声を聞くということが、衆生の側からは自分の都合のいいように救けてくれるというようにすり替えられる。衆生の側の願いを何処かで受け入れてもらえなければ、それは大乗といえない。しかしそれだけでは、仏教が、護身術とか、祈願して何かを満たしてくれる神さまのようになってしまう。

仏陀の願いはそういう神々からの解放、人間のひとり立ちです。神々に依頼したり、神々を恐怖したりして生きている生活からの独立です。しかし、大乗の課題は難しい。小乗は解脱、寂滅という方向ですから、それを妨げるものは全部敵であるということで切り捨てていく。ある意味で方向が分かりやすい。究極は阿羅漢である、個人が個人的に救かって、解脱してしまう。解脱してしまえば苦悩の衆生の苦悩と無関係になりますから、救かったという利益が人に対して影響を及ぼさない。

釈尊が解脱から立ち上がって、苦悩の衆生のために法を説こうとされた。悲願《ひがん》、説いても分かるまい、しかし説かずばなるまい、説かずして自分だけでその功徳を終えてはならないというのが、釈尊の大悲です。小乗仏教徒は、涅槃に行くことを目標にしたときに、釈尊の大悲が見えなくなる。ところが、衆生を本当に済度《さいど》するために、一人救いに留まらないという大乗の立場は、言うは易く、現実には、誤解と堕落の難を逃れることが困難至極である。観音の名のもとに、そういうことがよく分かります。

観世音は日本にあっては、聖徳太子が信仰対象になって太子信仰になった。梅原猛さんは、聖徳太子は怨霊だ、法隆寺は怨霊を鎮めるための鎮魂のお寺だという解釈をしています。自分の願いが満たされない、抑圧される、ルサンチマン（ressentiment）というものが、日本の仏教に重なったのだというのが、梅原さんの考え方です。

国の権力者が、力がある者を暗殺した場合に、その怨霊の祟りが恐ろしいので、沈黙させるために祀る。神に持ち上げておいて供養して祀る。これが仏教だといっています。

そういう面もないわけではないのですが、庶民に聖徳太子が多く信じられてきたところには、そういう解釈だけではないものがあったと思います。庶民の願いが太子によってすくい取られ、それが大乗の観音の願いと重なってくる。

聖徳太子は十七条憲法を設けて、人々が本当に、それぞれのいのちを安んじて営んでいける方向に政治が働くべきだと願った。理想の国を願った政治家です。ところが現実には、政治家であるかぎりは政敵がいるわけですから、太子の力の前にはかなわなかったが、太子が亡くなった後は、実権を握ったものが太子の子孫を皆殺しにして、自分が実権を握っていく。そして太子の怨霊が出て欲しくないということで祀ったというのです。

しかし、太子の願いが庶民の願いに響くものだから、観音菩薩と崇められていった。日本では観音信仰が太子信仰と重なって、太子が観音の生まれ変わりだという歴史学の概念の本地垂迹説になるわけです。聖徳太子は観音菩薩の化身だという信仰がずっと続いて、親鸞聖人のころは、日本国中に流布していた。

観音という名前と、『観音経』が持っている不思議な作用がある。これが日本人の民間信仰にいつもかかわる。自分の罪を神に祈る形で拭ってもらおうとする滅罪《めつざい》的信仰、自分の生老病死の中で起こる都合の悪いことを拭ってもらおうとする信仰、除災招福といわれる信仰、あるいは観音札所の信仰に、観音が密接に絡む。けれども、観音菩薩は単立で出るのではない。ここにもあるように、この世にあって修行して阿弥陀の国に生まれていく。「観音菩薩普門品」の願いも、本当に衆生のために用きたいという菩提心の象徴的な名告りでしょう。

宮沢賢治の願いも、観音の願いを一番受けていると思います。日蓮信仰というよりも、観音信仰に近いのではないかと思います。東西南北に走っていって助けたい、病気の人も助けたい、貧乏な人も助けたい、困っていれば助けたいという願いですから。

ところが、親鸞聖人の場合に、信仰の核心は念仏なのですが、どういうわけか親鸞聖人の伝記にはいつも観世音菩薩が付いている。これが聖徳太子なのです。『教行信証』では、直接には観音の問題は出てこないのですが、和讃には出てくる。太子和讃という聖徳太子に関する和讃をたくさん作っている。親鸞聖人にとっては、活き活きと、寝てもさめても観音菩薩が私を護っていてくださるという感覚が一方にあって、他方、自分の救済は阿弥陀に依る。

観音の用きというのは「信巻」に「冥衆護持《みょうしゅごじ》」あるいは「諸仏護念《しょぶつごねん》」という言葉で暗示されているものではないかと思います。大乗の悲願を持った方が、大乗の悲願に生きようとするものをいつも護っていてくださるのが護念です。化身である聖徳太子が、観音の用きとしていつも居てくださる。

昨日、真宗教学学会（東京大会）で、親鸞聖人の六角堂参籠の夢告の問題を発表した方がいました。観音菩薩が、あなたの妻となって、身はあなたに犯されてもあなたを一生荘厳するといういわゆる『女犯偈《にょぼんげ》』を、親鸞思想の核心だと語っていました。『女犯偈』とは、「行者宿報にて設い女犯すとも、我は玉女と成りて犯されん、一生の間、能く荘厳し、臨終に引導して極楽に生ぜしむ」という文です。女犯のところに執着するというのは、ある意味で面白いのですが、実は、この偈文の大事な面は観音の誓いだということです。

観音は相手が男性であれば女性となって、相手が女性であれば男性となって、あらゆる場合にその人を救けるために身を変じていこう、という誓いなのです。発表者は、理想の女性であるような玉女、親鸞の欲求不満を満たしてくれる、そういう情念で再解釈して、それを群萌の立場とするといわれていた。

しかし、そのように押さえるよりは、大乗仏教を本当に具体化しようとする、観世音の名のもとに誓われている衆生済度の願いを詠っているのではないかと思います。これは願うのは容易だが、現実には非常に難しい困難至極な願いです。一人の身だったらできない。観世音は菩薩の名のもとに変幻自在です。神通力をもってあらゆる要求に身を変じる形で、無量の衆生の願いに、無量の形で応じようという願心です。可能だからというのではない、衆生の苦悩が尽きぬかぎり、大乗の願心として用こうという願いです。

男女も、人間にとっては非常に大きなキーワードですが、人間にとっての具体的なキーワードはそれだけではない。老若、男女、貴賤、あらゆる差別を乗り越えようという形で願いが建てられている。

七宝ということがいわれます。転輪聖王が持っている宝（玉）は、七つの功徳を持っている。その中に玉女というのがあります。観音の説話が出てくる元は、素朴なインドの民衆の持っている願いです。良い官僚、良い兵隊、良い女（玉女）、そういう宝が転輪聖王に思うように働いてくれるという伝説がある。それが大乗仏教に換骨奪胎されて、観世音の名になっている。

阿弥陀の国に対して、この土で修行して、命終、転化して、仏国に生ずる。本願の立場から見て、衆生済度の用きが本当に成就するのは、阿弥陀の世界だということを象徴している。確かに私どもは、病気で苦しんでいるときには良い医者に会いたい。ベッドに寝ているときには良い看護師に会いたい。これは具体的な切実な願いです。それがそのまま救いなのか。そういう形が宗教だとすると大きな誤解が生じる。日本人の迷信のほとんどはここから来る。

経説ではいったん菩薩は死んで、本当の意味で充足する。観音、勢至は死んで阿弥陀の国に生まれる。観音がどれだけ修行しても、この土で修行するということには限界があるということを暗示していると思います。

親鸞聖人が、太子の化身としての観音菩薩をいつも念じていたということは、親鸞聖人の求道を活き活きとしたものにし、衆生の苦悩を同悲しながら、本当に歩んで行こうとするときに、自分は本当に愚かな、罪の深い、心の暗い凡夫として生きながら、観音によって救かるのではなく、阿弥陀によって救かる。そのとき、観音はいつも護持して、そこへ行けといってくださる。

親鸞聖人が浄土真宗をはっきりと建てることができた根源は、二回向《えこう》です。二種の回向は、言葉、あるいは思想としては、天親、曇鸞の教えである。天親、曇鸞の教えを抜きにしては、親鸞聖人は念仏の教えを本当に大乗仏教の教えとして頷くことはできなかった。法然上人によって一応は納得したが、法然上人にはそれだけでは、解答できない問題がいろいろある。親鸞聖人は、二回向に出遇って、念仏は浄土真宗である。本願成就するということは回向として成就することだと頷かれた。

聖徳太子の和讃に、「聖徳皇《しょうとくおう》のあわれみて　仏智不思議の誓願に　すすめいれしめたまいてぞ　住正定聚の身となれる」「他力の信をえんひとは　仏恩報ぜんためにとて　如来二種の回向を　十方にひとしくひろむべし」「聖徳皇のおあわれみに　護持養育たえずして　如来二種の回向に　すすめいれしめおわします」（聖典五〇八頁）とあります。

親鸞聖人にとっては、聖徳太子が如来二種の回向に勧め入れしめてくださった。だから、聖徳太子の御恩を報ぜんために、十方に如来二種の回向を広めていこうと表現している。聖徳太子の書いたもの、『三経義疏《さんぎょうぎしょ》』（維摩経、法華経、勝鬘経《しょうまんぎょう》）には、本願とか、『無量寿経』とか、二種の回向等は出ていない。大乗の三大経典を日本で初めて注釈された聖徳太子ですが、『無量寿経』には触れていない。だから、教義の上で聖徳太子の勉強をしたから、二種回向に行ったのではない。

太子は、観音というものが持っている大乗仏教の象徴としての観音菩薩の願いを成就する、そのときに『無量寿経』の教えに依らなければ観音の願いは成就しない、親鸞聖人はそのように受け止められた。阿弥陀の願いを追求していくにあたって、観音はそれを護持してくださった。出遇ったものは二種回向であった。二種回向の教義は、天親、曇鸞からいただくが、そこまで導いてくださったものは、大乗の願心の象徴である観世音である。これが親鸞聖人のいわれる意味ではないかと思います。

親鸞聖人が聖徳太子を仰ぐのは、単に自分を護持してくれた護持仏だからではない。親鸞聖人にとっては、寝ても覚めてもいつでもそこに居てくださるということでは、外から見れば護持仏です。しかし親鸞からすれば、観音の大悲を本当に自分が生きようとするときに、どのように生きたら成就できるかが問題です。それを文字通り実践しようとすると、身体は一つしかないのですから、無理なのです。

宮沢賢治は身を粉にして働いた。立派なことですが、何が成就したかというとほとんど何も成就しない。願いだけがあって、本願成就はない。けれどその観音の願いが人を打つ。打つのはいいけれども、こちらが要求した如くになってくれるのだと取ると堕落して現世利益になる。

天台の解釈の三つの大きな注釈書は、『法華経』をいかに具体化するかということです。「法華三大部」といわれます。その『法華経』の中心は『観音経』です。わざわざ比叡山を下りて何故、六角堂に行くのかということは分からない。比叡山での観音さまと、京都市内での観音さまと、親鸞聖人にとって何が違ったのか。そういう分からなさがいろいろあります。単に人間の個人的欲望を解釈するのではなく、親鸞聖人が本当に何を、思想的課題として悶えていたかということが問題であると思います。

日蓮教団の問題性

『教行信証』を作るような思想的な問題を日夜考える親鸞聖人ですから、法華《ほっけ》一乗《いちじょう》が一乗になっていないという大乗仏道の問題があって、どうにも決着が付かない。そこに大乗の菩薩としての観世音の大悲を訪ねて、九十五日の暁、聖徳太子の文をいただいたところに大きな意味がある。個人の性欲の問題のみで解釈してしまうと、仏道の深い願いを軽んじてしまう気がします。観音という言葉が、親鸞聖人にとっていつも大きな用きを持っていたということです。

恵信尼が伝えていますように、恵信尼は親鸞を観音と仰いだ。自分を救けるために具体的に、身をもって、身近に寄り添ってはたらいてくださる方を、観音の名の下に感じるというのが、当時の仏法に触れた方々の共通感覚だったのではないかと思います。

確かに「普門品」を観ると感動します。すばらしいなと思います。しかし、阿弥陀に触れていますと、観音をそんなに要求しなくてもよいというところがあるものですから、親鸞聖人が、寝ても覚めてもいつも観音菩薩が護ってくれていると感ぜずにはいられないということは、分からないところです。

摂取不捨の利益は、阿弥陀の利益なのですが、具体的には、危機が訪れるときには、いつも観音が現れる。観音はキリスト教でいうとマリアみたいなもので、相手の身になって相手の願いに応えてあげようという母性的な菩薩で、また母親像に似たような人格的な現れ方です。日本で観音菩薩が流行るのは、そこにあるのでしょう。

浅草の観音さまの如きは、この地方に仏教が伝わってきた平安時代初期には、小さいながらもお寺ができていたという伝説があります。天台宗の寺ですが、本堂よりも観音堂の方が大きい。おそらく祠のようにして祀ってあった観音堂の方が庶民信仰を呼んで、あんなに大きくなってしまった。そこに日本の信仰において観音さまが、現世利益的信仰になってしまうことの持っている問題性がある。観音菩薩の慈悲が持つ危ない面です。

観音菩薩が単体で出てくると危ないから、必ず勢至菩薩と現れるのです。観音、勢至は二人で用かないと困る、何故かというと、観音は慈悲の菩薩、勢至は智慧の菩薩、智慧と慈悲とが用いて、大乗の人を誕生させていく。どちらを欠いても偏る。しかし、ふつうは観音に偏る。特に庶民は観音に偏る。

阿弥陀如来の用きを受けて、二人の菩薩がこの土で修行する。そういうお姿が持っている意味があるのではないかと思います。聖徳太子ゆかりの法隆寺の国宝の如意輪観音などは、いま拝んでも感動を覚えます。やはり観音の願いというものが、大きな意味を持つ。

親鸞聖人が願ったのは、観音を通して阿弥陀へ、本願へということです。そういうことがないと、観世音の救いは一人ひとりの願いに特殊的に応えるということになります。それは大事なことですが、不可能の願いを生きようというところが、観音菩薩の非常に身を動かすところです。

日蓮上人はそれを実現しようとして、この世に土を割って現れ出る「地涌の菩薩」、末世の菩薩方の一人である「上行《じょうぎょう》菩薩」として、自ら率先して観音の願いを生きようという、身を動かすような激しさを持った。その日蓮の激しさを日蓮教徒は持ってくる。一念で不可能の願いを身をもって行じていこうという悲壮感がある。

観音が勢至を抜いたら、激情的情熱になります。静かに問題を分析し、広い範囲の思想的解明を抜きにして、ただその問題にぞっこん突っ込むというあり方を生みがちです。そうなると一乗の課題を本当に実現しようとすることになるのかどうかという問題の確認が抜けていく。それが日蓮教団が生んでくる、現世利益宗教の問題性のように思います。

衆生の願いに応じたいが、衆生の願いにそのまま応じたのでは、衆生が翻るということがない。有限の身に永遠に生きるような自我を妄念で描いて苦しんでいる。そういう在り方を破って、本来のいのちの在り方に還るという願いを回復すべきなのに、我執の思いの苦悩を満たすことに止まってしまう。それなら仏法ではない。転輪聖王の信仰も、観音の信仰も同じになってしまう。大乗も一つ間違うと外道《げどう》になる。

勢至菩薩は、観音に対して智慧の菩薩といわれます。しかし、『観音経』に対して、『勢至経』というのは聞いたことがありません。法然上人にまつわる伝説、あるいは親鸞聖人個人にとっての示現として、法然上人は勢至菩薩の化現であると信じていたし、親鸞聖人もそう仰いでいる。智慧の姿です。親鸞聖人は、『尊号真像銘文』(聖典五一五頁)に『首楞 厳経』《しゆりようごんぎよう》(魔女に誘惑された阿難の悩みを発起序として、煩悩を打ち破る、首楞厳三昧が説かれる)の言葉を引いて「大勢至菩薩御銘文」ということを注意しています。

『無量寿経』では、念仏は弥勒に付属するといっていますが、ここにはあえて三部経ではない『首楞厳経』を引いています。阿弥陀如来がこの世で念仏の人を摂して浄土に帰せしむるといって、勢至菩薩が、念仏をこの世に流通するという予言のような言葉をここに記しております。法然上人が勢至菩薩の化現であるというのは、法然上人が念仏を流通してくださっているということがあるのだろうと思います。

念仏を行とするという教えが、『観無量寿経』でいえば下品の一番愚かな存在に開かれている。その念仏は実は、智慧の菩薩、勢至菩薩です。この世に智慧の菩薩として現れて、大乗の願いを修行して、阿弥陀の浄土に還っていく勢至菩薩が、自らを愚かな身として、愚痴の法然坊と名告って念仏を流通してくださった。こういうことと重なって勢至菩薩を仰いでおられる。

『尊号銘文』は尊号に加える銘文の注釈です。名号について、名において本願を念ずるときに、どのように念ずるのか、何を念ずるのかということに注意を促すために、上下に讃《さん》を入れる。これは親鸞聖人の名号の特徴です。

第十八願の言葉、『無量寿経』の「必得超絶去」の言葉、『十住毘婆沙論』の言葉、天親菩薩の『願生偈』の言葉等が書いてあります。その中の一つに『首楞厳経』の言葉がある。そういう尊像か名号があったのでしょう。智慧の念仏ということは、どんな衆生にも本願の用きをもたらす。本願が衆生に用かんがための智慧です。人間の知恵ではない。人間の愚かさを照らす鏡としての智慧です。そういう智慧を勢至がこの世に広めてくださる。勢至菩薩を通して、念仏として一切衆生に用くという具体的な用きを、法然上人のお仕事の上に仰いでいる。法然上人の周りには男女貴賤を問わず、誰でも来て、念仏（を通して阿弥陀の本願）に触れている。これこそ本当の大乗の救いであると親鸞聖人は見ていたのではないかと思います。

仏像は三像として置かれますが、観音、勢至は小さいのです。阿弥陀如来が大きい。京都の三千院やもっと古い朝鮮からの渡来仏などを見ても分かりますように、観音、勢至の奥に阿弥陀がある。阿弥陀の脇侍として観音、勢至があり、二人で用くから意味がある。観音が勢至を失ったときに、本当の観音の願いが転じてこの世的になると、観音として成就しない。観音の願いが転じて阿弥陀の浄土に触れていくということが象徴されているわけです。

観音、勢至を失って阿弥陀だけになってもよいということがいえるのは、本願成就の回向を持ったからいえるのであって、本願成就の回向を持たない場合は、観音、勢至の、この土での用きを失って、かの土の阿弥陀だけになると、死後の往生ということになる。この土で用くのは観音、勢至ですから、この土で救けてくださる。向こうになった阿弥陀如来が、真にここに用くことができるということで本願が成就する。

『無量寿経』の語っていることがいかにして可能かということを発見したのが、親鸞聖人の回向です。回向がなければ、観音、勢至というものがどうしても必要です。観音、勢至を抜きにしたら、死んで救けていただくしかない。死んで向こうから来迎していただいて、聖衆来迎の中に阿弥陀、観音、勢至が代表として含まれるという信仰になってしまう。親鸞聖人はその問題を克服するためにも苦労された。いま生きていながら、いかに本当の救いに預かるかという問題を突き詰めていかれた。

臨終来迎は第十九願です。親鸞聖人は、信心一つに本当の願が来ているという第十八願を明らかにしていかれた。現実にいつも観音に護られているならよいではないかと思いますが、それだけでは本当に救かったことにはならない。阿弥陀のもとに行けと二回向に勧め入れしめてくださったのだ。阿弥陀の本願に触れていかないなら、本当の人間の救いはないということです。

別の言い方をすれば、観音、勢至は人格的です。この世に現れて人間として用く。だから人間の上に観音、勢至の化身を仰ぐ。その人間を超えて本願に還っていくところに、単に人に依るのでなくて、法に依るという仏法の本流がある。

もし、法然上人を勢至菩薩として仰いだだけなら、勢至菩薩を救い主として依頼するというところに留まってしまう。勢至菩薩は行けと勧める用きをもって、阿弥陀の根源の願に普遍の衆生の大地を見い出していく。この辺が親鸞聖人のすごいところです。

法然上人の教えをいただいたら、法然上人に頼る必要はない、自ら立つのだというのが親鸞聖人の名告りであるとともに、いよいよ深く法然上人の教えを明らかにしていく。法に出遇えば法になって歩む人がいればいいのであって、人を立てる必要はない。こういうところに親鸞聖人は身を置いたのではないかと思います。ここに、「声聞衆の身光、一尋《いちじん》なり」ということが出ています。声聞も往生できないわけではないが、声聞の光は一尋だといっています。光ということは、智慧の用きともいえますし、自らが持った宗教的な智慧が他に及ぼす用きともいえます。ところが天親菩薩は、浄土の仏の用きについて「相好光一尋」（聖典一三七頁）といって、光一尋ということをいっています。その場合の一尋は阿弥陀の一尋で、阿弥陀の身の丈は無限大だから、一尋でいいのだといいます。

この声聞の一尋に対して、菩薩は百由旬《ゆじゅん》といっています。象徴的な語り方ですが、声聞に留まってはならないということをいう。さらに、一人ひとりの観世音、大勢至の用きは三千大千世界を照らす。にもかかわらず阿弥陀の浄土に生まれていく。経典は、よく分からないけれども、深い背景を持ちながら、物語的に語ってくる。解釈だけでは終わらせない何か深い、広い課題を感じます。

「阿難、それ衆生ありてかの国に生まるれば、みなことごとく三十二相を具足す」（聖典五一頁）。これは第二十一願、「三十二相の願」の成就の文です。仏陀が持っている相が、皆、阿弥陀の浄土に触れれば、三十二相を具す。これは「悉皆金色の願」と通じる平等の姿、それも仏陀の姿と平等の姿、天親菩薩が畢竟平等という意味です。

浄心の菩薩と未証浄心の菩薩が浄土に生まれれば、皆悉く三十二相を具す。浄心の菩薩と上地の菩薩と畢竟して平等であると天親菩薩がいうわけですが、あらゆる課題を成就していく。阿弥陀の浄土に触れれば、究極的に平等である。法蔵願心自身が、この世に触れたならば、あらゆる衆生が三十二相を具する用きを持つ国土にしたいと誓っている。そこに触れてくるなら、皆三十二相を具する。

法蔵願心自身が、平等に存在の尊厳性を成就せしめたいという願いを表現している。人間からすると、それぞれの違い、特徴、そこに生ずる差別があるのですが、存在の本当の自由な、無碍な用きを回復したいという法蔵願心が、一人ひとりに呼びかけて、目覚ましめる。そのときに感じる信念の意味は平等である。

宿命を識る

「智慧成満して深く諸法に入る。要妙を究暢《くちょう》す。神通無碍にして諸根明利なり。その鈍根の者は二忍を成就す。その利根の者は不可計の無生法忍を得」（聖典五一頁）。智慧に触れて知恵が円満する。諸法とは、あらゆる事実、あらゆる現象、あるいはあらゆる現象を成り立たせている根本の法の両方を意味します。いまの言葉でいえば「一切の現実性」といってもいいのかもしれません。

安田先生は、次のようにいっていました。浄土というところは一般には精神界と考えるが、本当の精神界は、物質が本当の物質に帰る場所だといってもいい。我々は、むしろ物というものの本質に出遇っていないで、物の表面を解釈している。物が本来の物になっていない。分別を超えて、物が物として現れる、本当の物の心に出遇うということは、浄土にあって初めて成り立つ。物が本来の物を回復する場所が浄土だといっていい、と。

我々の世界はものを人間的に解釈する。あるいは自分中心的に解釈する。深く諸法に入るということは、本当に現実そのものに入る。現実そのものと一つになるという在り方です。我々は、安易な解釈で外側から撫でていて、深く入るということはない。

精神を物象化するということは、人間の解釈的な内容にしてしまう、生きた事実でなくしてしまうことをいうのですが、物（色）が本当に物（色）にならない。「色即是空」というのは色を本当に色とするためには、いったん空にする。

禅でいうと、「鼻は縦、目は横」、「花は紅《くれない》、柳は緑」という。執《とら》われがあって本当に見るべき物を見ていない。つまり、我々は自分の状況でしか事実を感覚していない。ハタとそういうものが落ちてみると、違った形であったのだという体験を表す。智慧が本当に満ちて初めて深く諸法に入る。浄土に入るということが諸法に入るという意味を持つ。

「要妙を究暢す」、言語道断のところを極める。「神通無碍」、感覚器官、身体が窮屈な、縛られた形で活き活きと感覚していない。見ているようで見ていない。聞いているようで聞いていない。生きていることの全体、阿頼耶識を自我意識の末那識が執着している。深層心理学的な言い方でいえば、エゴで感受していて、セルフで感覚していない。自由な主体として感覚していないで、自分で執われた在り方でしか感覚していない。それが破られるのが、「神通無碍」です。

第二十二願の内容として、天親菩薩は「遊戯」ということをいいます。阿弥陀の願に触れれば、執われがないため、煩悩の林に遊べる。この土で、有限の身そのままでは、神通無碍になろうとしてもなれない。本願力回向を受けて、人間が往相回向をいただくときに、自我の執心を破るような信念を賜る。その必然の未来である真実証に還相回向の用きが込められている。

一如法界とか、本願力の用きは、私の獲得した、自分で働こうという思いを超えた用きで、私が一如法性を体験するのではなく、私は本願を信受する。信受するという心に法性からきた本願に、法性に帰すような用きを具している。あらゆる点から有限である、障《さわ》りだらけの身でありながら、本願念仏の教えをいただいて生きるところに、自分の分別を超えて与えられている自由がある。全面的に自由ではないが、穢土にあって、私を支える無限他力の一分としての自由がいただける。

清沢先生が、よく考えると死後がどうなるか分からない。しかし生前もよく分からない。いまもどうなるか分からないという状況の中で、一つ自由境がある。他力を信ぜずにはおれない、だから信じますというところに与えられる自由。絶対無限の妙有に乗託して、任運に法爾に、この現前の境遇に落在《らくざい》する、このいのちでしかないのだと落ちた自由。このいのちが与えられている全体が他力だといただいたときの自由。これが自分だといわれています。神足通においては、一念に行って帰って来る。文字通り考えたら神話でしかないのでしょうが、本願力を与えられると一念の中に浄土を往復できる。

「諸根明利」とは、感覚器官が如実に感覚する、存在が存在自身を充分に生きている。いのちそのもの自身が満ち足り、事実そのものに触れて、事実を感覚する根《こん》自身が充分に働いている。

「その鈍根の者は二忍を成就す」、音響忍《おんこうにん》、柔順忍《にゅうじゅんにん》が二忍です。それに無生法忍《むしょうぼうにん》を加えて三忍といいます。無生法忍は現生正定聚だという理解があります。『観無量寿経』に、韋《い》提希《だいけ》が阿弥陀の本願に触れるところに、無生法忍を獲るということが書いてあります。

「聞其名号　信心歓喜　乃至一念」にいただく「願生彼国　即得往生　住不退転」である、だから現生正定聚であると了解されています。無生無滅の法を認めること、菩薩でいえば、法性に触れるということで、第六現前地の功徳だとすると、初歓喜地の菩薩の所得であることはできない。しかし、親鸞は「真仏弟子釈」に第三十四願の聞名得忍の願を引き、『正信偈』に「与韋提等獲三忍」といわれます。

曽我先生は、無生無滅の法というのは、南無阿弥陀仏だといっています。南無阿弥陀仏に触れるということが無生法忍であると、単純明快にいわれます。それに対して音響忍、柔順忍というのは、二菩薩、観音、勢至との出遇いに当たるのかもしれません。宗教的に充分に目覚めていない場合に、祈りあるいは願いに出遇えば、観音、勢至である。南無阿弥陀仏に出遇うということは、宗教的な深み、聞法歴があって初めて出遇う。はじめから阿弥陀に出遇うということはない。

我々が出遇えるのはせいぜい観音か、勢至である。『観音経』は読んで分かる。阿弥陀はすぐには分からない。聞法を通して、問題の所在を教えられて少しずついただいていける。願生は、磨き出されて初めてはっきりしてくる。利根のものが無生法忍だというのは、一応分かります。生まれつき利根かどうかという問題ではない。仏法の教えに触れて、少しずつ教えられて、初めて南無阿弥陀仏が無生法忍であるということになる。

「またかの菩薩、乃至成仏まで悪趣に更《かえ》らず」、悪趣というのは、流転の状況をいいます。代表的に地獄、餓鬼、畜生の三悪趣をさす場合もあります。単に状況に流される存在に還らない。方向が与えられると、その方向に立っていける。

地獄に堕ちても悔いがないということは、単に流転ではなく、流転の中にあって焦らない。立脚地をいただけば、状況が悪趣的状況になろうとも恐れない。この表現が清沢先生の『絶対他力の大道』です。「死生なおかつ憂うるに足らず。如何に況《いわん》やこれより而下なる事項においておや。追放可なり。獄牢甘んずべし。誹謗、擯斥《ひんせき》、許多《きよた》の凌辱《りようじよく》、豈《あ》に意に介すべきものあらんや」。

他力の救済を念ずれば、いのちの意味が回復されてくる。状況が良いか悪いかが生死の究極問題ではない。有限のいのちの中に無限の利益を受ける、そこに立ち返れば悪趣は恐れるに足りない。これが信念の利益です。地獄に堕ちても悔いがないということは、極限的表白です。自力のある間はいえないといってもいい。真に帰して初めていえる。何とかしたいと思っていたら絶対いえない。

清沢先生が、第二十願と第十九願との在り方を、第十八願に立っていつも憶念している。立体的に本願の歩みを憶念している。立体的に本願の歩みを憶念していくことがなくなると、宗教生活が歩まなくなることを教えてくださっている。

次に、「神通自在にして常に宿命を識《さと》らん」、六神通の中に宿命通があります。天眼通、未来あるいは遠いところを見る、天耳通、遥かなるもの全部を聞くことができる、他心智通、相手の心を読み取る力、などが神通の願ですが、その中に宿命通があります。

過去のいのちを見抜くというのが元の意味です。直接には前世のいのちです。お釈迦さまも人の背景を深く見抜く力があったといわれています。そこに、その人をどう導けば一番早くに光に触れていくかという道筋も見えてくる。いまの精神医学の方法などにも用いられるものです。どういう家庭環境だったか、友人関係、幼児期の体験などが、現在の精神の構造を形作ってきている。そういう背景を明らかにしてくると、その人が現在自分でもがいていてどうにもならないいのちの在り方を明るみに出してきて、自分が覆い隠して思い出したくない過去全体を、自分の過去として自覚し直すと、立ち直れるといわれます。

精神分析は、ある程度精神に悩む存在を独立させる。何故そうなっているのかを自覚的にすることにおいて、自分の心が明るくなっていくことは確かにあり得る。ユングなどの精神分析も、精神の深い闇を抱えて苦しんでいる人間を助けていく。

宿命通とは、過去のいのちを本当に見抜く、明るみに出してくる。意識されないいのちの背景を自覚的にしてくる。蛇のように見えて恐ろしかったのを、明らかに照らして縄だったとはっきりさせる。

今、自分があることの意味を過去と切り離して、今を感じたい。ところが、自分の今というものが自分にとってはどうにも我慢ができないような与えられ方をしてきている。「ルーツ」というアメリカのテレビドラマ（一九七七年）がありましたが、ルーツを辿って、自分が苦労している以上に祖先は苦労してきた、自分がこうして生きている背景が長い苦悩のいのちの歴史であったことが見えてくると、自分の苦労は大した苦労ではないと、祖先の苦労が今の自分を与えているということが見えてくる。

「宿業《しゅくごう》」というのも、今あるいのちを、お前の過去がそうしたんだと決めるのではなく、自分が自分を苦しんでいる背景の意味を明るみに出してくる。そうすれば、今の自分をいただき直す智慧になる。「遠く宿縁を喜ぶ」ような智慧に触れれば、自分の背景はかたじけないということになる。そうでなければ、今の自分になった覚えはない、周りが悪い、親が悪い、世の中が悪いということになって、いのちに対する恨みになる。こういうのを親鸞聖人は善導大師を承けて「蛇蝎奸詐《じゃかつかんさ》のこころ」（聖典五〇九頁）といっています。こういう心でしか自分のいのちの背景が感じられない。宿業という言葉が暗い言葉になるわけです。

ところが本願に触れるときに、本願に触れたかたじけなさというものから振り返れば、先祖伝来の苦労のおかげで、今の凡夫である罪の深いいのちが、いただき直せた。「遠く宿縁を喜べ」という言葉が聞こえてきたときに、過去の命（宿命）が明るく見える。

本願力に触れないで人間心で過去を見たら、人間の歴史は、戦争の歴史であり、殺し合いの歴史、妬み、嫉みの歴史である。そういう暗いいのちが、いま、ここに光を感じるいのちになったときに、意味を転じる。単に過去の背景を知るというだけでなくて、それを明るみに出す智慧を持つ。それがないと、宿命通というのは罪になります。

提婆達多《だいばだった》が自分の野心で阿闍世《あじゃせ》の過去を見た場合に、他人を利用するためにしか神通力を使いませんから、両親の罪悪まで暴き出してくる。阿闍世のいのちを明るくするのではなく、ますます阿闍世を怒らせる。過去をますます暗くする。だから単なる宿命通は必ずしも良いとは限らない。本願力が持っている宿命通は、過去の背景を転じて、未来の明るみの象徴としていく。そういう用きを持つ場所が浄土である。凡夫心では、どうしても闇が孕んでいるものはいただけない。

暗い面を自覚的にするということを誤解すると、見たくないものは蓋をしておけばいい。日本の一般の信仰は、自分の罪は隠してしまう。あるいは榊《さかき》で祓《はら》ってしまう。土俵に立った相撲取りみたいに塩をまいてきれいになる。そういう仮想空間みたいなものを信仰のように思っている節がある。

宿命の智慧を通して見れば、きれいな過去を追い求めないでよい。本願力の世界が荘厳する未来が明るいので任せていける。コンプレックスも超えられる。そのように宿命をいただければ未来も恐れるに足りない。

最後に、「他方の五濁悪世に生じて、示現して彼に同じ、我が国のごとくせんをば除く」、これは第二十二願と同じ意味を持ってきます。五濁悪世の衆生と同じような世界に生まれて、しかも、浄土の如くにしようというものは除く。本願は、第一願から第十願まで展開してきて、第十一願で必至滅度ということをくぐって、第二十二願まで来ていた。いったんそこまでくぐってきた後は、今度は全部が第二十二願の内容を孕んで成就してくる。浄土に生まれて持つ利益は、穢土に生まれていって浄土の如くしたいというものは除く。除くという形で、実はそういう存在のところに本願が用いてくることを表している。

天親菩薩の菩薩功徳は、仏の功徳「不虚作住持功徳」を受けて展開する。菩薩功徳の展開について、曇鸞大師は「不虚作住持功徳」の用き、第二十二願の用きを受けて菩薩功徳があるという。つまり本願の用きが菩薩を生み出す。菩薩の用きにおいて仏の「不虚作住持」が証明されるといっている。

人間が浄土へ往って還ってくるというのではなく、阿弥陀の本願力を根拠として生きようとするところに、往相回向として教行信証と教えられる仏法の道理が与えられる。その道理が成就した「証巻」の内容として還相回向が教えられている。つまり如来の本願力の用きとして、往相回向も還相回向も用いてくる。如来の回向において流転の衆生が流転を超えていける。我々は本願力を信じて穢土から遠い世界に行ってしまうのではなく、実際の生活は、有限のいのちの中に本願力をいただいて生きていく。そのいのちの用きに、往相回向と還相回向の利益を得る。凡夫のいのちを凡夫が生きていく。

諸仏供養の徳

仏《ぶつ》、阿難《あなん》に告《つ》げたまわく、「かの国の菩薩《ぼさつ》は、仏の威神《いじん》を承《う》けて、一食《いちじき》の頃《あいだ》に十方無量の世界に往詣《おうげい》して、諸仏世尊《せそん》を恭敬《くぎょう》し供養《くよう》せん。心《しん》の所念に随《したが》いて、華香《けこう》・伎楽《ぎがく》・繒蓋《ぞうがい》・幢幡《どうばん》、無数《むしゅ》無量の供養の具、自《じ》然《ねん》に化生《けしょう》して念に応じてすなわち至らん。珍妙《ちんみょう》・殊特《しゅどく》にして、世《よ》のあるところにあらず。すなわちもって諸仏・菩薩《ぼさつ》・声聞大衆《しょうもんだいしゅう》に奉散《ぶさん》せん。虚空の中にありて、化《け》して華蓋《けがい》と成る。光色昱爍《こうしきいくしゃく》して香気《こうけ》普《あまね》く熏《くん》ず。その華《はな》、周円、四百里なるものなり。かくのごとく転《うた》た倍してすなわち三千大千世界に覆《おお》えり。その前後に随《したが》いて、次《つ》いでもって化没《けもつ》す。そのもろもろの菩薩《ぼさつ》、僉然《せんねん》として欣悦《ごんえつ》す。虚空の中において共に天の楽《がく》を奏《そう》す。微妙《みみょう》の音《こえ》をもって仏徳を歌歎《かたん》す。経法《きょうぼう》を聴受《ちょうじゅ》して歓喜《かんぎ》すること無量なり。仏を供養《くよう》すること已《おわ》りて未《いま》だ食《じき》せざる前《さき》に、忽然《こつねん》として軽挙《きょうこ》してその本国に還《かえ》る。」（聖典五二頁・註釈版四八～四九頁）

次の経文は、「諸仏供養の徳」といわれ、浄土の菩薩の生活の形が説かれてきます。これは、天親菩薩の『浄土論』でいいますと「雨功徳」で、安田先生は、浄土の生活物資の荘厳といわれた。浄土の生活とは何であるかを教える。浄土の生活には、あらゆる生活内容が意の如くに与えられる。何のために与えられるかというと、仏の供養のためである。我執のために生活するのではない、諸仏供養が浄土の菩薩の生活である。そのために、供養するための具が欠けることがない。

この世の生活は供養しようと思っても、供養できるだけのものが整わないことがあるが、浄土ではそういうことがない。何も持っていないのに、供養しようと思ったら、天から降ってくる。こう荘厳が語られている。何を象徴しているかというと、浄土という場所は、法蔵願心が荘厳して用《はたら》いている世界です。法蔵願心をいのちの主体として生きるところに生活が与えられてくる。

かの国の菩薩が、浄土に生まれたならば、その存在は阿弥陀の威神力を承ける。これは「不虚作住持功徳」を天親菩薩が荘厳される意味です。そしてあらゆる世界にお参りしにいって、そして諸仏世尊を恭敬し供養する。仏を供養するための華香・伎楽・繒蓋《ぞうがい》・幢幡《どうばん》という道具が、思うままに与えられてくる。

浄土で諸仏を供養するときに、供養の具が与えられるというのが天親菩薩の荘厳でしたが、さらに十方世界に往詣している。諸仏供養の生活をどの世界へ行ってもすることができる。それは阿弥陀の力による。

「すなわちもって諸仏・菩薩・声聞大衆に奉散《ぶさん》せん」といわれています。「光色昱爍《いくしゃく》して香気普く熏ず」。「昱」も「爍」も光り輝くという意味ですが、「爍」は非常に高熱で光り輝くということです。光の色をここで強調して、浄土の光の輝きを「昱」「爍」という字でいおうとしている。

そして、「その華、周円、四百里なるものなり。かくのごとく転《うた》た倍してすなわち三千大千世界に覆えり」、華が大きくさらにさらに倍して、結局三千大千世界に覆う。「その前後に随いて、次いでもって化没《けもつ》す」、自分がいったんその世界を占めたら、それでじっとしているというのではなく、次から次へと新しい華に譲っていく。

「そのもろもろの菩薩、僉然《せんねん》として欣悦《ごんえつ》す」。「僉」という字は、口という字をたくさん集めた字が、元の字の形だったのだそうです。同じ方向で、同じように発言することを象徴している字です。もろもろの菩薩が同じような方向を持って喜ぶ。

「虚空の中において共に天の楽《がく》を奏す。微妙の音をもって仏徳を歌歎す」。歌をもって仏をほめる。「経法を聴受して歓喜すること無量なり」。「仏を供養すること已りて未だ食せざる前に」、食事を食べるよりも早くというのは、時間の短さの表現です。

「忽然として軽挙《きょうこ》してその本国に還る」、あっという間に軽々と元の国に還る。阿弥陀の国から用きに出て、菩薩を供養し、光り輝くような用きを表して仏法の世界を荘厳して、さっとまた元の阿弥陀の国に引き上げる。

仏神力の用きを承けて、あらゆる世界に自由に行ってくる。何処に行っても、阿弥陀の国の仕事を充分に成して、そこに腰を据えずにあっという間に引き上げてくる。仏神力の用きの自由さを語っています。

聞法供養の徳

仏《ぶつ》、阿難《あなん》に語りたまわく、「無量寿仏《むりょうじゅぶつ》、もろもろの声聞《しょうもん》・菩薩大衆《ぼさつだいしゅう》のために法を班宣《はんせん》したまう時、すべてことごとく七宝講堂に集会《しゅうえ》して、広く道教《どうきょう》を宣《の》べ妙法《みょうほう》を演暢《えんちょう》したまう。歓喜《かんぎ》せざることなし。心《しん》に解《さと》り道《どう》を得《え》、すなわちの時に四方より自然《じねん》に風起《た》ちて、普《あまね》く宝樹《ほうじゅ》を吹くに五つの音声《おんじょう》を出《い》だす。無量の妙《みょう》

華《け》を雨《ふ》らして、風に随《したが》いて周遍《しゅうへん》す。自然《じねん》に供養《くよう》せん。かくのごとくして絶えずして、一切の諸天、みな天上の百千の華香《けこう》・万種《まんじゅ》の伎楽《ぎがく》をもって、その仏およびもろもろの菩薩《ぼさつ》・声聞大衆《しょうもんだいしゅう》を供養したまう。普《あまね》く華香《けこう》を散《さん》じて、もろもろの音楽を奏《そう》し、前後に来往《らいおう》してかわるがわる相開避《あいかいひ》す。この時に当《あた》りて、熈怡《きい》快楽《けらく》勝《あ》げて言うべからず。」（聖典五三頁・註釈版四九～五〇頁）

「仏、阿難に語りたまわく、「無量寿仏、もろもろの声聞・菩薩大衆のために法を班宣したまう時」（聖典五三頁）。浄土の衆生に声聞、菩薩大衆という名が語られていますが、これは実体として声聞、菩薩があるというのではなく、浄土の衆生は平等で、形がない。「虚無の身、無極の体」といわれる。

差別もないし、特徴もない法身が浄土の衆生の身体ですが、他方の世界での経験や教えによって名をつけるのであって、実際に無量寿仏の世界に声聞や菩薩がいるということではない。しかし、無量寿仏の世界はあらゆる衆生を包みますから、元のあらゆる衆生の名前というものが仮に語られる。

「すべてことごとく七宝講堂に集会して」、「七宝講堂　道場樹」ということがいわれますが、場所の美しさを象徴するのだと思います。

「広く道教を宣べ妙法を演暢したまう」、これと同じ言葉が「上巻」の出世本懐のところにあります。「世に出興したまう所以は、道教を光闡して、群萌を拯《すく》い恵むに真実の利をもってせんと欲してなり」（聖典八頁）、親鸞聖人が「教巻」に『無量寿経』の真実教たる所以を明かす文として引いています。仏道を教えとして、広く八万四千の法門を述べて、中でも永劫の真実を述べるということです。

ここで、「道教を宣べ妙法を演暢し」は、教法を述べるということですが、「妙」という字は不可思議ということを表します。法というのは、法身とか法性といわれるように、根源的には一切衆生がそれを生きているような真理性、あるいは一切がそれによって存在しているような存在の本来性のことです。それを自覚させるために教えとなる、あるいは言葉となるということで、教と法を同じと見てもよい。教と法を分けるなら、道教の方は世俗諦、妙法の方は真諦です。しかしここは、同じことをくり返しているといってもいいと思います。

そして、「歓喜せざるはなし」、「心に解《さと》り道を得」、浄土の無量寿仏が教えを説いて、声聞、菩薩大衆に用きかける。それを承けて、心が覚る。「すなわちの時に四方より自然に風起《た》ちて」、ひとりでに風が起こって「普く宝樹を吹くに五つの音声を出だす」。

曇鸞大師が『讃阿弥陀仏偈』を作り、それによって親鸞聖人が和讃を作りました。「清風宝樹《しょうふうほうじゅ》をふくときは　いつつの音声《おんじょう》いだしつつ　宮商和《きゅうしょうわ》して自然なり　清浄勲《しょうじょうくん》を礼《らい》すべし」（聖典四八二頁）、この五つの音声はここから出てきます。

東洋の音楽では五音階（中国の場合は宮商角徴羽《かくちう》）です。あらゆる相和するような音を出して、「無量の妙華を雨《ふ》らして」、浄土に無量の華の雨を降らして、「風に随いて周遍す」、そして「自然に供養せん」と。『無量寿経』の浄土の荘厳の特徴として「自然」（じねん）という言葉が非常に多いといわれます。自然は涅槃の象徴で、何の力みもない、何の作意もない、自ずから風が起こる。自然に供養する。少し後の「悲化段」では、同じ自然でも、我々の苦悩の世界の自然で、悪事を為して、悪法を受ける、恨みを為して、仇を受ける自然で、「業道自然《ごうどうじねん》」といわれています。

浄土の自然は「願力自然《がんりきじねん》」です。自然界がひとりでに起こるという自然ではなく、本願力を象徴するものです。阿弥陀の力というものが裏にあって自ずから用いているという意味です。

「かくのごとくして絶えずして、一切の諸天、みな天上の百千の華香・万種の伎楽をもって」、たくさんの華や音楽をもって、「その仏およびもろもろの菩薩・声聞大衆を供養したまう。普く華香を散じて、もろもろの音楽を奏し、前後に来往してかわるがわる相《あい》開避す」。天人があちらへ飛びこちらへ飛び、舞い踊るように、自由に来往する。

「この時に当りて、熙怡《きい》快楽《けらく》勝《あ》げて言うべからず」、自然の用きの中にあって、諸天、あらゆる存在が仏、および菩薩を供養する。「熙怡」の意味は輝くという意味もあるそうですが、同時に光が広い、ゆったりするという意味も持っている。ちょうど、波がゆっくりと行っては返し、行っては返しする海を眺めているときに感じるような、時間を超えて悠々と用いているものです。現代ではそういう感覚とほど遠くなっていて、時間が型にはめられている。

『モモ』（ミヒャエル・エンデ作）という童話がありますが、その中で働き者の灰色の背広を着た男たちが一生懸命時間を節約させ、それを「時間貯蓄銀行」に預けさせる。ゆっくりしている人間がいると、「急げ急げ、もったいない」といって時間を召し上げて貯金させる。いったん預けたら返してもらえない。

面白いイメージで現代を批判しています。便利になって、乗り物が速くなることによって、向こうでゆっくりすることもできず、こちらへ帰ってきてゆっくりすることもできない。動き詰めに動いても大したことはしていない。ほんとうにいのちがいのちを感じることができていない。時間を色づけて、無駄のないように効率化し、能率化しているようだが、それによって人間的時間そのものは全部消失している。いったい何を生きているのかという感覚が残る。結局全部が資本主義社会になっていて、資本に吸い上げられていくということです。

浄土は悠々としてゆったりする。「熙怡」という感覚は、我々の時間からは忘れられていくような気がします。

何でも人間の合理性、経済価値にしてしまうということは現代病です。「熙怡快楽」という言葉が人間の在り方に対して呼びかけているような気がします。

愛楽仏法味

仏《ぶつ》、阿難《あなん》に語りたまわく、「かの仏国に生ずるもろもろの菩薩《ぼさつ》等《とう》は、講説《こうぜつ》すべきところには常に正法《しょうぼう》を宣《の》べ、智慧《ちえ》に随順《ずいじゅん》して違《い》なく失《しつ》なし。その国土の所有《しょう》の万物《まんもつ》において、我所《がしょ》の心《しん》なし。染着《ぜんじゃく》の心《しん》なし。去《こ》来進止《らいしんし》、情《こころ》に係《か》くるところなし。意《こころ》に随《したが》いて自在なり。適莫《ちゃくまく》するところなし。彼《ひ》なく我《が》なし。競《きょう》なく訟《しょう》なし。もろもろの衆生において大慈悲《だいじひ》・饒益《にょうやく》の心《しん》を得たり。柔軟《にゅうなん》・調伏《じょうぶく》にして、忿恨《ふんこん》の心《しん》なし。離蓋《りがい》清浄《しょうじょう》にして厭怠《えんたい》の心《しん》なし。等心、勝心、深心《じんしん》、定心、愛法・楽法《ぎょうほう》・喜法の心《しん》のみなり。もろもろの煩悩《ぼんのう》を滅し、悪趣《あくしゅ》を離るる心のみなり。」（聖典五三～五四頁・註釈版五〇頁）

「仏、阿難に語りたまわく、「かの仏国に生ずるもろもろの菩薩等は、講説すべきところには常に正法を宣べ、智慧に随順して違なく失なし」（聖典五三頁）、説法をするときには正法を述べ、邪法を述べない。これもなかなか厳しい批判です。講座に上って説教するといいながら、笑わしたり泣かしたりして芸をやっていることが多い。仏法ではない。浄土の菩薩は恒《つね》に正法を述べる。如来の智慧に随順して、それに違ったり、失ったりしない。

「その国土の所有の万物《まんもつ》において」、如来の所有している金銀財宝、七宝において、「我所の心なし」、我が所有だという心がない。「染着《せんじゃく》の心なし」、染まるということがない。つまり自分と外が割れていない。

本来、中に感じるものと外に感じるものの根源は一体である。自分にとって外があり、それを所有するという、穢土を作る意識のあり方。浄土のあり方としては、そういう心はない。美しい景色は、そこに全存在があるので、それをそのまま生きればいいのですが、人間はそれを所有しようとする。せっかくの美しいいのちを我執の心で汚す。浄土のいのちはそうではない、本来の人間のいのちも、そういう方向を持てということをいっている。

染着の「染」という字は、染汚といって煩悩を表します。煩悩の心で執着することがない。どれだけ美しい音楽、香、金銀財宝があっても、所有しない。所有しようとしないでも、その全体が我が世界です。各々が全世界をいただいてそのままである。

西洋化することによってますます空間、時間を細切れにして、自我の所有化するという発想が強調されてきたのが近代です。止めることができないでますます走って行っているわけです。

「去来進止、情《こころ》に係くるところなし」、情《こころ》に引かれるところがない。行くも帰るも留まるも去るも、自由自在である。「意《こころ》に随いて自在なり」、エピクテタスの語録について、清沢先生が「自在」ということを見い出した。いったい自分自身とは何であるか。

自分の心の思い、これが本当の自分だ。その心の思いを自分だと発見する、エピクテタスは誇り高き自分の意思を発見するというが、それすらも自分の思うままにならない。自分に起こる思いが、自分の思うままに起こるかというと、そういうわけではない。思いたくないようなものが起こる。意念さえ我が思いのままではない。

一切が我が思いのままにならない。我が思いのままにならないで投げ出されて生きているいのち、これが他力の妙有です。自分の思いでどうにかなる分位とどうにもならない分位がある。さらに自分の内なるもの自身も訪ねてみると自分の思うままではない。それも実は自分ではない、全部他力の妙有である。そこに清沢先生の決定的な安心があったわけです。

「適莫《ちやくまく》するところなし」、好き嫌いがない。この世では好き嫌いの気持ちで、順境に対しては愛着し、逆境に対しては嫌う。自分にとって都合の良いものは限りなく愛し、自分にとって都合の悪いものは限りなく憎む。そういう情緒で動かされることがない。

我々の自在は自分の良いところには行きたい、自分の悪いところには行きたくないという自在が欲しいわけです。一方、浄土の自在は、自在なのだが、好き嫌いをいわない。法蔵願心は衆生の善悪、好悪を選ばない。あらゆる衆生の主体になろうという願の用きを受けて生きるということです。菩提心による自在で、意味がまったく違う。人間の煩悩の要求とは違う世界を象徴している。

「彼なく我なし。競なく訟《しょう》なし」、彼とか我がないので競うことがない。近代に至っては競走社会です。人よりも早く情報を取って、人よりも早く物を作って、人よりも安く物を作る競走です。

清沢先生は、明治のころに、競走社会は良いというけれども、そうではないと主張しています。あの当時にあってはあまり分かってもらえなかったのではないかと思います。西欧に追いつけ追い越せということが、日本の近代化の大きな意味だったので、清沢先生はそれに対して、競争社会は決して良いものではないということを主張しています。

「悲化段」に行くとよく分かりますが、比べて相手に勝とうという心のみであるならば、業道の自然として必ず訟を引いてくる。アメリカ社会は、自己中心という方向で個人主義化していった結果、一番流行っているのは裁判所です。何でも訴訟に持っていく。時代の傾向がしだいにそういうところに落ち込んでいくことが、ここに言い当てられています。

「もろもろの衆生において大慈悲・饒益《にょうやく》の心を得たり」、競走することが本当の人間のいのちではないということを清沢先生が主張するときに、それでは元気が出ないではないかという人に対して、勝ち負けに囚われないでこそ、本当のいのちが燃えるのだといいます。それは、やはり菩提心を見ているのだと思います。人間の煩悩の立場だったら競走以外に元気が出ない。ところが菩提心に立ったら勝ち負けは問題ではないわけです。結局は死んでいくいのちだということを見すえていますから、勝ち負けを超えたものがなかったら、死に終わる恐怖心をどうするのかという問いを突き付ける。

近代社会は死を忘れて生だけがある。それが競争社会になっているわけです。会社だけが勝ち残り、働き過ぎた人間が過労死していく。これを誰もおかしいと思わない。人間が人間でなくされていく。「饒益」というのは、利益ということで、衆生を本当に恵もうという心です。

「柔軟・調伏《じょうぶく》にして、忿恨《ふんこん》の心なし」、「柔軟」に関しては、第三十三願「触光柔軟の願」があります。光に触れて柔軟であるということです。「調伏」は、調御丈夫というのがありますが、馬を調教師が上手に調子を整えるように整え克服する。人間の心は馬に喩えれば暴れ馬のようなもので、乗った騎手が上手に整えるというニュアンスです。如来の名前の中に調御丈夫というのがあります。「忿恨」の「忿」は、怒りが心の中で押さえつけられたようになっている状態、「恨」は、それによって心の中に恨みが生じる。そういう煩悩がないということの代表です。

「離蓋《りがい》清浄にして厭怠《えんたい》の心なし」、「蓋」というのも煩悩です。「覆蓋」といって本当にいのちをいのちとして受け止める心を覆う。晴天を雲が隠すように、人間の意識を煩悩が覆う。それによって我々の心が閉鎖され、暗くなりいのちの明るさを失う。我々が自分の心だと思っているが、それが実は自分を覆っている。自分の本当の心を隠している。煩悩を離れて清浄であり、厭い怠る心がない。

本当に競走の心を離れればいのちが充分に燃焼する。必然を自由として、本当に生きれば、本当に燃えることができると清沢先生はおっしゃっています。そこには厭怠の心はありません。勝他《しょうた》の心で頑張るとすぐ厭怠です。煩悩の心は私室（プライベート・ルーム）を持つから休息すると、安田先生はいわれました。

ここから続いて、いくつかの心という字で浄土の菩薩が持つ意欲を語っています。「等心、勝心、深心、定心、愛法・楽法・喜法の心のみなり」、「等心」というのは平等心です。捨の心です。勝ったとか負けたとかで、やたらに人生を窮屈にしない。いのちをいただいたゆとりの心ではないでしょうか。これがないと、成功したとか失敗したとかで汲々としてゆとりがなくなる。

「人生万事塞翁《さいおう》が馬」という心が何処かにないと、たまったものではない。ストレスでどうにかなってしまう。与えられた宿業（人生）の全体を見抜くような智慧を持っているのが等心です。

自分が自分を知っているということをはっきりさせることによって、自分という思いを客観化する。執われている価値観とか勝他の心を客観化する。自分を離れないで感じている人生を突き放して、その間に如来の智慧を入れる。そういうことによっていただく心ではないかと思います。

如来の大悲の心は、菩薩に等心を与える。『華厳経』では菩薩の課題として平等心をよくいいます。十地の段階の中にたびたび出てきます。人間が関係を作るとか、グループを作ると、色づけされて等心ではなくなってしまいます。人間は離合集散の計算だけで動いてしまって、地獄を引き起こす。

「勝心」というのは、最も優れた心です。仏は、「最勝の道に住したまえり」（聖典七頁）、といわれています。「勝」というのは勝ち負けの心ではない。勝つ必要のない心といってもよいわけです。自分が独立して自分の道を安んじて生きるという意味で、この心が我が心として最勝の心である。

我々はどうしても、人に媚びたり、自分を売ったり、諂阿《てんあ》の心に動かされる。浄土の心はそうではなく、自分の菩提心、信心を尊んで生きていく。先に触れた清沢先生の言葉にも、「死生なお且つ憂うるに足らず。如何に況《いわん》やこれより而下なる事項においておや。追放可なり。獄牢甘んずべし。誹謗、擯斥《ひんせき》、許多《きょた》の凌辱《りょうじょく》、豈《あ》に意に介すべきものあらんや」とある。これが最勝心、本当に世に勝った心です。

第三の心は、「深心」。親鸞聖人は人間の心は浅心で、如来の心は深心といっています。如来の心を受けて、浄土の菩薩の心も深心である。深心とは、信心が深心であると親鸞聖人はいっています。善導大師はこれを七深信という形で開いています。特にはじめの二種深信でその深さを教えている。我々はどれだけ反省してみても、本当の深みは見えない。曠劫《こうごう》以来の闇は見えない。永遠の未来も見えない。本当の深みを持っている心はその深さ自身を尊敬する。

「深くこの信を崇《あが》めよ」(『文類聚鈔』、聖典四〇九頁)、「ただこの信を崇めよ」(『教行信証』総序、聖典一四九頁)とありますが、信自身が信を崇める。自惚れや自己嫌悪で我々は傷ついている。それに対して、深心とはいのちの在り方、自己の在り方を深みで見抜く心ですから、好き嫌いを離れて事実をいただくということです。

罪悪深重、曠劫以来流転して出離の縁なき身をそのままに信じる。これは人間の理性ではできない。如来の光に照らされて自己を知る。善導大師は「深く信じる心」だといいます。大悲の心の回向として我々に深心が与えられる。この一点において一切の仏法とのつき合いができるというのが親鸞聖人です。

「定心」は、決定した心で、単に三昧の心ではない。「執持名号」の執持はそういう意味です。安定した心。平常に定まっている心。自己を失わないということです。本願力の力を受けて用く菩薩の心は、定心である。凡夫の心は、状況に揺らいで、状況判断を間違ったり、状況に流されている。そういう状況を貫いて菩提心を失わないのが、浄土の菩薩の定心の意味です。

「愛法・楽法・喜法の心のみなり」、曇鸞大師は、外楽・内楽・法楽楽といっています。仏法を愛して、楽しみ、喜ぶ。「信楽」の注釈で、親鸞聖人は、「楽」という字を「欲願愛悦」と注釈しています。また「欲生」の「欲」という字を「願楽覚知」と注釈しています。「愛・楽・喜」という字を信心自身が中に蓄える用きとして読んでいる。如来の回向において、我々に与えられる信心が持っている心です。

「愛」といっても煩悩で愛着する心ではない。凡夫が仏法を愛するはずはないと安田先生はいわれる。凡夫を否定するものが仏法である。否定されるのを喜ぶのはどうかしている。しかし好きではないが、そういう要求を持っている。いやいやでも我執が否定される。それが喜びだとはいえないが、我執を否定されると、ありがとうございましたというものが出てくる。仏法に触れなければ凡夫として満足できないということがある。凡夫心が破られる心が本当に力となる。このように「愛」の字を積極的な如来の心として捉える場合もあります。

『新約聖書』では、人間の愛（エロース）と神の愛（アガペー）とは異質であるといっています。仏法の愛の場合は、煩悩の愛と違う愛もある。衆生の苦悩を本当に救わんとする菩薩の愛、それを教えを通して伝えようとする仏陀の法に対する愛、それが浄土の菩薩の法に対する愛となる。

法を愛し、楽しみ、喜ぶ。この喜びは、存在の意味の充足における喜びです。ふつうの人間の喜びは名聞《みようもん》、利養《りよう》、勝他の喜びです。儲かりもしないし、人に勝ちもしないし、名前が売れるわけでもない、一人静かに喜ぶなどということがあり得るか。ところが仏法に触れるとあり得る。如来の大悲を感受して、「親鸞一人がためなりけり」（『歎異抄』、聖典六四〇頁）と喜ぶ。

西田幾多郎を中心に「人生」を考えている『宗教への思索』（岩波書店）という本の中で、京都大学名誉教授の上田閑照さんは「人間の一生には人生ということと、歴史的生ということと、境涯ということがある」といわれる。境涯を持って生きるという人には独特の風格がある。このごろは風格ということはあまりいいません。地位とか財産とはまったく別の、人間が持っている独特の雰囲気を、上田さんは境涯という言葉でいおうとしています。仏法では世間の喜びのみを喜びとしない。

安田先生が仏法一筋に生きている姿を見て不思議でしょうがなかった。地位も求めず、金も求めないで、ひたすら本を読んでは講義している。聞いている人間は、難しい、難しいといってなにも嬉しそうな顔をしない。世間心から見たらあんな不思議な人はいない。

しかし、本当にいのちを喜んで、仏法一筋に生きていて、満足している。煩悩が全然ないとはいえませんが、それを調御して、菩提心に生きることを決断して一生を尽くしていかれた。私は先生が亡くなったときに、感話で「愛楽仏法味　禅三昧為食」（『浄土論』、聖典一三六頁）という言葉を捧げました。

「愛楽仏法味」で一生を生きていかれた。「喜法」というのはそういう心でしょう。阿弥陀の本願の三昧を食事とする。いのちを成り立たせている意欲というものは仏法が食事である。そこまで行ってこそ仏法が喜びになる。親鸞聖人もあのつらい人生を一筋に念仏を通されたということは、法蔵願心を喜んで生きられたわけでしょう。

最後に、「もろもろの煩悩を滅し、悪趣を離るる心のみなり」、これが本願力に触れて用きを持った浄土の菩薩の心である。単に神話の話をしているわけではなく、法蔵願力に触れたならば、いささかなりとも凡夫にこういう用きが来る。

信心を持てば、信心のいのち自身がどこかで煩悩を滅する用きを持ってくる。それが、「我、他力の救済を念ずるときは、我、物欲のために迷わさるること少なく」（清沢満之）といえるところです。「我、他力の救済を忘るるときは、我、物欲のために迷わさるること多し」、煩悩生活を離れられない。

はじめは、安田先生が分からなかったのですが、馴染んでみると何の不思議はない、そうあってしかるべきだと思うようになりました。先生にお話に来てくださいと頼みに行く人間は先生のことが恐ろしかった。「どうか来てください」というと、「行かんとはいわん。しかし、誰が聞くんじゃ？」と。つまり頼みに来たお前が聞くのかというわけです。

会座《えざ》を開く場合、人に聞かせてやろうと思うのです。自分もついでに聞くというのがふつうです。「A君が聞くなら、行ってやる。しかし、人を集めるなよ」といわれて、「これには弱った」と頼みに行った人がいっていました。安田先生は本当に、その点は厳しかった。大勢集めても仏法の会座にはならない。

横超の大菩提心という内容を孕んだ信心が、「もろもろの煩悩を滅し、悪趣を離るる心のみなり」ということです。限りない深みを持った煩悩も、単に煩悩ではない。煩悩がむしろ菩提の水となるといえる用きを持つところに法蔵願心が、本当に我々の主体になるということだろうと思います。仏願に従えば、我々の価値判断よりももっと大きな意味を与えられてくる。

自利利他の徳

一切の菩薩《ぼさつ》の所行《しょぎょう》を究竟《くきょう》して、無量の功徳を具足し成就《じょうじゅ》せり。深禅定《じんぜんじょう》・もろもろの通《つう》・明《みょう》・慧《え》を得て、志を七覚に遊ばしめ、心に仏法《ぶっぽう》を修す。肉眼清徹《にくげんしょうてつ》にして分了《ぶんりょう》せざることなし。天眼通達《てんげんつうだつ》して無量無限な

り。法眼観察《ほうげんかんざつ》して諸道に究竟《くきょう》せり。慧眼《えげん》真を見て能《よ》く彼岸に度《ど》す。仏眼《ぶつげん》具足して法性《ほっしょう》を覚了《かくりょう》す。無碍《むげ》の智《ち》をもって人のために演説す。等しく三界《さんがい》を観《みそな》わして、空にして所有《しょう》なし。仏法を志求《しぐ》し、もろもろの弁才《べんざい》を具し、衆生の煩悩《ぼんのう》の患《うれ》えを除滅《じょめつ》す。如《にょ》より来生《らいしょう》して法の如如《にょにょ》を解《さと》り、善《よ》く習滅《しゅうめつ》の音声《おんじょう》の方便《ほうべん》を知りて、世語《せご》を欣《よろこ》ばず。楽《ねが》いて正論《しょうろん》にあり。もろもろの善本《ぜんぽん》を修し、志《こころざし》、仏道を崇《あお》がん。一切の法はみなことごとく寂滅《じゃくめつ》なりと知りて、生身煩悩《しょうじんぼんのう》の二つの余《よ》、倶《つぶ》さに尽《つ》くせり。甚深《じんじん》の法を聞き心に疑懼《ぎく》せず。常に能《よ》くその大悲《だいひ》を修行せる者なり。深遠微妙《じんのんみみょう》にして覆載《ふさい》せざることなし。一乗を究竟《くきょう》して彼岸に至る。疑網《ぎもう》を決断して、慧《え》、心《しん》に由《よ》りて出《い》ず。仏の教法《きょうほう》において該羅《がいら》して外《ほか》なし。（聖典五四～五五頁・註釈版五〇～五一頁）

菩薩の功徳がまとめられ、いわれた後、もう一度、「一切の菩薩の所行を究竟して、無量の功徳を具足し成就せり」（聖典五四頁）という言葉が出てきています。本願の中に菩薩の荘厳が出てきますが、中でも第二十二願は、「必至補処」、必ず補処の菩薩となるということがいわれて、本願の自在の所化というところから、徳本を積累し、という言葉が出てきますが、その除かれた用きを結んで、「常倫に超出し、諸地の行現前し、普賢の徳を修習せん」（聖典一九頁）といわれています。

菩薩の求道が『華厳経』で十地に展開されていますが、その十地の菩薩を諸地の行といっています。浄土に生を受けると、一生補処という弥勒菩薩と等しい位を受ける。しかし、本願の自在の所化ということであえて、衆生のための故に、他方仏国に遊んで、菩薩の行を修し、云々という決断を持ったときに、「常倫に超出し、諸地の行現前し、普賢の徳を修習」する。普賢行は、『華厳経』の「普賢行願品」に説かれています。あえて永遠に因位の菩薩として衆生と共に歩もうとする名告りとして普賢菩薩ということがいわれてきますが、その普賢の徳を修習せんと。

曇鸞大師がこの第二十二願をもって、阿弥陀の浄土の功徳を受けるときに、浄土に留まるのではなく、阿弥陀の功徳を受けると自由に何処に行っても阿弥陀の功徳を失わない。努力を用いずして、任運に、存在そのものが阿弥陀の功徳を生きるようになれる。何処へ行ってもその功徳を失わない、そういう力をいただくのが「不虚作住持功徳」であるという解釈をされます。これと照らしてみますと、「一切の菩薩の所行を究竟して、無量の功徳を具足し成就せり」の意味も少しく窺えるわけです。

「一切の菩薩」、あらゆる階梯の菩薩は『浄土論』では、「未証浄心の菩薩……、浄心の菩薩と上地のもろもろの菩薩」（聖典一四一頁）といっています。まだ本当に努力意識が抜けない、良いことをしなければいけないとか、自分がしてあげようという努力意識を自分で奮い立たせて菩薩行を歩もうとするのが未証浄心の菩薩。煩悩を離れ、自分の意識を離れると、八地の菩薩になる。

ところがそこに、「七地沈空の難」があって超えられない。努力意識を持つかぎりは超えられない壁で、人間が分別しているかぎり、自分というものがありますから、自分の思いを抜きにして何か行為をするということはできない。単に自分のためにするのではない、人のためにするのだといっても、思いがあって行為するかぎりは、浄心、純粋無漏の行為にはならない。

そこに、凡夫の側から、たとえ菩薩として歩んでいってもどうしても超えられない、人間の限界がある。任運無功用の如来の用きと同じような用きを、仏が菩薩に下がって布教する位と、菩薩が下から上がっていこうとする位の間に、絶対に超えられない壁を「七地沈空の難」といいます。

「一切の菩薩の所行を究竟する」ということは、だんだん努力して全部やるという意味ではない。『華厳経』を実践して見い出してきた難関をくぐって、曇鸞大師が、その故に阿弥陀の浄土を要求するのだというときに、阿弥陀の浄土に触れずしては人間はどうしてもその壁を超えられない。「一切の菩薩の所行を究竟する」ということは、阿弥陀の浄土の功徳として与えられてくる。中途半端な功徳ではないのです。

「深禅定・もろもろの通・明・慧を得て、志を七覚に遊ばしめ、心に仏法を修す」、深禅定の禅定というのは、仏法に触れて生きている在り方を定で代表する。阿弥陀の本願の世界も、阿弥陀三昧といわれ、定として教えられる。定というのは統一された精神界です。そして、もろもろの通・明・慧を得る。浄土の菩薩が浄土に触れることにおいて禅三昧を得る。『浄土論』の「禅三昧を食とす」という荘厳がありますが、念仏三昧とも教えられます。

「通・明・慧」の通は神通力、明は、三明ともいわれ、次に出てくる七覚支等とともに、小乗仏教が具体的な実践内容として伝えてきた善根功徳です。そういうものを浄土の功徳が包んでくる。そういうものを得て、「志を七覚に遊ばしめ」、「七覚」は「七覚支」とも「七菩提分」ともいう。「七覚支」というのは、小乗仏教が伝えてきた三十七道分（五根、五力、七覚支、八正道分など）の一つです。善本、徳本の一つです。そういうところに遊ばしめる。努力というよりも遊ばしめる。

そして「心に仏法を修す」、それが、浄土の功徳によって自然にできる。この穢土では意欲を奮い起こして、作心してということになりますが、浄土の功徳に触れるところに遊ぶが如くに仏法を修する。

次に有名な五眼ということが出てきます。「肉眼清徹にして分了せざることなし。天眼通達して無量無限なり。法眼観察して諸道に究竟せり。慧眼真を見て能く彼岸に度す。仏眼具足して法性を覚了す」（聖典五四頁）とある。

五眼もいろいろな解釈があります。眼根が働く場合は環境を見る。色とか、形とか、遠近というものを見る。そういうものを肉眼といい、外界を中に感知する働きです。外界を中に感知するということは、単に眼が映したものを判断するだけではない。

天眼は遠くを見ると同時に未来を見る。神通力の一つです。天人の眼とも解釈される。ふつうは凡夫は肉眼しかない。しかし中には天眼ぐらいまでは身につける人もいる。「天眼通達して無量無限」のところまで見る。

法眼は、大乗仏教からすると小乗の智慧だといいます。慈悲に小悲、中悲、大悲がありますが、中悲を法縁の慈悲といいます。法縁の慈悲は、法によって空だということを覚るということが目標になる。阿羅漢の悟り、二乗の悟りといわれます。空の真理に触れてものを見る眼です。

『観無量寿経』では心眼ということがくり返していわれますが、外界をどのように知るかということは、内界との関係で見えるわけです。内界に芸術的感覚があれば、外界を芸術的に見る。内界に芸術的感覚がないものが音楽を聴けば雑音としか聞こえない。内界に絵に感応する心のない人間が絵を見れば、単に色が塗ってあるというだけです。

法眼は、一如とか、空といわれる悟りに触れて、存在を見る。ところが真理に触れるとそこに留まってしまう。それが「七地沈空の難」といわれる菩薩の難です。真理が本当に生きて用くものとならない。人間は共同体として生きている。一人のいのちは単に一人のいのちではない、人びとと共なるいのちとして意味が与えられている。それが法眼を通して本当に活きてこなくなる。この問題が「七地沈空の難」です。真理に触れながらかえって死んでしまう。心が働かなくなる。

そこに慧眼が出されてくる。慈悲に触れるということです。「慧眼真を見て能く彼岸に度す」、これは度衆生心で、人と共に真の世界を開こうという用きを持ってくる。

菩薩に、因の側から果へという用き自身が持っている限界を教えるのが次の仏眼です。「仏眼具足して法性を覚了す」、これで五眼が完成する。浄土の聖衆は五眼を具足しているといわれています。本願力に触れた菩薩は仏と等しい力を与えられることを表現している。

我々はどの一つも本当になっていない。肉眼でも観察が徹底していて、判明に分かつことは、なかなかできない。我々日本人は近くばかり見ているので皆近眼になってしまって、遠くが見えない。逆にアラブの人たちは砂漠に生きているため、近くが見えない。遠くは望遠鏡で見なければ見えないような所まで見える。肉眼は環境によって、訓練によって、能力がいろいろ出てくるわけです。

過去、現在、未来を見る力を「明」といいます。宿命通、天眼通、漏尽通を備えた場合を「三明」といいます。五眼の場合にはそれを天眼で代表します。五眼の全体は、観察力、真実を見る力、覚知する力です。単に分別して考えて知るというだけではなく、いわば眼力によって知るということです。

本願力をいただくことを通して仏眼の力までいただくのが、浄土の菩薩です。凡夫は凡夫の分限があって、全部を得るということにはならないけれども、教えられてみると、人間はいかにものを見ていないかということが分かります。欲でものを見ると眼が曇っている。正確にものを見て生きているというだけで、生きていることの意味が非常に大きな用きを持つのではないでしょうか。

次に、「無碍《むげ》の智をもって人のために演説す」、親鸞聖人は本願力によっていただく功徳として、よく無碍ということをいいます。障り多き人生というけれども、障りは単に外にあるのではない。私自身のものの見方、考え方が、障りを抱えて生きている。それが本当に払われる道が、本願の信心の功徳として、無碍の一道、無碍の用きとして来る。障りとなるかならないかは、こちらの眼があるかないかという問題と絡む。我々にとっては障りはどうしても障りであって、障りを感じる感じ方の持っている根本問題を気づかずして、感じた障りを除こうとする。そうすると障り自体を抱えて生きている人間の問題が残る。

そういう問題が凡夫の自覚と浄土の功徳という関係を持って、障り多きままに障りなき世界に触れる独特の浄土の信心の生活となる。凡夫の愚かな心であるままに、無碍の智をいただくということです。

浄土の功徳は、分かろうとしたら分かりにくい。悟ったとか体験したというのは分かりやすいのですが、まったく獲ることができないはずのところに獲ることができる事実があるということを、どう表現するかは難しい。考えで摑まえようとすると、こんな難しい話はない。だから難思議です。

「等しく三界を観《みそな》わして、空にして所有なし」、どれだけ功徳があってもそれに執われない。「仏法を志求し、もろもろの弁才を具し、衆生の煩悩の患《うれ》えを除滅す」、「弁才」というのは説法の力で、菩薩十地でいうと、第九地にいわれています。

「如より来生して法の如如を解《さと》り」、「従如来生《じゅうにょらいしょう》」という言葉を親鸞聖人はここから「証巻」に引用したといわれています。如は本来性ですから、来るとか来ないとかいうことはないのですが、文学的な表現です。表現としてあたかも如から出てくる如くにしてということです。

「如」は「如」といったかぎりはもう如ではない。「如」という言葉でいおうとする「如」自身は如そのものではない。執われているかぎりは如ではない。我々は如を求めて如になれない。しかし、如を求めても、執着があって苦しんでいる。本来にはなれない。本来ではないという形で「如」ということが批判基準になる。「如」を体験できない。できないにもかかわらず、我々は如から用いてきた何かに触れる。

それを親鸞聖人は、「弥陀如来は如より来生して、報・応・化種種の身を示し現したまうなり」（『証巻』、二八〇頁）、法身も報身も応身も如から現れた形だ。教えとなって現れているが、教えは如に導くべく如から現れたものです。従果向因です。覚りの世界から迷いの世界に呼びかけんがための形となったのが、阿弥陀如来である。阿弥陀如来は如ではないが、如を失っているのではない、如から来ている。仏教の論書でいうと『大乗起信論』等がこういう表現をとります。「如如」というのは、如の如たる所以ということです。

「善く習滅の音声の方便を知りて」、どのように訓練していくか、どのように滅していくかという声（教えの言葉）として響いてくる。我々は教えを聞いても教えが響かないというのは、方便が分からないのです。

曇鸞大師は、正直なるを「方」、己をよそにするを「便」というと註をしています。真っ直ぐなのだが、衆生のために、如来が己をいったんよそにする。衆生に応じる形で説かれるが、それは本来に衆生を目覚ますための大悲であるというのが方便です。教えの言葉を聞きながら、なかなか教えの音声が響いてこない。

我々は世間関心でしか生きていませんが、実は仏法は世間関心とは異質な方向を教えようとしている。世間関心の中で分かろうとしていくら聞いても分からない。ところが方便ということで、世間の言葉が違う意味を持つ。用きが世間のものであっても、世間と違う意味をそこに感じることができる。それが眼ということです。教えの言葉に響くような眼を育ててもらわないと、仏法の生活が味わえないというのは面倒なことです。育てられて初めて少しずつ教えの方向、意味が見えてくるのです。

特に大乗仏教が方便ということを大事にするのは、菩薩道の七地なのです。七地で方便がないと八地の壁が分からない。七地が終わりだと思ったとたんに精神生活が停滞する。やる気を失ったとたんに初地以下になってしまう。この「七地沈空の難」を破るのが方便だと教えられています。

方便ということは諸仏の勧請、諸仏が勧めてくださるということです。自分で求めていたと思っていたのが、自分で求めていたのではなかった。全部教えられ、全部与えられて、その中で歩んでいたのだと聞こえてきたときに初めて壁が破られるのです。

曇鸞大師は、阿弥陀の本願力で初めて破られると教えるわけです。阿弥陀の願が第十七願を建てているということは、諸仏の称揚だというのです。諸仏の称揚として自分のいのちの意味がいただかれる、大行です。人間の側から一生懸命やればやるほど落ち込む、どうにも超えられない壁がある。

そういうことを破った側から教えてくるのが「従如来生」ということです。如から来る。如でないものから求めていって如に至ることはできない。それを諸仏の勧請と教えるわけです。

十地を六波羅蜜で解釈すると、六地で終わりです。七地は何のために説かれているかが分からない。布施、持戒、忍辱、精進、禅定、智慧の次に、方便、願、力、智と十地に充てる場合がありますが、方便が何のためかがよく分からない。方便ということは、自力と思っていたものが全部いただいたものだったと大転換をもたらす。そうでないと、八地がまったく努力を超えた世界だということが分からないわけです。

「世語を欣ばず」、これが浄土の菩薩の功徳です。我々凡夫は世語を喜ぶ。浄土の功徳を「勝過三界道」といって清浄功徳として教えられますが、三界を超えた世界を我が環境とするということが本当に成り立つとはどういうことか。世語を厭うという場合は三界と違うもう一つの世界がある。厭うのではないけれど、欣ばない。

「楽《ねが》いて正論にあり」、見ているものは同じようなものを見ているのですが、目が的確でしかも面白い見方をする。具体的に人間の生き様の在り方を、何処からそう出てくるかをよく見届けて、それを語るということは、あたかも世間話をしているようだが、単なる世間話ではない。そういうことを曽我先生や安田先生の見方から教えられました。仏法を通して世間を見ている場合に、世間を破って、しかも世間をよく見ている。根本解決の方向を見定めながら見ている。これが「楽いて正論にあり」ということです。

「もろもろの善本を修し、志、仏道を崇《あお》がん」、修諸善本というと第二十願のように見えますが、往生のためとか、救かるためではない。浄土の菩薩が生きる在り方が、諸々の善本を納めていく。本には因本と根本の二つの意味がありますが、善というのは成仏ということが究極目標ですから、一切衆生と共に成仏するということに役に立つ行為が、因の善本です。根本といった場合は、善や徳の根源。親鸞聖人が押さえているように、善本、徳本は念仏ということです。浄土の衆生の行為は、自ずから善本を修する。諸仏の行を現前するわけですから、善本を修し、仏道を仰ぐ。

「一切の法はみなことごとく寂滅なりと知りて、生身煩悩の二つの余、倶《つぶ》さに尽くせり」（聖典五四頁）、一切の法は、本来如である。「生身煩悩」とは分かりにくい言葉ですが、煩悩を二つに分けるという場合は、倶生起の煩悩と分別起の煩悩になります。経験によって教えられて起こってくる煩悩と、生まれたときにはすでに持っている煩悩です。分別起の煩悩は、修道の場合に断ちやすい。はっきり間違いだったと分かれば止めていくことができる。ところが間違いだと分かっていても起こってしまう煩悩は始末が悪い。だんだんにやっつけていくしかない。見惑と修惑の相違です。

実践論の上からすると煩悩にも二種のレベルがある。生身煩悩はどちらがどちらか分かりませんが、ますます強くなる煩悩と生まれつき持っているような煩悩ということでしょう。悩みも精神的な悩みと身体的な悩みと分けられますが、「二つの余」とは、煩悩の習気です。煩悩を起こさなくするといっても煩悩の習気が残る。経験して行為したということは何処かに残る。

何処かというのは、過去を見る力を持った人間には見抜かれる。菩薩が煩悩を克服していった場合に、一応煩悩が起こることを止めることまではできる。しかし、昔、煩悩を起こした香は残る。菩薩になる前にしょっちゅう腹を立てていた。その人が修行して腹を立てなくなってニコニコしている。しかし、どれだけニコニコしていても昔腹を立てたという薫習は残る。完全に根が抜けないので条件によってまた出てくる。それを「余」といいます。

小乗仏教では、現象として起こる煩悩を敵として戦いますから、身があるかぎり、生きているということが持っている煩悩性がある。人に迷惑をかけまい、腹も立てまい、欲も起こすまいと一生懸命やるけれども、生きているということは人間関係の中で生きていますから、相互関係です。そうすると身があるかぎりは煩悩が完全には断ち切れない。有余依涅槃といいます。身があるかぎりはまだ余りが残っている。

求道者の歴史を語っている小乗の経典にいろいろ出てきます。例えば、男性が煩悩を起こすまいといって修行した。ほとんど悟りまで近づいた。ところが昔、親しかった女に会った。女の方から昔仲が良かったのだからもう一回つき合ってくれといわれたら、どうするかという問題です。それで切ってしまったら冷たいということになり、つき合ったら菩薩として退転する。一緒に仏道を求めるようにするというのですが、なかなかそうはいかないでしょう。

煩悩が兆したら退転します。身は時間とともに過去を背負い、未来を背負って生きていますから、思ったようには行かない。身があるかぎりは有余依涅槃になる。それを本当に倶さに尽くす。小乗の立場だったら死ぬしかない。死んだ場合に無余依涅槃になる。だから死ぬのが理想のようになる。

大乗は煩悩を敵にしないで、煩悩を敵に思う分別が敵だといいます。しかし本当にそれを生きるということは大変難しい。この世で本当に自分が育っていくことはできない。如来の世界からの力を仰いで初めてそういう世界が開けてくる。こういうことは如来の本願力を抜きにすれば、人間の理想への言葉になる。人間の努力を超えて本願力の用きとして、浄土の功徳として生きているものが浄土の聖衆です。

「甚深の法を聞き心に疑懼《ぎく》せず。常に能くその大悲を修行せる者なり」、深い法を聞いて疑ったり驚いたりしない。大悲を行ずる。親鸞聖人は龍樹菩薩の「易行品」の詩を通して大悲を行ずるものということをいわれます。大悲というのは如来にのみ付く言葉ですから、絶対大悲であって、衆生は小悲すらない。大悲を行ずるということは如来の用きをここにいただくということです。如来の本願が用くということです。凡夫が大悲を行ずるということはあり得ない。菩薩の上に大悲が行ずるということは、大悲がそこに用く場所になるということです。

「深遠微妙にして覆載せざることなし。一乗を究竟して彼岸に至る。疑網を決断して、慧、心に由りて出ず」、「一乗を究竟」するというのは「行巻」に出されている言葉です。

一切の段階を超えて全部平等に乗せる立場が大乗、大乗は一乗だというのが「法華」の立場です。実は法華でも本当は一乗になっていないというのが親鸞聖人です。法華は法を建てますが、法を本当に主体化するという方法がはっきりしていない。だから観行を行ずることによって初めて一乗が成り立つ。だから理念としては一乗だけれども、実践ということでは一乗にならない。そういう問題があって親鸞聖人は本願力のみが一乗だといわれます。誓願一仏乗《せいがんいちぶつじょう》といわれます。

「慧、心に由りて出ず」、菩薩十地でいうと六地に、「三界但是一心作」という言葉があります。我々にとってのあらゆる経験界というのは心だ。この心は単なる思いではなく、阿頼耶識です。宿業の主体です。心として現象しているこの事実は、過去を背景とし、未来を背負いながら、いまここに生きている主体です。ここの心はそういう内容を孕んだ心です。意と識と心と分けた場合に、意はマナス、識はビジュニャプチ、心はアーラヤだといいます。慧はそこから出てきているような智慧です。

「仏の教法において該羅《がいら》して外なし」、あらゆる物をすべて広く押さえて教法からはずれない。ここまでが浄土の聖衆の功徳を説いてきて、ここからは功徳を比喩で説いています。

インドの須弥山説

智慧《ちえ》、大海《だいかい》のごとし。三昧《さんまい》、山王《せんのう》のごとし。慧光《えこう》、明浄《みょうじょう》にして日月《にちがつ》に超踰《ちょうゆ》せり。清白《しょうびゃく》の法、具足し円満すること、猶《なお》し雪山《せっせん》のごとし、もろもろの功徳を照らすこと等一《とういち》にして浄《きよ》きがゆえに。猶《なお》し大地のごとし、浄穢《じょうえ》・好悪《こうお》、異心《いしん》なきがゆえに。猶《なお》し浄水《じょうすい》のごとし、塵労《じんろう》もろもろの垢染《くぜん》を洗除《せんじょ》するがゆえに。猶《なお》し火王のごとし、一切の煩悩《ぼんのう》の薪《たきぎ》を焼滅《しょうめつ》するがゆえに。猶《なお》し大風《だいふう》のごとし、もろもろの世界に行《ぎょう》じて障碍《しょうげ》なきがゆえに。猶《なお》し虚空のごとし、一切の有《う》において所着《しょじゃく》なきがゆえに。猶《なお》し蓮華《れんげ》のごとし、もろもろの世間において汚染《わぜん》なきがゆえに。猶《なお》し大乗《だいじょう》のごとし、群萌《ぐんもう》を運載《うんさい》して生死《しょうじ》を出《い》だすがゆえに。猶《なお》し重雲《じゅううん》のごとし、大法の雷を震《ふる》いて未覚《みかく》を覚《さと》すがゆえに。猶《なお》し大雨のごとし、甘露《かんろ》の法を雨《ふ》らして衆生を潤《うるお》すがゆえに。金剛山《こんごうせん》のごとし、衆魔《しゅま》外道《げどう》動ずること能《あた》わざるがゆえに。梵天王《ぼんでんのう》のごとし、もろもろの善法《ぜんぽう》において最上首《さいじょうしゅ》なるがゆえに。尼拘類樹《にくるいじゅ》のごとし、普《あまね》く一切を覆《おお》うがゆえに。優曇鉢華《うどんばつけ》のごとし、希有《けう》にして遇《もうあ》い難《がた》きがゆえに。金翅鳥《こんじちょう》のごとし。外道《げどう》を威伏《いぶく》するがゆえに。もろもろの遊禽《ゆきん》のごとし、蔵積《ぞうしゃく》するところなきがゆえに。猶《なお》し牛王《ごおう》のごとし、能《よ》く勝つものなきがゆえに。猶《なお》し象王《ぞうおう》のごとし、善《よ》く調伏《じょうぶく》する

がゆえに。師子王《ししおう》のごとし、畏《おそ》るるところなきがゆえに。曠《ひろ》きこと虚空《こくう》のごとし、大慈《だいじ》等しきがゆえに。

(聖典五五~五六頁・註釈版五一~五二頁)

「智慧、大海のごとし」(聖典五五頁)、智慧を海に喩えています。海は十徳ということがいわれ、『涅槃経』『華厳経』などに喩えとしてよく使われます。人間を取り巻く環境の中で、海に触れると、海の持っている大きさ、あるいは時に吠え、時に襲う恐ろしさがあり、同時に海が生み出す人間に対してのいろいろな恩徳がある。食事も与えるが、精神的にも大きなものを呼びかけてくる。

親鸞聖人は、『教行信証』の中で海の喩えが大変多い。俗説では親鸞聖人は京都の人で海を知らなかった。越後に流されて初めて海を見た。それで本願の教えが海の如しだということをいろいろな意味で実感したのだといわれますが、分かりません。

海の持っている優れた用きについては、経典の上でくり返し説かれています。海が非常に大きな宝を持っている。海から宝石が採れ、塩という人間に欠かせない大事なものも与える。働きとして川が流れ込んでも全部一つの塩の味にする。

いろいろな色の川が流れ込んでも全部、最終的には透き通った海の色にする。そういう働きが人間の精神界にとって非常に大きな比喩になる。海を見ているだけで、人間の心の小ささ、心の偏り、頑なさを教えられてくる。このように海の徳に仏法の徳が喩えられることが多い。

親鸞聖人は海を良い方ばかりに使うのではなく、群生海、煩悩海、生死海というように、いろいろなことに海という字を付けて、計り知れない広がり、深みを表現しています。無明の闇の深さを無明海と喩えられます。私どものいのちが人間の考える規模ではない。私どもが生きていることそれ自体が海です。人間の持っている無明、計り知れない我執の深さを海に喩えます。海は人間の力で汲み尽くすことはできないのです。

ここでは、浄土に生まれたいのちが持っている智慧が大海の如しといっています。『文類偈』では、「巨海《こかい》」と喩えています。「智慧円満して巨海のごとし」（聖典四一〇頁）、これは法蔵菩薩の慈悲と智慧、慈悲は虚空のごとく、智慧は巨海のごとしと。海を円満の喩えにしています。

智慧は海の喩えでいろいろなことが考えられます。大きさ、深さ、また海は眺めているだけで不思議な働きを感じる。砂浜の波の悠久のくり返し。雨だれが石を穿つように、海は、寄せては返し寄せては返しして、断崖絶壁が削り取られていく。このように海というのはいろいろなイメージをもっています。

「三昧、山王《せんのう》のごとし」（聖典五五頁）、浄土の菩薩の持つ三昧。『浄土論』では、「禅三昧為食」といわれ、禅三昧を食事とするということが出ておりました。インドでは、精神の統一が持っている力ということで非常に三昧（samadhi）が尊ばれる。仏法がそのまま三昧と誤解される節もある。特に禅が出てきてからは、禅定（dhyana）が覚りのように思われている。本当はインド人の精神生活にとって欠かせない、誰でも皆そういうものを求めて、それを持つようになっている一つの精神生活です。

仏教に関係なく、古くから生活の中で定に入ることがあったようです。お釈迦さまも三昧という方法を教えの中に使われ、生活の中に三昧をたびたび取られた。意識は散乱するものですから、散乱する意識で人間は苦しめられている。それを一つのことに集中することによって、散っていることで失われたエネルギーを集中してくる。それによっていのち自身が持っている能力を一つに集中して、集中度が高ければ非常に強い力を持てる。

三昧にはいろいろな名前があって、三昧の功徳がいろいろに教えられる。『無量寿経』（異訳）では（大寂定《だいじゃくじょう》）

阿弥陀三昧ということがいわれます。『浄土和讃』の「大経讃」には、「大寂定にいりたまい　如来の光顔たえにして　阿難の恵見をみそなわし　問斯恵義《もんしえぎ》とほめたまう」（聖典四八三頁）とある。

この大寂定は阿弥陀三昧です。浄土は三昧の世界です。三昧を生活とするような、精神生活が翻されて一つの境を獲ていることの象徴です。日常生活であちこち気を回す、くたびれた生活のままに浄土を考えても浄土はない。浄土は、本願をいただいた精神が感じ取る世界といってもいい。その三昧の力を山王の如しと喩えています。「山王のごとし」、「如須弥山王」という言葉が『浄土論』にあります。須弥山《しゅみせん》というのは、インドの神話的世界観です。須弥山という山を中心に世界が回っているとインド人は考えていた。ヒマラヤがイメージされていて、それを中心に東西南北に国があって、南がインドで南閻浮提《えんぶだい》といって一番優れた民族である。東弗婆提《ほつぼだい》、西瞿陀《くだ》尼《に》、北鬱単越《うつたんおつ》といういろいろな民族が生きている。しかしインドが一番良い民族で、他は蛮族だとインド人は考えていた。そこに仏法が誕生して、その世界観が教えの中に入ってきている。

明治になって、仏法は迷信だとキリスト教がいうときに、仏教の世界観は「須弥山説」ではないかという批判をしています。須弥山説というのは仏教の話ではなくて、インド人が持っていた世界観だったのです。たまたまそれが仏教にも入ってきたのですが、教えの本質ではない。むしろ教えの中に、そういう世界観を通して、世界観の功徳、あるいは世界観を翻した功徳を語りかけようとするときに、そういう言葉が出てくる。

例えば、「如須弥山王」は世界を牛耳っている王さまに喩えている。浄土に生まれ、浄土の功徳を獲れば、須弥山王の如しだ。世界を牛耳る王者のような尊厳性を与えられるという喩えです。私たちが、上下関係とか、親子関係とか、いろいろな生活の関係がありながら、一人ひとりが尊い尊厳性を自覚する。浄土の功徳に触れれば、一人ひとりが須弥山王の如しだということです。有限の有り様は有限の有り様として、相対差別の中に身を没して生きている。けれども、存在の意味が世界一の王が持っているような尊厳性と、平等の力を持つ。

我執の思いでいえば、損したとか、得したとか、ダメな奴だとかで、あまり意味がないのです。意味がなくても執着して、死にたくはないのですが。そういう我執が破れてかたじけないといただいてみれば、このいのちの意味は何ものにも代え難い。これが「如須弥山王」という意味です。念仏三昧の持っている功徳は一人ひとりが、須弥山王のような意味を持つ。このように智慧を海に、三昧を山に喩えています。比喩的にいえば、智慧は深く、三昧は高くということです。

「慧光、明浄にして日月に超踰せり」（聖典五五頁）、智慧は明るみを持つ。『浄土論』は光の功徳をくり返し讃嘆しますが、浄土を光に喩える。親鸞聖人が浄土を生み出す願は第十二願、第十三願と押さえたのは、『浄土論』の教えから来る。

衆生の闇を払う用きが浄土の用きである。本願の用きは衆生の闇と共にある。安田先生流にいえば衆生の闇が本願の光である。どれだけ闇を自覚するかということが、本願の光の用きである。智慧の光は、明らかで浄く、この世の光に超越する。眼が感じる明るみに喩えているが、光は精神界の闇を晴らす力ですから、光ならざる光である。これは感じるものだけにある光といってもいい。しかし本来、十方群生海を照らしている。

「清白の法、具足し円満すること、猶《なお》し雪山のごとし」、煩悩は汚し、濁すと教えられる。貪欲《とんよく》、瞋恚《しんに》、愚痴《ぐち》と教えられる心理作用が起こるといのちを汚す。唯識では善の心所というときに、無貪、無瞋といいます。貪欲、瞋恚が不善（精神生活の悪）になる。貪欲、瞋恚が起こると、本来の悠々として何にも執われる必要のないいのちを痛めつけ、汚す。しかし止めるわけにはいかない。起こってしまう。だから煩悩具足の凡夫と教えられる。

それに対して、清く、白いということは、汚れのない自然の法ということです。それが具足し円満すること、猶し雪山のごとし。雪山はヒマラヤです。ヒマラヤを拝むときに、やはりふつうではない体験を持つそうです。私の亡くなった友人がインドへ行きたいといって、インドへ行ってたまたまヒマラヤを拝んだ。帰ってきて尊いものを拝んだといっていました。

朝日が当たって白い雪山が輝いているその姿が、説明抜きに気高い。人間を説得するのですね。人間はそれを征服するというけれども、とても征服ということでは済まない、自然の持っている偉大さには、やはり敬服せずにはいられない。山が精神界を持っているわけではないのですが、人間の精神界以上の精神界を持つ如くに畏敬の念を懐かざるを得ない。「具足し円満する」ということは、浄土の用きが清白であって、充実しているということです。

「清白の法、具足し円満すること、猶し雪山のごとし、もろもろの功徳を照らすこと等一にして浄《きよ》きがゆえに」（聖典五五頁）、天親菩薩は「清浄功徳」といいますが、浄土の本質は清浄性にある。逆に穢土の本質は汚辱性にある。煩悩が穢土の本質である。浄土は菩提心が生み出す世界で清浄である。その清浄性は「勝過三界道」、三界の道に超えたりといっています。

浄土の光に触れると、非常に強いこの世の関心があるままに、この世の関心を突破するような世界を根源にいただく。差別による不平不満、愚痴を止めようと思ってみても根源的には消えていかないが、べつにあっても差し支えない。それを消す必要がないような次元が、本願が開く平等の世界です。

曇鸞大師は楽しみに三つの段階、外楽《げらく》、内楽《ないらく》、法楽楽《ほうがくらく》を設けて、浄土の楽しみは法楽楽だといわれます（聖典二九五頁）。ふつうの人間の欲求が満たされるような喜びは外楽です。人間を誘惑して止まない非常に強いものです。そこからもう少し内面に入った世界、趣味の世界が内楽です。例えば切手を集めるような趣味は、外楽から見たらほとんど無意味です。けれどもいったん触れたら無上の喜びになります。珍しい切手を収集したら夜も寝られないほど喜ぶ。それよりさらに内なるものが一如《いちにょ》の喜びです。一如の喜びは一番気づきにくい。ふつうからいったら何の喜びもないようなものが、一番の喜びだという楽しみです。これはいってみようがない。言葉を持っているのは外楽、内楽の世界で、一如は言葉ではない。本来の在り方ですから、嬉しくも楽しくもない。静かな喜びに触れる、これが浄土の三昧が持つ喜びです。

いったんそれに触れる（本願力をいただく）と、外楽の世界に還ってきてもそれが光になる。外楽の世界はあれば嬉しいし、なければ絶望する。根源的な闇からは逃げられない。煩悩が求めて止まないが、人間は外楽だけでは満足しない。さらに内楽にいっても、きりがない。内楽にも欲があるからです。それらを突破した喜びが法楽楽です。それを清浄性という言葉で教えるわけです。

人間の感覚からすると感じられない世界を、なんとか呼びかけようとするのが本願である。人間が要求する清浄性は相対的ですから、根源的ではない。浄土の清浄性は、どのような濁りも包んでいる清浄性です。我々の如き心のきれいにならない存在を喜んで引き受けてくださる場所が本当の清浄性です。

人間の世界でそれを実践しようとすると必ず矛盾が来る。外《はず》しておけば、中をきれいに保つことはできるかもしれないが、包んでしまうと悪戦苦闘することになる。条件が整って豊かであれば、ある程度できるかもしれないが、条件が悪くなって、自分だけ護ろうとしだしたら、邪魔なものが除けられていく。

人間がきれいだという場合は、心自身が持っている煩悩をそのままにしておいて、見たところ自分がきれいだと感じる世界をきれいとして、それ以外をよそにはじき飛ばす清浄性です。法蔵願心の清浄性は、一切の存在を洗い流してしまう、一切の川の汚れをも引き受けて海の一味にしてしまう清浄性です。そういう清浄性が具足し円満する。

浄土は本来清白であり、あらゆる宝が満ち足りており、円満している。それは、「猶し雪山のごとし」です。インド人にとっては限りない魂の故郷であるヒマラヤの美しさに喩えられる。「もろもろの功徳を照らすこと等一にして浄きがゆえに」、諸仏、菩薩が持っている功徳を照らして、平等である。「猶し大地のごとし、浄穢・好悪、異心なきがゆえに」。「大地のごとし」とは、親鸞聖人が『正信偈』の偈前の文で、二度にわたって使っています。「悲願は、たとえば、」（聖典二〇一頁）と喩えが出されています。「なお大地のごとし、三世十方一切如来出生するがゆえに」（聖典二〇二頁）、本願は大地のようなものである。三世十方の一切の如来が本願から生まれてくる。本願を拠りどころとして生まれてくる。だから一切のいのちが誕生してくる大地に喩えられる。

「なお大地のごとし、よく一切の往生を持つがゆえに」、これは一切の往生を持つ。本願を通して一如に触れるだけでなく、一如のいのちをここに証明していくことが、与えられてくる。そういう意味で本願が大地である。人間が生きて生活している場合に、動かないで自分の足の下にあって、人間がそこに立ち上がることができる。どんな存在であろうと黙ってその上に置いている。だから、安心して大地に立って生活ができる。大地という言葉自身が大きな意味を持っているのですが、大地の比喩は、あらゆる如来を出生する、一切の往生を持つという二つの意味で、喩えとして使っています。

ここの「猶し大地のごとし」という場合は、浄・穢、好・悪などの人間の感情に異なり心がないというのが浄土の菩薩の心であり、だから大地の如しだと。大地はあらゆる清らかさも、汚さも差別なく置いてくれる。好ましいか、憎らしいかもいわない。

「猶し浄水のごとし、塵労もろもろの垢染《くぜん》を洗除するがゆえに」、「労」というのは心の煩いという意味です。

何とかしなければならない、何とかしてあげなければならないという人間の分別心が、心配したり、計らってみたりする、心労という意味の煩いです。「労働」という場合も、働きそのものになっていればくたびれることはないのですが、働くこと自体に分別が入って、ああでもない、こうでもないと思っていますから、ストレスがたまって働いていられなくなる。

自己と仕事が分裂する。塵労というのは塵の如く煩いが後から後から起こる。その塵労が洗い流せない。浄土の水は分別と煩悩を洗い流す。心の垢は、比較的には音楽を聴くとか、山を見るとかで洗い流そうとしますが、根本的には洗い流せない。それを洗い流すのが、浄土に生まれた菩薩の持っている力である。これも本願の用きです。

一如から用いてくる根本本願に触れるときに、浄水の用きをいただくのです。我々の生活の中でいえば、ちょうど水が汚れを洗ってくれるように、浄土の水の用きが我々の心を洗う。そういう比喩として本願の用きを喩えています。浄土の水は、このいのちを洗い流していく用きがある。「労多くして功少なし」といいますが、分別の割には効果はないのです。それが人間の痛みです。

蓮華の喩え

「猶し火王のごとし、一切の煩悩の薪《たきぎ》を焼滅するがゆえに」、やはり『正信偈』の偈前の文で、「なお大火のごとし、よく一切諸見の薪を焼くがゆえに」（聖典二〇二頁）、本願は大きなる火のようなものだ。諸見というのは、邪見の意味です。見道の「見」ではなく、煩悩として持っている「見」です。それが当然だと思い込んでいる見方で、自分では批判できない。

人間の考えが出てくるところにいつも絡んでいる傾向性を「見」と押さえます。「見」という字はいろいろな意味で使います。見えるという意味もあるし、我見とか邪見という場合にも使います。先入観ともいえます。「我」というものが根本にあって、何でも考えが出てくる。「我見」です。唯識では「薩伽耶見」ともいいます。自分がここにあるということが一つの独断です。身を持ってここにある、ここにあるから私がいるのだということです。当たり前のようですが、それが「見」なのです。それに気づいて晴らさないと人間の持っている根本の問題は晴れない。「見濁」というのは、人間がいれば、それぞれが我見を持つ。それぞれがそれぞれを主張し合うので、これは洗い流せない。民族意識などもそれに絡むわけです。どちらが正しいということはない。どんな宗教が出てきても見濁は洗えない。本願の用きを受けたならば、こういう諸見の薪を焼いてしまう。

ここでは「火王」といっています。『阿弥陀経』の六方段には、肩に火を背負っている仏、「焔肩仏《えんけんぶつ》」というのが何回も出てきます（聖典一三〇・一三一・一三二頁）。密教の不動明王は目が上と下を見ていて、刀を持って、炎に包まれています。あれは煩悩と闘う神さまを象徴しているそうです。また「火」は人間の煩悩の場合は、瞋恚を象徴する場合があります。仏さまが「火」を懐くという場合は、煩悩を焼いて灰にしてしまう。浄土の用き、如来の本願の用きは自分で消すことのできない煩悩の働きを、あたかも消し去ってしまう。

曇鸞大師が「氷上燃火」の喩えということをいいます。凡夫の「見」のままで浄土に生まれても救からないのではないかという問いを立てて、それに対して曇鸞大師は、浄土は本願無生《むしょう》の生《しょう》だ。本来浄土は阿弥陀如来の正覚の華（本願の覚り）から生まれる。だから、生まれるといっても人間がこの世に誕生するような生まれ方ではない。正覚の華より化生するので、生といっても無生の生である。

しかし、凡夫は無生の生といわれても分からない。この問題に対して、凡夫心は放っておいてもいい。浄土に生まれれば自然に見生の火が滅するのだ。例えば氷の上で火を焚《た》けば、氷自身が解ければ火は自然に消える。どれだけこの世はいやだからあの世に生まれたいというような思いがあっても、いったん浄土に生まれれば、ひとりでに見の火は消える。曇鸞大師はこのように喩えています。

浄土に生まれるということは、どんな凡夫心であろうといったん本願に触れればいいのだ。「見」の火を消してから浄土に往こうとする必要はない。愚かな凡夫も浄土に触れればみんな救かっていく。小賢しさが残っていて浄土に往くわけにはいかない。一切の愚かさのままに本願に帰するのだ。

「猶し大風《だいふう》のごとし、もろもろの世界に行じて障碍なきがゆえに」（聖典五五頁）、風の喩えとして、『浄土論』の仏功徳に「同地水火風　虚空無分別」（聖典一三七頁）というのがあります。また『無量寿経』に、「自然の徳風、徐《ようや》く起こりて微動す。その風調和《じょうわ》にして」（聖典四二頁）とあります。『観無量寿経』にも、「地獄の猛火《みょうか》、化して清涼の風と為る」（聖典一二〇頁）とあり、火で熱い火焔地獄に、涼しい風が吹くという喩えが出ています。自然の風というのはそよそよと吹いて、人間の思いとはかかわりがない。自由に遮るものなく吹く。浄土の風はこの世の風と違って災害をもたらさない。「大風」はあらゆるものを皆持っていってしまい、遮るものはない。そのような力を浄土の菩薩は持つ。昔は大火、大風、地震は恐ろしかった。人間の分別がまったく役に立たない。そういう人間の分別を超えた大きな用きを喩えています。

「猶し虚空のごとし、一切の有において所着《しょじゃく》なきがゆえに」（聖典五五頁）、「虚空」という言葉は仏教ではいろいろな形で使います。涅槃の異訳といわれる無為についても「虚空無為」という述語があります。「虚空」というのは空間が持っている用きで、一切のものを置いていながら無性格である。そこの場所にあることによって何らの影響も受けない。水があって潤されるとか、火があって熱いというように、何か影響を受ける用きそのものは虚空ではない。

あらゆるものをそこに置きながら、自分は何もそれに対して特別の影響を及ぼさない。あるいは邪魔をしない、好き嫌いをいわない。黙ってどんなものが来ても、その場所を与えて自己を主張することがない。そのような空間が持っている用きを仏教では大変尊ぶわけです。

自己主張をして、色分けをして、良いものを取って、嫌いなものを捨てる、あるいは正しいものを取って、間違っているものを捨てる、そういう強い用きを持つことが良いという感覚があります。例えば神の国では、正義感や正しさなどの価値判断が入るのですが、「虚空」といった場合は、そういうことが一切ない。しかも虚空がなくては存在ということが成り立たない。そういうことを大事な用きとして比喩的に我々に語りかける。

我々人間は虚空のようにはなれない。自我心がありますから、自分がそこにいれば自分にとって面白くないことがあれば腹を立て、あるいはそれに対して反応して、発言し、体を動かす。居ても居なくても同じように黙って一切を成り立たせることは、人間にはできない。けれども、自我があって用きを持つということは、自他がお互いに苦しんだり、悩んだりすることになる。そこに人間の限界があります。

寂滅とか涅槃というのは「虚空無為」、虚空なる無為で、作ったり作られたりというものではない。「択滅無為」つまり、煩悩を断じて涅槃を得るという場合の涅槃（無為）と、「虚空無為」といった場合の無為は、無為の定義が少し違います。「虚空無為」の場合は自覚するとかしないとか、否定するとかしないとかということではない。虚空の如くにして本来ある。人間が気づくか気づかないかによって減ったり増えたりしない。

涅槃には、自覚して、悟りを開いて涅槃に入るという触れ方もあるけれども、入ったからといって涅槃が増えるわけでもないし、入らないからといって無くなるわけでもない。我々は気づかないかもしれないが、本来ある。そういうことを表す場合に「虚空無為」という言い方をします。このように虚空には、仏教では独特の意味を与えます。

天親菩薩の『浄土論』に、「虚空功徳」というのがありますが、浄土という場所そのものが、法を語る場所になる。そこに触れれば仏法が聞こえてくる。そのような空間である浄土が虚空功徳で語られている。空間自身が用きを持っている。現代語でいうと世界とか、場所という空間です。

浄土を教える場合、空間的には功徳として語りますから、無性格的で用きのない世界ではない。用きを持った世界です。光となり、智慧となり、あるいは我々の闇を晴らす大慈大悲の用きとして荘厳される。凡夫が浄土に触れるなら、浄土の用きにおいて凡夫が菩薩にされる。こういう場所として浄土が教えられる。虚空無為とは少し性格が違います。

本当は積極的な功徳を語っているが、実は本来の無性格的な、一切をそのままに置くような、虚空無為を自覚させる方便という意味を、浄土の荘厳は持っている。しかし、一応、浄土の空間は積極的な仏法の用きを衆生に与えていくような空間として荘厳される。

虚空功徳では、「荘厳虚空功徳成就とは、偈に「無量宝交絡　羅網遍虚空　種種鈴発響　宣吐妙法音」と言えるがゆえに」（聖典一四〇頁）とあります。浄土の虚空功徳とは、無量の宝が絡み合って、羅網の虚空に遍ずるが如し、ちょうど天界に網がかかっているように、あらゆる宝が無数にちりばめられている。そこにはたくさんの鈴が吊されていて、ひとりでに鳴って響きを発する。そこで妙法音を宣吐する。水、地、虚空という三種の功徳の一つで、浄土の生活空間を表しています。浄土の生活空間は、自ずから仏法の音が聞こえてくる空間として荘厳されています。

ここでの虚空は少し違いまして、「一切の有において所着なきがゆえに」といわれます。あらゆる存在をそこに置いていながら、置いているという執着がない。カントは、時間、空間が存在の範疇だといいますが、我々が意識を持ったときには、時間の流れと生きている空間とを感じる。しかし、ふつう私どもは物は感じるが、空間そのものは意識しない。場所は感じますが、置いている場所が空間であるということは、ふつうは思わない。その空間を見い出してきたわけです。その空間そのものが、あらゆる物を置いていながら執着がない。これに喩えて浄土の菩薩は、虚空の如しである。つまり、本願に触れた生き方は虚空の如しであるといっています。

私どもは逆に、虚空を前提として存在しながら、占領し、汚し、執着して苦しんでいる。本来の虚空は所着がない、一切を置いている。そういう功徳を浄土の菩薩は生きることができる。親鸞聖人も、『正信偈』の偈前の文で、「悲願は、太虚空《たいこくう》のごとし、もろもろの妙功徳広無辺なるがゆえに」(聖典二〇一頁)といっています。悲願の性格を、功徳が広大無辺際だという意味で虚空に喩えている。あらゆるものを置いて執われがないというのが虚空です。

一時、夫婦の関係は空気みたいものだという比喩があって物議を醸したことがありました。空気は当然あるものとして、我々は空気を吸った上で何かをする。空気を吸っているということは当たり前であって意識しない。そのぐらいの功徳、存在することにとっての基礎的条件としての功徳です。だから非常に良い意味でもありますが、あってもなくてもよいような意味にもとられる。

虚空は当たり前で、執着深い人間にとっては、功徳とは思えない。しかし、存在の執着に苦しんでみると、実は虚空の如き関係ほど有難いことはない。浄土の功徳を積極的な概念として語ることはありますが、執着を与えるというのではなく、あらゆる存在を置いて、執することがないような場所という意味で浄土の菩薩が虚空の如しだという喩えを語る。

虚空のような存在の在り方に、大きな功徳を感じるというのは、逆にいうと、狭い閉じ込められた空間の中で、宿業重き存在として、自分が執着しているものにがんじがらめに縛られて身動きがとれないでいる。取り巻く人間関係、物に対する執着の関係で身動きがとれない存在が苦しんでいる我執、我所執を置いている場所に気づけば、本来の広大ないのちの意味、置かれていることに対する感謝が出てくる。虚空というと頼りないようですが、私どもの身体、関係が持っている狭い空間を広げ、執われを去る用きとして虚空の功徳が教えられる。

「阿頼耶識が法蔵菩薩だ」と曽我先生がいう場合でも、阿頼耶識は我執で自我だと執われてしまうが、本当は、黙って一切の経験を好き嫌いなしに引き受けて歩んでいるのが身体と環境を感じる阿頼耶識である。だから阿頼耶識それ自身は、ほとんど無性格的である。善であろうと悪であろうと選ばない。安危を共同するといいます。そういういのちそのものを支えている用きは、あたかも虚空のような用きがある。それを忘れて、「わしが」という思いで苦しみ、悩んでいる。我々の存在の意味の自覚として、虚空ということが、非常に大きな功徳として語りかけられている。

次は「猶し蓮華のごとし、もろもろの世間において汚染なきがゆえに」、「蓮華」は「正覚《しょうがく》の華《はな》」というように覚りに喩えられ、また『妙法蓮華経』という経典もあるように、大変尊ばれる名前です。『維摩経』では、「高原の陸地《ろくじ》には、蓮華を生ぜず。卑湿《ひしつ》の淤泥《おでい》に、いまし蓮華を生ず」（聖典二八八頁）といわれ、蓮が汚れた泥の中から芽を出して清浄の華を開くように、心の汚い人間存在に仏法が聞こえるという喩えにするわけです。

その喩えの内容がここでは、「もろもろの世間において汚染なきがゆえに」といわれます。浄土の菩薩が、あらゆる世界に身を置いて浄土の功徳、不虚作住持功徳を失わない。曇鸞大師は、浄土に触れた存在に与える浄土の力を「還相回向」と表現しています。我々凡夫は、与えられているいのちを我執の思いで、なんとか遂げていこうとして、思うようにいかないものですから、四苦八苦といわれるように、このいのちを苦しいいやないのちとして感覚して、どこかに本当は良いいのちがあると思う。

現在このいのちを本当の意味で了解することなく、思い描いた世界に対して、一段ダメな世界に身を置かされているという感覚で生きている。そこでもっと良い世界に行きたいという思いで浄土が教えられることがある。この世を厭うて浄土に往けと呼びかける。

けれども真実報土に触れれば、何処に行く必要もない。このいのちこそ本当のいのちであり、このいのちの中に無上の功徳を味わい取ってくる力を与えてくる。仏法に触れたり、仏になる可能性などほとんどないこの愚かな凡夫が、本願力に触れるところに、この穢身穢土《えしんえど》を仏法の場所にしていくことができる。自分が必ず仏になるという確信で、この世を生きていくことができる。

曇鸞大師は、煩悩の泥の中に生きる凡夫に真実信心が開けることを、蓮華に喩えるのだといっています。さらに善導大師は、妙好華《みょうこうけ》、妙好人《みょうこうにん》という（聖典二四八・二四九頁）。『観無量寿経』には、「もし念仏する者は、当に知るべし。この人はこれ人中の分陀利華《ふんだりけ》なり」（聖典一二二頁）と、煩悩の凡夫に、本願の用きにおいて蓮華の功徳が開けるといっています。

浄土の菩薩が蓮華の如しと喩えられるのは、本願の用きに触れる衆生が、煩悩を生活基盤として持ちながら、煩悩の汚泥を栄養にしながら、清浄なる華を開いていけることを表しています。汚れの中に入って汚れない。これは矛盾概念ですが、矛盾概念を成就するのが本願の信心です。

ふつう人間が自力に立った場合は矛盾は許せない。煩悩があるかぎりは悟りではないので、煩悩を断ち切って悟りを開こうという発想になるのですが、本願の信心は汚泥の中に足を置きながら、本願の信心を生きていく。どのような罪悪深重の生活であっても、それを厭うのではない。それを大切な場所として本願の信心をはっきりさせていく。こういうところに浄土真宗の生活態度が与えられてくる。

清浄な高原の風がさえ渡る陸地には、蓮華は生えない。この喩えとは逆に、悩みが多いほど信仰生活は燃える。悩みがなくなるということは精神生活からいうと停滞です。安楽浄土に留まってしまうと、方便化身土でいわれる閉鎖性、虚偽的空間に閉じ込められる。それは「胎宮《たいぐう》」の如しといわれます。温室状態では生命力がかえって弱まって、信仰生活が停滞する。どのような世間にあっても汚れないというのは、汚れの中にあって汚れないものを保つ、これが不虚作住持功徳です。

我々は逆に考えて、汚れないようになるのが信仰生活だと思うのですが、そうではない。むしろ地獄の中であっても本願の信心を一番大切なものとして生きていける。煩悩のいのちの中にあって、いよいよ本願の道しかないということがはっきりしてくる。そういうことが蓮華の喩えからいただけると思います。

汚染というのは煩悩の異名です。煩悩は仏教の求道心からすると嫌悪される。けれども、いくら嫌悪してみても捨てられないという自覚をくぐって、煩悩生活と矛盾しない信仰生活が教えられるのが本願の仏法である。本願の仏法は不可思議の精神生活といってもいい。煩悩に足を据えながら、華が開く。善導大師が喩えられるように、凡夫が煩悩の中にあってしかも妙好華だといえる本当の尊さに目覚める。これが本願の念仏の生活が持っている尊い意味だろうと思います。

甘露の法

浄土の菩薩の功徳の中で、ここまでが存在自身の大きな功徳（自利）を語っていて、「猶し大乗のごとし」以降については、特に衆生に対する用きという面が出てくるので、利他の課題が語られています。

最初は、「猶し大乗のごとし、群萠を運載して生死を出だすがゆえに」といわれます。『正信偈』の偈前の文では、「なお大車《だいきよ》のごとし、あまねくよくもろもろの凡聖を運載するがゆえに」（聖典二〇一頁）といっています。群萠といえば凡夫が中心ですが、凡聖といえば、凡夫も聖人も包んでくるのが大乗で、一切を包んで大悲を与えようというのが本願であると、親鸞聖人は解釈しています。

浄土の菩薩があたかも大きな乗り物の如くに用く。群萠の元の梵語ではサットバ（sattva）で、衆生あるいは、有情とも訳されます。生きとし生けるものといってもいい。そういう一切を乗せて生死を出離させる。仏教で生死と翻訳される言葉はサンサーラ（samsara）で、輪廻あるいは流転とも翻訳されます。

生死というのは、生まれて生きて死んでいく中に、状況を変え在り方を変えていく。安田先生は「状況的存在」といわれました。人間は、自分で選んだ状況で自分が選んだように感覚して生きるのではない。時代状況、社会状況に呑み込まれて、あるいは流される如くに生きていて、もがいても逃れられない。時代感覚、言葉、価値判断に束縛される。

資本主義社会の中では、あらゆるものがお金の価値で測られる。我々は江戸時代の人間の価値観では生きられない。そういう人間がいたとすれば、それはアナクロニズム、時代錯誤です。その時代、社会の中でしか人間は生きられない。状況に流されてしか生きられない。しかもどういう状況にいのちが与えられるかは自分で選ぶわけにはいかない。それをハイデッガーは「投げ出された存在」（被投性）といっています。

こういう状況に、こういう人間関係の中に、放り込まれたようにしてある。流転という場合は投げ出され、さらに投げかけていく。迷いから業を作り、作った業によってまた動かされていく。そのくり返される面を流転といい、ぐるぐる回される在り方を輪廻といい、生まれたり死んだりする在り方を生死という。翻訳用語は違いますが、元の意味は一つの語です。

インド人の感覚で、流される如くに生きていく在り方を迷いのいのちとし、そこから立ち直って、迷いを超えて自分のいのちを自分で生きることを「出離生死」と表します。単に流されて生きるのではない。そのいのちをあえて自らが引き受けて自ら生きようとすることが仏陀に成ることである。輪廻を断つということです。

流されて生きるということは、生まれ変わり死に変わりして、執着しているいのちが、死んだら今度は他のいのちになって満足しようとする。過去を恨み、未来を渇望して終わることがない。満足成就することのないいのちを怨念と共にくり返していく。そういう在り方を流転という。そういう在り方を超えようという方向を教えたのが釈尊です。その方向を生きようとするのが仏陀の在り方であり、仏道である。

だからその代表的な言葉を「出離生死」と教える。出離生死の要求が菩提心です。親鸞聖人が比叡の山から出た理由について、恵信尼は「生死出ずべき道」（聖典六一六頁）といっていますし、法然上人が『選択集』を結ぶときに、「それ速やかに生死を離れんと欲わば、二種の勝法の中に、しばらく聖道門を閣《さしお》きて、選びて浄土門に入れ」（聖典一八九頁）といって、選びの根源に生死を出るという方向性を述べています。流されている在り方にあって、単に流されているのではない、このいのちが主体的に立ち上がる。我々が主体と思っているのは流転の主体です。

状況を本当に超える方向をいかにして獲得できるかは、言うは易いのですが、非常に困難です。これができないということで法然上人は最終的に選択本願を選んだ。我々は生きている周りから与えられる情報に迷わされます。それを超えて主体自身をどうやって確保できるか、これは大変困難な問題です。

家族関係とか、友人関係という状況を全部取り払って、お前自身とは何だといわれたら、タマネギの皮をむくようなもので、むいていったら何もない。状況を全部取り払った後のお前自身は何だというのが仏法の問いです。禅の入門のときにいわれるのはそれです。「お前は誰だ」といわれて「何のたれがしです」というと、「それは親がつけた名前だ。お前は何だ」といわれ、いろいろいうと全部ダメで落第です。そういう問いが出離生死の問いです。状況を出て本当に自己といえるものをいかに獲得するかが、仏法の困難な求道になるわけです。

「群萠を運載して生死を出だす」ということで、仏法を語りかけ、仏法に導き入れる。これは人間にできることではない。そういう問いを探しているのですが、それを他のもので代替している。天人ならば、天人の中で良い天人になろうとか、地獄なら、もう少し楽な地獄に行こうとかという形で自己を探しているので、流転の一生の中で自分というものはないのです。

私がいま私として意識している内容がこれだという形で、自分があるということを自覚するしか、自分は分からない。流転的存在だということを自覚する形で流転存在を超えるしかない。つねに自己を照らしてくるものが教えだといわれる所以です。しかし教えに照らされて自己が出てくるかというと、なかなかそう簡単には出てこない。本来、「無我の自己」をどうやって見つけるか。人間の目ではほとんど見つけられない。実体的に何かあると思うと絶対に見つからない。念念に時間、空間、いのちと共にあるという在り方以外にない。

因縁として在ることをはっきり知るということ、世界と身体を感じ取って、いまここにこうして生きているということが自分で在るということです。そういうことを如実にいただくことが仏法になる。いままでどう生きてきたかというような、消え去った過去の残影に執われて自己だと思うと自己を見失うのです。

流転のいのちを出る方向に、一切の衆生を呼びかけて引き入れていく用きが、浄土の菩薩の用きであり、本願の用きです。これは人間の我執ができる話ではなく、本来の願いが本来の願いとして仕事をしていく、浄土の菩薩を通して一切衆生に呼びかけている本願が用いていくのです。それが大乗ということで、親鸞聖人は「弘誓一乗海」（聖典二〇〇頁）といっています。

「猶し重雲のごとし、大法の雷を震いて未覚を覚すがゆえに」（聖典五五頁）、昼間であるが、夜の闇にするような重い雲に雷が鳴る。雷の喩えも仏法の説法の喩えで使われます。雷が腹の底から人間の恐怖心を揺するような響きに喩える。仏法の声は量的な大きさをいうのではなく、それに触れた人間が震え上がるような感動を覚える。身が震えるような力を仏法の言葉が持っている。存在の真理が、虚偽に生きている人間を震え上がらせる力です。それを雷に喩える。

自然の中に置かれていると雷の恐ろしさは肌身に感じるのですが、都市空間では、雷が落ちにくいのか、人や家に落ちることがあまりない。裸の自然界ですと、まともに落ちた場合は吹っ飛んでしまいますので、雷が恐ろしいのですが、そのぐらいの力を持って法が人間を震わせるという喩えです。本当に耳が痛いけれど、聞かずにはおれないという響きが仏法の言葉にはある。お釈迦さまは静かに法を説かれたのでしょうが、聞いている人間にとっては、雷が響くような感動と恐ろしさがあったのでしょう。

続いて、「猶し大雨のごとし、甘露の法を雨《ふ》らして衆生を潤すがゆえに」といわれます。日本でも時に大雨や集中豪雨がありますが、インドやパキスタンではよく大洪水が起こります。乾期で長い間雨が欲しいと思っていて、いざ降ると大雨で大洪水になる。そのように人間の思うようにならない自然界の恐ろしさの代表です。その大雨が甘露の法を雨降らす。

甘露というのは、喉が渇いてしょうがないとき、一滴の水が欲しいというときの水のおいしさをいいます。甘い砂糖水というのではないのです。飢餓感もそうですが、喉が渇くという体験は近代生活ではあまりありませんが、私は山歩きで経験したことがあります。自然の中にいて、水がないとき、水が本当に欲しいという状態をくぐって水が与えられたときの喜びが甘露の喜びです。

『安楽集』が書いている喩えを親鸞聖人が「信巻」に引いています。そこでは法を聞くということについて、「説聴《せつちょう》の方軌《ほうき》」ということをいいます。『大集経』を引いて、「説法の者《ひと》においては、医王の想《おもい》を作せ、抜苦の想を作せ。所説の法をば、甘露の想を作せ、醍醐の想を作せ。それ聴法の者をば、増上勝解の想を作せ、愈病の想を作せ」（聖典二四六頁）といっています。

説く側は医者のような思いで、苦を抜くような思いで説けといい、所説の法をば「甘露の想を作せ、醍醐の想を作せ」といって、甘露の想というのを出しています。聴く人の方は、「増上勝解の想を作せ、愈病の想を作せ」といっていますが、本当にうまい水の思いで法を説けといっています。

『華厳経』にもありますが、腹が空いて飢えたる者が食物を食べるが如く、喉が渇いて渇いて本当に水が欲しい人間が水を飲むが如くに、仏法を聞けと教えています。ところが私どもはそういう要求が自覚できない。ふだんは水を飲んでいるときはそんな思いではないので、甘露の如くに法に遇うという喩えは分かりにくいわけであります。

「大雨のごとし」というのは、雨が降っても降っても甘露の法である。これはこの世でいえば矛盾です。たくさんあったら甘露ではないのですから。ところが大雨のごとく降ってしかも甘露だということです。そして衆生を潤すのが、浄土の菩薩の用きだといっています。

甘露とは出遇いです。状況において本当に欲しいものと与えるものが出遇う。これはめったにないことですが、浄土の菩薩の持つ功徳として、めったにないことが、自然の大雨の如くに起こし得るような功徳として喩えられている。同じ言葉でも、その言葉に感動するということはいつでも起こるわけではない。聴く側の条件や説く側の条件などにより出遇いがあるのです。聴いている人が皆感動するというわけでもない。だから人間の経験の上では、甘露として味わうような法の言葉に出遇うことはめったにありません。浄土の菩薩はそれを大雨の如くにできると喩えるわけです。

安田先生は面白いことをいわれました。本当に大切な仏法というものは人になどいいたくないものである。仏法を説く場合は、そういう出遇ったら大事にしまっておきたいものを説かなければいけない。何処にでもあるような話をしても誰も聴かない。お釈迦さまが悟りを開いたときに、こんなすばらしいものは説いても分からない。自分一人で充分楽しんでこれで終わっていこうと思った、そのぐらいのものだ。そこに人類のために説いてくれという「梵天の勧請」があるのだといっておられました。

説聴の方軌で、説く側と聴く側が出遇うということは千載一遇でしょう。本願の用きとしてそういうことが起こるのです。

衆魔外道とは何か

次は「金剛山のごとし、衆魔外道《しゆまげどう》動ずること能わざるがゆえに」、金剛鉄囲山とは、須弥山をめぐる八山の中で一番外側にある山です。山の奥の方に行けばダイヤモンドの山があるが、鉄で囲まれている。だから行けない。それは風が吹こうが、槍が降ろうが削られることはないし、いつでも動くことがないという喩えです。

仏教の「魔」とは、単に外ではなく、いのちに感覚される不安感や自分に起こる吉凶禍福の凶事が全部感覚される。人間の生老病死、いのちの生活にかかわって自分に災いをなしてくると感覚されるものを魔といいます。また生理現象として、睡魔もそうです。求道を妨げるものを魔として捉えます。さらには、我々のいのちは因縁和合していのちになっていると教えられるわけですが、因縁和合するところに兆す「五陰魔」もそうです。

我々は執着をもっていのちを感覚していますから、あらゆることが魔になってくるわけです。煩悩も魔です。生きていること自体に兆す魔も含まれます。いのちを成り立たせている基本要素である、色受想行識の五つを五陰といいます。それが因縁和合してこのいのちがある。その法に兆すものまで魔として押さえます。二河白道の白道四五寸は、「「四五寸」と言うは、衆生の四大、五陰に喩うるなり」（聖典二三五頁）といわれます。四大は地水火風で、色受想行識が五陰（五蘊《うん》）です。精神的かつ肉体的存在を五陰といいます。そういうことが魔として感覚される。執着を破ればべつに魔ではない。しかし執着があれば魔と考えられる。

例えば、眠ってはならないという修行のときに眠ると睡魔になる。運転しているときに寝てはいけないのに寝たら睡魔で事故になる。寝てよいときに寝るのは魔ではないが、寝てはいけないときに寝たら魔になります。魔とは状況の中から状況を妨げるものに名づけますから、いろいろなものが魔になる。仏教では実体的な魔はありませんから、あらゆるものが魔になる。

外道とは、仏道に対していうので、出離生死の方向以外の関心を全部外道といいます。幸福でありたい、金持ちでありたいという人間関心は外道関心です。正義、立派なこと、良いことなどは、我々に囁きかけて身を動かすものになる。しかし仏道からすればそれも外道です。人間の思い、願い、執着は、状況に対処し、状況を作っていく働きを持つかもしれませんが、方向としては外道です。その衆魔外道の誘惑に流されていくのが流転です。我々は良いことだとして、ああなりたい、こうなりたい、ああもしたい、こうもしたいと、身や心を動かしてそうなりたいということをくり返し要求していく。

そういう状況から、いのち自身を見る視点を確保し直すという方向をとることは、非常に難しい。絶対にそれをゆるがせにしない力を持つのが金剛山の喩えです。菩提心を失わない。どれだけ衆魔外道が来ても、それに動かされない。生きていることに感覚されるのが衆魔外道ですから、衆魔外道を感覚しなくなったら死んだのも一緒です。仏道を妨げ、方向を失わせるのが衆魔外道です。『歎異抄』には「天神地祇《てんじんじぎ》も敬伏し、魔界外道も障碍することなし」（聖典六二八頁）とあります。

本願の信心に立つことにおいて、誘惑を畏れないし、誘惑もされない。これは凡夫にはできないことです。にもかかわらず凡夫の上にそれが成り立つ道があるというのが、信心の行人《ぎょうにん》でしょう。ここでは浄土の菩薩の功徳として教えられています。経典の中にはよく比喩としてくり返し出てきます。菩提心に立って動かないということがくり返しいわれます。

くり返し教えられるということはいかに人間が動かされやすいかということを物語っています。二乗の関心は誘惑を畏れて誘惑を拒否し、誘惑されないようにする。大乗の立場は誘惑を畏れない、誘惑によって動かされることもない。これは言うは易く、実際は人間としてはほとんどできません。やってみたらできないのですが、できるできないを超えて成り立つのが信心です。

その次の喩えは、「梵天王《ぼんてんのう》のごとし、もろもろの善法において最上首なるがゆえに」（聖典五五頁）です。インドの世界観は、人間の感覚する欲界の上層に三昧が感覚してくる世界が重層的に教えられている。一番上が梵天です。そういうものが一つの空間として世界観の中に取り入れられている。三界もそうです。空間的に高みに上がっていくわけではない。精神界が世界を感覚するものです。私どもが生きる空間は、単に物質的に空気がある空間というわけではありません。

三昧とは、精神集中の中でほとんど意識が透明になったような状態で感じる空間をいうわけです。そういうところを牛耳っている王さまを梵天の王といいます。釈尊に勧請したのはこの梵天です。自分が得た覚りに閉じこもりたいという欲求に対して、説法せよと勧めて説法させるように導いた用きです。

そして「もろもろの善法において最上首なるがゆえに」といっています。梵は清浄性として教えられますから、善法において最上首、比較を絶して優れている梵天を喩えにして、浄土の菩薩の清浄性の用きを褒めています。梵（Brahman：ブラフマン）というのは精神界に非常に力を持つ用きを象徴しています。

『浄土論』では、「梵声悟深遠　微妙聞十方」（聖典一三六頁）と「如来微妙声　梵響聞十方」（聖典一三七頁）に「梵」という言葉が出ています。このようにインド人にとって「梵」とは、清浄にして優れたものの喩えになります。キリスト教でいえば「聖」なるものといったニュアンスを持った言葉です。日本とか中国には無い言葉ではないかと思います。

釈尊はもちろん、梵天をも突き抜けている。梵天は素朴なインド人の神話的世界の最高ですけれども、お釈迦さまはそれをも突き抜ける。梵天といっても流転の最上首にある天です。教えの言葉として説く場合はそういうものに喩えるのです。

次は、「尼拘類樹《にくるいじゅ》のごとし、普く一切を覆うがゆえに」、尼拘類樹とは、日陰をつくる大きな木のことです。それが遍く一切を覆うと喩えられています。インドは熱いですから、日の当たる所ではとても熱くてたまらない。そこで日陰に入ると涼しいですから、大きな木の陰というのが非常に意味を持つわけです。そこで説法ができ、聞法ができるので精神生活が成り立ち得る。まともに日の当たる所では生きるのも容易ではないというほど熱い。木の葉は単に陰になるだけでなく、熱を吸収するので、その下はひんやりと涼しい。それが大きな功徳の意味を持つわけです。

「優曇鉢華《うどんばつけ》のごとし、希有にして遇い難きがゆえに」、「優曇鉢華」というのは、三千年に一度開くといわれるめったに花の咲かない木で、神話世界の木です。浄土の菩薩は何処にでも居るわけではない、めったに遇えないという貴重性です。本願は一切衆生に呼びかけているが、本当にそれに触れるということは非常に難しい。誰でも自己を持って生きているのですが、自己に目覚めるということは希有だということです。

その次は、「金翅鳥のごとし。外道を威伏するがゆえに」（聖典五六頁）といって鳥に喩えています。金の羽根を持った鳥が外道を威伏する。

続いて動物が出てきます。「もろもろの遊禽《ゆきん》のごとし、蔵積するところなきがゆえに」、飛んで行ってその日の食事をとって歩いて、貯めるということをしない。蓄積することが人間の文化になっていますが、そのことが実はいろいろな問題を引き起こします。狩猟民族の場合、食べる物がそれなりにあれば、ほとんど蓄積することがない。そこには近代文明のような科学技術などの蓄積が出てこない。農耕民族は蓄積無しには生活ができないので、蓄積をしだした。それが文化を生み出してきたのですが、そのことが人間にとって非常に大きな罪悪を作るわけです。

人間は何処まで貯めれば充分かというのが分からない。だから貯めればますます貯めるということになる。そういうことが経典が生まれる時代にすでに見られている。人間の煩悩に文化・文明が絡むわけです。農耕民族である日本人は蓄積が多いのに対して、アメリカ人は狩猟民族の伝統で貯めるのが嫌いだったといわれます。人間は文明を生み出してきたのですが、そのことが生み出す深い罪が近代文明の罪です。

今後コンピューターマネーということになりますと、数字を貯めるみたいなことになり、ますます分からなくなります。そのようにして妄念が妄念を貯めていくわけです。人間が独自に持っている罪の根をこういう言葉が押さえる。そういう立場が浄土の菩薩の生き方であるというのです。

お釈迦さまは「糞掃衣《ふんぞうえ》一枚」ということで、貯めることを否定されました。やはりインドの差別構造を生み出している元にあるものが、富の蓄積にあるということを見ていたわけでしょう。それを否定された。しかも差別を超えてどんな生まれの人間であっても平等に釈尊の弟子になる。教団に入るからには、前の姓を捨てるということを発想された。蓄積したものを自分として生きるということを何処かで断ち切って新たに立ち上がる。菩提心に立つということを教えるわけです。この世を成り立たせている価値の一切を捨てて菩提心に立つ。

清沢先生は、宗教というものが欲しいならばこの世のものをいったん捨てる。両方満足させるというわけにはいかない。いったん超えてその上で、ただ振り回されるというのではない立場を開いてこの世を生きるということを教えられました。名聞、利養、勝他が凡夫の関心で、そこから足が抜けない。しかしその関心を破っているのが本願である。自力の心でいったら、菩提心を獲るか、そういう関心を捨てられない煩悩の身を生きるか、どちらかである。しかし、照らされながら単にそれに執着するだけではなく、そこを生きる立場が開かれ、在家生活が成り立つ画期的な仏法を開いたのが親鸞聖人です。

「非《ひ》僧《そう》非《ひ》俗《ぞく》」というのは、単に外道の関心に埋没しているのでもないし、我一人清しといってそれを捨てて仏者になったというのでもない。何処までも逃げることのできない煩悩具足の身であるが、仏弟子である。「悲しきかな、愚禿鸞」（聖典二五一頁）という自覚に立ってそれを包む本願力をいただいていく以外にない。

浄土の功徳は蔵積するところがないということは、生活を照らす教えとして大事なのではないでしょうか。本願力は何かを貯めようとして呼びかけているのではない。本願は一切衆生に平等の大悲を呼びかけてくる。本願に照らされるときに、我々の執着が批判されてくるのです。

その次は、牛王とか、象王とか、師子王などの強い動物に喩えられている。「猶し牛王のごとし、能く勝つもののなきがゆえに」、大きくて悠々としているところが畏敬の念を持たせるのでしょう。「猶し象王のごとし、善く調伏するがゆえに」、象王は文字通り強い大きな象です。象はインドでは兵力に使いましたから、大きな象を持っていると戦争に勝てるわけです。そういう象王が世の中を調和させ、威服させていく。

「師子王のごとし、畏るるところなきがゆえに」、獅子は百獣の王として仏法でもよく喩えられます。畏れるところがないのは、本当の意味で内面的な恐怖心を克服する。「無畏施」というのは仏法の布施の中で畏れのないことを布施とする。畏れのない心を与える。相手に畏れさせない。恐怖心を取り除くことが最高の布施になる。何かを畏れるという対象があって畏れるのではなく、不安感を除くということです。いのちの執着を超えて、生死について、本当の意味でいのちの意味をいただいていく。

いろいろな不安感の根にあるのは死の畏れです。死の畏れを克服すればその他は皆、解決する。生活できないという畏れも最後は死の畏れに帰する。宗教生活に触れるということは、畏れを本当に超えるということです。死の畏れよりもっと恐ろしいのは「堕地獄畏」だといわれ、それを超えることが教えられています。浄土に触れるということは、「堕地獄畏」を超えるという意味を充分に持つのです。そうすれば地獄に堕ちても悔いはないと引き受けていける。もう畏れないと頑張ってみてもダメです。少し状況が変わるとすぐ恐ろしくなる。本願力に触れることによって、起こったら起こったままに超えていける。

「曠《ひろ》きこと虚空のごとし、大慈《だいじ》等しきがゆえに」、もう一回虚空ということが出てきています。今度の虚空は『浄土論』でいうと「究竟如虚空　広大無辺際」（聖典一三五頁）の方です。広さが虚空の如しだ。天文学では、どういう計算をするのか分かりませんが、宇宙には果てがあるといいます。ふつうは空間そのものには限界はありません。人間が感じる領域では限りがありますが、空間そのものは限りがない。そういう喩えとして「大慈等しきがゆえに」といっています。これは無縁の慈悲です。我々の自我中心にした遠近関係ではなくて、無条件的に慈悲を催す。これが浄土の量功徳の内容になっています。

時代の課題と切り結ぶ

嫉心《しっしん》を摧滅《ざいめつ》せり、勝《まさ》るを忌《そね》まざるがゆえに。専ら法を楽求《ぎょうぐ》して心《しん》に厭足《えんそく》なし。常に広説を欲《ねが》い、志疲倦《ひけん》なし。法鼓《ほっく》を撃《たた》き、法幢《ほうどう》を建て、慧日《えにち》を曜《かがや》かし、痴闇《ちあん》を除く。六和敬《ろくわきょう》を修し常に法施《ほうせ》を行ず。志勇精進《しゆうしょうじん》にして、心《しん》、退弱《たいにゃく》せず。世《せ》の燈明《とうみょう》と為《な》りて最勝《さいしょう》の福田《ふくでん》なり。常に導師《どうし》と為《な》りて等しく憎愛《ぞうあい》なし。唯正道《ただしょうどう》

を楽《ねが》いて余《よ》の欣戚《ごんしゃく》なし。もろもろの欲刺《よくし》を抜きて、もって群生《ぐんじょう》を安《やす》くす。功慧《くえ》殊勝《しゅしょう》にして尊敬《そんきょう》せざることなし。三垢《さんく》の障《さわ》りを滅《めつ》し、もろもろの神通《じんずう》に遊ぶ。因力《いんりき》・縁力《えんりき》・意力・願力・方便《ほうべん》の力《ちから》、常力《じょうりき》・善力・定力《じょうりき》・慧力《えりき》・多聞《たもん》の力《ちから》、施《せ》・戒《かい》・忍辱《にんにく》・精進《しょうじん》・禅定《ぜんじょう》・智慧《ちえ》の力《ちから》、正念《しょうねん》・正観《しょうかん》・もろもろの通《つう》・明《みょう》の力《ちから》、法のごとくもろもろの衆生を調伏《じょうぶく》する力《ちから》、かくのごときらの力、一切具足せり。（聖典五六頁・註釈版五二～五三頁）

「嫉心を摧滅せり、勝るを忌《そね》まざるがゆえに。専ら法を楽求《ぎょうぐ》して心に厭足なし。常に広説を欲い、志疲倦なし。法鼓を撃《たた》き、法幢を建て、慧日を曜《かがや》かし、痴闇を除く」（聖典五六頁）とある。まず「嫉心を摧滅せり、勝るを忌まざるがゆえに」ということが、「専ら法を楽求し」という説法の問題に展開する間に挟まっている。浄土の菩薩の功徳として嫉妬心を摧滅したといっています。嫉《そね》むというのは煩悩の作用ですから、貪欲、瞋恚といってもいいのですが、さらにもう少しデリケートな心理である嫉みという問題です。

嫉みが出るのは、比較心である慢《まん》があるからです。慢の作用と重なって、嫉心が消えない。出家修行者の中で人間と人間の関係に根深く残る問題として、名聞利養が絡むときには、嫉妬心が人間を動かす場合があると思います。浄土の社会は嫉心を砕いている。こういう功徳を持っている。利益集団（ゲゼルシャフト）である会社とか、地域共同体（ゲマインシャフト）である町とか、家庭とか、どちらにしても人間関係のあるところでは必ずそういう問題が出ます。

一切衆生を摂取せんとする浄土の菩薩が、嫉み心を摧滅するということを功徳にしている。一人ひとりが各々自己自身に安立することが成り立てば、比較して嫉んだり妬《ねた》んだりする必要はない。ところが人間は慢の煩悩が離れませんから、自分一人なら問題ないのですが、隣に人がいて良いことがあると嫉むのです。慢はなかなか根の深い根本煩悩です。そこから起こってくるのが具体的には嫉妬心、それを砕いている。

「勝るを忌まざるがゆえに」、忌《そね》むというのは、忌避といっていやなものを避ける心です。日本においては仏教教団と称しながら、仏教を成り立たせているのはこの「忌」です。亡くなっていった者を、何かの形で生きている者との境目をはっきりさせて、こっちの領分に入ってこないようにしようとする意識があるのでしょう。亡くなったとたんに「忌中《きちゆう》」という字を出します。生きていることが当然で良いことだと思っている者にとって、死ぬということは悪いこと、いやなことなので避けるということでしょう。

瞋恚（怒り）の煩悩も憎むという心と重なる。自分にとって良いものに対しては、愛着を持つから貪欲が起こり、いやなものに対しては嫌うから憎悪が起こる。憎む方に絡んだ比較心が妬むという心理です。「嫉」と「忌」とは心の中で燃えてきて不完全燃焼させる作用です。嫉む方はできれば自分が取って代わりたいという欲、妬む方はいやだといって非難して引き下げようとする心です。人間関係を汚すそういう煩悩は浄土には起こらない。

次に説法への勧請が出てきます。「専ら法を楽求して心に厭足なし」、専ら法を楽い求《ねが》めて心に厭足がない。「厭足」という言葉は飽きるということです。信仰そのものが本当に用いてきて、自己を超えて自分に起こって破ってくる場合には、飽きるということはないはずです。聞法は、だいたいこれだけ聞いたら終わりだ、というものではない。聞法には卒業はない。

安田先生は、「信仰そのものは一念だが、その一念に立った思想問題は終わることはない」といわれました。「自分に起こる課題は後から後から与えられる。世間に凡夫として生きているからには、課題が無限に与えられる。一念に立って、一つ一つの課題を自己確認していく、明らかにしていく。事実を事実としていただいていくためには、聞思《もんし》、思惟、分析が大事だ」、「教学が必要なのだ。教学なしに信仰だけで良いということはいえない」、といわれました。

信仰だけということは体験の中に埋没して飽きるのではないでしょうか。唯識でも出てきますが、菩薩道の中で一番難しい課題が、飽きるということです。道を求めるという歩みの中に飽きがくる。聖道門の場合は必ずそこに落ち込むのです。ある程度修行して精神を鍛えたつもりになって、世間の荒波を困難と思わないという精神ができたとたんに飽きが来る。これを乗り越えるのは容易ではない。

課題が感じられているときは乗り越えるのが難しくても、情熱が湧きますから歩みがある。ところが課題が消えてしまうと、危機感がないぬるま湯状態で歩めなくなるのです。それを親鸞聖人は第二十願、化身土で押さえています。これが『歎異抄』第九条の問題です。「念仏もうしそうらえども、踊躍歓喜の心おろそかにそうろう」（聖典六二九頁）という心、念仏しているのだが、念仏に飽きてしまう。

自力には必ず「魔種あり」（聖典一八五頁）と「行巻」にありますが、飽きるというのは人間心の誘惑です。それを破るレベルで如来の願心をいただけば、自然法爾に飽きるときは飽きるし、また催すときには催すという、人間の自力心で飽きないようにする必要すらない。そういう地平がいただける。

「常に広説を欲い、志疲倦《ひけん》なし」、略説、広説ということがあります。浄土の功徳を略説すれば一法句《いっぽっく》である。要は南無阿弥陀仏ということです。広説すれば、いくら語っても尽きない無限の功徳があるということです。広説というところに聞法の意味がある。広説と略説は切り離せない。一法句を失ったら、広説することは単なる駄弁になる。一法句を失わずして広説する。そこに本願の功徳をいただいて、それを開いていくことが聞法の用きとして大事な用きを持つ。

時代の苦悩の課題と如来の大悲の願心とが、三界の出ることのできない火宅の世界と、これを超えていける大悲の課題とが、いつも切り結ぶ。そこに広説ということが要求される。仏教は広説の願心を忘れる傾向がある。広説の方向で行けば、たとえ小説であろうと、詩であろうと、その他の表現であろうと、いろんな表現をとって、大悲願心が時代と切り結んでいける。日本人の単純化に憧れる精神性が広説の方向を忘れがちになるのではないかと思います。

安田先生が、晩年になってずいぶん本を買い、思想の誘惑に勝てないといわれていた。思想の誘惑に勝てないということは、思想問題と闘うところに聞法活動の大事な意味があるということです。思想の誘惑を断ち切ってしまったら、広説する意味はない。自信教人信の誠を尽くすということは、世間の課題と信仰の課題とが新鮮に切り結ぶ。その感覚が法蔵願心が我々に呼びかける大事な課題だと思います。

信仰は個人が救かればよいというのではない。時代とともに人間が開放されていく。もちろん、主体が本当に解放されるということがなければ、つまり一法句、一心がなければ意味がないのですが、それは同時に広説を持つ。そこに一切衆生の課題がつねに展望されていることが大事ではないかと思います。

「志疲倦なし」、志がくたびれることがないということは、すごいことだと思います。自力だと必ずくたびれます。ところが浄土の志にはくたびれることがない。我々が煩悩に迷わされようと、苦しもうと悩もうと、それを引き受け、破って用くものを、私どもが聞いていく。浄土と世間との関係は、我々から関係するのではなく、向こうから来る関係で、そこに我々は出遇っていけるのです。

「法鼓を撃《たた》き、法幢を建て、慧日を曜《かがや》かし、痴闇を除く」、これも法蔵菩薩の菩薩の功徳を語る段と響き合っています。第四十八願に先立って菩薩の功徳を語る段、「法鼓を扣《たた》き、法螺《ほうら》を吹く。法剣を執り、法幢を建て、法雷を震い、法電を曜かし、法雨を澍《そそ》ぎ、法施を演《の》ぶ」（聖典三頁）、これは釈尊を取り巻く菩薩方の用きをここに語っていたのですが、これと響き合っています。鼓とか幢は比喩で、仏法の用きを表します。人間の戦の形をもって仏法の形を象徴している。菩薩の用きがあたかも鼓を叩き、幢を立てて進むような威力を持つ。

浄土の菩薩の功徳としては、「慧日を曜かし、痴闇を除く」功徳を持ち得るのだと教えられている。浄土の用きがそのまま菩薩の用きになる。土と人が別ではない。浄土の場所の功徳がそこで生活できるような人の功徳になる。環境はいつの間にか自己の環境になる。そういう点で、本願の環境を開いて衆生の闇を晴らそうというのが、浄土建立の願心になってくるわけです。「慧日照世間」（聖典四七頁）、浄土を荘厳する本願の智慧が光の用きを持つ。そして私どもの闇を除いてくる。

「六和敬《ろくわきょう》を修し常に法施を行ず。志勇精進にして、心、退弱せず」、「和敬」というのは菩薩の課題で、他と自己とを分けないで、他と共になろうとする行です。身口意の三業が等しくなろうとする。さらには戒とか施、見を同じくする。そういう課題をいいます。「和敬」とか「四無量心」という課題を仏教が教えるのは、人間はどうしても自他を分け隔てして、こちらに自我を立て、向こうに他我を感じて、一つになれない。それが孤独感を生み、人間と人間が一緒にいながら感応しないという問題だからです。

これに対して、なんとか無我の法によって心と心が響き合う社会を生み出したいという釈迦の強い願いがあった。単に無我になるという理念の問題ではなく、生きて人間と人間が響き合い、尊敬し合うことがいかにして成り立つかというところに、「慈悲喜捨」の四無量心とか、六和敬などが教えられた願いがある。

実際には同じになることはできない。かくの如き現在の自己になったということは、他人とは一緒にできない背景がありますから、どうやってみたって相容れないところがある。そういうことを破って根源的に一つになれるのは無我しかない。無我をいかにして衆生がいただいて生きるかをいろいろな言葉で教えられる。その一つに六和敬ということが教えられています。

同朋会運動を提唱されたときに暁烏敏さんが、「和敬堂」という道場を作りましたが、それがいまの東本願寺の同朋会館の元になるものです。和敬堂のころはそういう願いが具体化する前でしたから、いろいろな方がより集って熱があったようです。同朋会運動草創期の、暁烏さんの志願がかかった和敬堂が思い浮かべられます。釈尊の僧伽の「和敬」の精神、蓮如上人の「同心」（聖典八一四頁）というものがないと、我々は同じという感覚を持つことができない。

法蔵菩薩の行の上では、「和顔愛語《わげんあいご》」（聖典二七頁）という言葉で出ています。顔を和やかにして愛する言葉を吐くということですが、顔だけではないでしょう。三世を貫いて同心が成り立つのです。

「常に法施を行ず」、法の布施というのは形としては説法ですが、説法だけではない。どのようにいのちをいただくか、どのようにいま与えられている境遇をいただくかという、ものの頷き方に対する智慧を教えていただく。このことが非常に有難いわけです。法施ということは物ではなく、『歎異抄』が伝えているような言葉と、その言葉を通して示してくる主体の了解の仕方が与えられることです。押しつけがましい説法の理論よりも、生き方を教えられるのが有難いのです。

「志勇精進にして、心、退弱せず」、菩薩を戦士に喩えています。戦うのは相手とではない、煩悩であったり、大菩提を得るための戦いです。頑張って働くという意味ではなく、超世の願心に触れることが持っている大きな意味です。世間に埋没してしまう凡夫の中に、願心が響いたときは、この世の中に戦士が立ち上がったような意味を持つ。この世の中に引きずり回されて生きている在り方に対して、あたかも立ち上がるような力が与えられるということを象徴する。

「心、退弱せず」、菩提心が退いたり弱まったりしない。曇鸞大師が浄土の菩薩の功徳を「知進守退」と短い言葉で押さえています。進むことを知ると同時に退くことをしない。退弱することから守る。本願力の用きを信頼すれば、私どもの精神現象でくたびれたとか退いたとかということよりも、もっと深みにあって用いてくるものを信頼するので、「退弱せず」という言葉が真にいただけるのだと思います。逆にそういう心に照らされて、怠慢になり、卑怯になって逃げ出そうとする心が目覚まされる。凡夫の表相の心よりも、もっと深く法蔵願心が呼びかけているものに触れるのだと思います。

神通に遊ぶ

「世の燈明と為りて最勝の福田《ふくでん》なり」、暗い煩悩の生活の中に灯明のような意味を持つ。南無阿弥陀仏の智慧について、『正像末和讃』に親鸞聖人が、「無明長夜の燈炬なり　智眼くらしとかなしむな　生死大海の船筏《せんばつ》なり　罪障おもしとなげかざれ」（聖典五〇三頁）といっています。

自分の智慧の眼が暗いといって悲しむ必要はない。如来の智慧が明るい。生死大海の筏《いかだ》である、罪が重いといって嘆く必要はない。そういう罪人を乗せる筏があるのだ。「福田」という言葉は釈尊の伝記にある言葉で、衆生の心を福田とする。仏法の功徳を生み出すような田圃を福田といいます。雑草しか生えないような田圃を穀物を生み出す田圃にする。

そのために釈尊は毎日乞食の行をしたといわれています。どれだけ生活に苦しんでいる所であろうと乞食に歩かれた。それは布施をする心が福田を耕すことになるという釈尊の信頼です。何も捧げる物がありませんといって、たとえ一粒のお米でも持ってくる。そこに「貧者の一燈」、真に尊いものがある。

倫理的な立場からは釈尊は非難された。貧しい者から物を乞い受けるとは何ごとかと。そのときに釈尊は、「我、衆生の福田を耕す」といわれたと伝えられています。こういう言葉は、古い釈尊の伝記を元にした仏教の伝承と無関係ではないのです。大乗仏教になってはいますが、その材料は古い仏伝を受けている。仏陀の願いが浄土を通して映っているのだろうと思います。

天台宗では、伝教大師の「一隅を照らす」という言葉で「一隅を照らす運動」を展開しています。闇の世の明るみとなるということです。浄土の功徳をもってあらゆる世界に行って阿弥陀の功徳を証明する、無仏の世界に生まれ直して仏の仕事をしようとする力が浄土の菩薩に与えられる。如来の願力がそれを信じる衆生の上に現れると教えられています。

「化身土巻」に「末法の燈明」ということがいわれています。戒定慧の三学ということが仏法の建前ですが、末法の世では無戒名字《むかいみようじ》ということがいわれます。『末法燈明記』では、修行する意欲があって坊さんになっているのではなく、食うために坊さんになっているだらしない姿の形を出しながら、実は名字の比丘がこの世の福田であるといっています。

それだけを見ると納得できないような感じがするのですが、親鸞聖人の引用の意図は、愚かで罪の深い生活を、きれいにし、立派にし、賢くして、世の燈明になっていくのではなく、そこに時代を超えた根源的な祈りである本願がいただけるなら、その罪の生活こそ尊い場所であるということで、人間の評価として見ればだらしない、どうしようもない人間のところに最勝の福田である尊さが証明されている。そういう意図が親鸞聖人を通せばはっきりしてくる。

『末法燈明記』だけだと、時代が廃れ、倫理が廃れていく、戒律を守る人間など一人もいない中にあっては、たとえ形は虚偽のようであっても、仏法を標榜しているだけでも尊いという情けない表現です。しかし、親鸞聖人の本願の教えを通せば、人間の生活の持っている意味は罪悪深重でしかないのだ、罪悪深重のいのちこそ本当の功徳を証明する場所になるということです。そこに浄土の菩薩こそ最勝の福田であるという意味がいただけてくると思います。

「常に導師と為りて等しく憎愛なし」、仏法の上では、教えを実践し、人に伝えていく人、自信教人信の誠を尽くしていく人を導師といいます。常に導師となって、平等感情に立って憎愛に揺れない。これも言うは易くして実際は大変難しい。

人間は貴賤とか男女とか老少、善悪などの分別に執われて、どちらかを選んでしまう。それを超えた立場は人間の価値基準では成り立たない。一切衆生を摂して浄土を開こうとする法蔵願心においてのみ平等ということが教えられる。憎愛を超えるのは願心のみである。

法蔵願心に教えられて我々は憎愛深い、罪の深い存在だということが自覚されてくる。前に「嫉心を摧滅せり」（聖典五六頁）という言葉がありましたが、人間が意識を起こせばすでに執われている。執われている心を基準にしてものを考えますから、その根を破れというのが法蔵願心の呼びかけるところです。

「唯《ただ》正道を楽《ねが》いて余の欣戚《ごんしゃく》なし」（聖典五六頁）、正道というのは、無上正遍道と翻訳され、大菩提ということが一番根源にありますが、近くは八正道で、正しい倫理生活を一つの手掛かりにして本当のいのちに還ることが教えられる。正道というのはもちろん人間の上の正しさではない。正見、正思、正語、正業、正命、正精進、正念、正定。どれ一つ取っても何が正しいのかはよく分からない。

例えば、正しい言葉（正語）といっても、一応はひどい言葉に対して、嘘をいわない言葉ということは考え得るが、実際に実践する場合に何が正しいかということになると、究極的には決まらない。お釈迦さまが八正道を説いたのは、具体的に衆生に呼びかけて、なんとなく生きている者をある方向に向けるために、課題として八正道を教えられる。古い教説です。

親鸞聖人は念仏は正念であるといっていますが、批判し、立ち直らせる根拠を持たないと、私どもは正しくありたいと思っていても、いつの間にか煩悩に負けていく。逆に煩悩の心を正当化してしまいます。何が正しいかという基準が、理性などでは決まらないし、倫理性でも決まらない。人間を根源的に大悲して、しかも、どこまでも自己を許すことのない願心の前に、正道が念仏であるという親鸞聖人の確認があるわけです。

「余の欣戚なし」、「欣」という字は欣慕という意味、「戚」は悔しがるとか惜しがる、痛むという意味です。願ったり、惜しがったり、痛んだりする心に動かされるのではなく、正道を願うところに菩薩が持っている方向性が表現されています。

「もろもろの欲刺を抜きて、もって群生を安くす」、欲が棘に喩えられています。煩悩の欲を抜き取って、群生を安んずる。浄土は安養といわれるのですが、煩悩の欲を抜き取るところに初めて安んずることができる。本願力が衆生に用いて欲を抜いて、群生を安んずる。衆生を群生といっています。

人間と翻訳されて、ヒューマンというヨーロッパ語と対応してくると立派な存在のようになりますが、群生は群れてようやく成り立っているいのち、自分を喪失し、時代に流されてしまうという面もあります。一緒に生きていることによって全体として間違っていくということがあるわけです。いくら自分で立ち直ろうとしても群生として流されてしまう。それが民族とか歴史の問題です。

「功慧殊勝にして尊敬せざることなし」、功徳と智慧が優れていて尊敬されないということがない。「三垢の障りを滅し、もろもろの神通に遊ぶ」（聖典五六頁）、貪瞋痴が三垢で、煩悩を代表しています。煩悩の障りを滅する。煩悩が何を障《さ》えるかといえば、いのちの本来性、菩提を障える。さらに人間の生活そのものをも障えてくる。腹を立て、欲を起こして、自分を汚し、人を汚す。

神通力というのは六神通で代表される。人間では見ることができない、過去、現在、未来、遠くも近くも、一切をはっきりと見届けていける。煩悩を滅して神通に遊ぶ。煩悩があると遊んだようで遊べない。天親菩薩は邪魔であるはずの煩悩を場所として神通力を発揮するといっています（「遊煩悩林現神通」）。

「遊ぶ」ということは大乗仏教では大事にされる言葉です。遊ぶということは人間の願いとしてあってもなかなか実現できない。岩波書店の岩波現代文庫に西谷啓治さんの『宗教と非宗教の間』という書名の文集があり、そこに遊びということがエッセイの中に出ています。西谷さんの信念には禅があり、禅は遊ぶということをいいます。

「遊ぶ」ということは執われを超えて初めて成り立つので、執着していては遊ぶことはできない。存在が状況と対応して任運に動ければそれが遊びである。いわゆる真面目だとカチカチになってしまう。そういう意味で現代の遊び、リクリエーションとかレジャーとかは遊びではないといっています。

金儲けの手段として遊びに似たものを提供しているにすぎない。管理社会は何でも決まっていて本当に遊ぶことができない。中国でも道教の神仙では、人間の分別を離れる方向を要求するので、遊びが大事にされた。神話的にいえば天人が悠々と舞う状況が遊びだといいます。本当に生きるということが、そのまま遊んでいるということがそのまま菩薩のいのちである。いのちとして大事なことを自由無碍にすることができる。

曽我先生は、遊ぶということが一番真面目なのだ、ふつう真面目といっているのは全然真面目ではない、本当に存在に真面目になったら遊ぶんだといわれました。自力心だったら、真面目になったら遊べない、遊ぼうと思ったときは不真面目になる。菩薩が遊ぶことができるのは八地以上だといわれます。ほとんど仏さまと同じ位に達して初めて遊べる。神通力をもって遊戯するということです。我々は本願力に託するところに、そういう境位に叶うことができる。

遊びの必要性を西谷さんは、自動車のハンドルの遊びの例で語っています。遊びはなくてもいいように思うかもしれないが、遊びがなければ成り立たない。遊びがあって遊ばない部分がようやく支えられている。我々は逆に、遊びはない方がいいのだが、くたびれるから少し遊ぶと考えている。そうではなくて遊びの上に実は生活全体が成り立っている。その遊びを自覚し、回復してくれば自由自在なのだと。

しかし、禅の遊びは人間にとって魅力がありますが、実際には窮屈なところもあると思います。我々は本願力に乗ずるところに、「遊び心」が与えられる、無碍なる心が与えられる。がんじがらめのただ中に本願力に与《あずか》ることができます。

少し前に京都の聞法会に行ったときのことです。前日がひどい吹雪で、当日も雪が降っていた。雪の嫌いな人が多いから、あまり来ないと思っていましたら、ふだんより多く集まっていました。この十二月で九十九歳になられた安田先生の奥さまに、足もちょっと弱ってきているし、体も弱ってきているし、雪だから来られないだろうと思って、会の世話をしている人が電話したら、「雪が何ですか」といって怒られた。そしてニコニコして出てこられました。こういうのが遊びだなあと思いました。逆縁を楽しんでいる。やはり聞法していた功徳ではないかと思います。

「因力・縁力・意力・願力・方便の力、常力・善力・定力・慧力・多聞の力、施・戒・忍辱・精進・禅定・智慧の力、正念・正観・もろもろの通・明の力、法のごとくもろもろの衆生を調伏する力、かくのごときらの力、一切具足せり」（聖典五六頁）とある。

力をたくさん出してきています。力というのは用き、現行を表します。例えばふつうには願は因であってまだ用かないのですが、法蔵願心の願は願のままに用く。それを『浄土論註』では、力と願に分けて、願力成就といって、願が力を成しまた力が願を成す。力と願が同時交互に用いて、相符《かな》って畢竟じて差《たが》うことがないと註を付けています（「不虚作住持功徳」）。

ティリッヒに、「愛・正義・力」という講演があり、信仰の力ということをいっています。ここではあらゆるものの力をもって、あらゆる在り方を力とする。我々は順境だと力が出るが、逆境だとダメになる。順逆ともに縁にして、反逆的であろうと、誹《そし》られようと、それをむしろ力とする。

浄土の菩薩の用きは全部を力としていく。本来のいのちの在り方そのものをそのまま生きれば全部が力になります。邪魔になったり、妨げになったりするということは、いのちの在り方を解釈して、都合のいいものだけが力であって、都合の悪いものは力とは思わない。死ぬも生きるも力であり、順境も逆境も力であるという境位を本願力からいただくわけです。

凡夫はほとんどロスして、一部しか力にできない。浄土の菩薩は、本願力の功徳をいただいてあらゆるものを力として、一切を具足する。いのちの本来の在り方は、順逆共にいのちを支えているので、その立場をいただけば全部を我が味方にするのです。悪人正機というのは、ふつうでいえば悪人は振り落とされる存在ですが、それが本当に立ち上がっていけるということです。

果徳を結示する

身色《しんしき》・相好《そうごう》・功徳・弁才《べんざい》、具足し荘厳《しょうごん》す。与《とも》に等しき者なし。無量の諸仏を恭敬《くぎょう》し供養《くよう》して常に諸仏のために共に称歎《しょうたん》せらる。菩薩《ぼさつ》の諸波羅蜜《しょはらみつ》を究竟《くきょう》し、空・無相・無願三昧《むがんざんまい》、不生不滅《ふしょうふめつ》もろもろの三昧門《さんまいもん》を修す。声聞《しょうもん》・縁覚《えんがく》の地を遠離《おんり》せり。阿難《あなん》、かのもろもろの菩薩《ぼさつ》、かくのごときの無量の功徳《くどく》を成就《じょうじゅ》せり。我《われ》ただ汝《なんじ》がために略してこれを説くならくのみ。もし広く説かば、百千万劫《ごう》に窮尽《ぐじん》すること能《あた》わじ。」（聖典五七頁・註釈版五三頁）

「身色・相好・功徳・弁才、具足し荘厳す。与に等しき者なし」（聖典五七頁）、これは現れた形を語っている。身となっている形（身色）、顔かたちや存在が表に現れた姿、表に現れるように表現している内なるもの（相好）、存在が持っている背景の力（功徳）、表現能力（弁才）で別の言い方をすれば、身口意の力が具わる。それは比べられるものがない。

「無量の諸仏を恭敬し供養して常に諸仏のために共に称歎せらる」、第十七願が「諸仏称揚の願」ですが、阿弥陀だけを恭敬し供養するのでなく、無量の諸仏を恭敬し供養する。浄土の菩薩が、どの国に行っても、十方の諸仏の世界に遊んでそこの仏さま方を恭敬し供養する。

『浄土論註』で「不虚作住持功徳」を受けて菩薩功徳が開かれるときに、一番はじめに「不動而至功徳」というのがあります。動かずしてあらゆる世界に行く、一念同時にあらゆる世界に行く、十方の世界に一遍に行くと同時に、自分は動かないと書いてあります。法蔵願心は誰か一人の所に用いているのではない、法蔵願心自身は浄土の建立に永劫修行を懸けるが、浄土の願心が同時にあらゆる衆生の上に用くことを象徴しています。

龍樹菩薩が面白いことをいっています。我々は一仏ですら供養できないのに、諸仏を供養するにはどうすればいいのかという疑問を出して、心配することはない、本当に阿弥陀一仏を供養し恭敬しなさい。そうすれば仏法は法界平等だから一仏の供養が諸仏供養であると解答しています。

阿弥陀の根源は「諸仏称揚の願」だから、一仏の供養は、諸仏の願いを供養し、讃めることになるのだ。善導大師も同じことをいっています。また『浄土和讃』では、「弥陀の浄土に帰しぬれば　すなわち諸仏に帰するなり　一心をもちて一仏を　ほむるは無碍人をほむるなり」（聖典四八二頁）とありますが、一仏を讃めるのは、他を疎外せずにあらゆる諸仏を讃めることになる。阿弥陀が十方諸仏に讃められたいという願をもって成り立っている如来だというのが、大事なところだと思います。

人間の考える神は、人間の我執を映した形になりますから、一つの絶対者であったら、他の神を祀るということは絶対に許しません。それは激しい信仰かもしれませんが、独善的で、他を許さない。真の神の願いはそうではないので、人間の我を破れということを教える。あらゆる他なる存在が自己を認めてくれるという形で浄土の仏に成ろうというのが、阿弥陀如来です。

浄土の菩薩として立ち上がって、あらゆる十方の国土へ行って諸仏を供養して、しかも阿弥陀の功徳を失わない。人間が人間としてやろうとすると、祖国を売るようなことになる。浄土の菩薩は、阿弥陀の無限の力をいただいて、諸仏の仕事を手助けしながら、実は阿弥陀の仕事をする。非常に示唆的な課題を教えているような気がします。

現代社会は資本が人間の生活を全面的に牛耳っていて、資本が論理として人間を動かすというようになってしまっていますが、それと南無阿弥陀仏の信仰とは絶対矛盾するのかというと、そんなこともない。金が信仰対象になってしまって自己を失っている中にあって、より深い主体を失わないという課題です。人間にとって売ってはならない自己を何処に置くか。単に自我とか理性に置いても負ける。負けもせず勝ちもせず根源的な自己を失わないということがいかにして成り立つかは大変な問題です。

一心帰命は一つに固執するわけではない。信仰生活を守るために経済生活をしないのではなく、自由無碍に生きながら自己を失わない拠点を持つことが、阿弥陀の浄土ということの持っている大事な意味ではないかと思います。これは根本の一心帰命と諸問題の位相の違いをはっきりさせるということです。

現象の世界では、勝ったり負けたり、失敗・成功がありますが、一心帰命のところに立ち帰れば、全部が力になってくる。念仏生活を持つことにおいて在家の生活ができるというのは、そういうことです。人間生活の中で失わないのは困難至極ですが、本願力の信心によって成り立つ。外から見ると何をしているかということですが、内にはしっかりした主体を失わない。これは不思議な話です。

「常に諸仏のために共に称歎せらる」、こちらから諸仏を恭敬し供養すると、自ずから諸仏から称賛される。称歎を求めて供養するのではないけれども、求めずして与えられる。

「菩薩の諸波羅蜜を究竟し、空・無相・無願三昧、不生不滅もろもろの三昧門を修す」（聖典五七頁）、六波羅蜜あるいは十波羅蜜を究竟する。菩薩道を通して仏になる。これも実際は矛盾する。菩薩である間は仏に成れないし、仏に成ったら菩薩の仕事はできない。

往還二回向で往相の回向は仏道を成就する。還相の回向は菩薩道を成就するというのが、安田先生の理解です。我々は南無阿弥陀仏一つのところに往還二回向をいただく。仏に成るということも、菩薩の用きを持つということも人間が求めても得られないが、南無阿弥陀仏のところにそれを賜る。

空・無相・無願は、三解脱門といわれます。お寺には三つの門がある。だから三門という。山の門と書いて「さんもん」というけれども、当て字です。お寺には大きな門があって、両側に小さい門がある。それはこの三解脱門を象徴していると解釈されています。

空の門というのは大乗の立場です。無相というのは形がないということで、八地の菩薩は自由無碍になっているようだが、いまだ完全な無碍でないので無相の中に細相があるといわれます。九地になって初めて無碍無相になる。凡夫は相に執われるが、菩薩は相を超えていく。無相の功徳を自覚化することが大事なことです。我々は無相の用きを受けていのちが成り立っているのです。次の無願は菩薩と矛盾するような門ですが、いったん願を無くす。有無を超え、形への執着を超え、願を超える。

この三つで菩薩道の課題の最後の執着を破る。法蔵菩薩が八地の菩薩だといわれるのは、空、無相、無願をくぐっているからだといわれます。その三つをくぐった上で大願を発してくる。我々の起こす願は、有相であり、執着の願です。「一切皆空」という、存在を超えた真理に触れる。形のない功徳に触れる。さらに願の執われも超える。菩薩十地で六波羅蜜がいわれ、第七地については「方便」ということがいわれます。願という問題は八地の菩薩の課題です。

人間は理想を失っては元も子もないという執われがあって、自分の存在の意味とか、自分の行為の意味に願いを懸ける。実はその執われを破ってこそ本当のいのちに帰れるのです。そういうものを持っていると、やはり固定概念ですから、一つの見になる。それを前提にして行為を規定したり、人を評価すると、閉鎖的になります。そこに、いったん無願をくぐって大願に立ち上がることを教えています。仏門に入ることは三門をくぐるのだということは非常に厳しいことを教えているわけです。しかしこれは大乗仏教を表す大事な課題です。

「声聞・縁覚の地を遠離せり。阿難、かのもろもろの菩薩、かくのごときの無量の功徳を成就せり。我ただ汝がために略してこれを説くならくのみ。もし広く説かば、百千万劫に窮尽すること能わじ。」声聞・縁覚という二乗心の立場を超えて、無量の仏法の功徳を成就している。これほど語ったのですが、一端を述べてきたにすぎず、本当は説き尽くすことなどできないのだというのです。

第5章　三毒五悪段［善悪段］

善悪段の由来

正宗分は大きく二つに分かれていまして、一つ目は「広く如来浄土の因果を説く」、二つ目は「広く衆生往生の因果を説く」で、その二つ目が「悲化段」（聖典四四～七九頁）と「智慧段」（聖典七九～八六頁）に分かれています。いまから読むところは、「悲化段」に入っていますが、この部分を特に「悲化段」と呼ぶこともあります（聖典五七頁）。

ここの科文を「広く欣浄厭穢を示す（善悪段）」（聖典九八一頁）としてあるのは、一般の講録にある言葉ではなく、清沢満之先生が最晩年に『宗教道徳と普通道徳との交渉』という論文を書くとき、暁烏敏先生に手紙を出して、この段を少し研究したいといって、「善悪段とするのがよろしかろう」と書いています。その清沢先生によって（善悪段）と入れたのですが、一般には「三毒五悪段」とまとめられています。三毒五悪だけでなくその間に善が説かれているので、「善悪段」と名づけたいといわれます。

一般に「悲化段」あるいは「三毒五悪段」といわれるところについては、松原祐善先生が東本願寺の安居で講義をして講録が出されています。その松原先生の講録を見ると、正依（魏訳）の『無量寿経』には「三毒五悪段」が入っていますが、これよりも古い『無量寿経』にはもっと長い「三毒五悪段」があり、唐訳『如来会』にはない。ということから、藤田宏達先生（北海道大学名誉教授）が『無量寿経の研究』という大著を出され、異訳の経典を付き合わせて、『無量寿経』のこの部分は、古い『無量寿経』の「三毒五悪段」を整理してここに加えたもので、古い梵本にはこの段は無かったのではないか。中国あるいは西域を通ってくる間に加えられたのではないかという推測を出されています。

古来ここは、学者の間でインド撰述でなくて中国撰述の疑いが出されていた段です。松原先生は講録を作るについて、藤田先生の厳密な考証を大幅に取り入れています。

『無量寿経』が何回訳されたかについて、古い経典の目録がありますが、藤田先生はその目録を研究して、（一般には、『無量寿経』という名前で訳されているものが十二あって、そのうち現存しているものは五つだということで「五存七欠」といわれていますが）厳密に翻訳者と訳された経典を考証して、十二回訳されたのではなく、やはり、現存の五つだけでいい、他のものは目録作者が間違えたのだといわれています。

松原先生は、藤田先生に依って、一応中国撰述の疑いはあるけれども、康僧鎧訳の上下二巻からなる『無量寿経』の構成からは、ここは大事な意味があるということを講録で書いています。

古い翻訳の『大阿弥陀経』や、『平等覚経』は翻訳自体が固いし、中国語としてこなれてない。翻訳自体が正依の『無量寿経』の方が圧倒的に良い。拝読する場合にも読みやすいし、中国語としても洗練されている。また古い経典に「三毒五悪段」が入っているということについては、どうして入ってきたのかが分からない。西域から中国に入ってくる中で違う経典と混じり合ったのか、あるいは梵本の中に、そう翻訳されるような意味があったのかは分からない。何故、魏訳でいわれるかというと、チベット本あるいは『如来会』（唐訳）に無いのです。だから元の形はどちらなのか分からないのですが、おそらく「正依」の元になったものにも無かったろうと推測するわけです。

どうして中国撰述だということを強くいうかというと、いかにも中国ふうの価値観や倫理観が顕著に出てきて、他の部分と感じが違うのです。そういうことで、この部分は中国で撰述された可能性が高いといわれています。古くから読まれ、曇鸞大師も親鸞聖人もこれを読んできていますから、疑えば疑える部分はありますが、それはそれとして、ここから教えをいただけばよいのだと思います。

親鸞聖人は、いわゆる「三毒五悪」にかかわるところは引用していません。『教行信証』の「後序」にここから取ったと思われる言葉があるのですが、「三毒五悪段」のところを非常に大事な言葉として使うことはない。ただ、善悪段のはじめのところには非常に大事な言葉があります。

いわゆる「三毒五悪」は聖典五八頁の二行目から始まるので、その前の段は三毒五悪に入るのかどうかは問題のあるところかもしれませんが、「必得超絶去」（聖典五七頁）という言葉は法然上人も大切にするし、親鸞聖人も「信巻」で「横超」「竪超」の超越性と「横出」「竪出」とを併せて「二《に》双四重《そうしじゅう》」といわれますので、ここは非常に大事なのです。

また、この前までは対告衆が阿難で展開されてきた。あらゆる経典を説かれるときに阿難尊者は必ず聴いていて、経典が結集されるときにも必ず入っている。けれども、舎利弗とか目連とか、十大弟子一人ひとりを呼び上げて仏説を語られる経典は多いのですが、阿難を呼んで語る経典はない。阿難は「多聞第一」といわれてよく聴いたが、悟りを得ることができるという授記からはずされたと伝えられています。

ところが『無量寿経』は、阿難尊者がお釈迦さまを光顔巍巍と仰いだ。そして光顔巍巍と仰いだことを阿難自身が、どうしてそんなに光り輝いておられるのですかと問いを出した。その問いに対してお釈迦さまは、そんな問いを出すのはお前が初めてだといわれ、その問いを出したのは、諸天が来てあなたに問わしめたのか、あなた自身が問題として問うたのかという妙な問い返しをしています。そこで阿難は、諸天が勧めたわけではない、自分が問うのですと答えると、お釈迦さまはその問いを褒めています。

光輝いているということは、お釈迦さまの智慧がいままでと違う智慧を持たれたに相違ないということで、阿難尊者が、改めて問うたのです。『無量寿経』はこのように阿難が対告衆になって開かれてきているのです。ところが「仏、弥勒《みろく》菩薩、もろもろの天人等に告げたまわく」（聖典五七頁）と対告衆がここから弥勒に変わっている。弥勒信仰ということが盛んに起こったのですが、実在の人物として、唯識の古い先輩がいます。その弥勒が伝説的な弥勒になるときには『弥勒上生経』『弥勒下生経』があって、弥勒の浄土ということがいわれてくる。Maitreya（マイトレーヤ）が中国語に翻訳されて慈氏《じし》菩薩といわれる場合もあります。

五十六億七千万年ののちに、仏教の教えはほとんど滅亡し、人類も滅亡するというその最後に、一切の有情全部を納めとって成仏する。それまで成仏することを一歩止めて自分が最後にあらゆる衆生を摂して、弥勒の浄土に連れていく、そういう伝説的な救済主としても仰がれている。いろいろな伝説があって分かりにくい概念ですが、親鸞聖人は、五十六億七千万年ののちに仏になるものとして、この弥勒を取り上げています。

道綽禅師は、弥勒の浄土と阿弥陀の浄土とどちらが有難いのかということで比較対論しています。中国では隋のころに非常に弥勒信仰が盛んになった。末法が近いということで、弥勒信仰と浄土の教えとがぶつかり合って、いったい弥勒の浄土とは何であるかということが問題になっている。弥勒の浄土は天の一つで、有限の寿命がある。非常に長い年月（この土の四千年が弥勒の浄土の一日であるという）ではあるが有限の時があるということを出して、無量寿の覚りとは質が違うといって、道綽禅師は安楽浄土を勧めています。親鸞聖人は、この弥勒菩薩と等しい位を、我々が本願の信心をいただけば得ることができるのだといわれています。そういうことも、この弥勒の対告衆の文からいえるわけです。

宗教と倫理の問題

仏《ぶつ》、弥勒菩薩《みろくぼさつ》・もろもろの天人等に告《つ》げたまわく、「無量寿国の声聞《しょうもん》・菩薩《ぼさつ》、功徳《くどく》・智慧《ちえ》称説《しょうせつ》すべからず。またその国土は微妙《みみょう》・安楽《あんらく》にして清浄《しょうじょう》なることかくのごとし。何ぞ力《つと》めて善をなして、道《どう》の自然《じねん》なることを念《おも》いて、上下なく洞達《とうだつ》して辺際《へんざい》なきことを著《あらわ》さざらん。宜《よろ》しくおのおの勤《つと》めて精進《しょうじん》して、努《ゆめ》力自《ゆめみずか》らこれを求むべし。必ず超絶《ちょうぜつ》して去《さ》ることを得て、安養国《あんにょうこく》に往生《おうじょう》せよ。横《よこさま》に五悪趣《ごあくしゅ》を截《き》りて、悪《あく》趣自然《しゅじねん》に閉《と》じん。道《どう》に昇《のぼ》ること窮極《ぐごく》なし。往《ゆ》き易《やす》くして人なし。その国逆違《ぎゃくい》せず。自然《じねん》の牽《ひ》くところなり。何ぞ世事《せじ》を棄《す》てて勤行《ごんぎょう》して道徳を求めざらん。極長生《ごくじょうしょう》を獲《う》べし。寿楽極《じゅらくきわ》まりあることなし。（聖典五七～五八頁・註釈版五三～五四頁）

「仏、弥勒菩薩・もろもろの天人等に告げたまわく、「無量寿国の声聞・菩薩、功徳・智慧称説すべからず。またその国土は微妙、安楽にして清浄なることかくのごとし」（聖典五七頁）とある。ここから弥勒菩薩と諸々の天人に対告衆が変わって、無量寿国の声聞・菩薩の功徳・智慧は説くことができない。「微妙」ということは捉えられる対象ではなく、しかも願心が無ではなくて有の形を取るという意味で微妙ということ曇鸞大師はいっています（妙声功徳）。浄土は微妙であり、安楽である。梵語では「安楽」よりも「清浄」ということを重んじているようですが、安楽という場合は中国人の要求に応じることが多いのかもしれません。

「何ぞ力《つと》めて善をなして、道《どう》の自然なることを念いて、上下なく洞達して辺際なきことを著さざらん」、ここから「三毒五悪段」に自然（じねん）ということがたくさん出てきます。現代では「しぜん」と読みますが、仏教では「じねん」と読みます。道教では「自然」（じねん）ということが重んじられます。道（どう）というのは、道（みち）で、中国では儒教にしろ、道教にしろ「道」（tao）という概念が非常に大事にされます。仏教もそれを使って「仏道」と翻訳してくるわけです。

「道」という言葉は、近代に至るまでの日本および中国文化で、人間存在を鍛え上げる力を持った概念だったのではないでしょうか。日本でも華道、茶道というように皆「道」を付けました。「道」を付けると人間が人間に成っていく道筋がある感じがする。「道」は中国および日本の文化に大きな働きを持っていました。

近代のヨーロッパにはこういう概念はない。現代ではこの「道」ということが忘れられているのではないでしょうか。いま、さまざまな出来事を見てみますと「道」ということが人間にとって大事な言葉として生きている時代ではなくなったことが感じられます。倫理、道徳の「道」だけでなく、人間がある方向に向かって努めるという方向性全体を「道」という言葉で包むわけです。

その「道」の自然（じねん）なることを思う。「力めて善をなして、道の自然《じねん》なることを念いて」、というのは矛盾している。「努めて」というときには、自然《じねん》ではないわけです。自然は、自ずから、ありのままに存在が存在の本来の在り方となっているということです。「道」に上下があってはならないし、澄みとおっていて偏在がない。

次は、「宜しくおのおの勤めて精進し、努力自《ゆめゆめ》らこれを求むべし」、もう一回ここで重ねて、よろしく各々勤めて精進して、力を努めて、ゆめゆめ怠らずに自らこれを求めよといっています。ここを清沢先生は取り上げて、「宗教的道徳と普通道徳」ということを問題にして、他力の信心にとって人間生活とは何であるかということを最後に明らかにしようとした。

念仏生活と、この世で人間の勤めを生きていくということに、倫理の問題がかかわる。倫理の問題と宗教における道徳とはどういう関係があるかということを明らかにしようとされた。そのときに大事な言葉ではないかといってこれを取り上げています。「宜しくおのおの勤めて精進し、努力自《ゆめゆめ》らこれを求むべし」、とある。ふつうですと、他力の安心ということと、「勤精進」ということとは相容れない。勤精進は自力であるといわれる中にあって、念仏教団が蓮如の教化を受けて非常に倫理的な共同体になっている。

アメリカのピューリタンが資本主義を作り上げる気質を持っていたということで、社会学者のマックス・ウェーバー（Max Weber 一八六四～一九二〇）が『プロテスタンティズムの倫理と資本主義の精神』という本を書いています。プロテスタントの資本蓄積の生活、営々と貧しい生活に努力して働いて、富を蓄積する精神（内省的禁欲）は、キリスト教の中のピューリタンの精神であるということを明らかにした名著です。

あたかもそれと関係する如く、真宗は他力の宗だから本願力にまかせて、カトリックのように歌って飲んで楽しんでいるような生活を価値にするかというとそうではなく、他力真宗の生活は、念仏しながら、この世を全力を尽くして勤め上げる。朝は朝日を仰いで畑に出、夜は星を仰いで帰途につく。そういう苦難の生活を感謝とともに生きる。そういうことが真宗教団の倫理だったわけです。それが何処から来るかということを、清沢先生は、道徳の問題と信仰の問題との関係を押さえることで明らかにしようとした。

『歎異抄』を中心にした現代の信仰がややもすると非倫理に傾いている。信仰を得たら何をしてもよいということは、いえなくはないけれども、そういってしまうと倫理と宗教の関係が断絶されてしまう。安易に何をしてもよいということをいってしまうと、人間の営みが本当の信仰を明らかにする場になってこない、ということを最後の亡くなる一月前に『精神界』に投稿しています。

清沢先生が晩年に結核で静養しながら、真宗の講録を読み、さらにもう一度釈尊伝を読んでいった。清沢先生は感動を持って釈尊の伝記を読んでいますが、釈尊の求道の精神と他力安心との間の壁に何か落ち着かないものを感じていて、エピクテトス（Epiktetos）に出遇ったのです。そのエピクテトスを通して、真に他力に帰した。ここに至って釈尊の精神が本願他力で本当の意味で明らかになるということがスッと通ったのです。

そこに、この世で努めて精進して生きるということと、上下なく洞達して辺際なく、畢竟平等であり、自然《じねん》であるということとは矛盾するけれども、まず求めよといっておいて「必ず超絶して去ることを得て、安養国に往生せよ」、という言葉が出てくる。

現代の生活感覚の中に「願生《がんしょう》」という言葉が力を失ったのは、「道」という概念を失ったということと、真に努力してどちらの方向を向くのかというときに、世間レベルの価値観の中で努力するのは、仏教という座標から見れば平面である。仏教は超越する方向の座標を持っていますが、この世の感覚は人間の価値観、つまり有を前提にした価値観を元にした努力です。しかし人間の平面空間では自然《じねん》はない。人為空間でしかない。上下なく洞達してというのは、超越の座標軸を持つことにおいて、平面空間の差別がすべて平等だという視野が開けることです。

一切衆生は悉く我が子であるという如来の慈悲からすれば、どのように一人ひとりの違いがあっても平等であると見る。そういう見方は人間が見ている違いと異なった視点がないと成立しない。ここに「努力せよ」という言葉に続いて、「必ず超絶して去ることを得て、安養国に往生せよ」という言葉が出ている。

法然上人も親鸞聖人もこの「必得超絶去」を引用しています。ところが、清沢先生は、その前の「宜各勤精進、努力自求之」にも注意しています。これは清沢先生自身が大変苦労して求めてようやく出遇った自分の人生ということもあったのでしょうが、もう少し大きく見れば、人間中心主義が圧倒的な力を持って時代を作っていく中にあって、人間が努力するということと、それを超越した世界に生まれていくということの課題が、人間の世界だけでは人間は成就しないことを明らかにしておかないと、真の超越性の要求が分からなくなるからではないでしょうか。

清沢先生は、普通道徳だけならば人間は責任地獄に陥る。道徳を本当に追求していくと矛盾に出会ったり、不可能に出会って、不可能の嘆きで自己を追い込むなら自殺しかない。しかし、宗教が最高の意味であるならば、倫理の苦悩は大きな縁になる。倫理の苦悩で救からない身に真に救けられる世界が要求される。人間が生きている苦悩の場所を超えて宗教世界に入るときに、「努力自求之」という機縁が大事になると押さえています。

しかし清沢先生の文章は、我々が読むときに、何かはっきりしないものが残る。ちょっと詰めきっていないことによって、全責任は如来が負ってくれるという表現もしているのですが、「努力自求之」を失ってはならないものとして大切にしているということを抜きにして、その言葉だけを使われると、清沢先生がいおうとする意味を間違って取る可能性があります。

清沢先生は、もう少し「善悪段」を研究したいという手紙を暁烏先生に出しています。暁烏先生は、何をしても信仰で救かるのだという論理で、倫理の問題に脱落したところがあります。人間は罪を持ちながらも、なんとか平穏な生活を求めていますから、それを真っ向からそれはダメだといって打ち砕いてしまったのでは、他力の信心そのものも曖昧になる。

善導大師は唯除の文を読むについて、五逆を救わないという意味は、まだ犯していない人間には犯してはならないと押さえる。もし（縁で）犯してしまったら、その罪に苦しむ衆生は摂取する（已造業のもの）。しかし、まだ造らないものには造るな（未造業）といっています。このように二重の意味で、五逆を解釈しています。

究極的には罪人も救かる、むしろ罪人こそ救かる。しかし勝手に何をしてもよいわけではない。ここに道徳を努めてみれば、自分にとって道徳は勤まらないということがいよいよはっきりして、他力の安心が有難いということになる。

その羽目がはずれると他力の安心を味わう縁が薄くなる。また人に伝わることを邪魔することになる。内の信仰そのものを信用しろといっても、勝手なことをしている人間は信用されません。そこで清沢先生は、教えが人を通じて伝わるときに人が何処に生きているかということが大事だといっています。倫理は宗教への案内だ、倫理がなければ宗教に行けないので倫理を通して宗教に案内する、そういう位置で清沢先生は、倫理道徳の大切さを押さえられています。

横さまに五悪趣を截る

まず、自然（じねん）、平等、広大無辺際などを自分で求めよ、自分で求めて、「必得超絶去」に触れる。善導大師の「横超断四流」の釈と「必得超絶去」の文を照らし合わせて、本願力によって初めて人間に超越が与えられる。自分で求めて超越できない、そこに超越が与えられる。経典の文だけだと努力したら超越できるように書いてありますが、実際は努力して行けるのではない、努力して破れて触れるのです。

努力精進して超絶できるなら、本願力はいらない。そこに親鸞聖人は、「二双四重」ということをいわれます。超えるといっても「横超」という超え方と「竪超」という超え方がある。文字通り自分で努力して超えていくという立場は「竪超」です。聖道門の、法華一乗などの自ら完成できるという立場は「竪超」の立場です。「横出」というのは、他力に触れながら他力に帰することができない状況です（浄土定散の機）。本願力に触れながら自分の自力を加えようとする。「竪出」というのは、自分の努力で自分で超えていこうとして超えられないで出ていく。

広大無辺際の世界は努力で得られるわけはない。「超絶して安養国に往生せよ」といっているところには秘密があるのです（「安養国に往生せよ」ということは、「上巻」の本願と「下巻」の成就文をくぐって読んでくれば、本願成就において成り立つ浄土ですから）。超・絶・去と三度、この人間空間に対して浄土の空間を表しています。

「必得超絶去」と「宜各勤精進、努力自求之」の間の問題は、現代でもすっきりしていないのではないでしょうか。この世には差別問題、戦争問題などの諸問題がある。それらの課題と「必得超絶去」という課題とがどういう関係になるかです。

この世のことを無関係にして安養国というなら、人間の生活や現実の課題を逃避して観念空間に逃げ込むことになる。信仰者ならば現実問題に携わっていなければならないが、その現実問題はそれぞれを取り巻いている現実状況によって違うわけですから、何を自分の現実の課題として背負って歩むかは、それぞれの状況の中で見い出すものである。

神が人間を牛耳っているような中世の時代から近代に来て、人間中心になってきた。人間の合理性とか科学文明などの文明中心主義になってきたことによって、人間関心を超える課題が分からなくなったのではないかと思います。倫理空間の中のみでは、人間はお互いに地獄だという問題がはっきりしないから、超絶性の課題が見えにくくなっている。これをどういう視野で問題にしていくかということは、現代において省いてはならない課題であると思います。

続いて「横《よこさま》に五悪趣を截《き》りて、悪趣自然に閉じん」とある。「截」という字は「さい」（漢音）あるいは「せつ」（呉音）と読みます。「切」という字と同じ、「きる」という訓です。この「横截五悪趣」と善導大師の「横超断四流」とを併せて、親鸞聖人は「横超」ということを大事な概念としています。いろいろな相対概念の中の一つの言葉を持って独特の意味を明らかにすることは思想的な仕事です。親鸞聖人はそういう点で独創的な概念を生み出したのです。

五悪趣は、広くは六道ともいいますが、人間存在を流転と見ることです。六道流転の神話的な意味は、生まれ変わり、死に変わりしていつまで経っても迷いのいのちが晴れない、状況が良い状況から悪い状況へ、地獄から天に至るまで移ろい流されて、自分から決めるわけではない。この世の善悪の行為（業）の結果が身に乗って、その結果が次のいのちを引いてくる。

自分で決めることはできないで業が決めてくるのです。業道流転といって、業が道筋を決めていく。その業道は実体的な運命ではなくて、感覚する（業感）もので、罪深い行為が、生活の在り方を通して痛まれてくる。そういうことが単にこの世の時間だけではなく、次のいのちまでという形で神話的に伝えられてきた。インド人の持ってきた人生の感覚の深みです。

五蘊所成の身というのが仏法の自覚で、色受想行識という精神的・物質的、意識的・身体的存在をいいます。これが一般的人間のいのちの在り方ですが、ここにある自己はどうして自分なのだというときに、五蘊所成だけでは主体が決まらない。その主体を決めるのが業です。

業というものは、このようないのちに生まれるべき身であったと感受するもので、安田理深先生は「存在の責任感」だといわれます。いやだといっても逃げられない、私はこうなるべき身だったのだと頷くのが感受です。こういう意味が業の非神話化です。

五悪趣は六道から修羅を除いたもので、ふつうは三悪道の地獄、餓鬼、畜生は悪いけれども、（修羅）、人、天は必ずしも悪いとはいえない。特に天人は、何処にでも飛んでいける存在、人間の理想の世界に生活していて、喜びを象徴化した存在です。しかし天人の状況は永遠には続かない。喜びが深ければ時間が短い、必ずまた苦悩に戻ってくる。天人にも寿命がある。六道はぐるぐる回って果てることがない。そういうわけで五道全体を悪趣と押さえています。

この場合の悪は全体が悪趣で、超越性から見れば人間の平面空間は全部悪である。悪といっても倫理的悪ではありません。人間の本当の課題を忘れて流転している状況を仏法から見て悪というので、ふつうは、流転状況は悪いと思わない、都合の悪いところは悪だけれど良いことは悪ではないのです。

「横に五悪趣を截」るといってもこれだけ読んだのでは何のことか分からない。イメージとしては分かりますが、自分の実際のいのちは、五悪趣の非神話化をすれば、「状況存在」（situational being）（安田先生の言葉）ということです。状況のままに流されていく存在です。人間存在は歴史的、社会的存在で、平安時代のような考え方をしていま生きるということはできない。時代の共通感覚（共業《ぐうごう》）があるからです。

そういうことからこぼれ落ちると「ミイラ」（頭が古いことを揶揄して・石頭・化石）といわれてしまうわけです。そういう状況に流されていく中で自分は違うと頑張ろうとしても、大きな意味では時代の子である。天才も時代の子であることを超えることはできない。

善導大師がいうように縁とともにある存在で、縁と関係しない存在はいのちとはいえないのです。やはり悪友がよって来れば誘われるわけです。六道流転を超えることは自力ではできない。それを横さまに超える。超える方向に託するということが我々の信心である。

現代は横さまという課題が分からない。五悪趣を切らなければならないということは状況によっては分かるが、本当に切れるかというと切れるものではない。善か悪かといって悪を切るということでもない。横さまに切るということを現代的に明確にしていくことが大事な教学の課題だろうと思います。

法然上人は、横さまに切るというのは五悪趣の「因」を切るのだ、そうすれば「果」は自然（じねん）に閉じると解釈しています。この文に関して、親鸞聖人も課題が重層しているところがあります。「信巻」では、往相回向の一心を得れば、信心において横超断四流だとはっきりいっています。「六趣四生《ろくしゅししょう》、因亡じ果滅す」（聖典二四四頁）、信心を得れば六道流転の因も切ったし、果も滅したとはっきりいえる。

けれども『文類聚鈔』ではこの問題は「証」の内容になっています。『文類聚鈔』にも問題があって、親鸞聖人がこのことを信心において明らかにするのだと押さえたのを証に持っていった『文類聚鈔』は、親鸞の著作ではないという見方もできる。しかし、真に切る世界は「証」だということと、証が信のところにもうすでにあるのだということは課題としては両面がある。

　現世のさまざまな人間関係において、善悪の行為をしていく在り方と、畢竟平等の法性の世界である証との関係として、信心を得れば、必ず畢竟平等の世界に入らしめずんばやまんという本願力の用きをいただく。信心自身は浄土にいるが如しだが、やはり苦悩の身であり、苦悩の事実であり、貪欲・瞋恚の煩悩の生活は止まないという事実がある。だから問題は重層していると思います。

　救かったからといって課題が無くなるわけではない。逆に苦悩のわが身と現実が見えてくる、照らし出されてくる。凡夫として現実から足を離すことはできない。しかし、凡夫でありながら根源的には本願力によって畢竟平等である。ここに信仰の問題があります。単に有限の世界で解決がつく問題ではないので、信仰の問題としては解決しても現世の問題は簡単には解決しない。信心を生きる念仏者の課題として現世の問題がある。ここに人間的平面と超越空間とは質に違いがあるが、無関係ではない。両者は深く切り結んでいる。この点が信仰概念を明らかにしていくについて忘れてはならないことだと思います。

　親鸞聖人はいつでも自分の立場は煩悩具足の凡夫であることを一歩も離れずして、本願力の信仰を明らかにするという大変難しい課題を背負っていたのです。これが、信仰問題に触れつつ、聞法止むことなしということです。信仰が分からないというのではなく、信仰を得て、この世との一体関係を構築していくことが念仏の行者の生活でしょう。

　「信巻」（聖典二三六頁）で、信心が菩提心であることについて、菩提心に竪・横の四重を立てて論じています。さらに「横超断四流」の問題を明らかにしています。「大願清浄の報土には、品位《ほんい》階次を云わず、一念須臾《しゅゆ》の傾《あいだ》に速やかに疾《と》く無上正真道を超証す、かるがゆえに「横超」と曰うなり」（聖典二四三頁）、本願の報土には位はいわない。信の一念の瞬間に最高の覚り（無上正遍道、無上覚ともいう）を超証する。

「超証」というのは、必得、横超と同じように本願力自身が成就するあり方でそれを人間がいただく。「超絶去」「横截」を善導大師は「断」といっています。「「断」と言うは、往相の一心を発起するがゆえに、生として当に受くべき生なし。趣としてまた到るべき趣なし。すでに六趣・四生、因亡じ果滅す。かるがゆえにすなわち頓に三有《さんぬ》の生死を断絶す。かるがゆえに「断」と曰うなり。「四流」は、すなわち四暴流《しぼる》なり。また生・老・病・死なり」（聖典二四四頁）とあります。三界のいのち（有限のいのち、煩悩のいのち）を断絶する。別の言い方をすれば永遠のいのち、清浄のいのち、無限のいのちを得る。往相の一心を発起すれば生死を超えるとはっきりいっています。

「信巻」では、次に『般舟讃』の文を引用しています。「凡夫生死、貪《とん》して厭わざるべからず。弥陀の浄土、軽めて欣《ねが》わざるべからず。厭えばすなわち娑婆永く隔つ、欣えばすなわち浄土に常に居せり」、浄土を求めて、生死のいのちを厭うなら、娑婆は永遠に切ることができる。願生の位に浄土に常にいる。願生すればもう得生だ。そこに「六道の因亡じ、輪廻の果自ずから滅す」（聖典二四四頁）といっています。親鸞聖人はこの『般舟讃』の文を、お手紙の中で、いま現に浄土にいると解釈しています。

信心において、浄土にいるという一面があると同時に娑婆にいるという一面がある。これが信仰生活の矛盾です。しかしどちらか一方でなくて両方持っているわけです。清沢先生の言葉でいえば、「他力の救済を念ずるときには浄土にいるが如し」で、「忘れるときには地獄にいるが如し」だということです。

信仰を得たらもう浄土だと、独断的に決めて動かない存在になるということではない。たとえ地獄に堕ちても、本願力に帰すればまた浄土である。こういうことが、教学問題として、信仰問題として解決し終わったといえない問題です。

人間の空間を切るということは、例えばコンニャクを切るようなもので、切っても切っても切れたようには見えないのと一緒です。しかし切れていないわけではない。単に中でずるずる繋がっているのではなくて切ってある。切ってありながら繋がっているという在り方が信仰生活ではないでしょうか。煩悩具足の凡夫が本願力に触れるというのはそういうことだと思います。

親鸞聖人は、信心において横さまに切るといえるということをはっきりさせてくださった。そうすれば、悪趣を一つ一つ自分で切るのではない、根源が切れているからひとりでに閉じる。本願力の必然において閉じる、それを信じるわけです。

例えば、切り花は切っても水に浸けておけば花は咲いている。しかし根が切れているからいずれは枯れる。本願力に帰すれば、煩悩の生活を自分で切るということはできないが、いずれは切れる。そこに安んじてこの世のいのちを尽くしていく信念ができるわけです。

右に行くのでもなく、左に行くのでもない。信仰に立つということが、人間にとって一つの超絶性です。親鸞聖人の明らかにしようとした世界は大変難しい。超絶性は逃避性ではない。現世に立ちながら、しかしいつかは来るだろうという期待ではない。ここに決断して信仰に立つ。それを徹底的に明らかにする。

いつかは救かるとか、必死でやれば救かるとかという話ではない。もうここに救かっている。同時にもう救かったら終わりだといって何もしないということではない。解決できない人間の課題が山積している、一つもできないという悲しみの中に埋もれている。これを忘れない。こういう両面です。

三つの「自然」

本文に戻ります。「道《どう》に昇ること窮極《ぐごく》なし。往《ゆ》き易くして人なし。その国逆違《ぎゃくい》せず。自然《じねん》の牽《ひ》くところなり」（聖典五七頁）、浄土のいのちは、どれだけ怠け者でも浄土に触れたら怠けられない。「昇」というのは超絶性を表します。道を歩むことは終わることがない。浄土の人天の生活は諸仏供養だといわれますが、十方諸仏の国土に自由に往還して仕事が終わらない。往還してというのは行かずして行く、不動にして動ずるということで、浄土のいのちが信心に来るのです。

聞法は尽きることがない。煩悩がありますから聞法が止まないわけです。聞法を止めてしまったら本願を憶念することを忘れ、他力の救済を忘れ、黒闇に覆われる。「往き易くして人なし」、往きやすいというのは本願力に帰して往きやすい。しかしそれを明らかにいただくものがいない。「その国逆違せず」、浄土は逆・違ということがない。逆は転倒、違は相異するということです。仏の教えに背き、違う。浄土は仏法の道理に逆違することがない。自然（じねん）に阿弥陀の願力の用きに乗じて阿弥陀の用きのままに生かされる。

曇鸞大師は面白い解釈をしています。浄土以外の国だと国王がいても、反乱が起こったり、国王の言うなりにならなかったりする。阿弥陀法王の国では阿弥陀法王一人がおられて皆それになびく。阿弥陀の国が平和で、皆素直に所を得て用いていく理想の国のような表現をしています（主功徳成就）。

現実の国は人がそれぞれ利害関係を持って生きていますから、一方が利を得れば、一方が損をし、一方が権力を得れば、一方が失うという相対的なところですから、逆違がないということはない。そういうことがないようにしようとしながら、つねにまた逆違していくわけです。人間の生活を突破するような方向において、逆違しないような如来の願の世界を表現するのです。

「自然の牽くところなり」、ちょうど河が流れるようにひとりでにそうなっていく。無理してやれば反逆が起こる。強権発動して押さえれば逃げ出す。独裁国家ではよくあることです。そうではなくて自然（じねん）に自ずから牽かれていく。こういう世界が浄土の功徳であるといわれるわけです。

ここに、「道の自然なることを念いて」、「悪趣自然に閉じん」、「自然の牽くところなり」というように、自然（じねん）という言葉がたくさん出てきます。インドから中国に仏教が翻訳されるときに、「涅槃《ねはん》」という言葉に対応する中国語がなかった。当時、中国人の究極の理想として自然（じねん）ということがいわれていました。自然（じねん）というのは自然科学でいう場合の自然（しぜん）という意味ではなく、自然（しぜん）も包んで、人間性を超えた在り方の極致として、自然ということを道教では理想郷としている。それは「無為《むい》」という言葉と重なります。

無為という言葉は有為という言葉に対応しています。有為というのは「作られたもの」（samskrta）、無為は「作られたものではないもの」（asamskrta）です。作られたものは必ず滅びる。そこに涅槃という言葉の翻訳語として無為という言葉を充《あ》てることがあります。同時に涅槃は、単に煩悩の寂滅ということではなく、煩悩から解放されていのちを生きるということになった場合の遊戯自在の在り方を孕んだような涅槃で、執着を超えた生き方そのものを表す。

親鸞聖人が真実証の内容として表される大いなる用きを孕んだような涅槃です。このような涅槃は、寂滅という翻訳だと、いのちの問題を解決するのにいのちを殺すような発想で解決しようとする。つまり、いのちを無くせば救かるという問題の解消の仕方を取る。

そうではなく、問題を苦しむか、苦しまないかは主体の側の眼による。問題に苦しむ人間存在というものを解決すれば、問題に当たっていける。例えば、菩薩はあえて煩悩を捨てない。あえて煩悩を切らずしてこの世を生きるのが大乗の人間像としての菩薩です。仏陀に成ってしまったら、この世のことに本当にかかわって教えることができない。だから煩悩を持った存在としてこの世にかかわる。そういうわけで、涅槃という言葉の翻訳語として、道教の理想である自然（じねん）という言葉を充ててくる場合があります。

儒教の人は人間好き、政治好きです。「修身整家治国平天下」というのは政治の理想です。そのために仁・義・礼・智・信ということをいうのです。儒教は、人間の世界を丸く治めていくにはどうするかという意識が非常に強い。そのために、勤勉であるとか、自分を我慢したりという、いろいろな徳が教えられます。

それに対して道教は人間嫌いで、人間はどっちみち虚偽で、人間の成すことは、成せば成すほどおかしくなる。儒教が人に会ったら挨拶をしろというのに対して、道教の方は、挨拶したくもない者に挨拶するからおかしくなる、放っておけばいいという。放っておいても自然になるので、人間が手を入れるからおかしくなるといいます。山は放っておいても美しい、町は人間が住んでいるので汚い。だから山に入って仙人みたいな生活をするのが道教の徒です。道教の教えも中国人に非常に大きな影響を与えています。中国人は一面で実利的、政治的で具体的な発想をする民族ですが、他面ではとぼけた道教みたいなところがあります。

「nature」というヨーロッパの言葉も、単なる環境的自然ではない。ドイツ語の「natur」というのは、人間の外側だけに自然があるというのではなく、自ずからそうなっているという意味を表す言葉です。ドイツ語の「naturlich」という言葉は、「当然ですよ」という相づちの場合に使います。だから、natureという言葉の元の意味には当然そうなるという意味があります。

近代科学が入ってきて自然というと人間の外側だけを表すようになったわけです。中国の自然も単に外側の、山があり、林がありというだけではない。人間も自然のいのちをいただいて生きている。にもかかわらず人間はそこに人為性を加えている。人間が何か手を加えることによって自然が汚れ、自然が自然でなくなる。だから本来の自然に帰れ、人間の本来に帰れという意味を持っている。それで仏教が涅槃という言葉を自然という言葉で翻訳しようとした場合もあるわけです。

ところが翻訳していく中でいろいろな違いが出てきた。ここに出てくる自然（じねん）は、安養国が持っている力に触れて、衆生が持っている悪趣が自然に閉ざされるという意味ですから、浄土の力というなら、これは本願力である。法蔵願力が生み出した浄土の力は本願力である。本願力の用きにおいて、どのような衆生であろうとも浄土に生まれるならば、悪趣が切られていく。これは「願力自然《がんりきじねん》」だと定義されてきたわけです。『無量寿経』をよく読んでみますと、例えば、浄土の天・人は、「顔貌《げんみょう》端政《たんじょう》にして、世に超えて希有なり。容色微妙にして、天にあらず人にあらず。みな自然虚無の身、無極の体を受けたるなり」（聖典二八一頁）、これは親鸞聖人が「証巻」に引かれた大変有名な言葉ですが、この場合の自然は、涅槃そのもの、あるいは無為を表す。正覚の内容、生き方そのものを涅槃、一如、法性、無為、自然という。これが「無為自然《むいじねん》」です。

この無為自然に対して願力自然は何故開かれてくるかといえば、無為自然は究極の極致だけれども、愚かな煩悩の衆生がいかにして無為自然に触れうるか。無為自然をいくら説かれても、我々は考えることはできるが、それを体得できない。そこに無為自然に触れていく道として本願力が、我々に名号を誓っている。南無阿弥陀仏の一念において、我々は煩悩の生活のままにして「無為自然」に適う。無為自然に触れていく道が願力自然です。

本願力の自ずから然らしめたもう力において、貪欲瞋恚の腹立ちの生活のままに、念仏の一念が発《おこ》れば無為自然に適う。こういう意味で願力自然がいわれてくるのです。だから、人間性を超えた究極の極致としての自然とは意味が違ってきています。

これから後に出てきます「三毒五悪段」には非常に多くの自然（じねん）が出てきます。これは何を表すかというと、人間の生活の必然性です。例えば人間が腹を立てれば、ますますまた腹を立てる因縁を引いてくる。恨みを持てば、恨みが恨みを呼んでもっと恨んでくる。こういう必然性を「業道自然《ごうどうじねん》」といいます。業道自然の如実な有様が、これからずっと表現されてきます。「自然」にもこのような意味があり、聖典の中でもどれなのかよく分からない場合があります。

人間界の業の流転（業因業果）、人間生活の必然としてそうなっていくのを業道自然といい、そのただ中に南無阿弥陀仏の本願力において、超越論的な新しい視点（横超の道）が開けてくる、業道の中に業道を断ち切るような視点を持つことができることを願力自然といいます。そこにおいて、我々凡夫が触れることができない涅槃の用きを、いま、この世において念々にいただいていくことができる、これが無為自然と我々の関係になるわけです。

浄土が説かれる意味は、この世のほかにもう一つ世界があるという意味ではないのですが、いったん人間の世界のまったくほかに一つの世界として立てないと、人間を批判する力を持てない。人間世界を延長していくことが絶対にできない世界を、本願力の世界として立てて、その世界にいまここにおいて触れる道が開かれる。

いのちは有限であり、この世の自然を与えられて生きるいのち、六道流転の関係を生きるいのちであるが、そこに無為自然なる存在の本来性との関係をいつも視野に置く、いつもそれを忘れない方向を回復する。そこに本願の信心をいただいて生きることの意味があるのです。心身ともに煩悩にまみれたいのちであるが、にもかかわらず、ここに清浄無垢の真実信心を得ることができる。これが願力自然の持つ意味です。

「道《どう》に昇ること窮極なし。往き易くして人なし」、「道」という言葉は、中国人の大事な概念で、求道という言葉にもありますが、一歩一歩歩む存在ということを表していますし、ある方向に向かって歩んでいくことができる場所が道である。この場合の道は涅槃です。

大涅槃に上っていくのに究極がない。究極がない涅槃は大乗の涅槃です。小乗はどこか到達点を設けて、そこに行き着けば救かる。大乗には究極はない。還ってくるのですから究極がある方が間違いです。執《とら》われを超えて煩悩のただ中に還るような視野を与える。どんな道でも道に触れたならば究極がないのが真なのです。道は求めるところに意味があるので、究極があるということは道を捨てることになる。

浄土において与えられる涅槃の道は究極がない。そんなに長い道ではくたびれていけないというのは自力の計らいです。どれだけ遠くても本願力が自然に渡してくださる。信心の開けは無限の道である。そして「往き易くして人なし」、往きやすいということは、一切衆生に開こうとする願力の道である。男女老少、善悪貴賤、あらゆる人間の上の条件を問わず、一切の衆生に大涅槃に直結する道を与える。だから往きやすいといわれるわけです。しかし不思議なことに人がない。本当に大道に触れようとする人がいない。ここは本願力の大悲と、それになかなか触れられない悲しみとが表現されています。

「その国逆違せず。自然の牽くところなり」、本願力の自然が牽くから、自ずから仏道に適い、逆違することがない。人間の心に違い、逆境になることがない。続いて、「何ぞ世事を棄てて勤行して道徳を求めざらん。極長《ごくじょう》生《しょう》を獲べし。寿楽《じゅらく》極まりあることなし」とある。この言葉は聖道門的表現で、「極長生」という言葉はいかにも中国的表現になっています。

だから松原先生は、「悲化段」は中国で撰述されたのではないかといわれます。そういわれればそうかなあと思われるところがあります。長生きが良いことだとして、長生きの薬や長生きの方法を盛んに求めるのは中国です。特に神仙の術というのは道教から来ています。儒教は平天下が価値概念で、長生きのことはいわないのです。道教では、自然の意に適えば、いのちは死なないはずだといいます。山に入って仙人になると、千年も生きている者がいると、まことしやかにいわれます。

『無量寿経』の名前は「極楽荘厳」という題ですが、題名に無量寿を持ってきたのは何故かということがいわれていて、それは中国語に翻訳するにあたって、何よりもこの経典を身に付ければ長生きできるということを中国人に訴えるためだといわれます。

「道徳を求めざらん」、の道徳は、仏道の功徳を表します。「寿楽極まりあることなし」、寿の楽しみは極まりが無い。このようにいって一段が終わっています。

貪欲の苦

然《しか》るに世人、薄俗《はくぞく》にして共に不急《ふきゆう》の事《じ》を諍《あらそ》う。この劇悪極苦《ぎやくあくごつく》の中において身の営務《ようむ》を勤《つと》めて、もって自《みず》ら給済《きゆうさい》す。尊《そん》もなく卑《ひ》もなし。貧もなく富もなし。少長男女《なんによ》共に銭財を憂《うれ》う。有無同然《どうねん》なり。憂思《うし》適《まさ》に等し。屏営愁苦《びようようしゆうく》して、念《おも》いを累《かさ》ね慮《おもんぱか》りを積《つ》みて、心《しん》のために走《は》せ使《つか》いて、安《やす》き時あることなし。田あれば田を憂《うれ》う。宅あれば宅を憂《うれ》う。牛馬《ごめ》六畜《ろくちく》・奴婢《ぬび》・銭財・衣食《えじき》・什物《じゆうもつ》、また共にこれを憂《うれ》う。思いを重ね息《そく》を累《つ》みて、憂念《いきどおり》を愁怖《しゅうふ》す。横《よこさま》に非常の水火・盗賊《とうぞく》・怨家《おんげ》・債主《さいしゅ》のために焚漂《ぼんぴょうこうだつ》劫奪せられ消散し磨《ま》滅《めつ》す。憂毒忪忪《うどくそうそう》として解くる時あることなし。憤《いきどお》りを心中に結びて憂悩《うのう》を離れず。心堅《しんかた》く意《こころ》固く、適《まさ》に縦《じゅうしゃ》捨することなし。あるいは摧砕《ざいさい》に坐《つみ》して、身亡《ほろ》び寿《いのち》終われば、これを棄損《きえん》して去《さ》りぬ。誰も随《したが》う者なし。尊貴《そんき》豪富《ごうふ》もまたこの患《うれ》えあり。憂懼《うく》万端《まんたん》にして勤苦《ごんく》かくのごとし。もろもろの寒熱を結びて痛《いた》みと共に居《こ》す。貧窮《びんぐ》下劣《げれつ》にして困乏して常に無《か》けたり。田《でん》なければまた憂《うれ》えて田あらんと欲《おも》う。宅《たく》なければまた憂《うれ》えて宅あらんと欲《おも》う。牛馬《ごめ》六畜《ろくちく》・奴婢《ぬび》・銭財・衣食《えじき》・什物《じゅうもつ》なければ、また憂《うれ》えてこれあらんと欲《おも》う。適《たまたま》一つあればまた一つ少《か》けぬ。これあればこれ少《か》けぬ。斉等《さいとう》にあらんことを思う。適《たまたま》具《つぶ》さにあらんと欲《おも》えば、すなわちまた糜散《みさん》しぬ。かくのごとく憂苦《うく》して当《まさ》にまた求索《ぐさく》すれども、時に得ること能《あた》わず。思想して益《やく》なし。身心倶《とも》に労《つか》れて坐起《ざき》安からず。憂念《うねん》相随《あいしたが》いて勤苦《ごんく》かくのごとし。またもろもろの寒熱を結びて痛みと共に居《こ》す。ある時はこれに坐《つみ》して、身を終え命を夭《ほろ》ぼす。肯《あえ》て善をなし道を行じ徳に進まず。寿《いのちお》終え身《み》死して当《まさ》に独《ひと》り遠く去る。趣向《しゅこう》するところあれども、善悪の道能《よ》く知る者なし。（聖典五八～五九頁・註釈版五四～五五頁）

次からはいわゆる「三毒五悪段」に入っていきます。「然に世人、薄俗にして共に不急の事を諍う。この劇悪《ぎゃくあく》極苦《ごっく》の中において身の営務《ようむ》を勤めて、もって自ら給済す。尊もなく卑もなし。貧もなく富もなし。少長男女共に銭財を憂う。有無同然なり。憂思《うし》適《まさ》に等し」（聖典五八頁）とある。

「薄俗」の俗は、仏教の方向を向かないで、この世的関心にのみ心が動くということです。道俗という分け方ですと、仏道かこの世的かということです。親鸞聖人は非僧非俗といって単なる俗ではないといっています。

「共に不急の事を諍う」、急がなければならないことではないのに急がなければならない如くにして争う。私どもは目の前の関心で我を忘れて走り回りますから「不急の事を諍」います。

「この劇悪極苦の中において」、非常に激しく悪が起こり、極まりたる苦の中において、「身の営務を勤めて」、自分の宿業に与えられた仕事に一生懸命努める。「もって自ら給済す」、自分で動いて自分で生活物資を取ってきて、自分の生活を守る。

「尊もなく卑もなし。貧もなく富もなし」、そういう生活の在り方は、尊卑とか、貧富とかの状況的な違いを超えて皆、逆悪極苦の人生の中にあって、一生懸命自分で自分を救済する。そして「少長男女共に銭財を憂う」、老若男女共に財産を心配する。「有無同然なり憂思適に等し」、有っても無くても憂い悩みも変わりがない、同じである。

「屛営《びょうよう》愁苦して」、「愁」という字は、寂しさとともに憂いがあるというニュアンスです。営々として営みを重ねて、愁苦して、「念いを累《かさ》ね慮を積みて」、ああでもないこうでもないと自分の心配を積み重ねる。「心のために走《は》せ使いて」、私どもの生活はその心配のために使われる。一昔前の日本人は好きだから働いていた。なぜそんなに働くのだといったら、働くのが好きだからとしかいえないほど働いた。しかしその根には、実はその心のために馳せ使われる。よく働くとか、勉強するその動機には、自分がいずれその結果を得たいために努力するということが必ずある。目的なしに人間は努力するということはできない。

そして、「安き時あることなし。田あれば田を憂う」、田を持てば四六時中、田圃のことが心配になる。「宅あれば宅を憂う」、家を建てれば家のことがいろいろ心配になる。持てば持つほどそれに使われる。「牛馬《ごめ》六畜・奴《ぬ》婢《び》・銭財」、昔は家畜を飼うことが経済生活に繋がっていました。また戦争で獲得してきた捕虜は皆奴隷にする。

残っている子ども、女性は奪ってきて奴隷にする。奴隷の不足を補うために戦争をすることすらあった。「衣食・什物、また共にこれを憂う」。

親鸞聖人のお手紙の中に、人を使っていてそれに対する配慮のことが出ています。「奴婢」に当たる人を使っていたらしい。それを親鸞聖人の奥さんが自分の孫娘に譲るということが書かれている。当時はそういうことが常識的にあったらしい。奴婢が産んだ子まで財産になる。それが取り合いになることを心配して、これは誰に譲ったのだという証文を出しています。

「思いを重ね息を累《つ》みて、憂念《いきどおり》を愁怖す」、思い煩いを重ね、ため息をついて嘆く。「憂念」というのは心配な思いで、それが自分の思ったようにならないというのが人生ですから、それで行き詰まりのように感じてくる。それを憂いとともに恐れる。このあたりは憂いという言葉が重なっています。人間の生活の営みにいつも心配がついている。家族、未来、家畜、いろいろ心配がある。それが重なってくる。

「横《よこさま》に非常の水火・盗賊・怨家《おんげ》・債主のために焚漂劫奪《ぼんぴょうこうだつ》せられ消散し磨滅す」、一生懸命田を耕して、今年の秋の実りはどのくらいになるだろうかと心配していたのが、一挙に水害で無くなる。また火災で何もかもすっかり無くなる。かと思うと盗人が入って皆持って行かれる。

「怨家」というのは怨みです。シェイクスピアには「ロミオとジュリエット」という作品がありますが、家と家が喧嘩をし合って代々仲が悪いということがあります。他の人とはそんなに仲が悪いことはないのですが、その家同士になると仲が悪い。お互いに利権が絡むところで仲良くなれない。家と家の怨みで、それは代を重ねるのです。

例えば四十七士の吉良と赤穂の問題でも、三河の吉良へ行くと、吉良の殿さまはいい殿さまだと皆そう思っている。それをいきなり斬りつけた赤穂の野蛮侍を褒め讃えるとは何事かといっている。代々そう言い伝えている。一方は、お家断絶にした吉良家はとんでもない奴だと代々伝えている。江戸の初めから四百年も経っているのにいまだに仲が悪い。

石田三成についても、徳川家康は勝つか負けるかの戦いをやって、最終的には勝ったわけですが、その石田三成の怨霊が出てくることを非常に恐れて、徳川家は石田家に繋がる親族を絶滅させている。豊臣秀吉が長浜の城主として来たときに、石田三成が茶坊主としてお茶を出しに来た。そこで気の利いた出し方をしたというので、取り立てられて、その恩顧で城をもらっている。関が原の戦いのときは、豊臣秀吉の恩顧ということで、豊臣方の参謀総長になった。だから長浜の近在は皆関係している。

とにかく直系、親族は絶滅させられた。全部地中に埋めて、その上に神社を造り、その近所にお寺を造った。そのお寺が徳明寺といい、私がお話に行っている所です。石田三成の生まれた所といっても、言い伝えがあるだけで証明するものは何もない。石田一族は神社の下に埋められたと四百年間言い伝えてきているので、いっぺん掘ってみようと掘り出したら墓石や骨が出てきたそうです。いまでも長浜の人は決して三河の岡崎城には行かないそうです。

民族争いも端《はた》から見たら分かりませんが、言い伝えている怨みがあるのです。その怨みが蓄積しているので、許せないわけです。こういうことは理性のレベルでは解決できない問題です。

「債主のために焚漂劫奪せられ消散し磨滅す」、営々として自分なりに財産を作り、家畜を養い、家族を護っていたつもりが、いきなり天災、人災が来て無くなってしまう。戦争状態のときは、こういうことがしょっちゅう起こります。

アメリカに渡った人の二世、三世の方は、初代が一生懸命働いて作った財産を全部没収されています。日本が戦争に入ったとたんに、強制収容所にまとめられて、それまで作った財産、土地を全部没収された。最近になってそれは間違いだったといって、裁判にして、いくらか補償金を出していますが、もう間に合いません。

横（よこさま）という字は、このように「いきなり来る」という意味で使う字で、あまり良い言葉ではないといってもいい。横柄、横車、横槍というように、人間が縦に生きていこうとするときにいきなり横から来るということです。そういう字をあえて使って本願の用きに充てるのです。人間の自力の思いに対して、まったく思いもかけない方向から来る。これを横截といいます。

「憂《う》毒《どく》忪忪《そうそう》として解くる時あることなし」、憂鬱が蓄積してくると病気になります。人間生活の憂いが、本来の明るいいのちを暗くする。「忪忪」という字は「騒動」の「騒」と同じニュアンスを持っている字です。憂いの思いが心を鎮めない。

「憤りを心中に結びて憂悩を離れず」、心の中に憤りが溜まっていてほとばしり出てくる。そして憂いの悩みが離れない。現代は一億総不満症といわれますが、本当に心が開けない。中流意識は、皆一応満足しているが、何ともいってみようがない不満が鬱積している。自分が自分を生活していこうという思いがあって、それが毒になっている。充分生きていけるのに、不平不満が何処から来ているのか分からない。

「心《しん》堅く意《こころ》固く、適に縦捨することなし」、意識の働きが堅固である（唯識では、心は根本識、意は末那識といわれます。心は全体意識、意は分別識です。どちらにしても、心、意は意識の働きです）。憂悩を離れない堅固は、開けない、打ち解けないで意固地です。欲しいままに捨てるということがない、堅く執着して憂いの固まりから離れられない。愚痴が愚痴を呼んで堂々めぐりしている。自分の心の中に憂い、怨みを積みはじめたら、ひとりでに走り出して自分を動かしてくる。

「あるいは摧砕《ざいさい》に坐《つみ》して」、面白い読み方をしています。「すわる」という字を「つみする」と読んでいます。「坐」という字は理由（…による）を表す字でもあります。しかし「よる」という場合は悪いことの理由というニュアンスがあります。「摧砕」というのは戦争で馬に踏みつぶされるように「くだきつぶす」ということです。親鸞聖人は、「化身土巻」で「猥《みだ》りがわしく死罪に坐す」（聖典三九八頁）、とこの「坐」を使っています。

「身亡び寿《いのち》終われば、これを棄捐して去りぬ。誰も随う者なし」、一生懸命自分を護り、家族を護り、村を護りやってきた。ところが亡くなれば、これを棄てて誰も従う者がない。「尊貴豪富もまたこの患《うれ》えあり」、こういう心配が上に行くほどあるものだから、一緒に死ぬ者をあえて作る。国王は何人も死の床に引きずり込む、さらには人間だけではなく、動物を引きずり込んだり、焼き物で兵隊を作って護ったりしている。誰も付いてこないということが事実だから、心配でしようがない。尊貴豪富ほど患いが強い。

「憂懼万端《うくまんたん》にして勤苦かくのごとし」、「懼」は、「恐」が恐い者にやられるというのに対して、伝え聞いて恐ろしくなるというニュアンスです。人が殺されたことを聞いて恐ろしくなるという場合は「懼」の字が近い意味です。端々まで憂いと恐れである。

「もろもろの寒熱を結びて痛みと共に居す」、肝を冷やし汗をかくほど苦しみ、痛みとともにいる。「貧窮《びんぐ》下劣《げれつ》にして困乏して常に無《か》けたり」、ここはただ金銭に貧しい、下劣だというだけではない。いままでのことをまとめて、人間存在として生きる生き方自体の貧困性のことです。たとえ尊貴豪富であっても貧窮下劣である。

いまの日本の在り方のように、金銭的蓄積は充分でしょうが、なんとなく貧困である。事実我々自身も生活する中に、なにか本当の豊かさからますます遠くなるような感覚がある。共同体が欠落していきますし、自然が壊されていきますし、存在全体が貧しくされていくような感じがあります。

同じようなことがくり返されていきます。いわれればまことにその通りだなあという感覚が強いです。「田なければまた憂えて田あらんと欲う。宅なければまた憂えて宅あらんと欲う」、無ければ無かったで有りたいと思い、有ればあったで有ることを憂う。「牛馬六畜・奴婢・銭財・衣食・什物なければ、また憂えてこれあらんと欲う。適《たまたま》一つあればまた一つ少《か》けぬ。これあればこれ少けぬ。斉等にあらんことを思う」、全部欲しいというわけです。

「適《たまたま》具《つぶ》さにあらんと欲えば、すなわちまた糜《み》散《さん》しぬ」、全部集めたころにはいのちの方が無くなる。財産争いで雲散霧消です。代々そういうことをくり返しているが、人間はまたそれをやるのです。「かくのごとく憂苦して当にまた求索すれども、時に得ること能わず」、このように憂い苦しんで求めても、タイミングよく得ることはできない。「思想して益《やく》なし」。考えて思っていても、その結果は利益というものがない。

「身心倶に労《つか》れて坐起安からず。憂念相《あい》随いて勤苦かくのごとし」、「坐起」というのは坐ったり立ったりということで日常生活全体を表します。「またもろもろの寒熱を結びて痛みと共に居す」、「寒熱」というのは、怖れ戦き、ぞっとして肝を冷やし、驚き悩んで身が熱くなるといわれます。心の中に憂いが溜まって寒くなる、あるいは怒りで熱くなる。そういうことが毒になる。寒熱というのは病気の原因です。

「ある時はこれに坐《つみ》して、身を終え命を夭《ほろ》ぼす。肯て善をなし道を行じ徳に進まず。寿終え身死して当に独り遠く去る。趣向するところあれども、善悪の道能く知る者なし」、このように「三毒段」に入りますと人間生活そのものが仏の慈悲の眼で照らし出されている。ここの部分は三毒に分ければ、貪欲《とんよく》に当たるといわれますが、必ずしもそうもいえません。しかし起こる事実の因果は、確かにそういわれればそうなっていると感じます。

瞋恚の苦

世間の人民《にんみん》、父子・兄弟・夫婦・室家《しつけ》・中外《ちゅうげ》の親属、当《まさ》に相敬愛《あいきょうあい》して相憎嫉《あいぞうしつ》することなかるべし。有無相通《あい》じて貪惜《とんじゃく》を得ることなかれ。言色《ごんしき》常に和して相違戻《あいいれい》することなかれ。ある時には心に諍《あらそ》いて恚怒《いぬ》するところあり。今世《こんぜ》の恨《うら》みの意《こころ》、微《すこ》し相憎嫉《あいぞうしつ》すれば、後世《ごせ》には転《うた》た劇《はげ》しく大怨《だいおん》と成るに至る。所以《ゆえ》は何《いか》んとなれば、世間の事《じ》かわるがわる相患害《あいげんがい》す。すなわちの時に急《すみ》やかに相破《あいは》すべからずといえども、然《しか》も毒を含《ふく》み怒《いか》りを畜《たくわ》え憤《いきどお》りを精神《しょうじん》に結びて、自然《じねん》に剋識《こくし》して相離《あい》るることを得ず、みな当《まさ》に対生《たいしょう》してかわるがわる相報復《あいほうぶく》すべし。人、世間の愛欲の中にありて、独《ひと》り生じ独り死し独り去り独り来《きた》りて、行《ぎょう》に当《あた》り苦楽《らく》の地に至り趣《おもむ》く。身《み》、自《みずか》らこれを当《う》くるに、有《たれ》も代《か》わる者なし。善悪変化《へんげ》して殃福処異《おうふくところこと》なり、宿予《あらかじめ》厳待《ごんたい》して当《まさ》に独り趣入《しゅにゅう》すべし。遠く他所に到《いた》りぬれば、能《よ》く見る者なし。善悪自然《じねん》にして行《ぎょう》を追うて生ずるところなり。窈窈冥冥《ようようみょうみょう》として別離《べつり》久しく長し。道路同じからずして会《あ》い見ること期《ご》なし。甚《はなは》だ難《かた》し、甚《はなは》だ難《かた》し。また相値《あいあ》うことを得んや。何《なん》ぞ衆事《しゅじ》を棄《す》てざらん。おのおの強健《ごうごん》の時に曼《およ》んで努力修善を勤《つと》めて精進《しょうじん》して度世《どせ》を願え。極《きわ》めて長生《じょうしょう》を得べし。如何《いかん》ぞ道を求めざらん。安所《いずくん》ぞ待つべき。何の楽しみをか欲《おも》わんや。（聖典五九～六〇頁・註釈版五五～五六頁）。

「弥勒段」は、善導大師の「悲化を顕通する」という言葉によってこの部分を「悲化段」ともいわれます。内容は善悪が説かれていて、その内容をはじめは三段に分けて、後半は五段に分けて説かれていますので、はじめの三段を「三毒段」といい、後ろを「五悪段」といっています。それを清沢先生は全体を「善悪段」とし、はじめの「三毒段」を「善悪段」の「総説段」とし、「五悪段」を「別説段」としています。これについてはもう少し研究がしたいといって亡くなりました。

一応「三毒段」を貪欲、瞋恚、愚痴と分けていますが、きちんとは分けられません。第一段は有財、無財の憂いが延々と説かれています。ここからが第二段です。

前の段では尊卑、少長男女ということが出ていましたが、人間が人間として生きるかぎりにおいては、どういう状態でも我の所有に執《とら》われる。それにより憂いが憂いを呼び、疲れ果てる。そこに、横に水火、盗賊、怨家、債主という自分に起こってこないと思っている事件が起こって、所有していたものが一挙に失われるということが述べられていました。第二段に来ますと、「世間の人民、父子・兄弟・夫婦・室家・中外の親属、当に相《あい》敬愛して相《あい》憎嫉することなかるべし」と人間関係を挙げて、人間関係に対して相敬愛せよという言葉があって、「有無相通じて貪惜《とんじゃく》を得ることなかれ」と、貪り惜しむということがあってはならないといっています。「言色《ごんしき》常に和して相違戻《あいいれい》することなかれ。ある時に心に諍いて恚怒《いぬ》するところあり」、あるときは怒りが生じる。「今世の恨みの意《こころ》、微《すこ》し相憎嫉すれば、後世には転た劇《はげ》しく大怨と成るに至る」、今世の怨みが時を経て、次の世に大怨となる。時を経て消えるのではなくて、増えてくる。「所以は何《いか》んとなれば、世間の事かわるがわる相患《あいげん》害《がい》す」、こちらに怒りがあれば、時を経てひどい怨みになる。何故かといえば、こちらが恨めば向こうも恨んでくる。また恨みかえすということで増幅するわけです。

自分一人で腹を立てるということはないので、怒る対象があってこちらが怒れば向こうも怒る。だからますます腹が立ってくる。腹を立てないものに向かってこちらがいかに怒ってみても、向こうは腹を立てません。しかし人間は交互関係で、時間の中に生きていることによって怒りが増幅する。

「然も毒を含み怒りを畜え憤りを精神《しょうじん》に結びて、自然に剋識《こくし》して相離るることを得ず」、貪瞋痴を三毒といいますが、怒りが毒を含み、煩悩が毒になる。仏教が煩悩と押さえたような心理作用が起これば、何かの物質が出て、それがおそらくは、いのちに対してマイナス作用をもたらすのではないかと思います。どういう物質が出て、どういう作用をするかということはまだ分かっていませんが、腹を立てれば胃が悪くなるというように因果関係があるのですから、それには何か精神作用が物質作用を呼び起こしているので、毒というのは精神的な意味ももちろんありますが、実際に身体を痛めるわけです。

「憤りを精神に結び」、中国人の感じている精神界にいろいろな記録装置のようなものがあって、この世で私どもが成す行為がそのまま記されるという表現があります。この精神というのは、そういう霊魂のようなものを感じさせる言葉です。「自然に剋識して相離るることを得ず」、この「自然」は業道自然です。自分の精神の中に怒りを刻み込んでそれから離れることができない。「みな当に対生してかわるがわる相報復《あいほうぶく》すべし」、関係存在として生きることにおいて、関係の中で相報復する。

「人、世間の愛欲の中にありて、独《ひと》り生じ独り死し独り去り独り来りて、行《ぎょう》に当り苦楽の地に至り趣《おもむ》く」、「独生独死独去独来」ということがいわれますが、ここが出典です。世間の愛欲関係の中にあって、独りである。そして行くべき赴くべき苦楽の地に行く。「身《み》、自らこれを当くるに、有《たれ》も代わる者なし」、人間関係を生きながら、かえって孤独になり、自らこれを受けて誰も代わる者がない。いのちを受けて生きているということは代替できない。業報《ごうほう》を受けて、他に代わることができない関係をもっていのちが与えられるので、個人の身およびその関係は誰にも代われない。これが、人間関係の中で私どものいのちが与えられて有るという厳粛な意味です。

「善悪変化《へんげ》して殃福処《おうふくところ》異なり、宿予《あらかじめ》厳待して当に独り趣入すべし」、善と悪が影響を及ぼして、善因楽果、悪因苦果という因果関係において、災いと幸福が処によって異なってくる。「善」の定義は、前世と今世、あるいは今世と後世の二世にわたって意味が働いてくる。それがいのちを利益するように働くか、いのちを損滅するように働くかということで、善か悪かが定義される。

いわゆる倫理的善悪の意味ばかりではない。倫理的に善と見える行為でも、もし心がそれに執着したり、誇ったりすると、それは仏教的な善ではない。かえって悪となる。世間的善悪が幸福や災いを引いてくるというのは、人を倫理的に指導する意味はあるかもしれませんが、仏教的な定義とは違ってきます。

「宿予、厳待して当に独り趣入すべし」、厳しく待ってまさに独り入っていく。「遠く他所に到りぬれば、能く見る者なし。善悪自然にして行を追うて生ずるところなり」、善悪はその行為（業）を追って結果が生じてくる。「窈窈冥冥《ようようみようみよう》として別離久しく長し。道路同じからずして会い見ること期《ご》なし。甚だ難し、甚だ難し」、このように人間関係の中で、腹を立て、怒りを持ち、傷ついて生きることによって、孤独に陥っていく。それによって「また相値《あ》うことを得んや」、会うことができない。

「何ぞ衆事《しゅじ》を棄てざらん。おのおの強健《ごうごん》の時に曼《およ》んで努力《ゆめゆめ》修善を勤めて精進して度世《どせ》を願え」、人間の苦悩を語って、その苦悩から出るために、ゆめゆめ善を修め、勤めて精進して出世を願い、極めて長生を得なさい。これは、長命という中国人の深い要求に応えて勧めるような文章です。これは三毒五悪段に一貫しています。だから、本願の段に比べて少し異質な感じがするのは事実です。

「如何ぞ道を求めざらん」、どうして道を求めないで済もうか。「安所《いずくん》ぞ待つべき。何の楽しみをか欲わんや」、こういうふうに苦悩のいのちを語ってきて、超越する方向を教えて結んでいます。

愚痴の苦

かくのごとく世人《せにん》、善を作《な》して善を得《え》、道《どう》を為《な》して道を得ることを信ぜず。人、死して更《かえ》りて生まれ、恵施《えせ》して福を得ることを信ぜず。善悪の事、すべてこれを信ぜず。これを然《しか》らずと謂《おも》えり。終《つい》に是《ぜ》することあることなし。但《ただ》これを坐《つみ》するゆえに、且《か》つ自《みずか》らこれを見れば、かわるがわる相瞻視《あいせんし》して先後同じく然《しか》なり。転《うた》た相承受《あいじょうじゅ》するに、父、教令《きょうりょう》を余《のこ》す。先人・祖父素《もと》より善を為《な》さず。道徳を識《さと》らず。身《み》愚《おろ》かに神《たましい》闇《くら》く、心塞《しんふさが》り意閉《こころと》じて、死生《ししょう》の趣《しゅ》、善悪の道、自《みずか》ら見ること能《あた》わず。語る者あることなし。吉凶禍福《きつきょうかふく》、競《きそ》いておのおのこれを作《な》す。一《ひとり》も怪《あや》しむものなきなり。生死《しょうじ》の常の道、転《うた》た相嗣《あいつ》ぎ立つ。あるいは父は子を哭《こく》し、あるいは子、父を哭《こく》す。兄弟・夫婦、かわるがわる相哭泣《あいこくきゅう》す。顚倒《てんどう》上下して無常の根本なり。みな過去に当《う》く。常に保つべからず。教語開導《きょうごかいどう》すれどもこれを信ずる者は少なし。ここをもって生死流転《しょうじるてん》し、休止《くし》することあることなし。かくのごときの人、矇冥抵突《もうみょうたいとつ》して経法《きょうぼう》を信ぜず。心に遠き慮《おもんぱか》りなし。おのおの意《こころ》を快くせんと欲《おも》えり。愛欲に痴惑《ちわく》せられて道徳を達《さと》らず。瞋怒《しんぬ》に迷没《めいもつ》して財色《ざいしき》を貪狼《とんろう》す。これに坐《つみ》して道を得ず。当《まさ》に悪趣《あくしゅ》の苦に更《かえ》るべし。生死窮《しょうじきわ》まり已《や》むことなし。哀《あわ》れなるかな。甚《はなは》だ傷《いた》むべし。ある時は室家《しつけ》・父子《ぶし》・兄弟・夫婦、一《ひとり》は死し一《ひとり》は生ず。かわるがわる相哀愍《あいあいみん》す。恩愛思慕《しぼ》して憂念結縛《うねんけつばく》す。心意《しんい》痛着《つうじゃく》して迭《たが》いに相顧恋《あいこれん》す。日を窮《きわ》め歳《とし》を卒《お》えて解け已《や》むことあることなし。道徳を教語するに心開明《かいみょう》ならず。恩好《おんこう》を思想して情欲を離れず。昏矇閉塞《こんもうへいそく》して愚惑《ぐわく》に覆《おお》われたり。深く思い熟《つらつ》ら計《はか》らい、心自《しんみずか》ら端《たん》正《じょう》にして専精《せんしょう》に道を行じて世事《せじ》を決断《けつだん》すること能《あた》わず。すなわち旋《めぐ》り、竟《おわ》りに至る。年寿《ねんじゅ》終わり尽《つ》きぬれば道を得ること能《あた》わず。奈何《いかん》とすべきことなし。総猥憒擾《そうわいかいにょう》してみな愛欲を貪《むさぼ》る。道に惑《まど》える者は衆《おお》く、これを悟《さと》る者は寡《すくな》し。世間悤悤《そうそう》として憀頼《りょうらい》すべきことなし。尊卑《そんぴ》・上下・貧富・貴賤、勤苦《ごんく》悤務《そうむ》しておのおの殺毒《せつどく》を懐《いだ》く。悪気《あっけ》窈冥《ようみょう》してために妄《みだ》りに事《じ》を興《おこ》す。天地に違逆《いぎゃく》して人の心《こころ》に従わず。自然《じねん》の非悪《ひあく》、先《ま》ず随《したが》いてこれを与う。恣《ほしいまま》に所為《しょい》を聴《ゆる》してその罪の極まるを待つ。その寿《いのち》未《いま》だ尽《つ》きざるに、すなわち頓《たちまち》にこれを奪《うば》う。悪道《あくどう》に下《くだ》り入《い》りて、累世《るいせ》に勤苦《ごんく》す。その中に展転《てんでん》して数千億劫《こう》なり。出《い》ずる期《ご》あることなし。痛《いた》み言うべからず。甚《はなは》だ哀愍《あいみん》すべし。」（聖典六〇～六二頁・註釈版五六～五八頁）

ここは三毒の三つめの愚痴についてです。「かくのごとく世人《せにん》、善を作して善を得、道を為して道を得ることを信ぜず」、善を作して善を得ることを信じない、道を為して道を得ることを信じない。「人、死して更《かえ》りて生まれ、恵施して福を得ることを信ぜず」、生まれ変わり死に変わりしていくいのちの中で、善を作して善を得、道を為して道を得るといういのちのくり返しを信じない。「善悪の事、すべてこれを信ぜず。これを然らずと謂《おも》えり。終《つい》に是することあることなし」、こういう善悪の因果を信じないというのは、邪見です。時を隔てて経験が引いてくるそのことを無視しようとする。人間の都合で起こってくることだから、いまの行為が後で引いてくる、いまなすことがかえって自分に降りかかってくるとは信じたくない。

「但これを坐《つみ》するゆえに、且《か》つ自らこれを見れば、かわるがわる相瞻視《あいせんし》して先後同じく然なり」、そういう考え方に生きることによって、お互いに相手を見れば、そうなっている。自分のことはお互いによく分からないが、人のことを見ていると、ああいうことをしたからああなったのだと分かる。

「転た相承受《あいじょうじゅ》するに、父、教令《きょうりょう》を余《のこ》す」、父がそういう教えを残している。「先人・祖父素《もと》より善を為さず。

道徳を識《さと》らず。身愚かに神《たましい》闇《くら》く、心《しん》塞《ふさが》り意《こころ》閉《と》じて、死生《ししょう》の趣、善悪の道、自ら見ること能わず。語る者あることなし。吉凶禍福、競いておのおのこれを作す。一《ひとり》も怪しむものなきなり。生死の常の道、転た相嗣《あいつ》ぎ立つ」、宿業因縁を本当に見抜けない。善が善を引き、悪が悪を引くという因縁関係を否定しようとして生きている。それが代々重なる。子どもは親の背中を見て育つといいますが、いつの間にか、価値判断、倫理観というような家庭の規範を受け継いでくる。一人ひとりは少しずつ違いますが、代々価値を引きずっている。

私が京都に行きましたころ、先生方が学生のことよりも、その親のことや祖父のことを話題にしていました。一人ひとり違うのだから、一人ひとりのことを見なければいけないのにと思いましたが、学生を長い間見ていますと、やはり、かなり濃厚に家庭を映していることが分かります。もちろん個人として生まれるわけですが、その個人が人間関係の中で育ってくる中で強い影響を受けてくるのではないかと思います。

「あるいは父は子を哭《こく》し、あるいは子、父を哭す。兄弟・夫婦、かわるがわる相《あい》哭泣す」、生死の境の事件にぶつかって、父親が子どもについて泣き、あるいは、子どもが父親について泣く。兄弟・夫婦、代わるがわるに泣いている。「顚倒上下して無常の根本なり。みな過去に当《う》く。常に保つべからず」、順序が逆さまになる。皆亡くなっていく。「教語開導すれどもこれを信ずる者は少なし。ここをもって生死流転し、休止することあることなし。かくのごときの人、矇冥《もうみょう》抵突《たいとつ》して経法を信ぜず」、暗闇の中でぶつかるようにして生きる。教えを信じない。「心に遠き慮りなし。おのおの意《こころ》を快くせんと欲えり」、その時、その時に自分の思いで快楽を要求する。

「愛欲に痴惑せられて道徳を達《さと》らず。瞋怒に迷没して財色を貪狼《とんろう》す。これに坐《つみ》して道を得ず。当に悪趣の苦に更るべし。生死窮《きわ》まり已むことなし。哀れなるかな。甚だ傷むべし。ある時は室家《しつけ》・父子・兄弟・夫婦、一《ひとり》は死し一は生ず。かわるがわる相哀愍す。恩愛思慕して憂念結縛す。心意痛着して迭《たが》いに相顧恋《これん》す。日を窮め歳を卒《お》えて解け已むことあるとなし。道徳を教語するに心開明ならず。恩好を思想して情欲を離れず。昏矇《こんもう》閉塞して愚惑に覆われたり」、前の段が瞋恚に当たるとすれば、こういう言葉は愚痴に当たるというわけです。

「深く思い熟《つらつ》ら計らい、心自ら端正《たんじょう》にして専精に道を行じて世事を決断すること能わず」、考えが浅く、深く思うことができない。「すなわち旋《めぐ》り、竟《おわ》りに至る。年寿終わり尽きぬれば道を得ること能わず。奈何《いかん》とすべきことなし」、終わり尽きるころになるとしまったと思うのですが、そのときにはもう間に合わない。「総猥憒擾《そうわいかいにょう》してみな愛欲を貪る。道に惑える者は衆《おお》く、これを悟る者は寡《すくな》し。世間怱怱《そうそう》として憀頼《りょうらい》すべきことなし」、しまったと思うのでしょうが、そのときは間に合わない。「怱」という字は「憀」という字と響き合っていまして、落ち着きのない様を表します。

「尊卑・上下・貧富・貴賤、勤苦怱務《そうむ》しておのおの殺毒《せつどく》を懐く」、状況の違いで、お互いに殺意のような憎しみを懐く。「悪気《あつけ》窈冥《ようみよう》してために妄《みだ》りに事を興す」、悪い気が暗闇の如く起こってきて妄りに事を起こす。「天地に違逆して人の心に従わず。自然の非悪、先ず随いてこれを与う。恣《ほしいまま》に所為を聴《ゆる》してその罪の極まるを待つ」、自分の欲望に負けて、自分の行為を許して、その罰が極まるのを待っている。「その寿《いのち》未だ尽きざるに、すなわち頓《たちまち》にこれを奪う。悪道に下り入りて、累世《るいせ》に勤苦す。その中に展転して数千億劫なり。出ずる期あることなし。痛み言うべからず。甚だ哀愍すべし」、これが第三毒になっているわけです。

そういう三毒に引かれ、行為というものが後を引いていくことを何処かで感じながらも、そのときの行為に身を任せて、結局罰が当たってくる。そういう人間の業道を如実に表しています。人間の苦悩のいのちのあり方が時とともにある、その時の中に怒りを起こし、欲を起こし、人間関係の中で傷つけ合う。一番根本には因果の道理を何処かで忘れて、そのときそのときの行為に引かれていってしまう。

一神教的な日蓮

仏《ぶつ》、弥勒菩薩《みろくぼさつ》諸天人等に告《つ》げたまわく、「我《われ》今、汝《なんじ》に世間の事《じ》を語る。人これをもってのゆえに、坐《つみ》して道を得ず。当《まさ》に熟《つらつ》ら思い計りて衆悪《しゅあく》を遠離《おんり》すべし。その善の者《もの》を択《えら》んで勤《つと》めてこれを行《ぎょう》ぜよ。愛欲栄華《あいよくえいが》常に保つべからず。みな当《まさ》に別離《べつり》すべし。楽しむべき者《もの》なし。仏の在世《ざいせ》に曼《もうあ》い当《まさ》に勤《つと》めて精進《しょうじん》すべし。心《しん》を至して安楽国《あんらくこく》に生まれんと願ずることある者は智慧明達《ちえみょうだつ》し功徳殊勝《くどくしゅしょう》なることを得べし。心の所欲に随《したが》いて経戒《きょうかい》を虧負《きふ》して人の後《しりえ》にあることを得ることなかれ。もし疑いの意《こころ》ありて経を解《さと》らざる者は、具《つぶ》さに仏に問いたてまつるべし。当《まさ》にためにこれを説くべし。」（聖典六二～六三頁・註釈版五八～五九頁）

三毒段が終わり、仏は、ここで改めて弥勒菩薩・諸天人等を呼んで、「我今、汝に世間の事を語る。人これをもってのゆえに、坐《つみ》して道を得ず」、世間を生きるということは、人間関係の中で、根源の智慧を持たずして、そのときの因縁によって煩悩の心で生きるから、そこに苦悩を引いてくる。そういう悪業に生きていくので道を得ることができない。

「当に熟《つらつ》ら思い計りて衆悪を遠離すべし。その善の者を択《えら》んで勤めてこれを行ぜよ。愛欲栄華常に保つべからず。みな当に別離すべし。楽しむべき者なし。仏の在世に曼《もうあ》い当に勤めて精進すべし」、このように、世間のことを語れば、お釈迦さまの時代であろうと、時代を隔てた現代であろうと、人間がお互いに生きている有様はほとんど変わらない。機械文明が発達していますが、起こってくる心、人間関係を引いていく有様は同じようなとところがある。だからそこに「衆悪を遠離すべし」という形で教えを開く。世間を本当に超えようということです。「勤めて精進すべし」ということは、単に世間の中に埋没しているのではなく、それを自らの努力で抜け出よという呼びかけで説かれている。

ところが、そこに秘密のように次の言葉が入ってくる。「それ心を至して安楽国に生まれんと願ずることある者は智慧明達し功徳殊勝なることを得べし」、この言葉を親鸞聖人は、「信巻」の「真仏弟子釈」に引用していります（聖典二四五頁）。引かれた言葉自体は、至心があって願生すれば、功徳殊勝の利益が与えられるということです。その説かれている場所が、世間のことを説いて、そこから度脱することを呼びかけ、そして、安楽国に願生せよとなっている。ここに飛躍がある。何故自ら努力せよといっておいて、いきなり願生というのかです。

願生の教えを開くということは、五濁悪世の中にあって、それをいかに超えようとしても、努力という意識を持てば持つほど、抜け出ることができない。だからここは本願でいうと第十九願の意味です。善根を積め、諸々の功徳を修せよと勧めるのが第十九願です。勤めていくところに、本当にその功徳をもって人間としての世間を突破するような智慧に出遇えるか。その課題にぶつかったときに、自力無効という自覚をくぐって、諸行から念仏へという法然上人の教えを受け取る。その確かめがなくてこの段を読むと、飛躍があって読めない。実際仏の在世は過ぎていますから、末代悪世において仏に遇うことができない。そこに如来が弥勒菩薩を呼んで、未来悪世の衆生に教えるべく、「勤めて修善すべし」と呼びかけながら、願生を間に挟む。

先に「宜しくおのおの勤めて精進して、努力自らこれを求むべし。必ず超絶して去ることを得て、安養国に往生せよ。横に五悪趣を截りて、悪趣自然に閉じん」（聖典五七頁）といったときに、自分の力で「必得超絶去」が成り立つのかというと、その背景に実は本願の教えがあるわけです。如来の深い配慮があって、本当に求めてみよといって、求めてみるところに、初めて第十九願から第十八願へという深い如来の導きに出遇う。こういうことが隠されています。

願生心を持つものは功徳殊勝なることを得べしと勧める言葉は、末代悪世の中に教えを聞く、これが真の仏弟子という意味を持つ。三毒五悪のただ中に願生心に目覚め、本願の教えに出遇うことが、真の仏弟子という意味を持つというので、親鸞聖人はここを引用していると思います。

上巻で説かれていた、法蔵願心が本願を展開するという課題、「必得超絶去」という課題に出遇うためには、三毒のいのちを脱却できない、救かることのできない身であるということがあって、如来の世界に願生する。仏在世の如来に遇うごとくに、苦悩のいのちを破っていくような、本願の浄土を感じ取っていくことができる。こういうことが教えの意味ではないかと思います。

弥勒を呼んで仏の在世に遇えということをいっているのですが、末法の時代にあっては仏在世に遇うことはできない。歴史上の釈尊を仏陀として、私どもが触れようとすれば、たとえ肉身は無くなっても、何処かに生きていて会うことができるという釈尊でなければ、遇うことはできない。時とともに消えていった肉身の釈尊には決して会えない。そこに日蓮上人は『法華経』が釈尊だ、経典となっている釈尊であるとして、久遠の如来を了解をしたわけです。

親鸞聖人は同じように『法華経』の流れをいったんいただきましたが、そこから久遠実成《くおんじつじょう》の釈迦という考え方をもっと徹底して、実は久遠実成といえるものは、十方衆生に呼びかけんとする願心、その願心を説いた本願こそ久遠実成だ。久遠実成阿弥陀仏だといっています。説かれた教えは説かれた教えであって、それがそのまま法身の釈迦というのは無理である。

応化身の釈尊は、この世に応化の形をとって教えを説かれた存在である。久遠実成は法身ですから、法身は形がない。形のないものを象徴化してくるところに本願の教えがある。阿弥陀という名は意味が本願にあるので、数十年のいのちを生きる人間がくり返しどれだけ人類の末まで生きていってもそこに響くような本願、誰にあっても増えも減りもしない法身が久遠実成である。

日蓮の理解は文学的です。直覚的だけれどもキリスト教的だといえます。キリストという一人の歴史上の人物に、神が来ているということを信じて、それを信じる人間のところにキリストが来るという考えと似ています。

『法華経』を行ずれば行ずる人間が釈尊になる。「我は上行菩薩」という考え方です。一神教的です。

阿弥陀の信仰が一神教的だというのは誤解です。阿弥陀の信仰は十方諸仏の証誠《しょうじょう》を待つ。衆生によって阿弥陀が阿弥陀とされてくる。衆生に本願が響いたところに、阿弥陀は阿弥陀の願を成就してくる。一人ひとりの人間が自己の本来のいのちを回復するところに阿弥陀の願が成就してくる。そこに単なる理としての法身ではなくて、用《はたら》いてくる法身の現在性を明らかにしようとした。

経典は本願が衆生の上に用かんがための言葉であって、それ自身が法身ではない。法身といっても方便法身であって、浄土の荘厳とも、阿弥陀の名号ともなる。人間に用きかけんとする形となって形無き法身が形を持った。そういう意味で方便法身といっています。久遠実成といえば阿弥陀だというのが親鸞聖人の了解です。

仏無き時代に生まれた末代悪世の衆生に呼びかけるために、いま釈尊は弥勒菩薩を呼んだ。弥勒菩薩に告げて、末代濁世の衆生に仏在世の時代に遇えと教えて、その仏在世の内容を願生という言葉でいわれる。阿弥陀如来の説法は今現在説法といわれていますが、十方衆生に呼びかけんとする本願が、南無せよと呼びかける、現に衆生に阿弥陀が用いて呼びかける。

正法の時代になるわけではないが、正法の時代に出遇い得た仏法の功徳と平等の功徳に末代悪世において遇える。日蓮上人のように自分が正法を回復するということはないが、我々に本願が聞き当てられれば、真の仏弟子の功徳が与えられて、仏在世の仏弟子と等しい利益をいただく。ここに安楽国を勧める教えの非常に大きな利益があることをいっている。

「それ心を至して」（聖典六三頁）の至心は真実心、如来の功徳、名号の功徳ですから（「信巻」至心釈）、これを通せば、ここの段をどう読むかということがはっきりしてきます。そして願生の教えに触れ、本願成就の教えに触れるということですから、実はここは第十八願成就の文と照らしてみることができます。すると「智慧明達し功徳殊勝なることを得べし」、ということは信心の利益として、暗い智慧無き身を生きながら、智慧が明らかに達する。光明無量の用き、寿命無量の用きをいただいて、無上功徳を生きる。

次は、「心《しん》の所欲に随いて経戒を虧負《きふ》して人の後《しりえ》にあることを得ることなかれ」、蓮如上人は、心に任せずして心を攻めよという言い方をしました。真宗の教えは悪人正機《しょうき》といわれるから、ある意味で倫理破戒者という誤解があるのですが、蓮如上人は、真実信心を得よといいますが、それは罪などに苦しむ心を捨てよということです。しかし人間の関係の中で生きる限りは身を慎めといいます。

我々は煩悩を断つことができない存在ですから、煩悩が起こってきてしまう。その煩悩は自分で消そうとして消せるものではない。けれども心の赴くままに勝手に生きるというのではない。煩悩のいのちを生きるということと、本願のいのちをいただくということとが、ある意味で生死巌頭という意味を持つわけです。念仏を称えたら、何の心配もない、煩悩も起こらないということはない。そういうことを願うのは妄念でしかない。

心に任せずして心を攻めよということは、真宗の生活者の、生きた信仰者の厳しさです。この心に任せることに一歩踏みとどまって、願生に立つ。このあたりを清沢先生は、ずいぶん心配したふしがあります。信仰の強さという点からいえば「善悪のふたつ総じてもって存知せず」ですから、善悪などにこだわらず、思うままに生きてよいといってもいいでしょうが、思うがままに生きてよいということがいえるのは、如来の心だったらいえるのです。

ところが凡夫が凡夫の思うままに生きれば、悪業の因果に堕ちていくのが必然です。だからそこに一歩踏みとどまれというのが大事な教えになる。そこに第十九願の大切さがあります。弥勒菩薩を呼んで教えるときに、やはりこの世に生きている在り方を忘れるなといっているのです。五濁悪世を忘れずに、願生の信仰を生きよということです。これを忘れてしまうと自己正当化の教えになってしまう。

宮沢賢治のことを思い起こすと残念に思います。教えた側の考え方にも問題があったかもしれないが、結局賢治の父親の聴き方が間違っていたと思うのです。自分が凡夫だから何をしてもよい、阿弥陀のいのちに救けてもらえるのだからと自分に妥協してしまうと、自己正当化した甘えの信仰になる。人間関係の中で、「独生独死独去独来」に陥っていく、自分の貪欲瞋恚に生きてしまう。貪欲瞋恚を生きるしかない悲しみを自覚して、そこに踏みとどまれということが、なかなかできることではないが、大事な機縁だと思います。

そこが清沢先生が研究したいといっていた課題ではないかと思います。信心の生活の溝をさらえて、本当の信心の生活に立っているかどうかを確認せよと蓮如上人が教えているのは、非常に厳しいものがあります。安田先生も、罪悪に苦しむということがなかったら信仰以前だといっていました。

自分の思いに従って、教えや経典を捨ててしまう。教えを護ろうとしたり願を満たしていこうとしない。また宗教的要求に生きるということは、人の後ろにあるようではダメで、先端に立つことが必要だ。つまり、他人の信仰ではダメで、自分が本当にそこに立つことです。

最後に、「もし疑いの意《こころ》ありて経を解《さと》らざる者は、具《つぶ》さに仏に問いたてまつるべし。当にためにこれを説くべし」とある。三毒段を受けてこの一段が入ってきています。

弥勒菩薩の和讃の元の草稿和讃は、「五十六億七千万　弥勒菩薩はとしをへん　まことの信心うるひとは　このたびさとりをひらくべし」から始まっている。末法の自覚をくぐって和讃を作るときに、何故弥勒菩薩をいうのかが長い間疑問だったのですが、この一段に、何かヒントがあるのではないかと思います。

親鸞聖人自身も、教えに反逆する息子である善鸞を切らざるを得なかったという、五濁悪世を我が身に生きる悲しみの中から『正像末和讃』を作った。そのときに、五十六億七千万年待つ必要はない、いま、念仏の人は弥勒と等しいと、人に語るというより自分自身に確認しながら、立ち上がっていかれた。そのことと、この「三毒五悪段」の中に願生の教えが開かれて、真の仏弟子という意味を持った言葉があることとで、そこに弥勒菩薩に非常に強い感銘を持って取り上げられた意味がある。弥勒信仰はすでに日本に入ってきています。

「不退転」は、梵語にはこれを「阿惟越致《あゆいおっち》」と謂う。『法華経』には謂わく、弥勒菩薩の所得の報地《ほうじ》なり。一念往生、すなわち弥勒に同じ。仏語虚しからず」（聖典二四九頁）、弥勒菩薩は、無上菩提において不退転《ふたいてん》だ、ということが、弥勒の経典でもいわれています。その利益を本願の名のところに我々が得ることができる。それが本願成就の文の意味です。『無量寿経』の、「仏、弥勒に告げたまわく、「この世界より、六十七億の不退の菩薩ありて、かの国に往生せん。一一の菩薩、すでに曾《むかし》無数の諸仏を供養せるなり。次いで弥勒のごとし」と」（聖典二四九頁）という言葉を引用していて、弥勒の問題にも本願成就こそが答えていることをいっています。

無上菩提ということは、本願の信心において不退転を得るということ、我々自身が弥勒と等しい利益を得ることです。いつでも無上の菩提、阿弥陀と等しい覚りを得る、その一歩手前に立って生きるということです。苦悩のいのちのただ中に本願の信心をいただけば、弥勒と等しい。こういうことを積極的に晩年の親鸞聖人が関東の門弟に手紙で書き、和讃を書いている。それがこの一段の持っている意味だと思います。

弥勒菩薩の領解

弥勒菩薩《みろくぼさつ》、長跪《ちょうき》して白《もう》して言《い》わく、「仏は威神尊重《いじんそんじゅう》にして、説きたまうところ、快《こころよ》く善《よ》し。仏の経語《きょうご》を聴きたまえて、心《こころ》に貫《つらぬ》きてこれを思うに、世人《せにん》実に爾《しか》なり。仏の言《のたま》うところのごとし。今《いま》仏、慈愍《じみん》して大道を顕示《けんじ》したまうに、耳目開明《にもくかいみょう》して長く度脱《どだつ》を得つ。仏の所説を聞きて歓喜《かんぎ》せざることなし。諸天人民蠕《ねん》動《どう》の類《たぐい》、みな慈恩《じおん》を蒙《こうぶ》りて憂苦《うく》を解脱《げだつ》せしむ。仏語《ぶつご》の教誡《きょうかい》、甚《はなは》だ深く甚《はなは》だ善し。智慧《ちえ》明らかに八方・上下・去来今《こらいこん》の事《じ》を見《みそな》わして、究《きわ》め暢《の》べたまわざることなし。今我《われ》、衆等《しゅうとう》、度脱《どだつ》を得ることを蒙《こうぶ》る所以《ゆえ》は、みな仏の前世に道を求めしの時、謙苦《けんく》せしが致《いた》すところなり。恩徳普《おんどくあまね》く覆《おお》いて福禄巍巍《ふくろくぎぎ》として光明徹照《こうみょうてっしょう》す。空に達せること極まりなし。泥洹《ないおん》に開入《かいにゅう》し典攬《てんらん》に教授《きょうじゅ》し威制消化《いせいしょうけ》す。十方に感動すること無窮無極《むぐむごく》なり。仏は法王として、尊《とうと》きこと衆聖《しゅしょう》に超《こ》えたまえり。普《あまね》く一切天人の師《し》と為《な》りて、心の所願に随《したが》いて、みな道《どう》を得せしめたまう。今《いま》仏に値《もうあ》うことを得て、また無量寿仏《むりょうじゅぶつ》の声《こえ》を聞きて歓喜《かんぎ》せざるものなし。心《こころ》開明《かいみょう》することを得《え》つ。」（聖典六二～六四頁・註釈版五九～六〇頁）

次からは、世間の悪事というよりも、仏の勧める教えのことが説かれてきます。

「弥勒菩薩、長跪して白して言わく」、長跪してというのは、インドの礼拝の仕方で、跪《ひざまず》いて、体を投げ出すことです。「仏は威神尊重にして、説きたまうところ、快く善し」、今度は弥勒菩薩がお釈迦さまに対して答えています。

「仏の経語を聴きたまえて、心《しん》に貫きてこれを思うに、世人《せにん》実に爾《しか》なり」、「聴きたまえて」とルビが振られていますが、これは古語で自分を謙《へりくだ》る謙譲語の「たまう」です。『無量寿経』の一番最初の「如是我聞」がそうなっています。「我聞きたまえき」となっています。

現在は言葉が乱れているといわれますが、明治になって、文部省がごり押しにしてきた、いわゆる標準語の敬語の表現の嫌らしさは、上下関係がやたらに難しい。儒教倫理と敬語表現とを組み合わせたようなもので厄介です。関西語のふつうの表現には尊敬語、謙譲語が多いのですが、そんな嫌らしさはないのです。日本語の良い面を明治になって壊したようです。

本来は、人間関係の中で謙譲、尊敬表現をする。極端な場合でいえば、「猫はんが食べはる」とか、「雨が降らはる」といって、別に尊敬しているわけではないのですが、そういう言い方すら成り立つ。古語の「たまう」という言葉に尊敬表現だけでなくて、謙譲表現があるということです。心に貫いてというのは深くいただいたということを表しています。

「仏の言うところのごとし。今仏、慈愍して大道を顕示したまうに、耳目開明《にもくかいみょう》して長く度脱を得つ」、善導大師がここを「悲化段」だという意味は、如来が衆生の有様をご覧になって、大悲して慈しみの言葉として教えてくださっているのだということです。耳と目が開かれて長く度脱を得る。

「仏の所説を聞きて歓喜せざることなし。諸天人民蠕動の類《たぐい》、みな慈恩を蒙りて憂苦を解脱せしむ」、「慈恩」

という言葉は善導大師にも、親鸞聖人のご和讃にもあります。「蠕動」という言葉は、第十二願成就の文のところと、『大阿弥陀経』、『平等覚経』の第十七願の文のところに出てきます。教えを聞くのは人間存在だけではない。人間存在が本当に聞けば、諸天人民蠕動の類も聞く。

「蠕動」というのは、蛇とかミミズとか足が無くて体をよじらせて生きている動物の総体です。そういうところまで響く。『大阿弥陀経』では、「諸天・人民・蜎飛《けんぴ》・蠕動の類、我が名字を聞きて慈心せざるはなけん」（聖典一五八頁）、「蜎飛」というのはゴキブリとか、蝶々のような羽の生えた存在です。蜎飛・蠕動の類まで我が名字が聞こえる、どんな存在であろうとこの叫びを聞いて欲しいということが誓われている。『平等覚経』にも諸天・人民・蠕動の類が出てきます。

また、「もろもろの無数天下の幽冥の処を炎照するに、みな常に大明なり。所有の人民、蜎飛蠕動の類、阿弥陀仏の光明を見ざることなきなり。見たてまつる者、慈心歓喜せざる者なけん。世間諸有の婬泆《いんいつ》・瞋怒・愚痴の者、阿弥陀仏の光明を見たてまつりて、善を作さざるはなきなり。もろもろの泥梨《でいり》・禽狩《きんしゅ》・辟荔《へきれい》・考掠《こうりょう》・勤苦《ごんく》の処にありて、阿弥陀仏の光明を見たてまつれば、至りてみな休止して、また治することを得ざれども、死して後、憂苦を解脱することを得ざる者はなきなり」（『真仏土巻』、聖典三〇二～三〇三頁）と『大阿弥陀経』を引いて、地獄、餓鬼、畜生の中にあっても聞こえるようになりたい、暗闇の一番暗い所まで照らしたいといっています。これが第十二願、光明無量の願の成就としていわれてきます（大谷派では「ねんどう」を「なんどう」と読んでいます。親鸞聖人は「ねんどう」と読んでいます。元の読みは「ねん」です）。

次に、「仏語の教誡、甚だ深く甚だ善し。智慧明らかに八方・上下・去来今の事を見《みそな》わして、究め暢《の》べたまわざることなし。今我、衆等、度脱を得ることを蒙《こうぶ》る所以は、みな仏の前世に道を求めしの時、謙苦せしが致すところなり」、いま弥勒菩薩が釈尊の教えを聞くことができるのは、仏自身が前世に道を求めてくださったからである。「労謙善譲」ということを曇鸞大師はいいますが、法蔵菩薩の精神は、煩わしいことは引き受け、善は人に譲る。兆載永劫の修行の苦労を引き受けて、積んだ功徳は衆生に振り向ける。これと響くような言葉です。『無量寿経』の法蔵菩薩の物語は大乗の本生譚だと安田先生がいっています。

つまり如来の精神界の内容は前世の修行内容である。いま、弥勒菩薩が出遇うことができるのは、仏さまの前世のご苦労である。そのように表白したのです。前の時の釈尊が積んだ善根が時を異にして、いま私が教えに出遇える力になってくる。ふつうは自因自果ですが、教えに出遇うときは、私の方には教えに出遇える因がないにもかかわらず、教えによって迷いが開かれるということは、教えてくださる側に積んだ功徳がいま私のところに与えられる。

私は罪業のいのちしか生きていないのに、教えを聞いたときに、その無明の生活の苦悩の因果が破られる。その原因は何処から来るかというと、先に悟りを開かれてそのご苦労を積み上げた如来の言葉が、私を開いてくる。私の過去に良いことがあったから開けるというのではない。如来の積んだ功徳がいまここに用いてくる。救かるはずがない人間が救けられる。救からない人間をも救けようという願心が、いま、救からない人間のところに、現に用いてくる。

これは法蔵願心の修行のご苦労である。自因自果の業道の因果からすればあり得ないことが、私にいただける。信仰の論理は哲学の三段論法とは違う、救かるようになって救かる論理ではない。救からないそのままが救かるのである。「機の深信」が「法の深信」になるということは絶対の断絶です。無始以来の迷いのいのちで出離の縁がないということと、本願力に乗託して決定して往生するということとは絶対の断絶です。それが一つになるのが南無阿弥陀仏です。

比較宗教的な言葉で代受苦思想ということをいいます。自分の苦悩に替わって苦悩を背負ってくれる。キリストなどはそうです。いのちを懸けて血で贖ったキリストが、自分の原罪を贖ってくださっているからもう私は救かっているという信仰の論理です。

事実としては全然違うことを教えていますが、論理に似たところはあります。神さまがあって人間に現れるということは仏教ではいわないが、仏教では本来の一如を回復せんがために、本願のいのちとなって我々に呼びかける。私の闇が晴らされる、その原因は教えの言葉にある。教えの言葉が持っている功徳は私にあるわけではない。苦労して教えの言葉を出してくださった釈尊の慈悲にある。

「恩徳普く覆いて福祿巍巍として光明徹照す。空に達せること極まりなし。泥洹に開入して典攬に教授し威制消化す」、涅槃に入って教えを開いてきて、教えの力によって罪を消していく。「十方に感動すること無窮無極なり。仏は法王として、尊きこと衆聖に超えたまえり」、如来は法王である。尊いことは諸仏に超えている。「普く一切天人の師と為りて、心の所願に随いて、みな道を得せしめたまう」、ここで天人の師となって、如来の心の所願に随いて、みな道を得せしめたまう。「今仏に値《もうあ》うことを得て、また無量寿仏の声《みな》を聞きて歓喜せざるものなし。心開明することを得つ」、いま、時を超えて仏に遇う。

曇鸞大師が天親菩薩の妙声功徳、「梵声悟深遠　微妙聞十方」を解釈するときに「国土の名字仏事をなす」といっています（聖典二八一～二八二頁）。国土の名前がそのまま仏の仕事をする。それは不可思議だといっています。親鸞聖人は、国土の名字と仏陀の名前とは別ではなく、「無量光明土」といっています。無碍光如来と如来の世界である土は別のものではない。人間の感覚に応じて主体と世界と分けて表現するが、如来の用きにおいては衆生を摂取して衆生に用かんとする願の現れですから、第十二願、第十三願です。それらの願が真仏土と真実法身として分かれて現れるが、闇を照らさんとする用きですから、国土の名が如来の願の用きをする。ですから無量寿仏の名が無量寿仏の声である。

「南無」というのは、われわれの南無だけれども、それは阿弥陀の呼びかけである。名号（言葉）が阿弥陀の声である。声無き声が聞こえるのです。釈迦如来に遇うことができた。また無量寿仏の声が聞けた。そういうことがここに表白されているのです。

「三毒段」を通じて、人間の生活が無明に覆われた中で、罪悪を作り、悪道に堕ちていくという因果を語って、そういう生活に留まってはならない、善に向かって歩めといって、「願生」ということを突然出しています。さらに、弥勒菩薩が釈迦如来に対して、自分にいただいたことを述べて、今仏に値《もうあ》うことを得たということで、いったん結ばれています。

その前の段に、「安楽国に生まれんと願ずることあるものは智慧明達し功徳殊勝なることを得べし」（聖典六三頁）という言葉がありましたが、それを受けて「無量寿仏の声《みな》を聞きて歓喜せざるものなし」（聖典六四頁）といっているわけです。一応善悪の因果で説いて、そして善悪を超えて阿弥陀の、本願の世界に触れることを教えようとしているのです。「無量寿仏の声」を親鸞聖人は勅命といい、南無せよ、帰命せよとの呼びかけだと。蓮如上人は、それを罪悪生死の凡夫が、「一心一向に阿弥陀仏をたのみたてまつるこころ」（聖典八三八頁）を南無というのだと押さえています。頼もうというこちらの意欲が、実は向こうからの呼びかけである。頼むところに摂取不捨の利益がきていると教えられます。

無分別智と後得智

仏《ぶつ》、弥勒菩薩《みろくぼさつ》に告《つ》げたまわく、「汝《なんじ》が言えること是《ぜ》なり。もし仏を慈敬《じきょう》することあらば実に大善なりとす。天下《てんげ》に久久《くく》にして乃《いま》しまた仏まします。今我《われ》この世《よ》において仏と作《な》りて、経法《きょうぼう》を演説し道教を宣布す。もろもろの疑網《ぎもう》を断ち、愛欲の本《もと》を抜き、衆悪《しゅあく》の源《みなもと》を杜《ふさ》ぐ。三界《さんがい》に遊歩《ゆぶ》するに拘碍《くげ》するところなし。典攬《てんらん》の智慧《ちえ》、衆道《しゅどう》の要《よう》なり。綱維《こうゆい》を執持《しゅうじ》して昭然分明《しょうねんふんみょう》なり。五趣を開示し未度《みど》の者を度《ど》す。生死泥洹《しょうじないおん》の道《どう》を決正《けつしょう》したまう。弥勒《みろく》、当《まさ》に知るべし。汝《なんじ》、無数劫《こう》よりこのかた菩薩《ぼさつ》の行《ぎょう》を修して衆生を度《ど》せんと欲《ねが》う。それすでに久しく遠し。汝《なんじ》に従いて道《どう》を得て泥洹《ないおん》に至るもの称数《しょうしゅ》すべからず。汝《なんじ》および十方の諸天人民《にんみん》、一切の四衆《ししゅう》、永劫《ようごう》よりこのかた五道に展転《てんでん》して、憂畏勤苦《ういごんく》具《つぶ》さに言うべからず。乃至今世《ないしこんぜ》まで生死《しょうじ》絶えず。仏と相《あい》値うて経法《きょうぼう》を聴受《ちょうじゅ》し、またまた無量寿仏《むりょうじゅぶつ》を聞くことを得たり。快《よ》きかな、甚《はなは》だ善し。吾《われ》、爾《なんじ》を助けて喜《よろこ》ぶ。汝《なんじ》今また自《みずか》ら生死老病《しょうじろうびょう》の痛苦《つうく》を厭《いと》うべし。悪露不浄《おろふじょう》にして楽しむべき者なし。宜《よろ》しく自《みずか》ら決断して、身を端《ただ》しくし行を正しくし、益《ますま》すもろもろの善を作りて、己《おのれ》を修し体《たい》を潔《いさぎよ》くし心垢《しんく》を洗《せん》除《じょ》し、言行《ごんぎょう》忠信あって表裏相応し、人能《よ》く自《みずか》ら度《ど》して転《うた》た相拯済《あいじょうさい》して、精明求願《しょうみょうぐがん》して善本《ぜんぽん》を積累《しゃくるい》すべし。一世の勤苦《ごんく》は須臾《しゅゆ》の間《あいだ》なりといえども、後には無量寿仏《むりょうじゅぶつ》の国に生じ、快楽《けらく》極まりなし。長く道徳と合明《ごうみょう》にして、永く生死《しょうじ》の根本を抜き、また貪《とん》・恚《い》・愚痴《ぐち》・苦悩の患《うれ》えなし。寿一劫《いのちいっこう》百劫千万億劫《こう》ならんと欲《おも》えば、自在に意《こころ》に随《したが》いてみなこれを得べし。無為自然《むいじねん》にして泥洹《ないおん》の道に次《ちか》し。汝等《なんだち》、宜《よろ》しくおのおの精進《しょうじん》して心《しん》の所願を求むべし。疑惑《ぎわく》し中悔《ちゅうけ》して自《みずか》ら過咎《かく》を為《な》して、かの辺地《へんじ》七宝《しっぽう》の宮殿《くでん》に生じて、五百

歳《さい》の中《うち》にもろもろの厄《やく》を受くるを得ることなかれ。」弥勒《みろく》、仏に白《もう》して言《もう》さく、「仏の重誨《じゅうけ》を受けて専精《せんしょう》に修学し、教えのごとく奉行《ぶぎょう》して敢《あえ》て疑いあらじ」と。（聖典六四〜六五頁・註釈版六〇〜六二頁）

「仏、弥勒菩薩に告げたまわく、「汝が言えること是なり。もし仏を慈敬することあらば実に大善なりとす」、仏を慈敬するといっています。一般的には信仰の対象が人間を超えるような大きな力を信じるという場合に、人間がその前にはばからざるを得ない恐ろしさ、恐怖ということと、敬うということが絡んできます。仏教の信は仏陀が怖いから信じるということはないので、如来の真実性は、いのちの本来性ですから、人間を超えた強大な力が人間を罰するという構図ではない。如来を敬うというときには恭敬というようにいいます。

「慈敬」という字はあまり使いませんが、尊敬するというよりも、如来の前に慈悲を感謝するような形で敬うというニュアンスです。如来を敬うということがあれば、それは大善である。この「善」は、存在が本来のいのちを回復する方向に向いている場合に、その方向を善とするわけです。

　こう押さえて、「天下に久久にして乃しまた仏まします。今我この世において仏と作りて、経法を演説し道教を宣布す。もろもろの疑網を断ち、愛欲の本《もと》を抜き、衆悪の源を杜《ふさ》ぐ。三界に遊歩《ゆぶ》するに拘碍《くげ》するところなし。典攬の智慧、衆道の要なり。綱維を執持して昭然分明なり。五趣を開示し未度の者を度す」、このように釈尊が如来として世に生きて教えを説くということを確認している。「疑網」は「疑蓋」ともいう。網はそこに捕らわれた魚がもがけばもがくほど網に絡まる。その疑いの網を断つというところに教えの用きがいわれています。

　また「愛欲の本」を抜く。愛とか欲という心理作用に絡んでいる我執ないし無明の根本を抜く。煩悩の元を抜く。さらに「衆悪の源を杜ぐ」。このように自分の経法を宣布することの意味を述べて、三界に遊歩する。仏法の世界観である欲界、色界、無色界を三界、人間を取り巻く世界を一元的に捉えるのでなく、人間の精神の在り方に応じて、世界が立体的に三重の構造を持って教えられている。仏教は三界全体を突破すると教えられています。その突破した世界から三界に遊歩する。

これを真宗では還相回向といいます。人間世界に還ってくることによって苦悩の人間界を教えて、人間を本来のいのちに帰す。それを遊歩するといって、悠々として遊ぶが如くに歩む。如来、菩薩の遊びというのは、凡夫の遊びと違って、衆生を済度《さいど》することが遊びです。義理とか責任感で重たくかかわるのではなく、いつでも救わずにはおれない大悲の願心が本当にかかわる。自由自在にして、しかも本当に用く。これを天親菩薩は神通に遊戯するといっています。

「拘碍《くげ》するところなし」、如来が如のままにして用く。無理やり引っ張っていくということではない。拘《こだわ》りがない。三界の中にあってこういうことをやろうとしても虚偽になるが、三界を超越しているからできる。「典攬の智慧、衆道の要なり」、如来の智慧を一切智、一切智智といいます。苦悩の実相をよく見る。どのように人間が迷っているか、どういう問題に苦しんでいるかをよく見抜く。これが三界に入って三界に用くということでいわれてくる。それがあらゆる道の要である。「綱維を執持して昭然分明なり」、網の元にある綱を持っているので、判明にして明るい。

ヨーロッパの哲学の概念に「clear and distinct」というのがある。安田先生は、それがどうも分からない、同じことを二度いっているのではないか、何故二度いうのかと思っていた。翻訳すると明晰判明ですが、明晰も判明も同じことのくり返しではないかと思っていて、あるときにハタッと感じるところがあった。それは、「clear」ということは明るくなる、根本直感でパッと分かる。しかし判明ということは一つ一つをそれをそれとしてはっきり見る。夜が明けた、夜が明けることによって一つ一つがはっきり見えてきた、ということで明晰と判明に分ける。こういうことに気がついた。それだけのことが分かったときに先生はたいへん喜んで興奮したということがありました。文化が違うことによって、言葉が何をいわんとしているのかがなかなか分からない。「claer and distinct」といわれていることをはっきりと分かるのに、先生は時間がかかったわけです。

分明ということでは、仏教で、無分別智と後得智といわれ、ふつうの人間の分別は、心をますます複雑にしたり、分からなくしたりする。如来の智慧は明るさの中に、一つ一つのことをはっきりと見ていく。全体を総体としてだけでなく、一つ一つの問題を判明に、明らかに分析的に位置づけていく。これが人間に迷いを超えた功徳を与えるときに非常に大事ではないかと思います。単に超越するのでなく、超越する智慧を持ってどこまでもこの世にかかわっていく。

これは清浄世間智といわれます。ふつうの世間智は、超越の方向を遮るような働きをします。世智弁聡は八難の一つで、仏法の器にはなれない。この世の知恵ではどうにもならないということにぶつかって初めて超越の方向を願うので、この世のことは何でも分かるというのは、宗教の方向に向かない。かえって邪魔になる。

菩薩とか如来の仕事というものは、超越の志願の中に、この世を位置づけていくという課題を担う。ところが、我々が宗教に触れようというときは、逃避心のようなことと絡むところがある。人間を苦しめてくるものから超え出なければならないと思うときに、逃避し、煩悩を否定する。しかし否定することによって救かるのではなく、煩悩自身の持っている意味を本当に担うことによって超越するのです。だから煩悩を嫌うのではなく、世間的分別を嫌う、煩悩を厭う分別を嫌うのです。如来は、超越の方向と同時に、世間の中に生きる存在に対してどこまでも包んで愛するような方向を持っている。それが「分明」という言葉の大事な意味です。

近代の科学が「知る」という対象を事細かに分析して、対象の論理、対象の因果関係を吟味していく。そういう知恵はどんどん進んできましたが、専門化していくことによって、それがいったい全体の何処に位置するのかが見えなくなってしまう。それを資本の論理にして利用するだけで、全体のいのちの中で、大きな目で見てどういう用きをもつかということが抜けていってしまった。

十九世紀以降の近代科学が分析的な方向に行ってしまって、総合的な働きを失っている。専門家でなければ役に立たないということになってしまって、専門をやっている人間は、自然のいのちを与えられ、自然の働きの中で長い年月を生き抜いてきたその全体が見えなくなってしまう。これが近代文明の根源的な欠点です。

先端科学ではいのち自身というものがどういうものかが忘れられてしまう。非常に危険な状態で、いのちを科学が人工で作り得る一歩手前まで来ている。地球のいのちを全滅の危機にさらすような方向を持ってしまっている。原子力の利用、生命科学の利用、いろいろな分野で非常に危ないところまで来ています。これから全体的な大きな智慧が、部分部分の智慧を照らすような方向を探さないと危ない。先端科学が資本の論理で利用されたときは非常に恐ろしい。

聖徳太子が教えているように人間の曲がっている心を正すような論理を土俵にする。資本の論理のような人間の作った論理を土俵にしたら大きな間違いとなる。そういう意味では宗教教育なしに科学教育をしてきた日本は一番危ないといってもいい。

「五趣を開示し未度の者を度す」、五趣は六趣ともいいますが、流転の状況です。五趣を開示して、未だ救われていない者を救わんとする。「生死泥洹の道を決正したまう」、「生死」は流転のいのち、迷いのいのち、「泥洹」は、「ニルバーナ」の音訳で「涅槃」という字を充てる場合もある。凡夫のいのちの内容と如来の智慧の内容です。その境を正しい智慧を持って決判する。その道の違いをはっきりする。

「弥勒、当に知るべし。汝、無数劫よりこのかた菩薩の行を修して衆生を度せんと欲う」、弥勒菩薩は、人類の終わりまで菩提心を持って歩もうという名告りです。それに対して、「無数劫よりこのかた菩薩の行を修して衆生を度せんと欲う。それすでに久しく遠し。汝に随いて道を得て泥洹に至るもの称数すべからず。汝および十方の諸天人民、一切の四衆、永劫よりこのかた五道に展転して、憂畏勤苦《ういごんく》具さに言うべからず」、釈尊の名前で弥勒の願いというものを讃めているわけです。

未来の救済主としての弥勒の用きは、いつでも悟れる位、悟りの一歩手前に身を置いて、歩んでいこうとする。「四衆」というのは、釈尊の教団にあって出家の僧伽である比丘、比丘尼と、在家の優婆塞、優婆夷の仏弟子です。釈尊はまず出家を勧めて男子の教団、女子の教団ができ、それに対して、出家のできない、在家にあって教えを聞こうとする方々も認めて、広い意味の釈尊の弟子とした。それが「四衆」です。

その「四衆」が、「永劫よりこのかた五道に展転して、憂畏勤苦具さに言うべからず。乃至今世まで生死絶えず。仏と相値うて経法を聴受し、またまた無量寿仏を聞くことを得たり」、弥勒と共に苦悩のいのちを生きている、その「憂畏勤苦具さに言うべからず」、「憂い」という字が「三毒五悪段」にくり返し使われています。人生を覆っている憂鬱感を表しています。

「畏れ」というのは三世にわたってのいのちに対しての不安感です。キルケゴールに『不安の概念』という哲学書がありますが、恐怖という場合は、目の前に対象がはっきりしている場合です。畏れという場合は何とはなしに恐ろしいということで、例えば死の畏れなどです。死というのは対象ではない、生きているということが感じる終わりへの畏れです。まだ無いものが怖い。対象とならないものが怖い。悪名の畏れというのもあります。

悪くいわれるのではないかという畏れです。対人恐怖症はその病です。

そういう畏れが超えられるのは、菩薩の初地だと龍樹はいっています。凡夫はそういう畏れから脱却できない。憂いも畏れも人間の精神的な不安感を表しています。「勤苦」というのは、苦を勤める、生きていることが苦の積み重ねである。苦しみを積み重ねて生きているということです。

清沢先生が晩年に結核で血を吐きながら、日常の世話をしている方に対して「死んだ方がましかなあ」とつぶやいたと伝えられています。教団のために、宗教のためにと、一生懸命やることなすことが挫折していった。学校を建てればストライキ問題が起こる。雑誌を出せば誤解と非難が巻き起こる。そういう中で、自分の病気がお子さんに移り、奥さんに移って先に死んでいかれる。自分としてよかれと思って一生懸命生きることが、自分にとって天罰のように感じられる結果になってくる。そこで清沢先生が、ふと、「死んだ方がましかなあ」とつぶやかれた。実感としてそういう感覚を持ちながら、しかし、他力の救済というものを褒め讃えていた。他力の救済がなければ、まさに清沢先生は勤苦です。

「乃至今世まで生死絶えず」、ずっと苦悩のいのちを重ねてきている。無始以来、いのちがいのちをくり返す間は苦悩の積み重ねである。そして「仏と相値うて」、如来に値って、「経法を聴受し」、「またまた無量寿仏を聞くことを得たり」、「またまた」は「又復」という漢字です。釈尊と会い、「又」阿弥陀如来と値う。釈尊と何回も何回も値《あ》う（復）ということです。

安田先生が、晩年に「再会」というテーマで報恩講の話をしたことがあります。キルケゴールに、似たような課題を扱った論文「反復」があります。第二十願の問題を考えていくときに「再会」というテーマで考えていて、出会うということは、再び会う。会ったことのない者には会えないのだといっておられました。念々に新しく、また会うということで、「亦」（あっちにも会い、こっちにも会う）ではない。「すでにこの道あり」というのはすでにあったから出会うのです。そこに第二十願の深い意味があるのだといっていました。

親鸞聖人が『一念多念文意』で、行為の「一念」ではなくて信の「一念」に対して「多念」は、行為の「多念」だといっています。念々称名で、一念、一念、南無阿弥陀仏と共に生きるのが「多念」です。そこに第二十願の問題を出しています。他力の中にありながら、自力の思いが消えない。そこにくり返しが必要になります。信仰がはっきりしていないということではなく、信仰の中に潜む自力を自覚していく歩みに「復」ということが大事な意味を持つ。いつも再会していくということです。感動を持って初めて出会うのは、前にも会ったような気がするという出会い方ではないでしょうか。

釈尊に出会った、「又」「復」無量寿仏を聞くことを得た。『無量寿経』の出世本懐からいえば、これは一つのことです。「快きかな、甚だ善し。吾、爾《なんじ》を助けて喜ぶ」、ここまでが一段です。

浄土を通して衆生に涅槃を開く

次の一段は、もう一度弥勒菩薩に対して、「汝今また自ら生死老病の痛苦を厭うべし」、四苦のいのちの在り方を厭え。「悪露《おろ》不浄にして楽しむべき者なし」、人間のいのちの営みは、外から何かを取り込んで、人間のいのちとして燃焼して排泄する。それは汚いものになる。煩悩のいのちの営みがどんなきれいな水でも汚れた水にしていく。そういういのちだから一切は苦で、楽しむべきものはない。

「宜しく自ら決断して」、本質として汚すいのち、苦のいのちであるということを決断して、「身を端《ただ》しくし行を正しくし、益《ますま》すもろもろの善を作りて、己を修し体を潔くし心垢を洗除し、言行忠信あって表裏相応し、人能く自ら度して転た相拯済して、精明求願して善本を積累すべし」、ここから善を勧める。心機一転して善を励む、人間の自力の心を励ましています。己を修し、体を潔くして、心の垢を洗い流す。言葉と行為に忠義を尽くして、表と裏を相応させよ。自分自身をまず度して、自ら悟りを開き、転じて救っていく。

「精明求願して」、詳しく明るく求めて（精は粗に対する言葉です）、「善本を積累すべし」、これは明らかに第十九願の勧めです。「一世の勤苦は須臾の間なりといえども」、一度のこの世のいのちの「勤苦」は一瞬の間であるが、「後には無量寿仏の国に生じ、快楽《けらく》極まりなし」、自力を勧めておいて、（一生の間勤めていく苦労は本当に短いので）その結果、後には無量寿仏の国に生じて、快楽の極まりが無い。善導大師や蓮如上人もこういう相対の教え方をします。この世のいのちはわずかないのち、しかし後生の寿《いのち》は永遠の寿である、と。

「長く道徳と合明して、永く生死の根本を抜き、また貪・恚・愚痴・苦悩の患えなし」、長く道や徳と合い、永く生死の根本を抜く。そして「復」三毒と苦悩の患いがない。「寿《いのち》一劫百劫千万億劫ならんと欲えば、自在に意に随いてみなこれを得べし」、浄土の寿は自由自在であり、寿に限定がない。一劫であろうと思えば一劫、百劫であろうと思えば百劫で、自分の寿の限定を自分で選べる。浄土の功徳に対して、この世の善を積め、この世で善をどれだけ積んでも、勧める苦労は短い。それに対して浄土の楽しみは自由自在である。文字通りの意味でこの対応を実体的に考えると、現代の人間にはほとんど無意味です。

しかし、このように教えられる意味があると思います。超越的な方向の持つ利益というものは、この世の時間や空間の量的なものとは異質の、無限の空間の広さ、無限の時間の長さというしかない質のものを持っている。それを、「勝過三界」という表現をとって我々に呼びかける。人間の欲求よりもっと根源的な寿の願いに触れてみると、我々の個人の経験で感じる時間、空間だけが時間、空間ではない。

釈尊の八十年の課題は、弥勒に託して、五十六億七千万年の人類の寿命をも包んで、自分のいただいた仏法の課題を広めて欲しい、それによって衆生を救って欲しいという時間、空間を生きるということです。存在の本来の寿の意欲に触れて見れば、人間の自我で覆った狭い、窮屈な経験だけが人間の持つ空間ではない。

そういうものをどう表現するかです。蓮如上人の「後生《ごしょう》は永生《ようしょう》の楽果《らっか》なり」（聖典七八四頁）という言葉を、迷いの立場で文字通り理解すれば、死んでからと考える。迷いの立場に呼びかけるために、そういう言葉をとるが、事実そういわざるを得ないような広大なものに触れていることをどう語りかけるか。

近代の科学において極楽は否定されるが、それは宗教を知らないからで、宗教に触れてみれば、宗教心にとって極楽はあるということを清沢先生がいっています。教えに触れていない立場で、その言葉を理解すれば、自分の体験世界に引き下ろしてしか考えられないので、そういう世界はないというほかないが、触れた立場から見れば何も矛盾しない。宗教的な内容を語っている言葉は科学とは矛盾しない。

しかし、言葉は二重性を孕んでいますから、迷いの立場で了解されて当然の言葉を使いながら、それを超えた立場を顕《あらわ》そうとする。本願の寿はこのいのちに対すれば後生としかいえない。我々の感じる今生《こんじょう》は凡夫のいのちですから、今生ではない。我々はこの世的関心でしか言葉を理解しないので、本願が呼びかける時間、空間は、今生に対していえば後生としかいいようがない。

後生とは死んでから後というのではなくて、今生と重なりながら今生を突破している時間です。釈尊にとっては現在ですが、凡夫にとっては後生なのです。現在は迷っている時間でもあり、迷いを翻してくれる時間でもあります。翻れば、迷っている時間と別ではない。別ではないけれども、そのままではない。生きている人間にとってはつねに後生である。死んだ人間には時間はないので、生きている人間に時間がある。だから生きて後生というものを体験することはない。

キリストに起こった「復活」は神だから起こったというのですが、それは意味が違うと思います。いったん肉体が死んで、三日経って復活したとされていますが、それを見た人がいたということで、神の子の信仰となったのです。しかし、それから、イエスが人間の時・空に出てきて宣教したわけではない。この世の時に戻ったわけではないでしょう。

「後生」ということは浄土教の教相です。親鸞聖人は門弟へのお手紙の中で「順次の往生」（聖典五六四頁）という語を使っている場合がありますが、『教行信証』の中ではそういう使い方はしません。言葉には誤解がありますから、誤解を払って本当の宗教体験の内実にしていくべく言葉を明らかにする。言葉をないがしろに使わないで、言葉が何を我々に呼びかけ、何を気づかせようとしているかということをはっきりさせていくことが大切です。言葉を大事にするということが親鸞教学だと思います。

「自在に意に随いてみなこれを得べし。無為自然にして泥洹の道に次《ちか》し」、「無為自然」は三自然の一つで、「無為」は涅槃の意訳です。もとは道教の言葉で為すことがないということです。仏教用語で、無為は、有限なるもの、時間を孕んだ概念で作られたものである有為に対するものです。有為は、形があり、生じては滅していくものです。それに対して永遠に変わらないもの、時間を超えたものを「無為」といいます。涅槃に対して「無為」という言葉を翻訳語として使ったのですが、一度使うと、中国仏教では独特の意味を持ってくる。三無為ということがいわれます。

虚空無為というのは、本来無為である。虚空の中にある諸々のものは生じては滅するけれども、虚空自身は生じもしないし、滅しもしない。それが虚空無為です。択滅《ちゃくめつ》無為というのは、有為を択滅して無為にする。煩悩を滅して涅槃に入るという場合は択滅無為といわれます。さらに非択滅無為は、択滅して無為になるのではなくて、自覚しようがしまいが、否定しようがしまいが、本来無為は無為である。

概念というのはいったん生まれると、その概念の対応概念とどう違うのかという議論が出てきて厄介です。そこで龍樹菩薩はそういう戯論を寂滅せよというわけです。概念をいじるのが本来の目的ではない、根本の意欲に立ち返れというのが大乗仏教の教えです。言葉に振り回されないで、根本直覚に還る。根本の感動なしに、いくらでも仏教用語がいじれるのが仏教学者の特長です。いくら聞いても一向に悟りには近づかないでますます遠ざかる。

釈尊の願いは言葉を通して苦悩の根源を抜くということです。言葉を全部は否定できない。だから言葉を大切にしながら、根本関心を忘れないということです。くり返しくり返し釈尊の願いに還っていくべく聞いていくことが願われるのです。

仏教からすると「自然外道」といって自然ということをいうと、外道になるのですが、あえて自然という言葉を使って中国の考えの中に切り込んでいるのです。それは「泥洹の道に次し」といっています。「証巻」に、「また言わく、かの仏国土は、清浄安穏にして微妙快楽なり。無為泥洹の道に次し」（聖典二八一頁）という言葉で押さえています。

浄土の証は涅槃ですが、この涅槃を浄土を通して衆生に開くというのが、浄土の教えです。ですから浄土に触れるということは涅槃だといってもよいのですが、「涅槃に次い」と表現している。

「必ず滅度に至るは、すなわち常楽なり。常楽はすなわちこれ畢竟寂滅なり。寂滅はすなわちこれ無上涅槃なり。無上涅槃はすなわちこれ無為法身なり。無為法身はすなわちこれ実相なり。実相はすなわちこれ法性なり。法性はすなわちこれ真如なり。真如はすなわちこれ一如なり」（「証巻」、聖典二八〇頁）といっていますが、最初に必至滅度が付いていますから、必ずという字は全体にかかっている。

浄土は、往相回向の真実証に対して真実の報土（必至無量光明土）を荘厳する。意味は大涅槃を象徴するのですが、大涅槃の象徴された形ですから、大涅槃そのものといってしまうと誤解がある。願を通して大涅槃を衆生に呼びかけるための形なので、そこに「涅槃に次し」という言葉が置かれている意味がある。南無阿弥陀仏において、我々は生きながら大涅槃を得たという必要はない。大涅槃は本願がくださるのだから、要求しなくてもいい。煩悩の命を念仏と共に生きていけばいい。このあたりの問題はくり返し出てきます。

清沢満之の課題

経典に浄土の因果が説かれた後で、この世の人間の在り方を、善・悪の生活として示す。清沢先生は、三毒五悪だけでなく、善悪が説かれているとして、「善悪段」と見られる。はじめの三毒段といわれる部分を総説とし、五悪段は別説と見た。信仰にとって善悪という倫理問題が大事な課題であることは、『無量寿経』においては、本願の中に唯除の文として示されてあります。この「善悪段」は、人間の在り方として、悪に流されていく在り方がますます悪を深めていくということで、善を勧めて、その中で浄土を教える。そういう教え方に清沢先生は信仰と倫理の問題について大きなヒントを見ています。

読んでいるとうっとうしくなるほど悪業の生活が説かれ、「三毒段」は貪瞋痴に当たるといわれますが、別に貪欲だけとか瞋恚だけが説かれているのではなく、違いがはっきりしない描き方です。無理やり読めば、第一悪のところでは、「薄俗にして共に不急に事を諍う」とあって有無を憂うということが出ている。第二は仲が悪い、憎み合うという関係が描かれている。第三番目は「身愚かに神《たましい》闇《くら》く」という言葉があって、教えを知らないことから暗雲に生きている姿が描かれている。

その次の段では弥勒菩薩に向かって善を勧める中に、無量寿仏の声を聞く、善悪を説く中に無量寿仏の名が出されてくる。そして一世の勤苦に対して、「無量寿仏の国に生じ、快楽極まりなし」という対応が出ていて、無量寿仏の国は「無為自然にして泥洹の道に次《ちか》し」（聖典六五頁）といってあります。

これに続いて、「汝等、宜しくおのおの精進して心の所願を求むべし。疑惑し中悔《ちゅうけ》して自ら過咎《かく》を為して、かの辺地七宝の宮殿に生じて、五百歳の中にもろもろの厄《やく》を受くるを得ることなかれ。」」（聖典六五頁）という言葉が出てきます。

この問題は「五悪段」が終わって次の段（「智慧段」、聖典八〇頁）に出てくる「胎生化生」を予見するように、ここに疑惑して辺地七宝の宮殿に生まれないように注意が出されて、宜しく精進せよといっています。これは「三毒五悪段」（「善悪段」、聖典五七頁）のはじめに、「宜しくおのおの勤めて精進して、努力自らこれを求むべし」という言葉と響いているわけです。

清沢先生もこの「宜しくおのおの勤めて精進して」という言葉に注意しています。各々精進してという問題を抜きにした他力の安心は、単なる依頼心であり、いまある自分のいのちに対して、自ら責任を持って当たっていこうとする、あるいは、人間として自らの意味を尊いものとしていただく、ということを抜きにして、ただ救けてもらって有難いという安心に堕する。封建時代のように完全に主体性を剥奪されるような状況の中では都合がいいかもしれない。与えられたままに有難いと生きることは、周りとのぶつかり合いもないし、自分も楽ですから都合がいい。

けれども近代に入って、状況に埋没していた中世の人間が、人間を謳い上げるような時代に入った。そこに自我意識が時代の状況として出てくるわけです。人間はもともと、どういう状況にしろ自我はあるのですが、その自我を責任を持って担うのは、いったん我をくぐって無我のいのちを主体的に生きる。我を張って生きるのではなくて、自在なる、無碍なるいのちを尊んで生きる。言い換えれば、人間であることに誇りを持ち、一人のいのちが与えられたことを本当に喜んで生きる。

清沢先生は、他力の安心の教団にかかわりながら、教団改革運動にかかったころから『阿含経』を読んでいます。何のためにあれだけ一生懸命読まれたのかは謎なのですが、それに先立って、自分自身にとって何が最低限必要かという（ミニマムポッシブル　minimum possible）ということを実験したいという止むに止まれない要求に突き進んだ。それまでの他力の安心の在り方は、自分から自分を痛めつける、あるいは自分から自分の在り方を厳しく律するということを避けて、「そのまま」を「このまま」に取り替えて、主体を担って生きるということを何処かで逃げて、世間に妥協してそのままルーズに生きるのが他力信仰という誤解があった。

そこには清沢先生は、求道性というものを感じなかった。むしろ個人の思いを超えて、僧侶の僧風刷新を願った。ほとんど願っても不可能と思われるような願いを立てた。自らを尊重する、あるいは大事にするという姿勢が欠けているという問題に、清沢先生は身をもってそれを確認しようとした。それは生意気な自我の骨頂であったと後で書いていますが、しかしそれだけでは済まない大切な願いを、真宗教団ないし真宗の安心そのものに吹き込んだと思います。

近代教学を封建教学が嫌う理由の一つは、一つ間違えば自力主義と思われるような厳しさを内に蓄えつつ、他力の安心を主体化するということです。清沢先生が投げたその課題を、曽我先生も、安田先生も引き受けようとした。

清沢先生の『汝、なんぞ自重せざるや』という文章があります。その中で、「今の僧侶は自分を馬鹿にして生きている。自分が僧侶であるということに誇りを持って生きているか。自分を軽蔑して生きているのではないか。自分を軽蔑して生きているものを他人が尊敬するはずがない」。こういう火の出るような文章が書かれています。それは宗教者が燃えるような求道心を失っているということに対する清沢先生の憤りにも似た忠告です。それが晩年の『宗教的道徳と普通道徳との交渉』という文章にもなっています。

信仰における倫理とは何であるかということについて興味を持っている。そこでこの「三毒五悪段」を研究したいということを暁烏敏先生に書き送っています。そのまま主義を主張する暁烏先生に出しているところに意味があります。そういう方に対して倫理問題をぶつけて死んでいこうという思いがあった。亡くなるひと月前の『精神界』にその論文が載っています。

他力の信仰と人間生活をする場合の倫理との関係は、倫理は守ろうとして守れるものではない、倫理に破れるということがある。倫理に誠実に当たって破れるところに信仰が本当に生きた意味を持つ。倫理に破れることなくして信仰に入ると、信仰自身が本当の信仰にならない。安田先生は、それは信仰問題というより、倫理以下だといっていました。もちろん自我の主張が背景にありますが、もっとさかのぼれば、善導大師が持ち、法然上人が持っていた求道の魂を、単なる教義学に流れて失ってしまっている。それをなんとか回復したいというのが、清沢先生の強い念願だったのではないかと思います。

ですから、近代教学は自力だという誤解が出るわけです。近代教学の主張は、自力主義なのではなく、他力の安心をいただくためには、人間が真に自力に破れることが必要だ、自力に破れないで他力の教義に立つということは人間以下だという主張であります。

そういう意味で清沢先生はここを「善悪段」といって、大事に読みたいといっていたのです。「善悪段」と信心の問題には第二十願の問題が関係している。信仰における疑いというのは自力心がかかわっている。しかし、善悪の問題をくぐるということは、罪の自覚の問題として第十八願そのものの内なる課題でもある。だから善悪の問題は、単なる信仰以前の倫理問題だとして捨ててしまうのではなく、信仰にとって大事な問題として切り結んでいかなければならない。

もともと聖道門は努力主義ですから、自らの心を清くする場所を「諸悪莫作　衆善奉行」という言葉をもって教えている。その聖道門仏教は、すっかり堕落して「諸悪莫作　衆善奉行」どころではない、新聞種になるほど悪を行じているのが聖道門の実体になっています。浄土の教えも、この世で人間が完成するということはできないと見極めて、浄土において修行するというのが元の意味ですが、だからといって、はじめからこの世では何もしないということでは、浄土を要求するということの意味が欠落します。できないからやらないということは許されない。

人間は人間関係を生きるところに大事な場所がある。はじめから諦めればそれは自堕落ということである。相対的な人間の中で信仰を持つということは、尊さを回復することである。回復した尊さをもって倫理を生きる。そこに大きな課題が投げられる。それに対して清沢先生は忠実だった。忠実であろうとすればこそ、いよいよ自分はそれに相応できないという悲しみ、挫折がある。それがあるからこそ信仰が救いになる。

信仰無しに倫理に真面目であれば、地獄に堕ちるほどの苦悩しかない。そうではない。信仰に立ってしかも倫理的に生きよという、できるできないを超えてやる。人間として有限のいのちを尽くして生きる姿勢の原理を、なんとかはっきりさせようとしたのだと思います。

清沢先生は、『阿含経』と「他力の安心」との接点がはっきりしなかった。そこに「エピクテタス」をくぐって「絶対無限の妙有に乗託して」という自覚が出てきた。清沢先生が明らかにしようとしたのは仏陀の伝統を引く仏弟子として、主体の信心を明らかにするというときに、釈尊伝の釈尊の生き方を「善悪段」の善のところに読んでいるのではないかと思います。

この課題は願でいえば第十九願でしょうが、第十九願の願が見えるということは、実は、第十九願から第十八願、自力の行から他力の行へ、法然上人でいえば諸行を棄てて念仏へということです。第十八願に立ったら第十九願は要らないのかというと、第十八願をいよいよ明らかにするという課題が第十八願の内にある。それが唯除の文です。

倫理というものは相対的で、人間と人間がお互いに共同生活をする場合の約束事ですから、善悪といっても社会、時代、状況によって違います。絶対的なものがない中に人間として善悪に苦しんでいく。相対であることは分かっていて、しかしそれをないがしろにはしないということが絶対的な信仰の課題と関係します。

欲生心は第十八願、第十九願、第二十願の三願を貫いています。それに対して人間が南無せずにおれないというように感ぜしめるのが願生心です。それ抜きに名を発音しているだけでは、精神の抜けた肉体みたいなものです。生きた信仰が成り立つためには、内に欲生心が用いていなければならない。その欲生心が人間の上に自覚されてくるためには、相対の場所が非常に大きな意味を持つ。罪悪深重は理論ではない、罪悪深重であるという親しい感覚が人間に響くわけですから、その感覚が日々如実に生きてこそ、いよいよ罪悪深重だということがはっきりする。

曽我先生、安田先生の、自分に対する非常に厳しい姿勢が何処から来るのかというと、やはり、自力・他力を超えた仏法を求める菩提心です。人間が人間以上のものでありたいという要求こそが、仏法の仏法たる意味である。人間界の努力は必要である。人間界の努力なくして仏法があるということではない。そこに清沢先生は、倫理の課題と宗教の課題を交互に照らして自分を大切にせよということを明らかにしようとしたのではないかと思います。

本文に戻ります。「無為自然にして泥洹の道に次し」ということを受けて「宜しくおのおの精進して心の所願を求むべし」という言葉が置かれている。「疑惑し中悔《ちゆうけ》して自ら過咎を為して」、「中悔」というのは途中で後悔するということです。歩みの途中で、こんなことで本当に行けるのだろうかという求道心の疲労、あるいは宗教的生活の中での感動の欠如ということです。

『歎異抄』では、「念仏もうしそうらえども、踊躍歓喜のこころおろそかにそうろうこと」（聖典六二九頁）という唯円坊の問いです。はじめは出遇って喜んだけれど、日常生活の中で何の感動もなくなる。それは欲生心が自覚しにくくなっているわけです。その問題は自力の場合は「魔《ま》」といいます。菩提心を妨げる。自分の内に他の要求、誘惑が起こる。その一番大きな妨げは、『十地経』でいえば、七地沈空の難です。自分は最高位を得てしまったという奢《おご》りが妨げてくる。こういうことが中悔ということです。

また信仰心の疑惑というのはいわゆる理性の疑惑ではない。願生心の疑惑というのは、はっきりとそれと自覚できて、対象化できるような疑いではない。疑惑があることに気づかないような形の疑惑である。それをはっきりさせるために浄土の荘厳を観察するという教えがある。

浄土の荘厳を通して、願心が対象化された形を通して、内なる疑惑が明らかになる。如来の世界を見ることを通して、自己の内なる雑心が照らし出されてくる。そこに信心というものがはっきりしてくる。これが『浄土論』が「起観生信章」を設ける意味です。宗教心の内なる疑惑というのは、かすかな、はっきりそれとは分からない疑惑で、それがしだいに幅を利かしてくると中悔ということになる。さらに強くなると退転する、菩提心を失うことになります。

「かの辺地七宝の宮殿に生じて、五百歳の中にもろもろの厄を受くるを得ることなかれ」、このように注意されている。「智慧段」の大事な課題として「七宝の宮殿」ということが後で出てきます。「無為自然にして泥洹の道に次し」といわれた後に、この言葉が、ヒント的に、先を予言するような形で出ています。

「弥勒、仏に白して言さく、「仏の重誨《じゅうけ》を受けて専精に修学し、教えのごとく奉行して敢て疑いあらじ」と」、お釈迦さまがくり返しくり返し教えておられるその教えを受けて、専ら精進して（「誨」というのは教えという意味です）、お釈迦さまの教えの如くにそれを行じて「敢えて疑いあらじ」と。

親鸞聖人は「総序」の文で「専らこの行に奉《つか》え、ただこの信を崇《あが》めよ」（聖典一四九頁）、といって奉行という字に「行に奉え」と返り点を打っています。ふつうは奉行といったら奉って実践するという意味ですが、あえて「斯」という字を入れてこの行（名号）に奉《つか》えるといっています。

本願の教えの如くにそれを行ずるということです。専ら学んで奉行するということは、単に倫理を実践するということを超えて、本願の教えを奉るという意味を孕んできている。「ただこの信を崇めよ」、といってここにも「斯」という字を置いて、自らの上に本願が発起して、いまここに本願の信心がある、本願の行が行じている、この念仏の行に奉える。行が自らを行じていながらその行に奉える、この信が自らを信じた、この信心を崇める。自分がいただいた名号に奉える、自分が信じるということを崇める、ということは考えにくい。

これは結局、私がいただいたけれども私のものではない、私を超えた如来の行信である。そこに尊いものをいま獲ているということです。私個人の持ちものでもないし、私個人の相対的な経験でもない。そこにその念仏の行を行じ、生きているということが、それに真に奉仕し、それを真に崇めるという内面を持っているということです。

五悪段

仏《ぶつ》、弥勒《みろく》に告《つ》げたまわく、「汝等《なんだちよ》能くこの世にして、心《しん》を端《ただ》しくし意《い》を正しくして、衆悪を作らずは、甚《はなは》だ至徳《しとく》なりとす。十方世界に最も倫匹《りんぴつ》なけん。所以《ゆえ》は何《いか》ん。諸仏の国土の天人の類《たぐい》は、自然《じねん》に善を作《な》して、大きに悪を為《つく》らずは、開化《かいけ》すべきこと易《やす》し。今我《われ》この世間において仏に作《な》りて、五悪・五痛《つう》・五焼《しょう》の中に処《しょ》すること最も劇苦《ぎゃっく》なりとす。群生《ぐんじょう》を教化《きょうけ》して、五悪を捨《す》てしめ五痛《つう》を去《さ》けしめ五焼《しょう》を離《はな》れしめ、その意《こころ》を降化《ごうけ》して、五善を持《たも》たしめて、その福徳、度世《どせ》・長寿・泥洹《ないおん》の道を獲《え》しめん」と。仏の言《のたま》わく、「何等か五悪、何等か五痛《つう》、何等か五焼《しょう》、何等か五悪を消化《しょうけ》して、五善を持《たも》たしめて、その福徳、度世《どせ》・長寿・泥洹《ないおん》の道を獲《え》しむる」と。（聖典六六頁・註釈版六二頁）

ここから次の「五悪段」に入ります。「仏、弥勒に告げたまわく、「汝等《なんだち》能くこの世にして、心を端《ただ》しくし意を正しくして、衆悪を作らずは、甚だ至徳なりとす。十方世界に最も倫匹《りんぴつ》なけん。所以は何ん。諸仏の国土の天人の類は、自然に善を作して、大きに悪を為《つく》らずは、開化すべきこと易し」、諸仏の国に生まれた天・人は、諸仏の国の中でひとりでに諸仏の用きを受けて生きているから、自然に善を為す。だから悪を作らないから教えやすい。「今我この世間において仏に作りて、五悪・五痛・五焼の中に処すること最も劇苦《ぎやつく》なりとす」、お釈迦さまの言葉ですが、この人間界にあって仏になった。五つの悪は五つの痛みであり、五つの焼けるような苦しみの中に悟りを開いた、それは最も激しい苦悩である。

「群生を教化して、五悪を捨てしめ五痛を去《さ》けしめ五焼を離れしめ、その意を降化して」、五悪、五痛、五焼の中を生きている存在を教えて、それを離れしめる。「降」は降伏の「降」という字です。完全に降参し尽くすということです。仏の教えに触れるということは我々が人間であるということに完全に降参するということです。人間の立場を残しながら仏の教えが分かるということはない。五悪、五痛、五焼の中を生きるということと、この降化ということが関係するわけです。

五悪、五痛、五焼の中に生きて、それを当然としているなら、降化されない。五悪、五痛、五焼の中に生きながら、完全に降参する。そうするとそこに「五善を持たしめて、その福徳、度世・長寿・泥洹の道を獲しめん」と」、五悪の転換として五善といわれます。福徳、度世・長寿・泥洹はくり返していわれる四つの徳です。

福徳というのは福が徳であるということで、福は世福、戒福、行福の三つをいいます。この世の幸せ、人間関係、自然関係、所有関係で幸せを感じる。人間として幸せがあるということが福徳です。度世ということは世を超えるということです。長寿ということは、寿《いのち》を超えた意味がはっきりしないとあまり意味がありませんが、やはり人間として長生きがしたいという素朴な祈りがありますから、その素朴な祈りに対して、長寿ということが功徳としていわれます。

しかし仏法でいう長寿は浄土の寿《いのち》、無量寿です。この世の命と異質の寿を持つということです。命でない寿が無量寿です。親鸞聖人はこれを『涅槃経』によって涅槃とか法身といいます。単に生滅する命でないものに触れる。そういうものに触れた寿は永遠である。それが我々においては、一如から来た願として、本願を通して我々に無量寿をいただく。南無阿弥陀仏を通して南無阿弥陀仏に伝えられている寿、本願の寿、願が生きて用いている寿、命ならざる寿です。

現代はいのちという言葉がよくいわれますが、使い方が曖昧です。生きているいのちだけならばいのちの尊さは何処でいえるか。長生きすればいいということになれば、いまの医者がやっているように、とにかく臨終を一時間でも二時間でも延ばすということになるが、それはむしろいのちの尊厳を損なうことすらある。資本の論理からいうと、商品化できるいのちが価値があるということになって、尊さが曖昧になる。いのちが何故尊いかというと、そこに真に尊さを見い出せるからであって、ただ生きていればいいというものではない。生滅がありながら生滅を超えるようなものに触れてこそ尊いといえる。それが仏法というものでしょう。

この「長寿」も、これを一つの手掛かりにして本当の長寿に触れること、私どもの本来の寿《いのち》を教えられ、本来の寿に還ることによっていただくことができる。親鸞聖人は「大信心」は「長生不死の神方」だ、信心が長寿の方法であるといっています（聖典二一一頁）。信心に生きれば、それ自身が死を超えたようなものに触れる、涅槃に触れる。それが次の泥洹の道です。この部分は悪が説かれる最後にくり返し述べられます。「長寿」の代わりに「上天」という言葉が使われていますが、これも長生きのできる世界を意味します。

「仏の言わく、「何等か五悪、何等か五痛、何等か五焼、何等か五悪を消化して、五善を持たしめて、その福徳、度世・長寿・泥洹の道を獲しむる」と」、お釈迦さまが弥勒菩薩に対して説いた五つの内容を具体的に示すために、お釈迦さまが自ら問い、その問いに答える形で説き始められます。

第一悪——宿業の問題

仏《ぶつ》の言《のたま》わく、「その一つの悪というは、諸天人民蠕動《にんみんねんどう》の類《たぐい》、衆悪を為《つく》らんと欲《おも》えり。みな然《しか》らざるはなし。強《こわ》き者は弱きを伏《ふく》す。転《うた》た相剋賊《あいこくぞく》し残害殺戮《ざんがいせつろく》して迭《たが》いに相呑噬《あいどんぜい》す。善を修することを知らず。悪逆無道にして後に殃罰《おうばつ》を受く。自然《じねん》に趣向《しゅこう》して神明《じんみょう》記識《きし》す。犯《おか》せる者を赦《ゆる》さず。かるがゆえに貧窮《びんぐ》・下賤《げせん》・乞匃《こつがい》・孤独・聾盲瘖瘂《りょうもうおんあ》・愚痴《ぐち》・弊悪《へいあく》のものあり。尪狂《おうきょう》・不逮《ふたい》の属《たぐい》あるに至る。また尊貴《そんき》・豪富《ごうふ》・高才《こうざい》・明達《みょうだつ》なるあり。みな宿世に慈孝《じきょう》ありて善を修し徳を積《つ》みて致《いた》すところなるに由《よ》りてなり。世に常の道、王法の牢獄《ろうごく》あり。肯《あえ》て畏《おそ》れ慎《つつし》まず。悪を為《な》して罪に入りてその殃罰《おうばつ》を受く。解脱《げだつ》を求望《ぐもう》すれども免出《めんしゅつ》を得ること難《かた》し。世間にこの目の前の見《けん》の事《じ》あり。寿《いのち》終わりて後世《ごせ》に尤《もっと》も深く尤《もっと》も劇《はげ》しくして、その幽冥《ゆうみょう》に入りて生《しょう》を転じて身を受く。たとえば王法の痛苦《つうく》、極刑《ごくきょう》なるがごとし。かるがゆえに自然《じねん》の三塗《さんず》無量の苦《く》悩《のう》あり。転《うた》たその身を貿《か》え形を改め道を易《か》えて、受くるところの寿命《じゅみょう》、あるいは長くあるいは短し。魂神《こんじん》精識《しょうしき》、自然《じねん》にこれに趣《おもむ》く。当《まさ》に独《ひと》り値《あ》い向かい、相《あい》従いて共に生まれて、更《かわ》りて相報復《ほうぶく》すべし。絶え已《おわ》ることあることなし。殃悪《おうあく》未《いま》だ尽《つ》きざれば相離《あいはな》るることを得ず。その中に展転《てんでん》して出《い》ずる期《ご》あることなし。解脱《げだつ》を得難《えがた》し。痛《いた》み言うべからず。天地の間に自然《じねん》にこれあり。即時に卒暴《にわか》に善悪の道に至るべからずといえども、会《かなら》ず当《まさ》にこれに帰すべし。これを一《ひと》つの大悪《だいあく》、一痛《いっつう》、一焼《いっしょう》とす。勤苦《ごんく》かくのごとし。たとえば

大火の、人の身を焚焼《ぼんしょう》するがごとし。人、能《よ》く中にして心《しん》を一つにし意《い》を制し身を端《ただ》しくし行を正しくして、独《ひと》りもろもろの善を作りて衆悪を為《つく》らざれば、身独り度脱《どだつ》して、その福徳、度世《どせ》・上天《じょうてん》・泥洹《ないおん》の道を獲《え》ん。これを一つの大善とするなり。」（聖典六六～六八頁・註釈版六二～六四頁）

「仏の言わく、「その一つの悪というは、諸天人民蠕動の類、衆悪を為《つく》らんと欲えり。みな然らざるはなし。強き者は弱きを伏す。転た相剋賊し残害殺戮して迭《たが》いに相呑噬《どんぜい》す」」、ここの言葉を読んで清沢先生のことを思い出しました。「諸天人民蠕動の類」というのは、一切の生きとし生けるもの。一つの悪というのは、そういうものを包んで「衆悪を作らんと欲えり」と押さえている。生きとし生けるものは皆悪とともに生きるということです。もちろん悪ということを意識するのは人間です。

ライオンが鹿を食ってもべつに悪いことをしたとは思わない。それを悪と教えるのはお釈迦さまの眼です。倫理という問題があるのは人間界です。一切のいのちが衆悪を作ろうと思う。生きるということは、生命連鎖の中にいのちが与えられている。自分が生きるためには他のいのちを取って生きる。

宮沢賢治が童話を書く中で、童話として見ながら悲しんでいる。生き物は他を食べて生きている。その食べていることが悪いというわけにはいかない。蜘蛛が巣を張って虫を食べるのはかわいそうにと思うが、虫を食べなければ蜘蛛が死んでしまう。人間がなまじの慈悲心で誰かを助けようと思っても、平等に助けることはできない。「強き者は弱きを伏す」。弱肉強食といいますが、一切のいのちの在り方が弱肉強食である。

日本がまさに滅ぼされる寸前に革命が起こって、明治政府ができたのですが、その明治政府の方針として西洋の帝国主義と同じ発想で軍事強国になろうとした。貧しい国民から税金を貪り取って、軍艦を買い、大砲を買って短い時間で早く強国にしようとした。

その姿勢に対して、清沢先生は、優勝劣敗という思想は間違っていると、『精神界』でいっています。帝国主義が旺盛を極めつつあったときです。相手国を植民地にし、相手の国民から富を収奪してくることは良いことだという倫理です。それに日本が負けないためには同じようにそうならなければ潰されるしかなかった。国として植民地支配から逃れるために、ほかに方策があったかというと分かりません。その当時の日本は、蒸気機関車も持っていない状態で、強大な武力に弓矢で戦うのではかなわない。そこで早くに同じ武力を持たなければならないという発想になっていった。

けれども清沢先生は、それは百も承知の上で優勝劣敗は間違いだといっています。仏法の立場からして、それでは人間は救からないということを予言しています。それが誤解されて、それは敗者の思想だと非難されます。

釈迦族の国が滅ぼされんとするときに、釈尊は身を挺して象の前に坐って止めた。二度まで止めたけれど三度目はもう止められなかったといわれています。国民の王子に対する願いは、武力に対して武力を持って戦って欲しいということだった。しかし釈尊はそこには戻らなかった。釈迦族は滅亡したわけです。

強い者が勝つことは生命の必然なのでしょうが、人間としてそれに罪を感じて、我に立って優勝劣敗の道を歩んではならないというお釈迦さまの願いを、清沢先生は、明治期にいま一度打ち出そうとしたわけです。これはほとんど受け入れられなかったのでしょう。強国への道を驀進して、最後は日本は叩き伏せられた。長い目で見ればそういう形で走ってきた西欧も自分の撒いた種に潰されかかっているのではないでしょうか。

弱肉強食という生命の必然性に対して、それを悪と見て、そこから仏陀が第一悪を説き始めている。それを受けて、「転た相剋賊し残害殺戮して迭いに相呑噬す。善を修することを知らず。悪逆無道にして後に殃罰を受く。

自然に趣向して神明記識す」（聖典六六頁）と展開されていく。強い者が弱い者を伏するのは当然だということからお互いに相殺し合い、相取り合う。そして結局、逆悪無道にして後に殃罰を受ける。この五悪でも、人間の倫理を天が映しているという記述があります。

これは中国の生命観です。この世のいのちを人間が営んでいることの中に善悪を何処かで天が見ている。人間界は天界と地界の真ん中にあって響き合っている。人間界は何処かで天に映っているという感覚です。神明というのは天のこころです。天が知っているということは、人間が知っているのです。自分の何処かに自分の為している生活を知っている。

唯識でいえば阿頼耶識です。理性では否定したり忘れていても身が何処かで知っている。身というのは身体と環境を感じていますから、阿頼耶識は一切の経験を蓄積する場所としてきちんと記録している。それが何処かに出る。我々は隠しているつもりでいますが、隠せない。少なくとも自分は隠せない。自分が隠せなければそれは、天が知っているという感覚になる。人間は自分で消せない、忘れられない罪の生活を抱えて生きていますから、それをはっきりと神明が知っているという中国人の表現になる。

「犯せる者を赦さず。かるがゆえに貧窮・下賤・乞匃《こつがい》・孤独・聾盲瘖瘂・愚痴・弊悪のものあり。尪《おう》・狂・不逮の属《たぐい》あるに至る」、こうなると中国の倫理観が問題を持つのです。この世での業報の在り方としていただいたいのちの環境の在り方と、私どものたまたま縁あって生きている在り方に必然関係があるような表記です。

これがいわゆる業の問題として解放運動から厳しく問われる原因になったわけです。いま悪い状況を生きているということは、前のいのちに悪い行為をしたからだという決めつけの論理が業の論理として使われてきた。こういう考え方は仏教以前のヒンズー教や、中国にもあったのかもしれません。だから人間が持っている考え方に、自分の思いのようにはならない、いまあるいのちは何処から来ているかというときに、前のいのちとのかかわり、もっと深いところからこういう罪になってきているのではないかと感じる。それが論理化されて表現されているのではないかと思います。

これが内面的な自己の背景として自覚的に思われるのなら問題はないのでしょうが、このように教えとして表現された場合には、状況を外から説明するという形になりますから、決めつけの論理になります。社会科学的な研究ないし解放論理が必要なものに対して、前世の因果ということで決めつけるのは間違いです。社会科学的な形で解明される課題を、人間の持つ世界観で繋げてしまうと（深い意味で人間の自覚内容としては無意味ではないと思いますが）、間違いになります。

「乞」というのは、貧しくて職が持てず人から物乞いをする。「孤独」というのは感情的な意味ではなくて、親族がなくなったとか、親族が少なくて福徳が恵まれないことは悪いことだという概念があります。中国では親族が多い方がこの世では良いのだという独特の感覚です。親族がなく一人残るということは、人間として徳がないという価値の決めつけです。聾盲瘖瘂の人は前世の因縁だと決めてしまうのは大変な罪です。「愚痴」は相対的な愚かさをいうので煩悩の意味の愚痴ではない。

「弊悪」というのは悪を為してしか生きられない在り方の人をいいます。「伛・狂・不逮」は精神的な病いの問題です。いずれもこの世で差別されるあらゆる在り方を並べて、前のいのちの時に犯した罪の結果そうなるのだという一つの説明です。倫理的な教えとして意味を持つことがあるかもしれませんが、逆に現にこういう状態のものを差別することになります。

こういうことを当たり前に思っていままで来ているのですが、こういう表現が罪を持っているのです。それに対応する概念として「また尊貴・豪富・高才・明達なるあり」、これも因縁でたまたまこういう状態が与えられるわけですから、誇るべき背景であったり、悲しむべき背景であったりということは、自分にとってそう感じることはあります。それらは「みな宿世に慈孝《じきよう》ありて善を修し徳を積みて致すところなるに由りてなり」、宿世の問題で説明しているわけです。

良い状態が与えられるということはいまの自分というよりは、宿世の因縁だといっています。それが過去の因縁によって与えられたのだという感謝の心の表現なら意味がないわけではないかもしれません。逆にコンプレックスを感じるような場合には宿世の悪ということになります。これは因果関係のないところに因果関係を付けるようなものです。

宿業《しゆくごう》には共業《ぐうごう》、不共業《ふぐうごう》があります。人類業としては共業、個人個人では不共業（業因縁）です。業因縁では、自らが自分のいのちを引き受けるのが責任感の論理だというのが安田先生の教えです。自由にいまのいのちを自分は得たわけではない。しかし運命として与えられたのでもない。運命的であるとともにそこに責任を感じる。自らがこのいのちになったのだという自由の面と、賜ったいのちとしての運命的な面がある。そういう概念として業がある。

因縁で悪を為したいと思っても縁がなければ起こらない。起こしたくなくても縁があれば起こる。悪業は因縁なのだと善導大師はいっています。何故その人にそういう悪縁が起こるのかは分からない。悪因縁にたまたま出会うのが悪人、たまたま善因縁に出会うのが善人なのだといわれます。六道流転も包んで宿世という考え方には、実体的な感覚があります。中国的な倫理感と差別意識を助長する表現に問題を感じる段です。

「世に常の道、王法の牢獄あり。肯て畏れ慎まず。悪を為して罪に入りてその殃罰を受く」、世間の道には、国王のもとに牢獄がある。それを恐れずに悪を為して罪を犯してその殃罰を受ける。「解脱を求望すれども免出を得ること難し。世間にこの目の前の見の事あり」、世間にはそういうことがいくらでもある。「寿終わりて後世に尤も深く尤も劇しくして、その幽冥に入りて生を転じて身を受く」、いのちが終わって次の世にまた悪業の因縁でもっと激しくして、暗いところに入っていく。また一回いのちを替えて身を受ける。

「たとえば王法の痛苦、極刑なるがごとし」、王法によって罰せられて、痛めつけられて罰が当たるごとくに次の世ではひどい罰が当たる。「かるがゆえに自然の三途無量の苦悩あり」、ひとりでに三途（地獄、餓鬼、畜生）の無量の苦悩あり。「転たその身を貿《か》え形を改め道を易《か》えて、受くるところの寿命、あるいは長くあるいは短し。魂神精識、自然にこれに趣く」、魂・心・精神・意識が身を受けて、ひとりでにどういういのちを取るかが決まってきて、短いいのちを死んでいく。

「当に独り値い向かい、相従いて共に生まれて、更りて相報復すべし」、個々の身をぶつけたり、くっついたりして、また報復し合う。「絶え已ることあることなし。殃悪未だ尽きざれば相離るることを得ず。その中に展転して出ずる期あることなし」、そういう罪の生活から出ることができない。因縁というものが代わるがわる、あちらの身を受けたり、こちらの身を受けたりし合いながら、利用し合い、傷つけ合う歴史である。

「解脱を得難し。痛み言うべからず。天地の間に自然にこれあり。即時に卒暴《にわか》に善悪の道に至るべからずといえども、会《かなら》ず当にこれに帰すべし。これを一つの大悪、一痛、一焼とす。勤苦かくのごとし」、こういうのが第一の悪であり、痛みであり、苦悩である。「たとえば大火の、人の身を焚焼するがごとし」、ちょうど大火が人の身を焼くようである。

「人、能く中にして心を一つにして意を制し身を端《ただ》しくし行を正しくして、独りもろもろの善を作りて衆悪を為らざれば、身独り度脱して、その福徳、度世・上天・泥洹の道を獲ん。これを一つの大善とするなり」、そういう悪の歴史の中にもし立ち上がって善を積むならば、一人で福徳、度世・上天・泥洹の道を獲るであろう。悪の因縁をいろいろ説いて、逃れられないような感覚を教えて、けれども一人立ち上がれと呼びかけている。

これが第一悪です。強きものが弱きものを伏するという因果、優勝劣敗を説いて、しかしそこに一人立ち上がり、善に向かって生きれば、またその因果があるということです。

第二悪――自己中心に生きる

仏の言《のたま》わく、「その二つの悪というは、世間の人民《にんみん》、父子《ぶし》・兄弟・室家《しつけ》・夫婦、すべて義理《ぎり》なくして法《ほう》度《ど》に順《じゅん》ぜず。奢婬憍 縦《しゃいんきょうじゅ》しておのおの意《こころ》を快くせんと欲《おも》えり。心《しん》に任《まか》せて自《みずか》ら恣《ほしいまま》にかわるがわる相欺《あいご》惑《わく》す。心口《しんく》おのおの異《こと》に、言念《ごんねん》実なし。佞諂《ねいてん》不忠にして巧 言諛《ぎょうごんゆ》媚《み》なり。賢を嫉《そね》み善を謗《そし》りて怨枉《おんおう》に陥《おと》し入《い》る。主上、明らかならずして臣下を任用《にんよう》す。臣下、自在にして機偽《きぎ》端《はし》多し。度《ど》を践《ふ》みて能《よ》く行《おこな》いてその形《ぎょう》勢《せい》を知る。位《くらい》にありて正しからざれば、それがために欺《あざむ》かる。妄《みだ》りに忠良を損《そん》じて天の心に当たらず。臣《しん》はその君《きみ》を欺《あざむ》き、子はその父を欺《あざむ》く。兄弟・夫婦・中外《ちゅうげ》知識、かわるがわる相欺《ご》誑《おう》す。おのおの貪欲《とんよく》・瞋《しん》恚《に》・愚痴《ぐち》を懐《いだ》きて自《みずか》ら己《おのれ》を厚《あつ》くせんと欲《おも》えり。多くあることを欲貪《よくとん》す。尊卑《そんぴ》上下、心倶《とも》に同じく然《しか》なり。家を破り身を亡《もう》じて前後を顧《かえり》みず。親属・内外《ないげ》これに坐《つみ》して滅《ほろ》ぶ。ある時は室家《しつけ》・知識・郷党《きょうとう》・市里《しり》・愚民《ぐみん》・野人《やにん》、転《うた》た共に事《こと》に従いて更《たが》いに相《あい》利害す。忿《いか》り怨結《おんけつ》と成《な》り、あるに富みて慳惜《けんじゃく》す。肯《あえ》て施与《せよ》せず。愛宝貪重《とんじゅう》にして、心労《しんろう》し身《み》苦しくす。かくのごとくして竟《おわ》りに至りて恃怙《じこ》するところなし。独《ひと》り来《きた》り独《ひと》り去《さ》りて、一《ひとり》も随《したが》う者なけん。善悪・禍福《かふく》、命《いのち》を追いて生ずるところなり。あるいは楽処《らくしょ》にあり、あるいは苦毒に入る。然《しか》るに後に乃《いま》し悔《く》ゆとも当《まさ》にまた何ぞ及《およ》ぶべき。世間の人民、心愚《しんおろ》かにして智少《な》し。善を見ては憎謗《ぞうほう》し、慕《した》い及ぶことを思わず。但《ただ》し悪を為《な》さんと欲《おも》うて妄《みだ》りに非法《ひほう》を作《な》す。常に盗心《とうしん》を懐《いだ》きて他の利を悕望《けもう》す。消散し糜尽《じんじん》してまた求索《ぐさく》す。邪心《じゃしん》にして正しからず。人の色《し》ることあるを懼《おそ》る。予《あらかじ》め思い計らず。事《こと》至りて乃《いま》し悔《く》ゆ。今世《こんぜ》に現に王法の牢獄《ろうごく》あり。罪に随《したが》いて趣向《しゅこう》してその殃罰《おうばつ》を受く。その前世に道徳を信ぜず、善本《ぜんぽん》を修せざるに因《よ》りて今また悪を為《つく》れば、天神剋識《てんじんこくし》してその名籍《みょうじゃく》を別《わか》つ。寿《いのち》終わり神《たましい》逝《ゆ》きて悪道に下《くだ》り入《い》る。かるがゆえに自然《じねん》の三塗《さんず》無量の苦悩《くのう》あり。その中に展転《てんでん》して世世累劫《せせるいこう》に出《い》ずる期《ご》あることなし。解脱《げだつ》を得難《えがた》し。痛《いた》み言うべからず。これを二つの大悪、二つの痛《つう》、二つの焼《しょう》とす。勤《ごん》苦《く》かくのごとし。たとえば大火の、人の身を焚焼《ぼんしょう》するがごとし。人、能《よ》く中にして心《しん》を一つにし意《い》を制《せい》し、身を端《ただ》しくし行を正しくして、独《ひと》りもろもろの善を作りて衆悪を為《つく》らざれば、身独《ひと》り度脱《どだつ》して、その福徳《ふくとく》、度世《どせ》・上天《じょうてん》・泥洹《ないおん》の道を獲《う》。これを二つの大善とするなり。」（聖典六八～七〇頁・註釈版六四～六六頁）

第二悪は、今度はお互い助け合い、支え合いながら生きる人間関係です。「仏の言わく、「その二つの悪というは、世間の人民、父子・兄弟・室家《しっけ》・夫婦、すべて義理なくして法度《ほうど》に順ぜず」」、室家というのは家の中にいっしょに住む者です。その人間関係の中にあって、義理なくして法度に順ぜず。義理という言葉は五常（仁義礼智信）の「義」に当たると解釈することもあります。義理というのは、人間関係の上下関係などについて決まった通りに生きよという、堅い、縦型の人間関係を決めるような儒教倫理です。美しさが一面にありますが、しかし、その義理が人間性を押さえ込むことがあります。ここでは義理を守る関係であるべきなのに、義理の道に準じないということがいわれます。

「奢婬憍縦《しゃいんきょうじゅう》しておのおの意《こころ》を快くせんと欲えり」、贅沢、男女の淫らな関係、奢り、自己中心的に恣《ほしいまま》に生きる。皆自分を快くしたいという、現代でいえば快楽主義です。「心に任せて自ら恣にかわるがわる相欺惑《ごわく》す」、そうするとお互いに自ら恣に騙し合う。自由は必ず責任と関係するのですが、自由だけだと騙し合いです。「心口おのおの異に、言念実なし」、各々違うことをいって、言葉にも起こってくる思いにも誠実さがない。実がないということは、中心がないということで、勝手放題で信頼できない。「実」は「realize」で本当にあるというニュアンスもあります。実がないということは、全部が虚言になっているということです。

「佞諂《ねいてん》不忠にして巧言諛媚《ゆみ》なり」、相手を陥れるべく騙し諂《へつら》って、忠義がない。「忠」というのは国王に対して誠実である（royality）こと。イギリス人の大事にした概念です。体制に対して自分を守る側に立つので革新には邪魔になる概念です。しかし、忠臣は身を賭して、王さまが間違ったことをする場合にはそれを諌めることもある。言葉は巧みであり、おもねり、媚び、諂う。いまの状況と同じです。

「賢を嫉《そね》み善を謗《そし》りて怨枉《おんおう》に陥し入る」、賢い人間を嫉む、善があると謗る。人間は立場を持つと他の立場に対して非難する。お互いに仇をなす。「主上、明らかならずして臣下を任用す」、人間関係の中で上の者が下の者をよく見ずに任用する。「臣下、自在にして機偽《きぎ》端多し」、人間関係で人が見えず、利用関係になると大変面倒です。「度を践《ふ》みて能く行いてその形勢《ぎょうせい》を知る。位にありて正しからざれば、それがために欺かる」、程度を知って行っていって、どういう形勢にあるかを知っていくべきである。位に正しい形で就いていない場合には、それのために欺かれる。いまの新聞沙汰はみなそうです。前の人間のやってきたことに対して no といえないのはおもねってきた弱みがある。だから批判できない。位に正しく就いたわけではないのでしょう。

「妄《みだ》りに忠良を損じて天の心に当たらず」、そうやってはいけない、と忠告する人間を嫌いになるのです。それは天の心ではない。現代は人間の世界だけになって、騙し合いを批判する原理がなくなっています。中国にあっては非常に大きな働きを持ったのが天の心です。「臣はその君を欺き、子はその父を欺く。兄弟・夫婦・中外知識、かわるがわる相欺誑《ごおう》す。おのおの貪欲・瞋恚・愚痴を懐きて自ら己を厚くせんと欲えり」、いままで起こってきた元を押さえている。三毒を懐いて自ら己を厚くしようとする。結局、自分のために一切を利用としようという関心だけで生きている。

「多くあることを欲貪す。尊卑上下、心倶に同じく然なり」、その結果、「家を破り身を亡じて前後を顧みず。親属・内外これに坐して滅ぶ。ある時は室家・知識・郷党・市里・愚民・野人、転た共に事に従いて更《たが》いに相利害す。忿り怨結《おんけつ》と成り、あるに富みて慳惜《けんじゃく》す」、親鸞聖人が「化身土巻」の後序でいわれる、「主上臣下、法に背き義に異し、忿《いかり》を成し、怨《うらみ》を結ぶ」（聖典三九八頁）という言葉は、まさにここから来ています。親鸞聖人の承元の法難の記述は、単に自分の上に起こった怨みの事実を記したというだけではなく、『無量寿経』がこの「善悪段」で、釈尊の言葉として伝えている事実そのものだという意味を持っている。

「肯て施与せず。愛宝貪重にして、心労し身苦しくす。かくのごとくして竟りに至りて恃怙《じこ》するところなし」、執着は深くあえて与えようとしない。そして結局、心が苦しみ、身も苦しむ。そして終わりには頼むところがない。最終的は金にも財産にも頼れない。「独り来り独り去りて、一《ひとり》も随う者なけん」、最後は一人で死んでいかなければならない。「善悪・禍福、命を追いて生ずるところなり。あるいは楽処にあり、あるいは苦毒に入る。然るに後に乃し悔ゆとも当にまた何ぞ及ぶべき」。

第二悪は、自己中心主義で生きるということは結局孤独を引いてくる、そういう因果をずっと語っています。

第三悪——人間は間的存在

仏《ぶつ》の言《のたま》わく、「その三つの悪というは、世間の人民《にんみん》、相因《あいよ》り寄《よ》り生じて共に天地の間《あいだ》に居《こ》す。処年《しょねん》寿命能《よ》く幾何《いくばく》なることなし。上《かみ》に賢明《げんみょう》・長者・尊貴《そんき》・豪富《ごうふ》あり。下《しも》に貧窮《びんぐ》・厮賤《しせん》・尪劣《おうれつ》・愚夫《ぐぶ》あり。中に不善の人ありて、常に邪悪《じゃあく》を懐《いだ》けり。但《ただ》し婬泆《いんいつ》を念《おも》いて煩《わずら》い胸の中に満てり。愛欲交 乱《きょうらん》して坐起《ざき》安《やす》からず。貪意《とんい》守惜《しゅしゃく》して但《ただ》し唐《いたず》らに得んことを欲《おも》う。細色《さいしき》を眄睞《めんらい》して邪態《じゃたい》外《ほか》に逸《ほしいまま》に、自《みずか》らが妻《さい》を厭《いと》い憎《にく》みて、私《ひそ》かに妄《みだ》りに入出す。家財《けざい》を費損《ひそん》して、事非法《ことひほう》を為《な》す。交 給聚会《きょうけつじゅえ》して師《いくさ》を興《おこ》して相伐《あいう》つ。攻劫殺戮《こうこうせつろく》して強《こわ》く奪《うば》いて不道なり。悪心外《うと》きにありて自《みずか》ら業を修せず。盗竊《とうせつ》して趣《わず》かに得て、事《じ》を繋成《けいじょう》せんと欲《おも》う。恐熱迫《くねつはっ》愶《きょう》して妻子に帰給す。心を恣《ほしいまま》に意を快くす。身を極《きわ》めて楽しみを作《な》す。あるいは親属《しんぞく》にして尊卑《そんび》を避《さ》らず。家室《けしつ》・中外《ちゅうげ》、患《うれ》えてこれを苦しむ。また王法の禁令《きんりょう》をも畏《おそ》れず。かくのごときの悪、人鬼《にんき》に著《しる》さる。日月《にちがつ》も照 見《しょうけん》し神明 記識《じんみょうきし》す。かるがゆえに自然《じねん》の三塗《さんず》無量の苦悩あり。その中に展転《てんでん》して世世《せせ》累劫《るいこう》に出《い》ずる期《ご》あることなし。解脱《げだつ》を得難《えがた》し。痛《いた》み言うべからず。これを三つの大悪、三つの痛《つう》、三つの焼《しょう》とす。勤苦《ごんく》かくのごとし。たとえば大火の、人の身を焚焼《ぼんしょう》するがごとし。人、能《よ》く中にして心《しん》を一つにし意《い》を制し、身を端《ただ》しくし行を正しくして、独《ひと》りもろもろの善を作りて衆悪を為《つく》らざれば、身独《ひと》り度脱《どだつ》して、その福徳《ふくとく》、度世《どせ》・上 天《じょうてん》・泥洹《ないおん》の道を獲《う》。これを三つの大善とするなり。」（聖典七〇～七一頁・註釈版六六～六七頁）

第三悪は、「世間の人民、相因り寄り生じて共に天地の間に居す」、という言葉から始まっています。人間存在はお互いに寄り合って生きている。「天地の間」というのは、中国人の世界観は天地人という言葉で表されていて、天と地との間に人間空間がある。パスカルのいう中間存在は地獄と神との間ですが、この場合は、人間と人間の間であり、天と地の間である。その間にあるということがうまくいかない。間にずっといるのでなく、「処年寿命能く幾何《いくばく》なることなし」、ある寿命の間、その間にあって亡くなっていく。これが第三悪のはじめに押さえられています。

「上に賢明・長者・尊貴・豪富あり。下に貧窮・廝賤《しせん》・尪劣《おうれつ》・愚夫あり」、人間には良い状況も悪い状況もある。それを上下で押さえて、豊かな者、富貴なもの、尊い者に対して、貧しい者、大きなる者に仕える者（廝）、賤しい者、弱い者（尪は骨が曲がっている有様）、劣っている者、愚かな者といっています。そういう状況が違う中にあって、「常に邪悪を懐けり」、間にあることがつねに上下を見る、比較相対するという意識をもたらして、悪になっていくということを表しています。

「但し婬泆《いんいつ》を念いて煩い胸の中に満てり」、「婬泆」は男女関係の欲です。「愛欲交乱して坐起安からず。貪意守惜して但し唐《いたず》らに得んことを欲う」、得たものを守り、無いものは欲しがる。「唐」というのは必然性がない。だから「いたずらに」と読みます。「細色を眄睞《めんらい》して邪態外に逸に、自らが妻を厭い憎みて、私《ひそ》かに妄りに入出す」、「細色を眄睞して」、化粧して色っぽく見せ、目くばせをする。いまの倫理観では特に悪いとは思えないのですが、中国の古い時代の倫理観の中では邪悪とされていて、それがよく起こったのでしょう。貪欲が、間にある存在を乱すということを顕そうとするようです。「自らが妻を厭い憎みて」、自分の所有した妻は憎む。「私かに妄りに入出す」、そしてよその家に入っていく。

「家財《けざい》を費損して、事非法を為す」、自分の家の財を使って、非法なことを行う。「交結聚会《きょうけつじゅえ》して師《いくさ》を興して相伐つ」、間にあって徒党を組んで戦を起こして相打つ。徒党を組むのが人間の在り方です。「攻劫殺戮《せつろく》して強く奪《こわ》いて不道なり」、責め合い殺し合って奪う。「悪心外《うと》きにありて自ら業を修せず」、悪心のみが表に出てきて、自らの業を修することがない。「盗竊《とうせつ》して趣《わず》かに得て、事を繋成《けいじょう》せんと欲う」、「盗」も「竊」も盗むという意味です。「竊《ひそ》かに以《おもん》みれば」と同じ字です。「盗んで私する」というのがもともとの意味です。

この字を善導大師は『観経疏』を解釈する一番はじめに置いています。善導大師が『観無量寿経』解釈の一番はじめにこの字から始めたということを大事にして、親鸞聖人は『教行信証』の一番最初にこの字を置いて始めている（聖典一四九頁）。これは、如来のものを試みに私する、つまり私することのできない広大無辺の法を試みに私がいったん引き受けて、私のところで了解してみればという意味を表しています。

法然上人は「私」という字を置いて自分の了解を述べています。公明正大な仏法は、私は分からないが、試みに私の了解を通すならば、ということです。私が感じたこの事実を、仏法の大海の前にいったん私するという表現です。本願の教えを学ぶ姿勢がそこにあります。自分の得たものが絶対だという意味ではない。自分がいただくものが真理だということは、如来の公明正大なもの（大海）の一滴を私にいただいた。大海は分からないが、一滴を味わう。しかし一滴を本当に味わうならば、それは大海の味であるという意味を内に持っています。

元の意味はあまり良い字ではないが、あえてその字を使って教学の立場を明らかにしています。ここは、盗んできたものでことを繕おうとするということです。天地に与えられるものを私して自分のものにするという営みが、いのちあるものの営みである。そこから悪というものが起こってくる。

「恐熱迫愶《くねつはっきょう》して妻子に帰給す」、恐れおびえて、家庭に得てきたものをもたらす。「心を恣に意を快くす。身を極めて楽しみを作す」、心得違いに自由を貪って、快楽主義に浸る。「あるいは親属にして尊卑を避らず」、親しい親族関係の中において、尊卑を離れない。「家室・中外、患《うれ》えてこれを苦しむ」、周りのものがそれを苦しむ。「また王法の禁令《きんりよう》をも畏れず」、「王法」というのは、中国の人間関係では当然のように考えられていますから、それは当然守られるべき在り方だ、その上で、それを恐れないということです。いまでいえば、国や団体が決めている法令を恐れないということです。

「かくのごときの悪、人鬼《にんき》に著《しる》さる。日月も照見し神明記識す」、閻魔大王の帳面によって罰せられて、地獄に堕ちる。そこに鬼がいるといわれます。その帳面に記されて地獄に堕ちる。天を司る日や月が照らし見る。また天の神々も記し知っている。「かるがゆえに自然の三途無量の苦悩あり」、自然の、人間の悪業の必然として地獄、餓鬼、畜生の無量の苦悩がある。「その中に展転して世世累劫に出ずる期あることなし」、以降は五悪に通じる文章です。

第三悪に対して第三善がいわれますが、内容は第一善、第二善と同じで、その善の特徴は出ていません。あまりはっきりしませんが、第二悪が近い人間関係とすれば、第三悪は人間存在そのものが間にあるということから悪があるということです。

ハイデッカーは、間的存在を「世界内存在」といっています。人間は世界（環境）を持っている、その世界の中にある存在である。仏教でいえば二種世間（器世間・衆生世間）である世間です。近代社会主義が起こってきて、結局、社会問題を社会問題として解決していくことなくして、人間存在が解決されることはない。どちらかといえば社会問題を中心にして人間を考えるということが、強く主張された。それを徹底していったのが、マルクス主義です。人間存在の個人の思いを超えて、生産関係、経済関係などの社会の機構が人間を動かしていく。その機構自身の本質にあるものとして資本を分析していったのがマルクスです。

人間存在が間的存在だということは、個が個として独立して個の本質を生きているのではなく、社会存在としてその機構に巻き込まれて生きているということです。個人の思いとか個人の努力を、怒濤のような大きな流れが飲み尽くしている。だから気がついたときには自分は手も足も出ないようになっている。正邪の判断、善悪の判断全体を包んで動かしているものがある。現代の日本でいえば利益が第一で、利益を上げないものは無意味なくらいになっている。

自分は自分だという思いはあるが、思いを生きているのではなく、人間存在は社会的存在として人間の間にあって、間とともに生きている。またその間自身は動いていくものです。人間のいのちは悪とともに動くということを第三悪が示していると思います。

第四悪――人間は言葉の存在

仏《ぶつ》の言《のたま》わく、「その四つの悪というは、世間の人民《にんみん》、善を修せんと念《おも》わず。転《うた》た相教《あいきょう》令《りょう》して共に衆悪を為《な》す。両舌《りょうぜつ》・悪口《あっく》・妄言《もうごん》・綺語《きご》、讒賊《ざんぞく》・闘乱《とうらん》す。善人を憎嫉《ぞうしつ》し賢明《げんみょう》を敗壊《はいえ》す。傍《かたわら》にして快喜《けき》して二親《にしん》に孝《きょう》せず。師長《しちょう》を軽慢《きょうまん》し朋友《ほうう》に信なくして誠実《じょうじつ》を得《え》難《がた》し。尊貴自大《そんきじだい》にして己《おのれ》道ありと謂《おも》えり。横《よこさま》に威勢《いせい》を行じて人を侵易《しんい》す。自《みずか》ら知ること能《あた》わず。悪を為《つく》りて恥《は》ずることなし。自《みずか》ら強健《ごうごん》なるをもって人の敬《きょう》難《なん》を欲《おも》えり。天・地・神明《じんみょう》・日《にち》・月《がつ》に畏《おそ》れず。肯《あえ》て善を作らず。降化《ごうけ》すべきこと難《かた》し。自《みずか》らもって偃僂《えんけん》して常に爾《しか》るべしと謂《おも》えり。憂懼《うく》するところなし。常に憍慢《きょうまん》を懐《いだ》けり。かくのごときの衆悪、天神記識す。その前世に頗《すこぶ》る福徳を作《な》ししに頼《よ》りて、小善扶接《ぶしょう》し営護《ようご》してこれを助く。今世《こんぜ》に悪を為《つく》りて福徳尽滅《じんめつ》しぬ

れば、もろもろの善鬼神《ぜんきじん》おのおの共にこれを離《はな》る。身独《ひと》り空《むな》しく立ちてまた依《よ》るところなし。寿命終わり尽《つ》きて諸悪の帰するところなり。自然《じねん》に迫促《はくそく》して共にこれに趣《おもむ》き頓《いた》るべし。またその名籍《みようじやく》を記《き》して神明《じんみよう》にあり。殃咎《おうく》牽引《けんいん》して当《まさ》に往《ひと》り趣向《しゅこう》すべし。罪報自然《ざいほうじねん》にして捨離《しゃり》する従《ところ》なし。但《ただ》し前《さき》の行《ぎょう》に得《よ》りて火鑊《かえん》に入《い》る。身心摧砕《ざいさい》して精神痛苦《しょうじんつうく》す。この時に当たりて悔《く》ゆともまた何ぞ及《およ》ばん。天道自然《じねん》にして蹉跌《さてつ》を得ず。かるがゆえに自然《じねん》の三塗《さんず》無量の苦悩あり。その中に展転《てんでん》して世世累劫《せせるいこう》に出《い》ずる期《ご》あることなし。解脱《げだつ》を得難《がた》し。痛《いた》み言うべからず。これを四つの大悪、四つの痛《つう》、四つの焼《しょう》とす。勤苦《ごんく》かくのごとし。たとえば大火の、人の身を焚焼《ぼんしょう》するがごとし。人、能《よ》く中にして心を一つにし意を制し、身を端《ただ》しくし行を正しくして、独《ひと》りもろもろの善を作りて衆悪を為《つく》らざれば、身独《ひと》り度脱《どだつ》して、その福徳、度世《どせ》・上天《じょうてん》・泥洹《ないおん》の道を獲《う》。これを四つの大善とするなり。」（聖典七一～七三頁・註釈版六七～六八頁）

「仏の言わく、「その四つの悪というは、世間の人民、善を修せんと念わず。転た相教令して共に衆悪を為す」」、お互いに相教え合って共に衆悪をなす。皆でやっているから、悪いという意識がなくなっていく。天地が知っているということを忘れて、良い悪いという基準が世間で決まるような思いの中で生きている。いっしょになって悪いことをしていく。これが社会の中に生きていることの恐ろしさでもあるし、またそういうことを離れては生きられないということです。

次に、「両舌・悪口・妄言・綺語」の四つの口業に関する悪が出されてきています。「十善業道」ということがいわれます。十悪に対してそれをしないことです。殺生、偸盗、邪淫（殺す、盗む、淫らなセックス関係）の身業、妄語・両舌・悪口・綺語の口業、心の問題として貪欲、瞋恚、邪見（愚痴）の意業の合わせて十悪です。

両舌というのは二枚舌、悪口、妄言（妄語）は仏になっていないのに、あたかも仏になった如くに語る。一般にいえば、体験をしていないのに体験した如くに語るということです。坊さんとか教師は妄語になりやすい。綺語というのは飾る言葉、きれいごとをいうことです。それに貪欲、瞋恚、邪見（愚痴）の意業です。このような十悪を慎むことを十善業道といいます。お釈迦さまが古い教説で、仏教の教えを聞くに先立っての生活態度という形で説かれた。古い教説には「八正道」もありますが、在家に対する教えです。

「讒賊《ざんぞく》、闘乱す」、言葉を持って秘かに奪ったり、殺したり、乱れたりする。それは、「善人を憎嫉《ぞうしつ》し賢明を敗壊す」、善を見るとそれを憎む。また賢く明らかな存在を破る。「傍にして快喜《けき》して二親に孝《きょう》せず」、傍らで善や賢い存在を潰していこうとして、両親に孝行しない。「師長を軽慢し朋友に信なくして誠実を得難し」、師弟関係では師を軽んじ、友人には信がない。誠実ということがない。ここに「尊貴自大にして己《おのれ》道ありと謂えり」、という言葉が出てきている。自分が尊く、貴く、大きい。自我関心が自分を大だと思う。

「横に威勢を行じて人を侵易す」、虎の威を借る狐ということがありますが、横に威を行じ勢を行じる。横（よこさま）という字は良い字ではないのです。中国では横というのはイメージとしてあまり良く使われない。横柄、横着、横車、横槍というように使われます。人間の生き方が真っ直ぐであるべきであるという倫理観に対して、横というのは道筋でないものに行くというニュアンスを持っているのでしょう。現代の連帯のような考え方が入っていませんから、横は特に悪い字として使われる。

親鸞聖人が、あえて横という字を他力の信念の立場として用いるのは、そのニュアンスを逆取りするわけです。人間がこうあるべきだという自力の縦に対して、まったく不可思議にしてあるはずがないことがここに起こるということを表す場合に横という字を使っています。横超の菩提心というのはそういう意味です。

「自ら知ること能わず。悪を為りて恥《つく》ずることなし」。この恥じるということについては、仏教では大事な心理としてお釈迦さまは押さえています。『涅槃経』の阿闍世の回心のところで、あなたは慚愧（恥の心理）を持っているといっています。慚は天に恥じ、愧は地に恥じるといわれ、また見える人に恥じるだけでなく、見えないものに恥じる。仏教では恥というのは善の心所です。善を成り立たせる根拠として恥ということをいいます。現代は恥がないということが新聞などで指摘されています。分からなければいいというのは、深い意味で恥がないのです。自分に恥じるということがあれば、恥ずかしいとなり、それが倫理を支えるのですが、現代は法律を犯さなければいいという雰囲気が覆っている。

銀行の頭取連中がたまたま捕まっても、かわいそうに、運が悪かったのだ、みんなやっているのにという感覚です。それはやはり社会的存在ということではないでしょうか。人間として生きるところには恥が教えられるのですが、全体として無恥の時代になっています。第四悪で「両舌・悪口・妄言・綺語」という言葉が出てくるということは、そういう言葉を吐きながら、自分がどういう存在かを見れば、当然恥ということはあるはずですが、それに気がつかないことが第四悪の特徴です。

「自ら強健《ごうごん》なるをもって人の敬難《きょうなん》を欲えり」。自分が強いということによって、人からはばかられる。「天・地・神明《じんみょう》・日・月に畏れず」。人間を映し、人間全体を司っているようなものに気づかない。続いて「肯て善を作らず。降化すべきこと難し」とあります。

親鸞聖人は「信巻」で、阿闍世の回心に触れながら、実は人間存在が本当に教化し難い、治し難い存在だといっています。本願がわざわざ唯除の文を置く。五逆、誹謗、一闡提の三機が教化し難い存在で、この教化し難い存在を自覚せしむるのが本願であるということで抑止門の問題を押さえている。そういうことと照らしてみると、人間存在が傲慢で、自分が自分で生きていると思い、教えられて気がつけば自分がどういう在り方かを、少しは気がつくのですが、なかなかいわれようと教えられようと降参しない。

お釈迦さまは、人間を教えるということは、戦争で相手を降伏させるような意味を持つ、人間存在が正しいと思っている見方は、邪見である、人間が世界を了解し、自己を了解している在り方全体が邪見である、という押さえ方をしていますから、「ああ、そうですか」といって教えを聞くということは、降参するということです。自分の見方が間違っていましたといって降参することは難しい。仏法が心に浸みるということは、自分の身がひっくり返されるということですから、なかなか降参しない。だから凡夫がいかに治し難いかということです。

「自らもって偃僊《えんけん》して常に爾るべしと謂《おも》えり」。「偃僊」という字はもともとは足が不自由であるという意味を持った字です。自分の姿を自分で曲げて当たり前だと思っている。

「憂懼《うく》するところなし」、憂いとか恐れがない。三毒段（総説段）では憂いということがずっとくり返されていました。五悪ではほとんどないのですが、ここで、憂いとともにあるということがないといっています。恥がない、さらには、憂いと恐れがないということは強烈な自己正当化です。実際は間違ったことをしながら間違っていると思わない

「常に憍慢を懐けり」。憍慢で包まれている。「かくのごときの衆悪、天神記識す。その前世に頗る福徳を作ししに頼りて、小善扶接《ぶしょう》し営護してこれを助く。今世に悪を為りて福徳尽滅しぬれば、もろもろの善鬼神《ぜんきじん》おのおの共にこれを離る」。前のいのちで善を為してきたから、今生に人間に生まれたということが教えられるのです。せっかく人間に生まれながら、今生に悪の限りを尽くす。そうすると善鬼神が離れていく。「身独り空しく立ちてまた依るところなし」。その結果として孤独である。「寿命終わり尽きて諸悪の帰するところなり。自然に迫促

して共に之れに趣き頓《いた》るべし。またその名籍を記して神明にあり」。そういうこと全体がもう神々の閻魔帳に記されている。「殃咎《おうく》牽引して当に往り趣向すべし」。罪咎を引きずって、一人で堕ちていく。「罪報自然にして捨離する従《ところ》なし」。罪の報いは当然で離れることはできない。「但し前の行に得《よ》りて火鑊《かかく》に入る」。「火鑊」というのは地獄の鬼の罪人を煮る釜です。「身心摧砕して精神痛苦す」。身も心も砕かれて、精神は痛苦する。「この時に当たりて悔ゆともまた何ぞ及ばん」。

「天道自然にして蹉跌を得ず」。人道を映している天道の自然で、蹟くことがなく、ひとりでに行く。「かるがゆえに自然の三途無量の苦悩あり」以下はくり返しです。

人間存在は口業の存在、言葉の存在である。その言葉が両舌、悪口、妄言、綺語という形で現象して、人間関係がお互いに信頼できない。そういう在り方をいっています。この前のところが特に身業だとすれば、ここの中心が口業と考えられます。言葉にかかわって存在の悪ということが出る。しかもその悪が自覚されないで、恥じることがないということが初めて出てきたのが第四悪の特徴です。

「恥」というのも教えを通して自覚されるのでしょう。教えられないと気がつかない。特に武士社会にあっては、非常に躾が厳しく、武士としての恥ということが教えられた。「武士は食わねど高楊枝」ということが、昔はいわれました。

武士というのはいざというときにいのちがけで主君を守るために戦うというのが、使命です。そのために武術を磨くことが仕事で、食うか食わないか、利があるかないかというようなことは求めてはならないというのが武士の建前です。だから武士はいばってはいるけれど実際はつらかったわけです。しかし武士としての恥で支えていたのです。武士の誇りを支えているのは恥だったわけです。江戸時代の文化は窮屈な反面、誇り高い文化でもあったのです。ヨーロッパの人が日本へ来て非常に驚いて日本を好きになる人がたくさん出たのは、精神的な誇りの文化の魅力です。現代は資本の時代で、恥などといっていたら食えない。だから倫理観が崩れていくのは、ある意味で当然のことです。

第五悪——悪業の元は何か

仏《ぶつ》の言《のたま》わく、「その五つの悪というは、世間の人民《にんみん》、徙倚懈惰《しいけだ》にして肯《あえ》て善を作らず。身を治《おさ》め業《ごう》を修して、家室《けしつ》・眷属《けんぞく》、飢寒《けかん》困苦す。父母《ぶも》教誨《きょうけ》して、目を瞋《いか》らし譍《ことば》を怒《いか》らして言令《ごんりょう》和《やわら》かならずして、違戻《いれい》反逆《ほんぎゃく》す。たとえば怨家《おんげ》のごとき、子なきには如《し》かず。取与《しゅよ》節《せつ》なくしてすべて共に患《うれ》え厭《いと》う。恩を負《そむ》き義に違《い》して、報償《ほうしょう》の心《しん》あることなし。貧窮《びんぐ》困乏にしてまた得ること能《あた》わず。辜較《こかく》縦奪《じゅうだつ》して放恣《ほうし》遊散《ゆさん》す。串数《かんさく》して唐《いたず》らに得て、もって自《みずか》ら賑給《しんきゅう》す。酒に耽《ふけ》り美《うま》きに嗜《たしな》みて、飲食《おんじき》度《たび》なし。心を肆《ほしいまま》に蕩逸《とういつ》して魯扈《ろこ》抵突《たいとつ》たり。人の情《こころ》を識《し》らず。強《し》いて抑制《おくせい》せんと欲《おも》う。人の善あるを見て憎嫉《ぞうしつ》してこれを悪《にく》む。義なく礼なくして顧難《こなん》するところなし。自《みずか》らもって職当《しきとう》して諫暁《かんきょう》すべからず。六親眷属《けんぞく》の所資《しょし》、有無、憂念《うねん》すること能《あた》わず。父母《ぶも》の恩を惟《おも》わず。師友《しう》の義を存《ぞん》ぜず。心に常に悪を念《おも》い、口に常に悪を言い、身に常に悪を行じて、曾《かつ》て一善なし。先聖《ぜんしょう》・諸仏《しょぶつ》の経法《きょうぼう》を信ぜず。道《どう》を行じて度世《どせ》を得べきことを信ぜず。死して後に神明《じんみょう》更《かわ》りて生ずと信ぜず。善を作りて善を得《え》、悪を為《つく》りて悪を得と信ぜず。真人《しんにん》を殺《せつ》し衆僧《しゅそう》を闘乱《とうらん》せんと欲《おも》い、父《ぶ》母《も》・兄弟・眷属《けんぞく》を害せんと欲《おも》う。六親憎《にく》み悪《にく》みて、それをして死せしめんと願う。かくのごときの世人《せにん》、心・意倶《とも》に然《しか》なり。愚痴《ぐち》曚昧《もうまい》にして自《みずか》ら智慧《ちえ》ありと以《おも》うて、生じて従来するところ、死して趣向《しゅこう》するところを知らず。仁《にん》ならず順《じゅん》ならず。天地に悪逆《あくぎゃく》してその中にして悕望僥倖《けもうぎょうこう》す。長き生《しょう》を求めんと欲《おも》うに、会《かなら》ず当《まさ》に死に帰すべし。慈心教誨《じしんきょうけ》してそれをして善を念ぜしむ。生死《しょうじ》・善悪の趣《おもむ》き自然《じねん》にこれあることを開示すれども、肯《あえ》てこれを信ぜず。苦心に与《とも》に語れども、その人に益《やく》なし。心中閉塞《へいそく》して意《こころ》開解《かいげ》せず。大命《だいみょう》将《まさ》に終わらんとするに、悔懼《けく》交《まじ》わり至る。予《あらかじ》め善を修せず。窮《きわ》まるに臨《のぞ》みて方《まさ》に悔《く》ゆ。これを後に悔《く》ゆるに将《まさ》に何ぞ及《およ》ばんや。天地の間に五道分明《ふんみょう》なり。恢廓窈窕《かいかくようちょう》として浩浩茫茫《こうこうもうもう》たり。善悪報応《ほうおう》し禍福《かふく》相《あい》承《う》けて、身《み》自《みずか》らこれを当《う》く。誰《たれ》も代わる者なし。数《ことわ》りの自然《じねん》なるなり。その所行に応《したが》いて殃咎《おうく》命《いのち》を追いて縦捨《じゅうしゃ》を得ることなし。善人は善を行じて、楽《らく》より楽に入り明《みょう》より明に入る。悪人は悪を行じて、苦より苦に入り冥《みょう》より冥《みょう》に入る。誰か能《よ》く知れる者。独り仏《ぶつ》のみ知ろしめせりまくのみ。教語《きょうご》開示すれども信用する者は少《すく》なし。生死《しょうじ》休《や》まず。悪道絶えず。かくのごときの世人《せにん》、具《つぶ》さに尽《つ》くすべきこと難《かた》し。かるがゆえに自然《じねん》の三塗《さんず》無量の苦悩あり。その中に展転《てんでん》して世世累劫《せせるいこう》に出《い》ずる期《ご》あることなし。解脱《げだつ》を得難《えがた》し。痛《いた》み言うべからず。これを五つの大悪、五つの痛《つう》、五つの焼《しょう》とす。勤苦《ごんく》かくのごとし。たとえば大火の、人の身を焚焼《ぼんしょう》するがごとし。人、能《よ》く中にして心を一つにし意《こころ》を制し、身を端《ただ》しくし念を正しくし、言行《ごんぎょう》相副《かな》い、作《な》すところ誠《まこと》を至す。語《かた》るところの語《ことば》のごとく、心口《しんく》転ぜずして、独りもろもろの善を作りて衆悪を為《つく》らざれば、身独《ひと》り度脱《どだつ》して、その福徳、度世《どせ》・上天《じょうてん》・泥洹《ないおん》の道を獲《う》。これを五つの大善とするなり。」（聖典七三～七五頁・註釈版六八～七一頁）

次は五つ目の悪です。「その五つの悪というは、世間の人民、徙倚懈惰《しいけだ》にして肯て善を作らず」。今度は「徙倚懈惰」という言葉が出てきます。「徙」というのは「さまよう」というニュアンスを持っています。「倚」という字は「自分に依る」ということで「欲しいままに」というニュアンスを持っています。「懈惰」は、怠惰ということです。いのちの生きる在り方に自分勝手で怠惰である。「身を治め業を修して、家室・眷属、飢寒困苦す」。怠惰で努力をしないので貧しい。「父母教誨して、目を瞋《いか》らし譍《ことば》を怒らして言令《ごんりよう》和《やわら》かならずして、違戻反逆す」。親が教えようとすると、怒りの目をもって反抗して、言葉をもって怒鳴る。さらに反抗する。

「たとえば怨家《おんげ》のごとき、子なきには如かず」。「怨家」というのは分かりにくい言葉ですが、いままでの生活の中に人に恨みを買うような行為をしてきた家が家族を持った場合、親が怨みで殺されると、子が逆に相手を恨みます。代々怨みが深まる。いまのように国の権力が強い状態では、個人的な私憤は許しませんが、放っておけば恨みを晴らそうとします。裁判でも死刑にして欲しいといいます。自分に代わって仇を晴らして欲しいと思うのです。だからそういう家ならば子どもはない方がいいということです。

「取与節なくしてすべて共に患え厭う」。与えたり取ったりするのに何処までという限度がなく、共に憂い厭う。「恩を負《そむ》き義に違して、報償の心あることなし」。恩に背き、義に異して、いろいろな意味で恵まれて生きているのにそれに応えようとしない。また犯した罪を償う心がない。こういう言葉から、この段を支えている倫理観は儒教倫理であることは確かです。その倫理に対して、間違った自己本位主義がいわれてきています。

「辜《こ》較《かく》縦奪して放恣遊《ゆ》散《さん》す」。「辜」は罪です。罪を比べ恣に奪う。そして全部使っていく。「串数《かんさく》して唐らに得て、もって自ら賑給す」。「串」は串刺しにする。「数」はしばしばということです。分かりにくい言葉ですが、自分に得ているものは、勝手に使っていく。なくなるといきなり人のものを取ってくる。働かずして獲得しようとしますから、「串数して唐らに得る」という形になるわけです。そして自ら賑給する。

「酒に耽り美《うま》きに嗜みて、飲食度なし」。今度は酒ということが出てきます。飲むもの食べるものに浸り、度がない。生活に節度がない。これは個人の思いだけでなく、状況もあるわけです。ローマの貴族が滅びたのは、ローマ帝国が強くなり、広い領土を持ち、農奴をたくさん抱えて、豊かな財や酒、食事が持てるようになって、とことん堕落していったからです。そして快楽の極致は思いきり酒を飲んで、風呂の中で首の筋を切ることが流行ったといわれます。

「心を肆《ほしいまま》に蕩逸《とういつ》して魯扈《ろこ》抵突《たいとつ》たり」。「魯」というのは愚かさを表します。扈は君主に従うこと。「魯扈」でただ屈従するさまをいうのでしょう。「抵突」というのは牛が角で突っ込むような姿をいいます。こちらはただ闇雲に突き当たることでしょう。「人の情を識らず。強いて抑制せんと欲う」。人の思いというのを量らないで、相手を押さえつける。「人の善あるを見て憎嫉してこれを悪む」。これもくり返されています。「義なく礼なくして顧難するところなし」。顧みることがない。

『浄土論註』で、この世の五難の一つとして「無顧の悪人、他の勝徳を破す」（聖典一六七～一六八頁）といわれますが、自分の悪を気づかないほどの悪人は他の優れた徳を破るといわれます。悪人が悪いことをしているだけでなく、徳のある人を崩してしまう。善がほとんど見えなくなり、悪が蔓延《はびこ》る。人間も悪が好きなのです。新聞でも善人のことはほとんど出てこない。悪いことばかりが目に付く。

「自らもって職当して諫暁《かんきょう》すべからず」。自らもって職に当たって諫め明らかにすることができない。「諫」というのは「せっかん」という場合に使われます。親がせっかんするのはほとんどいじめだといわれます。教えているうちに自分の心がいじめている心になっていることに気づかない。先生でも教えているつもりでもいじめていることが多いようです。「六親眷属の所資、有無、憂念すること能わず」。一番親しい親族を六親といいます。親子、兄弟、従兄をいいます。そういう親族の持っているものの有無について憂念することがない。「父母の恩を惟わず。師友の義を存せず。心に常に悪を念い、口に常に悪を言い、身に常に悪を行じて、曾て一善なし」。身口意の三業ともに悪業である。

「先聖《ぜんしょう》・諸仏の経法を信ぜず。道を行じて度世を得べきことを信ぜず。死して後に神明更《かわ》りて生ずと信ぜず」。先輩の聖人、諸仏の経法を信じない。ここに根本問題が出ています。教えの一番元に先聖、諸仏の経法ということがありますが、それを信じない。そこから「徙倚懈惰」ということが出てくる。つまり諸仏の経法というものに真に触れていかない在り方に徙倚懈惰といわれる怠惰の本質がある。自分のものを稼ぐことで忙しいことは精進とはいわない。社会生活で努力している場合にも一般には精進といわれますが、自分の生活を支えるために一生懸命働くということは、仏法から見れば実は怠慢である。

安田先生が、サラリーマンは自分では一生懸命働いているつもりかもしれないが、仏法からすればあれは怠惰なのだといわれて、びっくりしました。根本問題を明らかに知ることからすれば、それを忘れる方向に生きているということです。仕事人間ほど人間の根本問題に怠惰であるといえます。また、このごろは男はダメだ、丸善に行ってみると真面目な本の前に男が立っているのを見たことがないともいわれました。

一生懸命働いて立派だという価値観をまったく認めない。それは世間心に迷わされているだけであるという見方です。現代は我が理性の命じるままに生きていて、存在の在り方を映している教えに出遇うということは考えもしない。無宗教ということは、自己を照らす鏡を持たないということで、傲慢、不遜です。そういうこと全体が、人生態度として根源的には怠惰だといわれます。こういうことをいわれても腹を立てるだけで、なかなか気づかないと思います。

「善を作りて善を得、悪を為りて悪を得と信ぜず」。善因善果、悪因悪果ということが出ています。善果というのは人間にとって快い結果ですから、楽果です。だから善因楽果、悪因苦果という因果です。だからはじめと二番目の善は意味が違ってきています。良い環境と良い行為とは意味が違います。「真人《しんにん》を殺し衆僧を闘乱せんと欲い、父母・兄弟・眷属を害せんと欲う。六親憎み悪みて、それをして死せしめんと願う」。「真人」という言葉は道教の言葉で、求道者をいいます。同朋会運動の元になった雑誌の『真人』というのはここから来ています。六親が憎悪し合って殺そうと思う。現在は遺産争いであちらでもこちらでも憎み合っています。少し豊かなので残していった財産を巡って、親の願いと違って、子はお互いに憎み合う。

「かくのごときの世人、心・意倶に然なり。愚痴矇昧にして自ら智慧ありと以《おも》うて、生じて従来するところ、死して趣向するところを知らず」。ここはよく取り上げられます。「愚痴」の「痴」という字は、もとは理性能力の欠如した人を表しますが、それを仏教用語で「愚痴」といった場合は無明を表します。「矇昧」は暗いということです。道理に暗いことです。

蓮如上人の言葉を記した『御一代記聞書』の中で、信心について「心得たと思うは、心得ぬなり」（聖典八九四頁）といっています。自分は信心を得たという人間に対して、それは間違いだというわけです。信心はまさかと思うような人が得ているのである。何処から生まれてきたのか何処に死んでいくのかということを知らない。我々はいまのいのちを感じながら、何処から来たのかということが分からない。また何処へ向かっていくのかを知らない。

「仁ならず順ならず。天地に悪逆してその中にして悕望《けもう》僥倖す」。天と地の間にあって天や地に対して反逆する。反逆しながら幸せを願う。「長き生を求めんと欲うに、会ず当に死に帰すべし」。長生きをしたいと思うのに、必ず死に帰する。「慈心教誨してそれをして善を念ぜしむ。生死・善悪の趣き自然にこれあることを開示すれども、肯てこれを信ぜず」。教えて善に向けようとするがそれを信じることがない。

「苦心に与に語れども、その人に益なし。心中閉塞して意《こころ》開解せず」。自己中心的で自分の心の中に籠もっている。自我心が自分を閉ざしていて、煩悩の心で覆われているところから来るわけです。「大命《だいみょう》将に終わらんとするに、悔懼《けく》交わり至る」。いのちが終わろうとするときに初めて恐れ、後悔が来る。「予め善を修せず。窮まるに臨みて方《まさ》に悔ゆ」。後悔先に立たずです。「これを後に悔ゆるに将に何ぞ及ばんや。天地の間に五道分明なり。恢廓窈窕《かいかくようちょう》として浩浩茫茫《こうこうもうもう》たり」。無限の未来と無始の過去と天地が広々として取りとめがない。

「善悪報応し禍福相承《う》けて、身自らこれを当く。誰も代わる者なし」。前の三毒段に出てきた「誰も代わる者なし」という言葉がようやくここに出てきています。「数《ことわ》りの自然なるなり。その所行に応いて殃咎《おうく》命を追いて縦捨を得ることなし」。これもくり返されています。行為に応じて罪、咎が追いかけてくる。欲しいままに棄てることができない。

「善人は善を行じて、楽より楽に入り明より明に入る。悪人は悪を行じて、苦より苦に入り冥より冥に入る。誰か能く知れる者。独り仏のみ知ろしめせりまくのみ」。仏のみがそのことを本当に知っている。「教語開示すれども信用する者は少なし」。教えるけれども信用する者は少ない。「生死休まず。悪道絶えず。かくのごときの世人、具さに尽くすべきこと難し」。「かるがゆえに自然の三途無量の苦悩あり」以下は同じです。

最後に、「たとえば大火の、人の身を焚焼するがごとし。人、能く中にして心を一つにし意《こころ》を制し、身を端しくし念を正しくし、言行《ごんぎょう》相副《かな》い、作すところ誠を至す。語るところ語《ことば》のごとく、心口転ぜずして、独りもろもろの善を作りて衆悪を為《つく》らざれば、身独り度脱して、その福徳、度世・上天・泥洹の道を獲。これを五つの大善とするなり」とある。

ここに「語るところ語のごとく」という言葉があります。第五悪は、いままでの悪を結んできて、仏陀の教えを、人間存在を照らし出す鏡としていただこうとしないことが、実は悪業の在り方となってくる一番の元を押さえています。倫理のもとに、存在の在り方を照らす教えの言葉を聞かない。心が閉じていて開かれない。いろいろな経験をするけれど心が開かれない。亡くなるときに初めて、しまったという後悔が来る。

どう生きてみても、自分のいのちに満足して、死ぬときに後悔がないということはなかなかないのかもしれませんが、存在の在り方全体を明らかに自覚できることがない間は、自己の意味を、外に付けた価値とか、自分の為した行為の意味で埋めようとします。しかし、どうやってみても本当には埋まらないから、最後のところに来て何か悔いが残る。その一番の根本が諸仏の経法を信じないということで押さえられてくる。すでにこの道在りと教えている、その道を信じようとしない。その結果として、自分の欲しいままにという在り方をしてしまう。人間存在の持っている根本の姿を映し出しています。

仏の知恵に出遇わない間は、自分の知恵は自己正当化の武器になるだけであって、存在が明らかにはならない。このように五つの悪が展開されています。時代が変わろうと、社会が変わろうと、人間存在が悪に傾向していく在り方が転ぜられないということが、この五悪を通して教えられてきている。その悪業に堕していく在り方を、一応善を修してそれを突破せよと勧めて、本当に出られる道が何処にあるかを自覚せしめていくという意味があるのではないかと思います。

以下の段はいままでの「五悪段」（善悪段）を整理するような形になっています。さらに釈尊が悪をいとわれ善を勧めています。

避悪修善の心

仏《ぶつ》、弥勒《みろく》に告《つ》げたまわく、「吾《われ》、汝等《なんだち》に語る。この世の五悪、勤苦《ごんく》かくのごとし。五痛《つう》、五焼《しょう》、展転《てんでん》して相生《あいしょう》ず。但《ただ》し衆悪《しゅあく》を作《な》して善本《ぜんぽん》を修せず。みなことごとく自然《じねん》にもろもろの悪趣《あくしゅ》に入《い》る。あるいはその今世《こんぜ》に先《ま》ず殃病《おうびょう》を被《こうぶ》りて、死を求むるに得ず。生《しょう》を求むるに得ず。罪悪の招《まね》くところ、衆に示してこれを見せしむ。身《み》死して行に随《したが》いて三悪道に入《い》りて、苦毒無量なり。自《みずか》ら相燋然《しょうねん》す。その久しくして後、共に怨結《おんけつ》を作《な》すに至りて、小微《しょうみ》より起こりて遂《つい》に大悪と成る。みな財色《ざいしき》に貪着《とんじゃく》して施恵《せえ》すること能《あた》わざるに由《よ》りてなり。痴欲《ちよく》に迫《せ》められて心に随《したが》いて思想す。煩悩結縛《ぼんのうけつばく》して解《と》け已《お》わることあることなし。己《おのれ》を厚《あつ》くし利を諍《あらそ》いて省録《しょうろく》するところなし。富貴栄華《ふきえいが》、時に当たりて意《こころ》を快くす。忍辱《にんにく》すること能《あた》わず。務《つと》めて善を修せず。威勢幾《いせいいくば》くもなくして随《したが》いてもって磨滅《まめつ》す。身《み》労苦に坐《ざ》して、久しくして後、大きに劇《はげ》し。天道施張《せちょう》して自然《じねん》に糺挙《きゅうこ》す。綱紀羅網《こうきらもう》上下相応す。煢煢忪忪《けいけいそうそう》として当《まさ》にその中に入《い》るべし。古今《いにしえいま》にもこれあり。痛《いた》ましきかな、傷《いた》むべし。」仏《ぶつ》、弥勒《みろく》に語りたまわく、「世間かくのごとし。仏みなこれを哀《あわれ》みたまいて、威神力《いじんりき》をもって、衆悪を摧滅《ざいめつ》してことごとく善に就《つ》けしめたまう。所思《しょし》を棄捐《きえん》し経戒《きょうかい》を奉持《ぶじ》し、道法を受行《じゅぎょう》して違失《いしつ》するところなし。終《つい》に度世《どせ》・泥洹《ないおん》の道を得《う》。」（聖典七五～七七頁・註釈版七一～七二頁）

「仏、弥勒に告げたまわく、「吾、汝等《なんだち》に語る。この世の五悪、勤苦かくのごとし。五痛、五焼、展転して相生ず。但し衆悪を作して善本《ぜんぽん》を修せず」、五悪を結んで五悪によって引き起こされる苦悩はかくの如しである。ここに「善本」という言葉が出てきます。聖典七七頁には「徳本」という言葉も出てきます。ここの意味は、人間関係における善と取れます。しかし「善本」、「徳本」を、親鸞聖人は本願の選びを通して「名号」であると読んでいます。

あらゆる善というものが人間関係における善悪であるかぎり、相対的である、交互に状況によって意味が変わる。あるいは判断が変わる。さらに最近の社会科学的なものの見方が出てきますと、規定されている人間関係を保護する方向に善が置かれる。そうすると、儒教の考え方から見れば特に、体制護持の考え方が善とされ、それを批判したり、壊すような考え方は悪とされる。そういうことから、はたして人間を解放する方向を向いているものが善であるとは限らない。むしろ、人間を縛るものが善とされ、上のものにとって善は下のものにとっては苦悩の元となるような場合が出てくる。

仏道における善は、仏法を進めるもの、人間が人間存在の中にありながら、その束縛を超えて自立する方向を向いた意欲をもって善とする。だから阿弥陀の本願こそが善の根本である。人間関係の中で相手に快い思いをさせることが必ずしも善ではない。何が善で何が悪かということは定まらない。倫理の上の善は相対的であって、善悪の判断は、実際は難しい。

カントは、内なる使命に、善だからせよという格率に従うことが善だというのですが、格率は客観的にあるわけではない。実際の善ということは分かったようでいて本当は分からない。清沢先生の「何が善だやら、何が悪だやら、本当は知り分くる能力がない」ということが、現実に倫理問題に躓いた人間の告白でしょう。

相対的な中で日常的に生きている場合には、まあまあ悪いことをしないで済んでいるという程度でしょうが、自分で決断して取らなければならないということが起こったときに、善悪の基準にぶつかってきたら、本当は分からないというしかない。自分の立場上これを善だと思ってやる。しかしそのことは、何処かで悪だということが必ず付いているに相違ない。人間関係の中で人間は多重構造の中を生き、立場としていろんな因縁を背負っておりますから、絶対善というのはないわけです。

会社に善であっても、他の会社のためには悪であるわけだし、そういうことはいくらでもあります。一応は人間の煩悩に動かされて悪しかできないということが、延々と描かれてあったわけですが、そのことを通して「善本」という問題が出てきます。結局、善本のところに触れないと、人間は善悪だけで苦しんでいてはそこから出られない。倫理を超えよといっても、倫理というのは人間関係ですから、人間関係を生きている中で良かれということを願いつつ生きていますから、そこに抜けられない課題がいつもある。

だから、清沢先生は、最後の問題として、「善悪段」を研究したいということを言い置いて亡くなった。非常にそれは示唆的で、宗教に立ったら善悪は超えられるということを安易にいう場合もありますが、現実はそう簡単にはいかない。いくら本願に触れていても、現実の置かれている場所は人間関係ですから、人間関係を無視するわけにはいかない。人間の関係の中で、是非善悪のさまざまな事態とぶつからざるを得ない。そういう人間を生きることを止めるのではなく、それを生きていて、しかも、一番根本に出会っているという意味で「善本」という言葉が大事な意味を持っていると思います。相対的善の中で念仏が一番良いというのではない。

「念仏にまさるべき善なきゆえに」（『歎異抄』第一章）ということは念仏が善本であるということです。あらゆる人間が、善を誇りにし、悪に苦しむ、そういう善悪の判断の中で、そういう在り方を照らす鏡の如くにして、善本が大きな意味を持っている。

次に、「みなことごとく自然にもろもろの悪趣に入る」とある。この場合の自然（じねん）は業道自然です。

人間の行為の因果の必然として悪趣を引いてくる。地獄、餓鬼、畜生の三悪趣に入っていく。「あるいはその今世に先ず殃病を被りて、死を求むるに得ず。生を求むるに得ず」、いまのいのちの悪業の自然として、未来に悪趣に生きていくという言い方をして、いま生きているこの世に病気の罪を被る。死のうと思うけど死ねない、生きようと思っても思うように生きられない。生死のいのちが思うようにならない。

私どもは自分が（我が）生きていると思っていますが、現実は思いのままにならないいのちを生きている。思いのままには生死できない。私どもの行為、経験が次のいのちに引いていく（引業）。「罪悪の招くところ、衆に示してこれを見せしむ」、罪の生活が招いてくる。自分で生きたいわけではないけれども、生活の結果が引き込まれていく。

これが業という言葉の持っている暗さです。神話的には前のいのちが今となり、今のいのちが未来となる、流転のいのちに即しながら教えが説かれているのですが、そのことの意味は、私どものいのちが念々に自由と必然の総合される場所として生きている。念々に意志がかかるという意味では自由であるが、その自由も与えられた条件の中で意志が起こる。業縁ですから、縁のない行為をいきなりすることはできない。やはり限定された身がある条件の中でいのちを営んでおりますから、いきなりライオンのように動くことはできない。

人間として、人間の条件の中で人間としての行為をする。念々に意志するのは自由である。しかし、行為を選んだと同時に、選んだということは逃れられない。諸行無常というから、時が変わればどんどん消えていくという面があると同時に、ある時ある行為を持って生きたということが、消えないままに残る。これが経験の秘義と、安田先生はいわれました。理性的に記憶しているということだけではなく、生きたということが身に付いて来る。これが経験するということです。

自由であるが必然だという意味は、ある時をある行為と共に生きたという事実が、その人間を作ってくるということです。理性はいやなものは消し、良いことだけを覚えておきたいというが、その時を生きた身というものはその過去を消すことはできない。それが業という言葉の持っている意味です。業というのがいやだ、暗いという面を持つのはその必然の面です。どういう経験をしてきたということがその人です。身があるということは時間を生きてきているということです。過去がなくなるということは、その人間が消えてなくなることです。これが「引業」という言葉の持っている現代的な、実存的な意味でしょう。

「身死して行に随いて三悪道に入りて、苦毒無量なり」、これは三世因果の流転の未来として、今世に罪の生活をしたことが、死んでのちに三悪道に入り、苦毒無量であるという文字通りの意味です。「自ら相燋《しょうねん》然す。その久しくして後、共に怨結を作すに至りて、小微より起こりて遂に大悪と成る」、苦毒の中で燃える。悪道に入って行くような生活を親しくして、怨みを結ぶ。「結ぶ」という字は人間の執着の心を表しています。自分で自覚できない意識の底にある現実に対する怨みを心理学でルサンティマン（ressentiment、仇心）といいます。怨み心がパッと起こってすぐに消えていかずに、意識の底に沈殿する。

表は忙しい日常生活に紛れて忘れていても、なにか心理の底にしだいに沈殿していくものがある。そこに仇《かたき》という心の持つ恐ろしさがあります。仇というのは単に江戸時代の親の仇ということだけではなく、生活の中に幽霊になってでも残ってくるような執念深さが仇という心理の恐ろしいところです。腹が立ったとか、欲が起こったというのはそんなに執念深くないのです。しかし腹が立つと同時に怨み心が着いて起こると、これが執念深いのです。それが人間の心理の底にずっと着いていくといわれます。それははじめは小さいけれどついには、大悪となってくる。

これが、「みな財色に貪着して施恵すること能わざるに由りてなり」、物欲と性欲が貪着して、施し、恵むということができないということと関係する。「怨結」を起こしてくる問題が、「財色」にあるとはっきり押さえているわけです。「痴欲に迫められて心に随いて思想す」、三毒の貪欲、瞋恚、愚痴の愚痴は無明といわれます。無明から起こる欲を「痴欲」といっています。あまり聞かない言葉です。愚痴から起こった意欲なのだが、理性に従って考える。考えさせる元は痴欲です。考えを動かしているのは実は煩悩であるということです。

「煩悩結縛して解け已ることあることなし」、煩悩の別名として繫縛といいますから、煩悩と結縛は同じような意味です。煩悩の心理は我々に起こりながら我々を縛る。私どもは自分の思いだと思ってそれに動かされるのですが、自分を動かす思いが煩悩で、その煩悩が縛ってくる。それで解放されることがない。これは単に個人の心理というのではなく、人間が人間関係の中に生きていて罪を起こしてくる。人、ものに対して所有の意欲として起これば、人、ものを縛ってくる。

「己を厚くし利を諍いて省録するところなし」、欲は自分の所有範囲を広くしようとする。財産を争って省くということができない。「富貴栄華、時に当たりて意《こころ》を快くす」、財産、地位、名誉を思うままにして人間を快くする。「忍辱《にんにく》すること能わず」、六波羅蜜（布施、持戒、忍辱、精進、禅定、智慧）の忍辱です。

日常語としては、我慢できないものを我慢する、自分を押さえつけるというように使われていますが、もとの意味では、腹が立つことを我慢するという意味ではありません。忍は「認」と通ずるような意味があり、真実を本当に知るという意味を持って行ずるということです。真実をよく観ていくことです。私どもは状況に流されて生きていますから、そのことの持っている意味を観るということはできずに、腹を立てたり、欲を起こしたりして流されてしまっている。だから「忍辱すること能わず」です。「務めて善を修せず」善を治めようとしない。

「威勢幾《いくば》くもなくして随いてもって磨滅す」、磨滅というのは生命力がすり減ってなくなることです。富貴栄華を求めてたとえ成功してみても、忍辱ができていないから、思うままにできたという思いの中で、すり減ってしまう。「身《み》労苦に坐《ざ》して、久しくして後、大きに劇《はげ》し」、この「坐」という字が、罪によるという意味を持っています。好き放題に生きてきたということが背景にあって、働いても働いてもそれが苦しみでしかないような生活の罪を負う。少し経つとますます激しくなる。「労苦」という字は時間を売ったり、体を売ったりして、その代わりに生活するための物資を獲得しなければならない在り方です。

日本語の「はたらく」は、work、use、make、などいろいろなニュアンスを孕んで使われています。「労」には、自分が主体的にいのちを燃焼することになっていないというニュアンスが入ります。資本主義の時代は、人間はすべて金のために働かされるという構造になっています。深い意味での人間存在が作ってきた歴史から働かされているところがあるわけです。ますます激しくなってきています。実体がなく観念が人間を牛耳っている時代です。

「天道施張して自然に糺挙《きゅうこ》す」、天道は、中国の世界観で、人間より高みにあってそこに働いている道理です。天道の前に人道が映されていて、それによって糺される。「綱紀羅網上下相応す」、上と下とが相応じている。「煢煢忪忪《けいけいそうそう》として当にその中に入るべし」、「煢」という字は「単」と通じている字です。「忪」というのは、忙しいくあわただしいさまです。一人一人が孤独になっていく。

「古今にもこれあり。痛ましきかな、傷むべし。」」、特に「三毒段」では憂いとか孤独ということがいわれていました。人間関係の中でいのちを営んでいるにもかかわらず、自分中心に己を厚くしようとする煩悩に負けて生活することによって、人間の関係が持てないような形で一人生きていかなければならない。これは人間にとって本来のいのちではない。いのちとして満たされない寂しさが与えられてきてしまう。そういうことをくり返しいっていました。

一番厳しい地獄というのは、言葉が通じない、自分の痛みを鬼が知ってくれない。鬼は仕事として罪人を潰しますが、潰されている側はどれだけ泣き叫んでも、鬼にとって痛みにならない。三毒に流されて生きていることが、いのちの必然として、本来の間的存在としての人間存在を自然の在り方として取り戻すことができない。それが罰として感じられてくるのではないかと思います。

次の段に入ります。「仏、弥勒に語りたまわく、「世間かくのごとし。仏みなこれを哀みたまいて、威神力をもって、衆悪を摧滅してことごとく善に就けしめたまう。所思を棄捐し経戒を奉持し、道法を受行して違失するところなし。終に度世・泥洹の道を得。」」。

ここは一貫して弥勒段ですから、弥勒菩薩を対告衆として説かれています。世間はかくの如きである。仏の神力をもって悪を避けて善に付けしめたもう。清沢先生は「避悪修善」という言葉でいっています。人間存在の本質のところに「避悪修善」の心が与えられていると書いています。人間の行為の根に善への命令を感知するような素質が与えられている。これは人間に対する深い信頼です。第十九願が本願として持っている課題と関係していると思います。

善ということも、人間存在が生まれて育つ中で人間関係を生きる在り方として、長い歴史の背景を持って、教育経験を持って、人間の中に生まれてきますから、いのちの営みの一番根に大事な課題として、「避悪修善」という傾向性を教育されるのではないかと思います。

これがあるから、最低限人間として信頼できるところがある。しかし、これを持つが故に、人間は苦しむ。こういうことが全然ないように見える、倫理関心がほとんどないように見える（一闡提《いっせんだい》といわれます）生き様しかできない場合もある。しかし、人間であるということは、そういうことは本当はないのでしょう。人間を信頼する環境でない状況でひどい目に遭わされて育ってきた場合に、『観無量寿経』「下下品」のように生まれてからこのかた悪しか行えない人生しか生きられないということもあり得る。あり得るが、臨終に救かりたいという一念が起こる。

倫理関係で、人に対してどれだけ悪をやっていても、自分が救かりたいという思いは残ります。そこに自分が救かりたいということについては悪の深い自覚ということが逆説的にはある。自分は地獄行きしかないというところに苦しみがあるに相違ない。悪業の限りを尽くしてきた苦悩があるからこそ、「下下品」が置かれている。これが第十九願だと親鸞聖人は押さえています。

悪業の果として三悪道に入るということがいわれるのは、人間に善への傾向性を教えて、善へ向かって歩ませようとする。それが非常に大きな解放への願いです。単に倫理関係での善に留まらない。人間存在として解放の方向へ向かせる歩みになるのです。

親鸞聖人は「謗法《ほうぼう》・闡提《せんだい》、回心《えしん》すればみな往《ゆ》く」（聖典二七七頁）という課題を「信巻」に取り上げています。五逆、謗法、闡提の三つが一番教化しにくい。仏法を聞くということを善とするなら、それに反逆する存在です。行為に対して反逆していく五逆、言葉として反逆していく、あるいは心が疑いということで反逆していく誹謗、まったく無関心なのが一闡提。そういう存在をどうするかという問題、そこに親鸞聖人は第十八願の抑止門の深い課題を読んだのです。

如来の本願からすれば、一番救いにくい存在ほど救わなければならない存在である。どこまでも罪なる存在を摂め取らずんば止まんというのが、本願です。そういう点で第十八願と第十九願とは内面的には深い関係があります。自力というのは自らを善と信頼する心、これが実は、善も悪も分からないということにぶつかると、自分の善を自分で認められない。そこに第十八願がある。その第十八願の一番の課題は罪なる存在を除くという言葉を置いていることです。反逆的存在も包もうとするところに本願の意図がある。

そういう点からいえば、この「三毒五悪段」は、仏法に触れにくい、あるいは仏法に反逆するようないのちが、我々の現実の在り方である。それを破って教えに触れさせたい。そこに与えられてくる縁として「避悪修善」の心を教えているのです。

これは「諸悪莫作　衆善奉行」（「七仏通戒偈」）と似ているようですが、「諸悪莫作　衆善奉行」というのは、善を勧めよ悪をやってはならない、善を勧めていけばいずれは仏になれるということです。しかし『無量寿経』にあってはそれは何処までも大きな縁である、それがそのまま完成するという意味ではない。第十九願は第十九願だけでは成就しない。そこが違う。倫理を達成すれば宗教になるのではない。大事な課題として「避悪修善」ということを教えて、それを縁にして本願に導き入れるという意図があるのではないかと思います。

ニーチェ（一八四四〜一九〇〇）は「善悪の彼岸」ということをいいます。善悪に執《とら》われさせるのがキリスト教のダメなところである。善悪に執われて人間を縮こませて教会が牛耳っている。それでは真の人間には成れない。善悪を払って真の意欲に生きよといっています。特にキリスト教では、罪人意識が強く、人間を痛めつけ、神が君臨するようなところがある。それに対して、倫理を突破するような自由な人間ということをいおうとしたのです。

そうはいっても、人間存在は人間関係を大切にして生きる以外に生きようがないわけですから、倫理に執われるのではなく、倫理を生きながら、しかもいかに自由を回復するかという大変困難な道です。その一番の問題は何か。釈尊はそれを我執と押さえたのですが、我執をいかに克服するかという大変な問題があります。そこに第十九願が簡単には卒業できない課題としてあると思います。

理想の仏国土

仏《ぶつ》の言《のたま》わく、「汝《なんじ》、いま諸天人民《にんみん》および後世《ごせ》の人、仏《ぶつ》の経語《きょうご》を得て当《まさ》に熟《つらつ》らこれを思いて、能《よ》くその中にして心を端《ただ》しくし行を正しくすべし。主上、善を為《な》してその下《しも》を率化《そつけ》し、転《うた》た相勅令《ちょくりょう》して、おのおの自《みずか》ら端《ただ》しく尊聖《そんしょう》を守りて善を敬《うやま》い、仁慈《にんじ》博愛《はくあい》して、仏語《ぶつご》の教誨《きょうけ》、敢《あえ》て虧負《きふ》することなし。当《まさ》に度世《どせ》を求めて生死《しょうじ》衆悪の本を抜断すべし。当《まさ》に三塗《さんず》無量憂畏《うい》苦痛の道を離るべし。汝等《なんだち》、ここに広く徳本を植え恩を布《し》き恵を施《ほどこ》して、道禁《どうきん》を犯《おか》すことなかれ。忍辱精進《にんにくしょうじん》にして心を一つにし智慧《ちえ》をもって転《うた》た相教化《きょうけ》して、徳を為《な》し善を立て、心を正しくし意を正しくして、斎戒清浄《さいかいしょうじょう》なること一日一夜すれば、無量寿国《むりょうじゅこく》にありて善を為《な》すこと百歳せんに勝《すぐ》れたり。所以《ゆえ》は何《いか》ん。かの仏国土は無為自然《むいじねん》にして、みなもろもろの善を積《つ》みて毛髪《もうはつ》の悪なければなり。ここにして善を修すること十日十夜せんは、他方の諸仏の国土にして善を為《な》すこと千歳《せんざい》せんには勝《まさ》らん。所以《ゆえ》は何《いか》ん。他方の仏国は善を為《な》す者は多く、悪を為《つく》る者は少なし。福徳自《じ》然《ねん》にして造悪の地《ところ》なければなり。ただこの間に悪多くして、自然《じねん》なることあることなし。勤苦《ごんく》して求欲《ぐよく》す。転《うた》た相欺紿《ごたい》して、心労《しんろう》し形《かたち》困《くる》しくして、苦を飲み毒を食《くら》う。かくのごとく悤務《そうむ》して未《いま》だ嘗《むかし》にもむしろ息《や》まず。（聖典七七～七八頁・註釈版七二～七三頁）

「仏の言わく、「汝、いま諸天人民および後世の人、仏の経語を得て当に熟《つらつ》らこれを思いて、能くその中にして心を端しくし行を正しくすべし」。汝というのは弥勒です。「後世の人」というのは未来の衆生です。「主上、善を為してその下を率化し、転た相勅令《ちょくりょう》して、おのおの自ら端しく尊聖《そんしょう》を守りて善を敬い、仁慈博愛して、仏語の教誨、敢て虧負《きふ》することなし。当に度世を求めて生死衆悪の本を抜断すべし」、「主上」は親鸞聖人が使っている言葉です。ここから、仏の教えの言葉によって、国の在り方の中で、上下がおのおの自らを教えの言葉に照らして、生きていって欲しいということをいっています。「仏語の教誨」は、仏陀の教えの言葉です。

「敢て虧負することなし」、あえてそれを少なくするとか、欠けるとか、負けることがあってはならない。「度世を求めて」、この世を超えて生死衆悪の本を抜け。「当に三途無量憂畏苦痛の道を離るべし。汝等《なんだち》、ここに広く徳本を植え恩を布き恵を施《し》して、道禁を犯すことなかれ」、徳本は功徳の本です。ここからずっと釈尊の教えが人間の中に受け入れられていけば理想社会ができるような説き方がされている。釈尊の教えに従って、善というものを生きていけば、理想の人間関係ないし理想の国（仏国土）ができていくように説かれている。「道禁」というのは、狭くいえば仏道における禁戒、広くいえば人間社会において守るべき規則です。

「忍辱精進にして心を一つにし智慧をもって転た相教化して、徳を為し善を立てて、心を正しくし意を正しくして、斎戒清浄なること一日一夜すれば、無量寿国にありて善を為すこと百歳せんに勝れたり」、教えを受けて一昼夜斎戒清浄であれば、無量寿国にありて善を為すこと百歳せんに勝れたり。これも有名な言葉です。この五濁悪世にあって、教えを聞いて、教えのように忍辱精進して生きれば、一日心を正しくし生きるということは、阿弥陀の国で百歳善を為し続けるより勝れている。

「所以は何ん。かの仏国土は無為自然にして、みなもろもろの善を積みて毛髪の悪なければばなり」、親鸞聖人はかの仏国土は無為自然であるということを大切に押さえています。阿弥陀の国はこの世のあらゆる悪を棄てて、善を取っていこうとする法蔵願心の内容として差別無き世界が作られていきますから、善を積みて毛髪の悪がない。「ここにして善を修すること十日十夜せんは、他方の諸仏の国土にして善を為すこと千歳《せんざい》せんには勝らん」、こういう比較をしています。

「所以は何ん。他方の仏国は善を為す者は多く、悪を為《つく》る者は少なし。福徳自然にして造悪の地《ところ》なければなり。ただこの間に悪多くして、自然なることあることなし」、我々の生きている国を如来の国に照らしてみると、無為自然に対してわれわれの自然は業道自然です。この場合の自然は、無為自然といってもいいのですが、もう少しいえば、自ずから、そのままに自然になっていくことがない。人間の意志が入り、罪悪の行為が絡んできますから、本来のいのちの在り方が壊されていく。人間がかかわればどんなところも自然でなくなる。人為的に「自然を残す」ことしかできない。

「勤苦して求欲す。転た相欺給《ごたい》して、心労し形困《くる》しくして、苦を飲み毒を食う」、求めることにより勤苦する。「欺給」、これは両方とも欺くという字です。心は煩い身は苦しい。「困」という字は、状況を人間が狭さとしてしか受け取れないということです。「形」は身です。何を飲んでも毒を飲んでいる。何を食べても毒になっている。腹立ち紛れに飲み、がむしゃらに食べている。人間の食欲は腹が減ってわくのではないそうです。

習慣で起こすこともあるし、習慣に絡んで解釈で起こすところもある。一食ぐらい抜いてもどうということはないのですが、食べないと死んでしまいそうに思う。いのちを本当に支える栄養（甘露）として食べているのではなく、贅沢に与えられていて文句をいっている。これが苦を飲み毒を食う在り方です。

「かくのごとく悤務《そうむ》して未だ嘗《むかし》にもむしろ息《や》まず」、煩わしく勤めて少しも止むことがない。過去も現在も未来も止むことがない。

この「悤」というのは忩と同じ字です。また「そう」と読んで「忪」という字が出てきましたが、これは「公」の下に「心」という字を書く字と同じ意味で、やはり「そう」と読む。「糸」編を付けたら「総」になります。したがって、「總」と「総」は意味として同じように使ってきた字のようです。「悤務」というのは、忙しく働いて務めて止むことがないという意味です。

兵戈無用の精神

吾《われ》、汝等《なんだち》、天・人の類《るい》を哀《あわれ》みて苦心に誨喩《けゆ》して教《おし》えて善を修せしむ。器《うつわもの》に随《したが》いて開導して経法を授与《じゅよ》するに、承用《じょうよう》せざることなし。意《こころ》の所願にありてみな道を得しむ。仏《ぶつ》の遊履《ゆうり》したまうところの国邑丘聚《こくおうくじゅ》、化《け》を蒙《こうぶ》らざるはなし。天下《てんげ》和順《わじゅん》し日月清明《しょうみょう》にして、風雨時《とき》をもってし災厲《さいれい》起こらず。国豊《ゆた》かに民安《やす》し。兵戈《ひょうが》用《もち》いることなし。徳を崇《あが》め仁《にん》を興し、務《まつりごと》礼譲《らいじょう》を修す。」仏《ぶつ》の言《のたま》わく、「我《われ》、汝等《なんだち》諸天人民《にんみん》を哀愍《あいみん》することと父母《ぶも》の子を念《おも》うよりも甚《はなは》だし。今我《われ》この世間において作仏《さぶつ》して、五悪を降化《ごうけ》し五痛《つう》を消除し五焼《しょう》を絶滅す。善をもって悪を改め、生死《しょうじ》の苦を抜きて五徳を獲《え》、無為《むい》の安《あん》に昇らしめん。吾《われ》世を去りて後、経道《きょうどう》漸《ようや》く滅《めつ》し人民《にんみん》諂偽《てんぎ》ならん。また衆悪を為《つく》らん。五焼《しょう》・五痛《つう》、還《かえ》りて前《さき》の法のごとくならん。久しくして後、転《うた》た劇《はげ》しからん。ことごとく説くべからず。我《われ》但し汝《なんじ》がために略してこれを言うまくのみ」と。仏《ぶつ》、弥勒《みろく》に語りたまわく、「汝等《なんだち》おのおの善くこれを思いて転《うた》た相教誡《きょうかい》す。仏《ぶつ》の経法《きょうぼう》のごとくして犯《おか》すこと得ることなかれ」と。ここに弥勒菩薩《みろくぼさつ》、掌《たなごころ》を合《あ》わせて白《もう》して言《もう》さく、「仏の所説甚《はなは》だ苦《ねんごろ》なり。世人《せにん》

実《まこと》に爾《しか》なり。如来《にょらい》、普《あまね》く慈《あわれ》みて哀愍《あいみん》して、ことごとく度脱《どだつ》せしむ。仏の重誨《じゅうけ》を受けて敢《あ》えて違失《いしつ》せざれ」と。（聖典七八～七九頁・註釈版七三～七四頁）

「吾、汝等《なんだち》、天・人の類を哀みて苦心に誨喩《けゆ》して教えて善を修せしむ」、説法の教主、釈尊が、弥勒および未来世の衆生を対告衆として説いてきました。ここでも未来世の衆生、諸天・人民（六道流転の善処）を哀れんで、五悪の現実に対して善を修めよと教えている。

「器に随いて開導して経法を授与するに、承用せざることなし」、対機説法というのは相手に応じてということですが、器という字を書く場合は、人間の受け入れる傾向性に随って開き導く。釈尊が個々の人々を見そなわして、心を開いていく。時を貫いて残っていく言葉や、道理を与えていくと皆受け入れていく。「意の所願にありてみな道を得しむ」、人々の深い願いを導き出して、悟りを得しめる。この「道」は、bodhi、悟りです。中国語でいえば悟りへの道程も含めて道といいます。

『浄土論』には「一切所求満足功徳」（聖典一三九頁）がありますが、器世間の十七種功徳の最後にいわれています。浄土に生まれた衆生の要求の一切を満たす。そのときに破闇満願《はあんまんがん》といって、光の用きにおいて無明を破り、それによって願いを満たすという言い方をしています。人間からすると破闇ということを忘れて、満願、自分の願いが満足する場所ということだけを思うが、願いが満たされるということが成り立つためには、光に遇う、つまり破闇ということがある。

　願いの根源にある意欲はふつう自覚化されない。人間に起こる意欲というのは、存在の本当の解放というような願いではなく、自分の生活にとって都合のいいことが満たされて欲しいという願いしか起こらない。そういうものが功徳として皆満たされるように導く。しかし、実は、闇が晴れなければそういう満足は与えられない。闇が晴れることなく願いが皆満たされるなどということは、あり得ない。しかし誘い水として、我々を呼ぶには、願いが満たされる場所だと呼びかける。「一切所求満足功徳」がある場所として、浄土が呼びかける。実際は光があって初めて満足ということが自覚されてくる。そういう意味が、如来の教えにあって深く満足を見い出すということだと思います。

「仏の遊履《ゆうり》したまうところの国邑丘《こくおうく》聚《じゅ》、化を蒙らざるはなし。天下和順し日月清明にして、風雨時をもって災《さい》厲《れい》起こらず。国豊かに民安し。兵戈《ひょうが》用《もち》いることなし。徳を崇め仁を興し、務《まつりごと》礼譲を修す」、ここはなかなか難しいところですが、「遊履」については、晩年の釈尊伝に『遊行経』というのがあります。如来が生活のために場所を移していく有様を「遊履」といいます。一般的には旅ということです。住所を定めず、縁に触れて旅をしていく。その自由な、明るい生き様を遊ぶが如くと表現するのだと思います。

菩薩道に「遊戯」ということがありますが、遊び戯れるが如くに真の用きをする。努力意識、苦労などはない。まったく自由に用きながら、それが自分を満たし、人も満たしていくという有様を遊びに喩えます。説法の会座は国、村、丘で、そこに人が集まる。そして皆教化を受ける。人（お釈迦さま）が法を生きている。その生きている人の周りに自ずから法を生きる有様が影響を与えていく。それを非常に美しく語っています。

お釈迦さまのお弟子はたくさんいました。力のある六師外道も皆降参していく中で、お釈迦さまの影響はかなり強い力を持っていたと思いますが、それにしても、人間の有限ないのちは、何処までも広がるというわけではない。だから、歩いて行った所の人が皆、教化を受けるというほど大きな力が本当にあったかどうか分からない。理想化しているのではないかと思います。

お釈迦さまの歩く所は、天も地も非常に和やかである。「我」が破られている。茶道でも仏教が基礎になっていて、「和敬静寂」といってお互いに敬い静かであることをいいます。この「和敬静寂」という言葉は、涅槃あるいは菩提というものを象徴する言葉だろうと思います。それを部屋の中で仮想空間のようにして作る。戦国武将がお互いに刀を部屋の外に置いて、中では平和な空間を作るということがあったようです。お互いに自己を正義とし、相手を敵と見るような発想ではなく、無我という、この思想を入れることにおいて和順ということが成り立つ。

聖徳太子は仏法を取り入れるときに、それを深く念じられたのです。人間同士では決して和が成り立たない、現実は戦争に次ぐ戦争ですから、どうしても和が成り立たない。そこでいかにして和ということを成り立たせうるかを考えて、仏法を取り入れた。理想の政治原理として、仏教によって平和を築こうという志願があったのだと思います。お釈迦さまの時代でも、小国同士が他の国を飲み尽くそうとする争いが歴史の事実だったのです。しかし、それでは人間としての本当のいのちの在り方は回復できない。人と人の尊厳性を回復していく場所になる共同体の願いがあって、それを理想化して「天下和順」といっているのだろうと思います。

お釈迦さまが動くところは、日や月が清く明らかである。これも一つの象徴です。風や雨が、要求される如くに吹いたり、降ったりする。災害や悪病が起こらない。自然現象が人間の生存に対して順境であることは、人間にとって深い願いです。大地震や大火災は人間を超えて人間を不幸にしますから、そういうものが起こらないというのは深い願いです。しかし、現実は人間と自然現象とは必ずしも呼応しているわけではない。こういう表現もある意味で象徴的です。しかし中世以前の人々は、そこに何か因果関係を感じたのです。

例えば、富士山が爆発すれば、人間のしていることに天地を怒らせるものがあったのだと感じる。それは科学的な論理ではなくて、いのちが感じる深いいのちの背景に対する戦《おのの》きのようなものです。それをお釈迦さまは治めるから、自然現象ですら静かである。そして国も民も豊かで心が安んじている。

「兵戈《ひょうが》用いることなし」、戦のための武器は必要としない。これも理想の人間生活がいわれるときには、願いとしていつでもいわれることです。悲しいことに人間が他の集合体とお互いに信頼して、武器を使わないということは歴史上ほとんどなかった。単位は小さくてもお互いに信頼できない。

お釈迦さまの思想は無我の思想であり、その僧伽は無一物の思想ですから、家族も持たないし、物も持たない生活、布施を仰いで生活するという生活ですから、武器は必要ない。それがどういうわけか出家教団が日本に来ると、僧兵という武器を持った集合体になってしまう。中東やインドにイスラムが入ってきたときには、絶滅させられたわけです。イスラムはコーランか剣かですから、はじめから剣をもって攻めてきますから、その前には為す術もない。

ですから、相手が戦う思想だった場合は完全に潰される。伝記の上では、お釈迦さまは自分の国が攻められたときに、守る術がなかった。だから、攻めてくる象の前にただ坐った。踏みつぶされればおしまいだというところにいのちを懸けて、相手は踏むことができないで帰っていった。二度まで帰っていったということが伝記にあります。

人間が個として無我の思想を身につけてこの世に生きるということは、困難至極ですが、お釈迦さまの人格の力と、その影響力が本当に用いていた時代は、それが可能であったので、それはのちの時代から正法五百年といわれます。五百年もその影響が続いたということは考えられないことですが、そのくらい釈尊の影響が大きかったということが考えられます。カニシカ王とかアショカ王は、自身が仏教を信じ、仏教をもって政治を執った。

アショカ王の思想と聖徳太子の思想が似ていると言われます。しかし、はたして他の国との間で戦いをしないで済んだかどうかは分からないところです。

話し合いで成り立っている状態ではよいが、いったん何かでぶつかったときに武力をちらつかされたら、それは成り立たないことになる。それが国などの我の張り合いの恐ろしいところです。民族あるいは部族の利害が絡むと治まりがつかなくなってしまう。聖徳太子も理想の政治を願ったが、結局、部族同士の争いに完全に飲み尽くされました。

しかし、理想として掲げた、仏法に立って人間がお互いに人間として尊いいのちを自覚していくという願いは、大きな思想の流れの中で単に争いだけで生きてきた民族ではないというものを、日本に残していると思います。「徳を崇め仁を興し、務礼譲を修す」、ここまでが、釈尊の思想において、この世の中に理想的状態が生まれたという表現です。

次に、「仏の言わく、「我、汝等諸天人民を哀愍すること父母の子を念うよりも甚だし。今我この世間において作仏して、五悪を降化し五痛を消除し五焼を絶滅す。善をもって悪を改め、生死の苦を抜きて五徳を獲、無為の安《あん》に昇らしめん」」、といって、釈尊の願いとして、両親が子どもを思うよりも激しく、人類の平和を願って、人間がお互いに、自我を張り合い、言葉で騙し合い、武器を取り合うことをなくそうとして善を進めてきた。そして「五悪を降化し五痛を消除し五焼を絶滅す」、生死の苦を抜いて、五徳を与えて、結果として、苦楽を超えた大涅槃の楽を与えようと。

ところが、「吾《われ》世を去りて後、経道漸《ようや》く滅し人民諂偽《にんみんてんぎ》ならん。また衆悪を為《つく》らん」、正法の時代は釈尊の願いが用《はたら》いて、人間の努力をもってこうあって欲しいと人間に呼びかけた。しかし釈尊が亡くなると、経法の道が滅んでいって、また人々が偽りと諂いに戻ってしまう。そしてまた悪を作り出す。

「五焼・五痛、還りて前《さき》の法のごとくならん」、また元の木阿弥である。昔中国の黄河がきれいになることを待っても一向にきれいにならないという「百年河清を俟つ」という喩えがあります。お釈迦さまが居たときには理想の状態ができたが、お釈迦さまの人格が無くなると、また元に戻ってしまう。

「久しくして後、転た劇しからん。ことごとく説くべからず。我但し汝がために略してこれを言うまくのみ」と」、人間の一つの考え方として、昔は良かった、昔に帰りたいという復古主義があります。特に中国には、昔すばらしい皇帝が出て、国民が平和で、国民は腹を叩いて歌ったという堯舜時代という理想像があったのですが、国王が悪く人民が悪いと、災害が起こるし、病気が流行るし、人々が戦ったり、殺し合ったりする。そういう人間の見方が中国にはずっとあります。いまは悪いが昔は良かったという考え方で、正像末もお釈迦さまの時代はすばらしかったが、だんだん悪くなったという考え方です。

親鸞聖人は、いまは末法の時代であるが、末法の時代になって、本当の教えが明らかになってみれば、実は正像末を通じて本願の教えなのだといわれます。末法だから本願の教えだという説き方は一応の教え方、「化身土」の教え方です。そこでは時代の自覚を通して、いよいよ深く本願をいただくという勧め方をしています。

「仏、弥勒に語りたまわく、「汝等《なんだち》おのおの善くこれを思いて転た相教誡す。仏の経法のごとくして犯すことを得ることなかれ」と」、釈迦如来が弥勒に向かって、そういうことで、放っておけば悪に行ってしまう。だからそこから立ち上がれと、教えている。

「ここに弥勒菩薩、掌《たなごころ》を合わせて白して言さく、「仏の所説甚だ苦なり。世人実《まこと》に爾《しか》なり。如来、普く慈みて哀愍して、ことごとく度脱せしむ。仏の重誨を受けて敢て違失せざれ」と」、明治時代、日本の国の形を作るについて、江戸幕藩体制を壊して、三権が天皇に属するような形で明治憲法ができた。その国の下に、新しい武器をヨーロッパから買ってきて、ヨーロッパの歴史に習って、植民地政策に出ていった。そのときに、一方で非常に聖徳太子の思想が喧伝されています。天皇制の下で、帝国主義の自己拡大政策が行われていったのですが、一方で「十七条憲法」が教育されていて流行っています。どうしてそういうことが成り立つかと思うほど、「和をもって尊しとなす」という聖徳太子の精神と、天皇の名の下に、侵略戦争をしていくことが両立しているのです。その中で生きてきた人たちにあまり矛盾として感じられていない。

私は満州の村に生まれましたが、日本が出て行って、そこの人民を和める役と、出ていった日本人自身の心も和める役として、和合政策のために宗教が利用された。国が宗教を使うときにはそういう発想です。その中に生きていた人間に矛盾なのだということが自覚できないような形で、出て行ったのではないかと思います。現実には反抗する人間は殺しながら押さえ込んでいったので、虚偽だったわけです。だから理想国家があたかもできるような発想が危ないのです。

人間の本質が政治という形をとり、権力機構という国になって自己拡大の意志を持った場合には、全然矛盾する和の精神を、そこに生きる人間自身の意識を騙すために利用していくのを、利用されている人間の方は自覚できない。「天下和順」は、深い願いであり、人類の歴史にそういうときがあるかもしれないが、現実には非常に難しい。人間の自覚において、人間存在の持っている悪の本質を知る、人間の罪業性を自覚することが大切であり、苦悩の現実を背負って深いいのちの願いに生きることが念仏者の歩みであることを教えているのではないかと思います。

第6章　智慧段

釈尊、再び阿難に問う

仏《ぶつ》、阿難《あなん》に告《つ》げたまわく、「汝《なんじ》、起《た》ちて更《さら》に衣服《えぶく》を整《ととの》え合掌《がっしょう》恭敬《くぎょう》して、無量寿仏《むりょうじゅぶつ》を礼《らい》したてまつるべし。十方国土の諸仏如来《しょぶつにょらい》、常に共にかの仏の無着無碍《むじゃくむげ》にましますを称揚《しょうよう》し讃歎《さんだん》したまう。」

ここに阿難《あなん》起《た》ちて衣服を整《ととの》え、身を正しくし面《おもて》を西にして恭敬《くぎょう》し合掌《がっしょう》して五体を地に投げて、無量寿仏《むりょうじゅぶつ》を礼《らい》したてまつりて白《もう》して言《もう》さく、「世尊《せそん》、願わくは、かの仏・安楽国土《あんらくこくど》およびもろもろの菩薩《ぼさつ》・声聞《しょうもん》大衆を見たてまつらん」と。この語《ことば》を説き已《おわ》りて、すなわちの時に無量寿仏《むりょうじゅぶつ》、大光明を放《はな》ちて普《あまね》く一切諸仏の世界を照らしたまう。金剛囲山《こんごういせん》・須弥山王《しゅみせんのう》・大小の諸山《せん》、一切所有《しょう》みな同じく一色なり。たとえば劫水《こうずい》の世界に弥満《みまん》せる、その中の万物《まんもつ》、沈没《ちんもつ》して現ぜず。滉瀁浩汗《こうようこうかん》として、唯《ただ》大水を見るがごとし。かの仏の光明もまたかくのごとし。声聞《しょうもん》・菩薩《ぼさつ》、一切の光明みなことごとく隠蔽《おんぺい》して、唯《ただ》仏の光の明曜顕赫《みょうようけんかく》なるを見たてまつる。その時に阿難《あなん》、すなわち無量寿仏《むりょうじゅぶつ》の威徳魏魏《いとくぎぎ》として、須弥山王《しゅみせんのう》の高く一切のもろもろの世界の上に出《い》でたるがごとくなるを見たてまつる。相好《そうごう》光明、照曜《しょうよう》せざることなし。この会《え》の四衆、

一時にことごとく見たてまつる。彼《かしこ》にしてこの土を見ること、またまたかくのごとし。（聖典七九～八〇頁・註釈版七四～七五頁）

前章の三毒五悪段では、あたかも五悪を止めて五善を修すれば、人間は救かるごとくに説いてきて、最後の段では、五善を成就して釈尊の時代にはすばらしい状態ができた如くに描いて、三毒五悪段が結ばれています。この段では、対告衆がもう一度阿難に戻ります。弥勒を対告衆にして、三毒五悪段が開かれてきたのですが、弥勒菩薩に教えを開いてきたことと、現実に釈尊が語る相手であった、特に『無量寿経』を要求した阿難とはどういう関係か。

釈尊が一般に説いていた教えに対して阿難は落ちこぼれていた。初めて、「光顔巍巍」として輝く釈尊を拝んで、いままさに本願の教えを説こうというところに、阿難は初めて釈尊を如来として仰いだ。だから阿難を対告衆にして説くところは、『無量寿経』では本願の教えです。

阿難に語るだけでなく、未来世の一切の衆生を対告衆にして弥勒段が説かれる。それ以前に八万四千の法門が説かれてきた、あるいは釈尊の伝記が説いている個人釈尊の人格性の問題、それに対して阿難は、それによって仏陀の本意に触れられなかった。正法の時代であっても、一番そばに居ながら、阿難はこぼれ落ちていた。それが初めて釈尊を拝んだときに『無量寿経』が説かれてきた。そのことが未来世一切一衆生に開かれていくことの確認のために、三毒五悪段が置かれて、いま一度、阿難に戻るという物語としての構造だと思います。

その後また、弥勒が呼ばれて「流通分」が説かれ、弥勒菩薩に名号を付属する（聖典八六頁六行目）。一応は阿難を対告衆にして本願を説かれてきた、八万四千の法門がいろいろな器に対して、いろいろな教えとして説かれてきた。しかし最終的には念仏は弥勒に付属した。こういう形になっています。

「仏、阿難に告げたまわく、「汝、起《た》ちて更に衣服を整え合掌恭敬して、無量寿仏を礼したてまつるべし。十方国土の諸仏如来、常に共にかの仏の無着無碍《むじやく》にましますを称揚し讃歎したまう。」」（聖典七九頁）とある。ここの段は「阿難見土の文」といわれ、急にここで調子が変わります。いきなり阿難に、立って、威儀を正して、合掌恭敬して、無量寿仏を礼したてまつるべしと、命令調に出ています。阿難は無量寿仏の威神功徳を称揚し讃歎したまう、と。

「ここに阿難起ちて衣服を整え、身を正しくし面《おもて》を西にして恭敬し合掌して五体を地に投げて、無量寿仏を礼したてまつりて白して言さく」、前の段で、釈尊の影響力のもとにすばらしい人間生活が成り立つが、釈尊亡き後はまた元の木阿弥だといって結ばれて、だからこそ阿弥陀如来を礼せよと再度説かれてくる。それを受けて阿難が、「「世尊、願わくは、かの仏・安楽国土およびもろもろの菩薩・声聞大衆を見たてまつらん」と」、釈尊が教えている本願成就の阿弥陀如来、安楽国土およびその国土の諸々の菩薩、声聞大衆を見たてまつらんと。

「この語《ことば》を説き已りてすなわちの時に無量寿仏、大光明を放ちて普く一切諸仏の世界を照らしたまう」、阿難の言葉を聞いて、無量寿仏が大光明を放って普く一切諸仏の世界を照らしたまう。釈尊、立ち上がった阿難、十方諸仏如来が皆、無量寿仏を讃歎した。それを受けて阿難が、かの国土の衆生を見たいと願った。そのときに無量寿仏が今度は十方諸仏の国を照らした。

「金剛囲山《こんごうい せん》・須弥山王・大小の諸山、一切所有みな同じく一色なり」、阿弥陀の光が大光明を放って一切を照らすときにあらゆる世界が皆一つの色になる。「たとえば劫水の世界に弥満せる、その中の万物、沈没して現ぜず。滉瀁浩汗《こうようこうかん》として、唯大水を見るがごとし」、例えば中国で黄河が氾濫すれば、一切が真っ黄色になる。あらゆる世界があっても、阿弥陀の光が照らしたときに、全部が阿弥陀の光の中の大洪水のような状態になる。「かの仏の光明もまたまたかくのごとし。声聞・菩薩、一切の光明みなことごとく隠蔽《おんぺい》して、唯仏の光の明曜顕赫《みょうようけんかく》なるを見たてまつる」、声聞・菩薩・諸仏の光が全部隠れて、阿弥陀の光のみが光っている。

「その時に阿難、すなわち無量寿仏の威徳巍巍として、須弥山王の高く一切のもろもろの世界の上に出でたるがごとくなるを見たてまつる」、無量寿仏の優れた功徳が巍巍としている。須弥山というのはインド人の世界観で、須弥山を中心にして世界が回っているという考え方です。須弥山は非常に秀でていて、その須弥山が世界を支えている。阿弥陀如来が、その須弥山王の如くに世界の上に出たのを阿難が見たという。

天親菩薩は「観」と「見」を区別して使っています。安田理深先生は、「観」はどちらかというとこちらから向こうを見るという意味で、「見」はそれを通して見えてくる、現れるという意味を持っている。出遇うという意味があるといっています。だから阿弥陀如来を見たいと願うのは出遇いたいということです。『浄土論』では「観・見・願生《がんしょう》」といわれています。浄土の荘厳を観ずる、浄土が我々に何を語り、何を呼びかけ、何を体験させようとしているかということを観ていくと、阿弥陀如来自身に出遇う。だからいよいよ願生するということです。阿弥陀如来の光が一切の世界を洪水の如くに照らすということと、諸仏が皆、阿弥陀如来を讃めるということと交互性を持っている。

浄土を観ずるときに、仏功徳の最初は「座功徳」から始まっています。座と礼拝が対応するといわれます。如来を見るということは、礼拝するときに初めて拝まれるものである。直接如来自身ではなく、如来の坐っている座を観るということは如来を礼拝することです。ここでは阿難は五体投地で礼拝している。そのときに現れた阿弥陀如来は須弥山王の如しだと。

「相好光明、照曜せざることなし。この会の四衆、一時にことごとく見たてまつる。彼《かしこ》にしてこの土を見ること、またまたかくのごとし」、四衆というのは比丘、比丘尼、優婆塞、優婆夷です。この釈尊の会座に集う人々が、一時にことごとく見たてまつる。こちらが向こうを見ていると、向こうがこちらを見ている。諸仏が阿弥陀を讃めると、阿弥陀の光が諸仏を照らして、一切が阿弥陀の光になる。三毒五悪のこの土で教えを聞いた衆生が阿弥陀の世界を見る、値遇《ちぐう》すると、向こうがこちらを拝んでいる。

この段を鈴木大拙さんが大変喜んでいました。こちらが向こうを拝んだら、向こうがこちらを拝んでいる、大変面白いといっていました。浄土の人、天は、交互に拝むという形で出遇うといいます。そのように阿難が阿弥陀の世界を見たというのがこの段です。無明のいのちを自分の努力で晴らそうとしても晴れていかない。にもかかわらず、晴らさずんばやまんと願っている阿弥陀の願心の前に、こちらが身を投げる。そのときに向こうがこちらを照らしている。自分で晴らすのではないが、自分の存在全体が阿弥陀の光の中にある。こちらは煩悩に覆われて見ることができない。しかし阿弥陀の光の中にある。

人間の作った虚偽のあるいは人間が思う理想の世界への逃避ではなく、破ることのできない現実の闇が、むしろ光から照らされてくる。私どもに深く自覚されるという在り方です。阿難が他人事のように聞いていたとき、「何をしているか、立ち上がって拝め」といわれて五体投地したら、単に聞いていた話が、出遇いとして自分に具体化されてきた、というような説き方です。

如来の教えの世界、果の世界を仏土として荘厳して、『無量寿経』の教えが立てられています。そこで阿難が因の世界から礼拝するときに、果の世界と呼応する。あるいはこの土とかの土が呼応する。浄土の教えは、未来、濁世の一切の衆生に呼びかけて、解放された如来の精神界を与える。それについて、悟りを開けという教えではなく、また証（果）の世界を直接与えるのではなく、我々が苦悩の、迷いの世界にいながら、果の世界から呼びかける本願に触れるときに、果の世界は単に果の世界ではなく、私どもの上には、本願を信じる信心として、如来の心が私の心の上に発起するということです。

ですから、『無量寿経』の本願の教えの中心は、「聞其名号　信心歓喜」（聖典四四頁）にあります。そこに本願が私の上に成就する。そのときに私どもはこの土にいて、迷いの心（因）の中に本願を信じる心が与えられます。私の中に発《おこ》る心（本願を信じる心）自身が、如来が私どもに用いて（回向）、私どもの中に如来の心を与える心です。そのように親鸞聖人は了解された。その心において、如来が荘厳する世界と対面する。

私どもは、煩悩具足の生活を離れずして浄土の功徳をいただく。その浄土の功徳は正定聚、不退転です。必ず仏になることができるという「位」を、いまここにいただく。本願力回向の信心において、悟りを直接体験する仏法ではなく、妄念妄想に動かされながらも、そのまま浄土の功徳に対面するのです。

絶対に触れることのできない純粋清浄の如来の世界が、単なる無関係の世界ではなく、我々の因の世界の中に現れてきてくださる。それが本願力回向の信心です。その名号を聞くところに、信心歓喜する。開神悦体する。心身ともに喜んでいける精神生活が与えられるのです。

かの土の衆生とこの土の衆生はそれぞれ違う世界にいながら拝み合う。自らの世界を失わずして、かの世界と拝み合う。因果が感応するような精神界を持つことができる。分限を超えずにしかも超越世界を感応するというのが、浄土真宗の精神的な在り方であると思います。無辺光仏、無碍光仏、辺のない、障りのない光の中にあって、清浄世界と煩悩世界とが照らし合う。かの土とこの土を関係させる用きを「往生」といいますが、実際は、この土を失わずして、かの土の利益に触れるという教えが、親鸞聖人の現生正定聚です。

教えの形としては、正定聚の利益を得るのは、かの土に生まれて得ることができるという考え方ですが、本願力の用きにおいて、如来の大悲の用きが我らを包むような、闇を照らす光の用きとして我らに届いたときに、ここにいながら如来の大悲の中にあって、浄土の功徳を味わうことができるのです。

親鸞聖人は、あたかも死んでいく世界の如くに語られる浄土の教えを、本願力が我らに用いて、本願力回向の用きによって我々の心（我執の自力の執心）が翻る、説教的にいえば、自分で生きているのではなく、全部が与えられる中で生かされている、そういう認識に変えるのです。そこに本願力回向の信心が、自我の執心で苦しみ抜いている我らの心を明るくする用きをもたらすのだと思います。

無量寿仏を礼拝せよと呼びかけられた阿難が、無量寿仏に出遇うという形で新しい段が始まります。

釈尊と阿難の問答

その時に仏《ぶつ》、阿難《あなん》および慈氏菩薩《じしぼさつ》に告《つ》げたまわく、「汝《なんじ》、かの国を見るに、地より已上《いじょう》、浄居天《じょうごてん》に至るまで、その中の所有《しょう》、微妙厳浄《みみょうごんじょう》なる自然《じねん》の物、ことごとく見るとやせん、いなや」と。阿難《あなん》、対《こた》えて曰《もう》さく、「唯然《やヤしか》なり。すでに見たまえつ」と。「汝《なんじ》むしろまた無量寿仏《むりょうじゅぶつ》の大音、一切世界に宣布して衆生を化《け》したまうを聞くや、いなや」と。阿難《あなん》、対《こた》えて曰《もう》さく、「唯然《ややしか》なり。すでに聞きたまえつ」と。「かの国の人《にん》民《みん》、百千由旬《ゆじゅん》の七宝《しっぽう》の宮殿《くでん》に乗じて障碍《しょうげ》することあることなく、遍《あまね》く十方に至りて諸仏を供養するを、汝《なんじ》また見るや、いなや」と。対《こた》えて曰《もう》さく、「すでに見たまえつ」と。「かの国の人民《にんみん》、胎生《たいしょう》の者あり。汝《なんじ》また見るや、いなや」と。対《こた》えて曰《もう》さく、「すでに見たまえつ」と。「その胎生《たいしょう》の者の処《しょ》するところの宮《く》

殿《でん》、あるいは百由旬《ゆじゅん》、あるいは五百由旬《ゆじゅん》なり。おのおのその中にしてもろもろの快楽《けらく》を受くること、忉利天上《とうりてんじょう》のごとし。またみな自然《じねん》なり」と。（聖典八〇～八一頁・註釈版七五～七六頁）

ここに慈氏菩薩というのは、いままで弥勒菩薩といっていたのが、どういうわけかここから慈氏菩薩という名前になっています。「maitreya」という梵語の音訳が「弥勒」で、意味を翻訳した場合は「慈氏」となります。ここから慈氏が続き、途中からまた弥勒に戻ります。何故ここだけ慈氏なのかということが、経典成立上の問題を孕むといわれています。

阿難に呼びかけた段から、内容は「胎生化生」「仏智疑惑」といわれていますが、全体を「智慧段」といっています。善導大師が「開顕智慧」という言葉で押さえているので、そのようにいわれます。

ここは問答形式になっています。一々何を見ているかという確認を阿難にして、阿難が問われたことに対して「その通りであります」といっています。「唯」という字を「やや」と読んでいます。呼びかけの言葉で、鎌倉以降武将同士が戦うときに「やあやあ！　遠からんものは音にも聞け」というときの「やあやあ」と同じで、「唯」という漢字にそういう意味があるのです。いまでいえば「はい！」という意味で「はい、その通りであります」ということです。

「微妙厳浄なる自然の物」、「厳浄」という言葉は、本願の中にもありますが、荘厳で清浄ということです。本願自身が形を持って自己を表し、それ自身が清浄である。「厳」という字には厳しいという意味があります。浄土の清浄性はまったく手が届かないほど異質であることを表すのかもしれません。我々の形に執《とら》われる生活に呼びかけることが、形無きもののままではできない。そこに形をとる、その形を荘厳というわけです。

「しょうごん」と読む場合は、本願自身が大悲をもって、我々に呼びかけるべく形をとったという意味です。だから「荘厳」を「そうごん」と読むと、この世界にないような厳かな厳しさというニュアンスになりますが、「厳浄」というのも荘厳、清浄という意味だろうと思います。「微妙」は、『浄土論註』で「微妙」という言葉を注意しておりますが、「有を出でてしかして有なるを微という」、本当は有るとか無いとかを超えている、超えているものが有るという形になっている、という意味で「微」なのです。

「妙」は「好」、若い女という字で、妙なる美しさです。浄土のものはすべて微妙にして厳浄である。『論註』では、「名能く開悟するを妙という」といわれます。ここの「自然」（じねん）は願力自然を表しています。本願力が自ずから形をとっている。インドでは「天」にはいろいろな天がいわれていますが、「浄居天《じょうごてん》」は最上級の天です。浄土の中に映っている世界すべてが見えるかといわれて、「すでに見たまえつ」といっています。この場合の「たまう」は阿難の謙譲語、「つ」は過去完了を表します。

続いて「「汝むしろまた無量寿仏の大音、一切世界に宣布して衆生を化したまうを聞くや、いなや」と」、ここに「大音」といっています。『三誓偈』には「常於大衆中　説法獅子吼」（聖典二六頁）とありましたが、無量寿仏の名が声である、「常に大衆の中にして、説法獅子吼する」のが南無阿弥陀仏の大音です。「一切の世界に宣布して衆生を教化しているのを聞くか」と。「その通りです。すでに聞きました」。

「「かの国の人民、百千由旬の七宝の宮殿に乗じて障碍することあることなく、遍く十方に至りて諸仏を供養するを、汝また見るや、いなや」と」、浄土の人々が、限りなく広い、宝物で飾られた宮殿にあたかも船に乗る如くにいて、しかも障碍がない。そしてあらゆる世界に至って諸仏を供養するのを、汝見るや否やと。

浄土の生活は諸仏供養の生活であるといわれますが、菩薩の仕事に「開化衆生」と「供養諸仏」があります。

衆生を開化することと、先立って覚りを開いている諸仏を供養することです。「すでに見たまえつ」と。

次に、「「かの国の人民、胎生《たいしょう》の者あり。汝また見るや、いなや」と。」、浄土の衆生の中に胎生の者がある。汝また見るや否やと。「すでに見たまえつ」、「その胎生の者の処するところの宮殿、あるいは百由旬、あるいは五百由旬なり。おのおのその中にしてもろもろの快楽を受くること、忉利天上のごとし。またみな自然なり」と」、胎生のものが住んでいる宮殿は、百由旬あるいは五百由旬である。宮殿の中で快楽を受ける。

「忉利《とうり》天《てん》」というのもかなり高い天で、色界の天は四段階ですがその第三段階のところです。「忉利天」にいるような楽しみを受けているようだ。この段階ではべつに悪いというわけではありません。「胎生」という存在が宮殿の中で大いに楽しんでいる。その楽しみの質が忉利天上のようだといわれています。そこから、胎生という問題を出したことについての注釈が出てきます。

胎生と化生

その時に慈氏《じし》菩薩《ぼさつ》、仏《ぶつ》に白《もう》して言《もう》さく、「世尊《せそん》、何の因、何の縁なれば、かの国の人民《にんみん》、胎生《たいしょう》化生《けしょう》なる」と。仏《ぶつ》、慈氏《じし》に告《つ》げたまわく、「もし衆生ありて、疑惑《ぎわく》の心をもってもろもろの功徳を修して、かの国に生ぜんと願ぜん。仏智《ぶっち》・不思議智《ふしぎち》・不可称智《ふかしょうち》・大乗《だいじょう》広智《こうち》・無等無倫最上《むとうむりんさいじょう》勝智《しょうち》を了《さと》らずして、この諸《しょ》智《ち》において疑惑《ぎわく》して信ぜず。しかるに猶《なお》し罪福《ざいふく》を信じ善本《ぜんぽん》を修習してその国に生ぜんと願ぜん。このもろもろの衆生、かの宮殿《くでん》に生まれて寿《いのち》五百歳、常に仏を見たてまつらず。経《きょう》法《ぼう》を聞かず。菩薩《ぼさつ》・声聞《しょうもん》聖《しょう》衆《じゅ》を見ず。このゆえにかの国土においてこれを胎生《たいしょう》と謂《い》う。

> もし衆生ありて、明らかに仏智《ぶっち》、乃至《ないし》、勝智《しょうち》を信じて、もろもろの功徳を作《な》して信心回向《えこう》せん。このもろもろの衆生、七宝華《しっぽうけ》の中において自然《じねん》に化生《けしょう》せん。跏趺《かふ》して坐《ざ》せん。須臾《しゅゆ》の頃《あいだ》に身相・光明《こうみょう》・智慧《ちえ》・功徳、もろもろの菩薩《ぼさつ》のごとく具足し成就《じょうじゅ》せん。
>
> また次に慈氏《じし》、他方仏国のもろもろの大菩薩《だいぼさつ》、発心《ほっしん》して無量寿仏《むりょうじゅぶつ》を見たてまつり、およびもろもろの菩薩《ぼさつ》・声聞《しょうもん》の衆を恭敬《くぎょう》し供養《くよう》せんと欲《おも》わん。かの菩薩等《ぼさつとう》、命終《みょうじゅう》して無量寿国《むりょうじゅこく》の七宝華の中に生まるることを得て自然《じねん》に化生《けしょう》せん。弥勒《みろく》、当《まさ》に知るべし。かの化生《けしょう》の者は智慧《ちえ》勝《すぐ》れたるがゆえに、その胎生《たいしょう》の者はみな智慧《ちえ》なし。五百歳の中にして常に仏を見たてまつらず。経法《きょうぼう》を聞かず。菩薩《ぼさつ》・もろもろの声聞衆《しょうもんしゅ》を見ず。仏を供養《くよう》せんに由《よし》なし。菩薩《ぼさつ》の法式《ほっしき》を知らず。功徳《くどく》を修習することを得ず。当《まさ》に知るべし、この人、宿世の時に智慧《ちえ》あることなくして疑惑《ぎわく》せしが致《いた》すところなるなり。」（聖典八一～八二頁・註釈版七六～七八頁）

ここではまず「その時に慈氏菩薩、仏に白して言さく、「世尊、何の因、何の縁なれば、かの国の人民、胎生化生《けしょう》なる」と」とある。今度は慈氏菩薩の方から如来に対して問いを出す。世尊、どういう因縁で胎生と化生とがあるのですかと尋ねる。

そこで釈尊は弥勒菩薩に答える。「仏、慈氏に告げたまわく、「もし衆生ありて、疑惑の心をもってもろもろの功徳を修して、かの国に生ぜんと願ぜん。仏智・不思議智・不可称智・大乗広智・無等無倫最上勝智を了《さと》らずして、この諸智において疑惑して信ぜず。しかるに猶し罪福《ざいふく》を信じ善本を修習してその国に生ぜんと願ぜん。このもろもろの衆生、かの宮殿に生まれて寿《いのち》五百歳、常に仏を見たてまつらず。経法を聞かず。菩薩・声聞聖衆を見ず。このゆえにかの国土においてこれを胎生と謂《い》う。」」（聖典八〇頁）。

ここに大事な言葉として「疑惑」ということと、「修諸功徳」「願生彼国」ということが出てきます。この言葉からすぐ気がつくのが、第十九願です。十九願には「修諸功徳」と「欲生我国」という言葉がありますが、この言葉が関係しています。そして「仏智・不思議智・不可称智・大乗広智・無等無倫最上勝智」、五つの智慧、五智を了らずしてとあります。親鸞聖人は一番はじめの言葉で代表させて、「不了仏智」（聖典五〇五頁）といいます。ここから仏智を了らない罪ということをいいます。「この諸智において疑惑して信ぜず」、この五つの智慧を疑惑して信じない。

曇鸞大師は著作で残っているものは少なく、大切なのは、『浄土論註』と『讃阿弥陀仏偈』ですが、もう一つこの五智について問題を展開している小さな書物に『略論安楽浄土義』があり、大事な問題である疑惑心の問題が論じられています（真宗聖教全書Ⅰ、三六七頁）。親鸞聖人はこれを手掛かりにして、この段を非常に大事な段として、疑惑心をもって諸々の功徳を修してというところから、第十九願の問題を見ました。

法然上人は、第十九願は「諸行往生の願」であり、諸行往生の人は自分と同じ浄土へは生まれることはできないといっています。だから法然上人の言葉にもヒントがある。そういう問題を親鸞聖人は、『教行信証』の「化身土巻」で押さえています。いま読みつつあるここのところを「その胎生の者は処するところの宮殿」から親鸞聖人は長々と引用しています（聖典三二八頁）。

親鸞聖人は、「化身土巻」で『無量寿仏観経』の説の内容であるといっています。「仏は『無量寿仏観経』の説のごとし、真身観の仏これなり。土は『観経』の浄土これなり。また『菩薩処胎経』等の説のごとし。すなわち懈慢界《けまんがい》これなり。また『大無量寿経』の説のごとし。すなわち疑城胎宮《ぎじょうたいぐう》これなり」（聖典三二六頁）と押さえています。如来の世界、浄土という言葉の中に真実報土と方便化身土という二つの意味を取っています。広くは本願が荘厳する浄土、その中に方便化身土という意味を開いています。

それは何のためかというと、「ここをもって釈迦牟尼仏、福徳蔵を顕説して群生海を誘引し、阿弥陀如来、本《もと》誓願を発《おこ》してあまねく諸有海を化したまう」（聖典三二六頁）、衆生を導いて報土に入れるために、方便化身土を仮に立てる。そのために阿弥陀如来が誓願を発す、その誓願が第十九願です。教えの形としては『観無量寿経』です。これが親鸞聖人の独自の内容になるのです。

法然上人では浄土宗を開くについて、根本聖典は三経一論である。『大経』『観経』『小経』と『浄土論』（法然は『往生論』といっています）によって、浄土宗を立てるといっています。しかし『大経』『観経』『小経』について、真実と方便を分けることはしないで、全部真実としています。『選択集』の扱いは全部真実です。

それに対して、親鸞聖人は『観経』の説き方は、表は自力の心に応えて、自力の修行を進める形で説いてある（定散二善）。しかし本当の意図は念仏を教えるところにある。念仏はあたかも隠れたように説いてある。顕には定散二善ですが、本当は念仏なのです。本当は本願の念仏を説こうとするのだが、それは最後の最後に来て「汝好《よ》くこの語《ことば》を持《たも》て。この語を持てというは、すなわち無量寿仏の名《みな》を持てとなり」（聖典一二二頁）という言葉が出ていて、経の真の意図はそこまで導くにあるということです。

けれども読んでいくとなかなかそこまでいかないで、定散二善の姿の方が表に出てきます。そこで「隠顕《おんけん》」といわれる。善導大師は二つの宗が説いてある、どちらを選ぶかの選びまでは経典自身の表には出ていない、読む人が読めば初めて念仏を説くのだと分かるが、ふつうは気がつかないといっています。

だから親鸞聖人は、それは方便の教えだといっています。『無量寿経』はまともに本願が説いてある。はじめから本願念仏を教えています。しかし『観無量寿経』には真実は説いてあるが、説き方が秘密に説いてあると位置づけるのです。

方便の浄土は、人間の努力で観ていって、最後は自分の心が澄めば行ける如くに説いてある。自力心に応じるが如くに説いてあります。しかし人間は罪深く、有限の能力をもってしては如来の無限の世界には行けない、本願力の用きをいただくのだけが、浄土に応える道である、最後はそこまで導くにあるということです。方便化身土の一番典拠になるのが、浄土としては、この胎生の段になる。それ故ここが引用されているのです。『観無量寿経』の浄土の意味を実は、この『無量寿経』では胎生として教えているということです。

「胎生」という言葉は、胎卵湿化の四生の一つです。インド人はこの世のいのちを四生で押さえたのです。「胎生」は母胎から生まれるという生まれ方。「卵生」は卵で産み落とされて孵《かえ》る。「湿生」というのは、いまでいえば卵なのでしょうが、当時は小さな卵は見えませんでしたから、蠅とか蛆のように湿気たところから生まれてくるものを表している。「化生」は、インド人が感じている神話的生存です。例えば、地獄の鬼とか天人とかお化けのような精神界に感じられる存在です。胎生、卵生、湿生でないものを化生という言葉でいいます。

ここでいう胎生は文字通りの意味の胎生ではない。方便化身土といわれる世界を感じるいのちです。その在り方を胎生と押さえたわけです。善導大師はそれを華の中に包まれるという比喩でいっています。母胎の中にあるような、ぬくぬくと育てられるような状態で、宮殿の中にいるのですが、五百年間、金の鎖に繋がれている、宝物で自分が縛られている、感覚的快楽観の中で自己を失っている、そういう在り方が描かれています。

一番の罪の結果は三宝を拝まない。浄土の世界は、如来の教えが障碍なく聞ける世界だといわれて、そこに生まれながら、仏法の生活でなくなってしまう。世間生活の最上級、天人のような、毎日毎日が楽しくて仕方がない生活になってしまうことが、実は仏法の生活ではなくなったということです。浄土の世界には苦悩があるのではないのですが、楽の中に浸り込んで、仏法を失ってしまう、それを胎生といっています。

それに対して「化生」というのは、浄土の化生で、天親菩薩は、「如来浄華の衆は、正覚の華より化生す」(聖典一三六頁)といっています。阿弥陀の正覚の華から生まれるということです。化生は真実報土の往生を表し、胎生は方便化身土の往生を表すと、親鸞聖人は分けています。『菩薩処胎経』という経典では、求道心を持っているはずの菩薩が、胎に処するといわれます。自然環境の厳しさの中でいのちが営まれていくのを嫌って、良い条件を作った中でのみ生きるということです。良い条件がある間は元気ですが、取り払われるとすぐ枯れてしまうような在り方です。

「懈慢界」という言葉は源信僧都が注意しています(聖典三三〇頁)。こういう言葉を典拠にして、親鸞聖人は、方便化身土を解明しています。方便化身土の一番の特徴は、疑惑の心に対応する。自力の心は、如来の大悲に対する疑いです。自分という存在全体が、すでに与えられているということを忘れて自分で何とかしようとする。そこに罪ということがいわれます。

本文に戻ります。「仏智・不思議智・不可称智・大乗広智・無等無倫最上勝智を了らずして、この諸智において疑惑して信ぜず」(聖典八一頁)、不思議・不可称は、凡夫の思議の及ばない、ほめ尽せない智慧です。「大乗広智」は、『浄土論』で大義門功徳といわれているように、大乗の智慧です。「無等無倫最上勝智」は等しいものがなく、ともがらがなく、最上で優れている智慧です。この五智を『如来会』では、「仏智・普遍智・不思議智・無等智・威徳智・広大智」(聖典三二九頁)といっています。無等無倫最上勝智は無等智と威徳智の二つに分けられています。

「この諸智において疑惑して信ぜず」、ここに疑惑と不信という言葉が出てきます。「疑惑」というのは、仏教学の定義では「猶予」です。判断を停止しておく、その時に判断しないで、先に延ばすということです。「不信」というのは、「信」は、その本質が澄浄で、はっきりと理解する（勝解）。仏に成るということについてはっきりした希望を持つことで、「信」は善の心所です（疑いは煩悩です）。したがって、信と疑惑は反対概念ではない。信じるか疑うかではなく、信じるか信じないかです。

「不信」というのは積極的概念で、信じないというのははっきり決断しているのです。疑いというのは信じたいのだが信じられないという猶予の状態です。厳密にいうと疑惑と不信とは違うのですが、ここでは疑惑と不信とが同じ内容のようになっています。「仏智疑惑」というのは、仏智を信じながらも疑うということです。しかし一般的には不信感と疑惑が重なっています。親鸞聖人は、自分では信じたつもりでいることの内面に深い疑いがあるという構造を疑惑という言葉で出しています。

「化身土巻」は第十九願で始まるのですが、途中から『阿弥陀経』を問題にしています（聖典三三九頁）。さらに、「すでにして悲願います。「植諸徳本の願」と名づく、また「係念定生の願」と名づく、また「不果遂者の願」と名づく。また「至心回向の願」と名づくべきなり。ここをもって『大経』の願に言わく」（聖典三四七頁）といって、ここに引かれてくる願が第二十願です。

その後に、「この諸智において疑惑して信ぜず、しかるになお罪福を信じて、善本を修習して、その国に生まれんと願ぜん。このもろもろの衆生、かの宮殿に生まる、と」。『真宗聖典』八一頁の内容の一部が、この化身土巻の第二十願の問題の所に引用されています。広くは第十九願の文として引用して、中の一部について第二十願の問題として引いてくる。こういう形をとっています。

『三経往生文類』

『三経往生文類』という著作が親鸞聖人にありますが、ここでは、『大経』『観経』『小経』という三経について、往生の違いを明らかにしようと説いています（聖典四六八頁）。『真宗聖典』では広本を使っています。小さい略本は真跡が残っていいます。ところが広本には良い写本がない。もちろん真跡もありません。ですからこれだけを典拠にしてものを考えるのは危険ですが、略本に対して広本は後から作られ、拡充したものだということで、これを使っています。

『真宗聖典』の『三経往生文類』は、真宗興正派の本山である京都の興正寺が所有している『三経往生文類』の広本を底本としている（聖典一〇五一頁）。しかしはたして親鸞聖人が書いたものかどうか分からない。一応親鸞聖人のものとして考えてみます。その『文類』に「植諸徳本の願文」といっています。これは第二十願の名前です。「修諸功徳の願」というのが第十九願の名前です。そこにさらに「願成就の文」という言葉がある。第二十願については願成就の文がないという説もあります。

第十九願には、「この願成就の文は、すなわち三輩の文これなり。『観経』の定散九品の文これなり」（聖典三二七頁）とはっきり書いています。化身土全体は一応第十九願に包まれる。第十九願に対応する浄土は、胎生や懈慢界という言葉で押さえられ、その中に第二十願の問題が展開されています。ところが『三経往生文類』では、三経別々の往生が考えられていて、第十九願に対応するところには「観経往生」といって、第十九願を引き、「至心発願の願成就の文」といって、三輩の文を挙げている。さらにもう一つは「道場樹の文」を押さえています。そして『往生要集』の懐感禅師の釈が引かれています。これが双樹林下往生だと押さえている。それに対して、第二十願意のところに、願成就の文として胎生の文が押さえられています（聖典四七四頁）。だから『三経往生文類』では胎生は第二十願意として扱われています。第十九願意は三輩往生で、化身土が分けられています。

確かにこの文（聖典八一頁）は、修諸功徳という言葉があり、修諸功徳の中に諸智において疑惑して信ぜずとあって、そこに罪福を信じ、善本を修習してとありますから、善本を修習というのは第二十願の問題です。この全体の文は『教行信証』では第十九願意として全文引用しています（聖典三二八頁）。その中に第二十願意に引いてきた文も入っています。親鸞聖人は非常に厳密ですから、この文はここにあってはならないという場合は「乃至」「略」と書いたり、黙って抜いたりして、都合の悪い文は落としてしまいます。

ところが第十九願意の引文では、「仏智・不思議智・不可称智・大乗広智・無等無倫最上勝智を了らずして、この諸智において疑惑して信ぜず。しかもなお罪福を信じて、善本を修習して、その国に生まれんと願ぜん」（聖典三二八頁）という言葉をそのまま残しています。この言葉をのちに第二十願意でそこだけ取っています。つまり重ねているわけです。

広くは第十九願意で、その内面的な問題として第二十願意の問題を扱っているわけです。経典としては三経、三願は第十九願、第二十願、第十八願、三機として不定聚、邪定聚、正定聚、三往生が双樹林下往生、難思往生、難思議往生。「三三の法門」といいまして、経典が三つあることによって、三願、三機、三往生があります。そういうことで、どちらを取るかという問題があります。

『教行信証』は晩年に至るまで手を加えていたらしい。新しい大事な本などが中国から渡ってきた場合には、親鸞聖人はなんとか手に入れて見ている。大事な文は『教行信証』に新たに引用を加えています。そういう意味で、『教行信証』を書いたときの考えと、『三経往生文類』を書いたときの考えとが変わったのかというと、そうではないだろうと思います。

扱い方として、はっきりと三経、三願、と分ける場合は、胎生の文を疑惑という問題で見る。第十九願の場合は、自力ということがまだ本当の意味では批判されていない。本願の教えに触れながら、自力の批判がまだはっきりしていない。諸行によって往生しようとしている。真実信心でないということを疑惑の問題として押さえれば、ここに胎生の文を引くことになると思います。

第二十願意ということは、名号に触れながら本願力の生活になっていないということです。本願を信じ念仏はしているが、現実の世間関心の中ではすっかり忘れて自力でやっている。念仏も、称えているうちに良いことがあるだろうと、自分の幸福のために念仏するのです（罪福心）。除災招福《じょさいしょうふく》の信仰です。これでは心の本質は変わっていない。回心《えしん》していない。そういう問題として親鸞聖人は第二十願意を明らかにした。

三経では『無量寿経』の信に対して『観無量寿経』と『阿弥陀経』の信をはっきりさせる。『阿弥陀経』の信は一応は念仏である。念仏に立ちながら、自分の幸せのための努力心で念仏する。賜りたるもの全部、良きものも悪しきものも私（の宿業）だと、本願に託していない。行は取ったけれども回心していないという問題として第二十願の問題を扱っています。

法然上人では、念仏さえ称えれば純粋の心になれるという教えです。ところが親鸞聖人は念仏はするけれども心の疑惑が取れない、自分ではそれを除くことができないという問題を第二十願で見い出した。念仏はしているけれども救われないという問題は、曇鸞大師、善導大師、源信僧都と、信仰の問題として歩んできている。それを親鸞聖人は化身土の問題として明らかにしている。

親鸞聖人は同じ文をあちこちに引くことをしばしばやっています。善導大師の文なども真実信心で引いた、同じ文を「化身土巻」にも引いています。同じ文だけれども見る視点が違うわけです。親鸞聖人は、真実信心は人間心ではない。本願成就の信だといっています。本願が成就して人間に真実信心が成り立つ。人間心が純粋になることはないのです。不純粋な心の中に真実が立ち上がる。立ち上がった心は自分の心ではない、如来回向の信心です。

自分の心を純粋にして真実信心になると思ったら、永遠に真実信心は得られない。「悲しきかな、愚禿鸞《ぐとくらん》」（聖典二五一頁）と「信巻」のまっただ中でいっているのは、信じていないというのではなく、信心をいただいたにもかかわらず、我が心はかくの如き不実な心だということをいわれるのです。不実な心のまっただ中に南無阿弥陀仏の信が立ち上がったのです。それを我々は真実としていただくのです。

化身土は、信じていると思っている心に潜む不実なものを明らかにするのが課題です。信じた人間の自己批判といってもいいと思います。「化身土巻」のはじめに、「しかるに濁世の群萌、穢悪の含識《がんしき》、いまし九十五種の邪道を出でて、半満・権実《ごんじつ》の法門に入るといえども、真なる者は、はなはだもって難く、実なる者は、はなはだもって希《まれ》なり。偽《ぎ》なる者は、はなはだもって多く、虚《こ》なる者は、はなはだもって滋《しげ》し」（聖典三二六頁）といっています。

「濁世の群萌、穢悪の含識」は他人のことをいっているのではなく、私自身がその一人なのです。「化身土巻」だからというのではなく、「証巻」でも「煩悩成就の凡夫、生死罪濁の群萌」（聖典二八〇頁）といって、本質が凡夫であり、群萌であって、純粋清浄は如来だけです。「濁世の群萌、穢悪の含識」の凡夫が道を求めた場合に、九十五種の邪道を出て、仏教の門に入っても、求めても求めても、真実なるものはほとんどいない。そこに本願が呼びかける。まず第十九願から出発すると押さえているわけです。

これは親鸞聖人個人の問題ではなく、願が悲願としてこういう展開をすることが、普遍的な意味を持って、こういう形で自己批判を持たないと、虚偽のままに歩みを忘れてしまうという問題として明らかにされたのではないかと思います。

『無量寿経』にあるこの段を、親鸞聖人は化身土の問題、本願でいえば、第十九願を中心にして、その中の問題として第二十願を見ています。第十九願と第二十願は「方便化身土」という名前のもとでは一つです。方便化身土の中に、課題として第十九願に対応する問題と、第二十願に対応する問題がある。浄土が違うわけではありません。

往生としては、第十九願は『観経』往生、双樹林下往生です。双樹林下往生とは、釈尊の伝記にあるクシナガラで、樹のもとで休み、そこで亡くなった、二つの樹の間で亡くなったということから双樹林といわれます。臨終（身が死ん）で往生するという考え方で了解される、功徳を積んで往生するという考え方に対応して双樹林下往生という名を与えています。

『阿弥陀経』の往生は一応念仏の往生であるけれども、本当に他力の本願に帰していない、自力が加わっているという問題があるということで、「難思往生」といいます。それに対して第十八願の往生、『無量寿経』の往生は「難思議往生」といいます。往生は三つに分けられるが、浄土は真実報土と方便化土の二つに分けています。

歴代の祖師もこういう問題を扱っていないわけではないが、信仰批判の内容を非常に厳密に押さえていったのが親鸞教学の特徴です。

「その胎生の者の処するところの宮殿《くでん》」（聖典八一頁）というところから、途中間を省きながら、「みな当に往生すべし」（聖典八四頁）までを親鸞聖人は、化身土の姿を表すものとして引用しています。『教行信証』では第十九願を化身土の願として、修諸功徳という言葉で行（諸行）の内容を表し、至心発願という言葉で、至心発願の願という名をつけていますが、信（信心）にかかわる問題として注意しています。

また『観無量寿経』を化身土を表す手掛かりにしています。浄土は、本願が成就したという意味で報土《ほうど》といいます。善導大師はこの報土という考え方を強調していますが、親鸞聖人もそれに従い、報土といったときには、だいたいは真実報土を表す（広く化身土も包んで報土という場合もありますが）。化身土も本願に報いたという一面を持っている。如来の大悲が衆生を誘引するために方便化土を建立するのですが、しかしそれ自身が悲願の成就です。真仏土のみならず化身土もが大悲の本願の成就した世界です。

「化身土巻」に、「阿弥陀如来、本《もと》誓願を発してあまねく諸有海を化したまう」（聖典三二六頁）とあります。これは人間の意識としては、自力の思いで、心が起こり行為を起こすが、そのこと全体を見そなわして如来の本願が用いているという見方です。自力にも実は、自力を包んで大悲方便の願が用いているということです。続いて「すでにして悲願います」、方便の願も悲願である。その第一が「修諸功徳の願」で、もろもろの功徳を修せんとする願としています。

第十九願は、次に親鸞聖人が加点したものが出ています。「設い我仏を得たらんに、十方の衆生、菩提心を発し、もろもろの功徳を修し、心を至し発願して、我が国に生まれんと欲わん」、「至心発願　欲生我国」といっています。第二十願は「至心回向　欲生我国」、第十八願は「至心信楽　欲生我国」です。「寿終の時に臨んで仮令《たとい》大衆と囲繞して、その人の前に現ぜずは、正覚を取らじ」、行者が至心発願して欲生する、その人が命終わるときに、観音、勢至、諸々の菩薩衆とともに、その人の前に現れようという願です。そこで「臨終現前の願」、また「現前導生の願」といわれます。さらに「来迎引接の願」ともいっています。浄土教一般の阿弥陀の救いを、親鸞聖人はほとんど第十九願の問題として押さえています。

そして第十九願の成就では、「この願成就の文は、すなわち三輩の文これなり」、『観経』の定散九品の文これなり」、『無量寿経』の下巻のはじめに、成就文として第十一願、第十七願、第十八願があって、それに続いて三輩の文があります（聖典四四頁～四六頁）。

『選択集』で法然上人は、「三輩章」という章を開いています。ここに三輩に通じて諸行が説かれていると同時に、発菩提心という言葉が三輩に通じて説かれています。さらに三輩に通じて「一向《いっこう》専念無量寿仏」という言葉が出てきます。念仏と諸行を行ずることとが重ねて出ているのですが、「三輩章」では何故念仏とともに諸行が説かれているかを議論しています。法然上人は「一向」という言葉に力点を見たのです。諸行は捨てるために説いてある、一向こそ取るべきである。実は三輩に通じて念仏を勧めていると読んでいます。

ところが親鸞聖人は、「三輩段」を化身土の、第十九願成就の文と見た。これは法然上人の教学の仕事をそのまま引き受けて、それを述べ伝えるという発想ではないわけです。法然上人の「専修念仏」の信念の核心は、譲らないのですが、それに対して諸行をどう見るかというときに、法然上人は棄てるといわれたが、棄てるということの意味を、親鸞聖人は、第十九願の意味として表した。つまり、本願自身が、諸行を修せしめて、自力無効に気づかしめて、専修念仏に入れる。本願自身の方便誘引の深い配慮という意味を読んで、「三輩段」は化身土の姿であると見たわけです。第十九願の具体的な成就の姿については「見道場樹の願」を取っています（聖典三二七頁）。

『化身土巻』ではその次に、この「胎生」の文を引用しています（聖典三二八頁）。「胎生」ということは、一応は往生浄土の願に触れながら、自力の心で諸々の行を修して、臨終に救ってもらいたいという心です。その問題を経典の文を引いて明らかにしています。

『無量寿経』の本文に戻ると、次に「もし衆生ありて、明らかに仏智、乃至、勝智を信じて、もろもろの功徳を作《な》して信心回向せん。このもろもろの衆生、七宝華の中において自然に化生《けしょう》せん。跏趺《かふ》して坐せん。須臾《しゅゆ》の頃《あいだ》に身相・光明・智慧・功徳、もろもろの菩薩のごとく具足し成就せん」とあり、続いて「また次に慈氏、他方仏国のもろもろの大菩薩、発心して無量寿仏を見たてまつり、およびもろもろの菩薩・声聞の衆を恭敬し供養せんと欲《おも》わん。かの菩薩等、命終して無量寿国の七宝華の中に生まるることを得て自然に化生《けしょう》せん。弥勒、当《まさ》に知るべし。かの化生の者は智慧勝れたるがゆえに、その胎生《たいしょう》の者はみな智慧なし。五百歳の中にして常に仏を見たてまつらず。経法を聞かず。菩薩・もろもろの声聞衆を見ず。仏を供養せんに由《よし》なし。菩薩の法式《ほっしき》を知らず。功徳を修習することを得ず。当《まさ》に知るべし、この人、宿世の時に智慧あることなくして疑惑せしが致すところなるなり。」」（聖典八一～八二頁）とあります。

ところが「化身土巻」ではこの本文の最初の方は省略されていて、「弥勒、当に知るべし。かの化生の者は智慧優れたるがゆえに、その胎生の者はみな智慧なし」の文から引用されています（聖典三二八頁）。この文で、化生の者は智慧が優れ、胎生の者は智慧がないという対応が出ていて、智慧がないということは疑惑なのだという文は省略して、次の段の「仏、弥勒に告げたまわく」から引用しています。

仏智疑惑

仏《ぶつ》、弥勒《みろく》に告《つ》げたまわく、「たとえば転輪聖王《てんりんじょうおう》に別に七宝の宮室《くしつ》ありて、種種に荘厳《しょうごん》し床帳《じょうちょう》を張設《ちょうせつ》して、もろもろの繒幡《ぞうばん》を懸《か》けたらんがごとし。もろもろの小王子ありて罪を王に得れば、すなわちかの宮中に内《い》れて繋《つな》ぐに金鎖《こんさ》をもってせん。飲食《おんじき》・衣服《えぶく》・床褥《じょうにく》・華香《けこう》・伎楽《ぎがく》を供給《くきゅう》せんこと、転輪王《てんりんのう》のごとくして乏少するところなけん。意《こころ》において云何《いかん》ぞ。このもろもろの王子、むしろかの処《ところ》を楽《ねが》いてんや、いなや」と。対《こた》えて曰《もう》さく、「いななり。但《ただ》種種の方便《ほうべん》をしてもろもろの大力《だいりき》を求めて自《みずか》ら免出《めんしゅつ》せんと欲《おも》う」と。仏《ぶつ》、弥勒《みろく》に告《つ》げたまわく、「このもろもろの衆生もまたかくのごとし。仏智《ぶっち》を疑惑《ぎわく》するをもってのゆえに、かの宮殿《くでん》に生まれて、刑罰《ぎょうばつ》、乃至《ないし》、一念の悪事あることなし。但し五百歳の中《うち》において三宝《さんぼう》を見たてまつらず。もろもろの善本《ぜんぽん》を供養し修するを得ず。これをもって苦《く》とす。余《よ》の楽しみありといえども、猶《なお》しかの処《ところ》を楽《ねが》わず。もしこの衆生、その本《もと》の罪を識《し》りて深く自《みずか》ら悔責《けしゃく》してかの処《ところ》を離《はな》れんと求めば、すなわち意《こころ》のごとくなることを得て、無量寿仏《むりょうじゅぶつ》の所《みもと》に往詣《おうげい》して恭敬供養《くぎょうくよう》せん。また遍《あまね》く無量無数の諸《しょ》余《よ》の仏の所《みもと》に至ることを得て、もろもろの功徳《くどく》を修せん。弥勒《みろく》、当《まさ》に知るべし。それ菩薩《ぼさつ》ありて疑惑《ぎわく》を生ずる者は大利《だいり》を失すとす。このゆえに応当《まさ》に明らかに諸仏無上の智慧《ちえ》を信ずべし」と。（聖典八二～八四頁・註釈版七八～七九頁）

この段はまず、「仏、弥勒に告げたまわく、「たとえば転輪聖王に別に七宝の宮室《くしつ》ありて、種種に荘厳し床帳を張設して、もろもろの繒幡《ぞうばん》を懸けたらんがごとし。もろもろの小王子ありて罪を王に得れば、すなわちかの宮中に内《い》れて繫ぐに金鎖《こんさ》をもってせん」とあります。「化身土巻」に引用しているこの部分（聖典三三八頁）では、転輪聖王の比喩で、転輪聖王の王子がきれいに飾ってある部屋で遊んでいて宝物を傷つける、そういうことをした場合、宮中の部屋で金の鎖で繫がれるという内容です。和讃でも金鎖をもってするといっています。そこからしばらく飛んで、「仏、弥勒に告げたまわく、「このもろもろの衆生もまたかくのごとし。仏智を疑惑するをもってのゆえに、かの宮殿に生まれて」、と引用して、仏智を疑惑することを取り上げています。

曇鸞大師が、人間は虚妄顚倒《こもうてんどう》であると押さえています（聖典二七四頁）が、虚妄顚倒の自覚に至らずして自己を信頼する、自分の立場を良しとし、自分の発想を正当として行為する。これは常識では当たり前ですが、実は如来の智慧を知らない。大悲を知らない。真実の人間のありようの自覚がない。如来の智慧に映し出された人間は、存在の本来の在り方に背いて生きている、それが人間の立場では見えない。自分は正しいという発想で自己、世界を意識していますから、そこから起こす行為が自分で間違っているとは思わない。

自分の力と思っている思い方自身に、深い存在の在り方を知らないという無知があります。この無知ということが、実は如来の智慧を疑っているということです。転輪聖王の王子が、宮殿の中で大切にしている宝物を傷つけることによって、金の鎖で繫がれている。仏智を疑惑してその宮殿に生まれているのですが、特別悪いことをしているわけではない、「刑罰《ぎょうばつ》、乃至、一念の悪事あることなし」です。ここに「但し五百歳の中において三宝を見たてまつらず」、三宝を見ないという問題が出されています。

もともと浄土は如来の本願力の世界ですから、本願力に摂取されて、たとえそれが困難であろうと、成仏の道について揺らぐことがない、無碍道《むげどう》という意味で浄土が建立されていますから、そういう世界に生まれて仏法が聞けなくなるということは、生まれた意味を失うことになります。ところがその自覚がないということで、胎生ということが押さえられています。

前の段で、「このもろもろの衆生、かの宮殿に生まれて寿五百歳、常に仏を見たてまつらず。経法を聞かず。菩薩・声聞聖衆を見ず。このゆえにかの国土においてこれを胎生と謂う」（聖典八一頁、三二八頁）と押さえられていて、五百年という年月を虚しく過ぎる。仏法を聞く仏弟子の立場からは、三宝を見失うということは、存在の意味を見失うことです。如来の智慧を疑って自分の力で功徳を積もうとする。往生の願いに立って本願を聞きながら、自分で功徳を積んで、その功徳を回らして如来の世界に生まれたいという人間の常識に動かされている。こういう要求では生まれることはできるが、生まれた世界は胎生です。

このように親鸞聖人は、胎生の段を第十九願として読んだわけです。法然上人は、信心の違う者は自分の生まれる浄土へは生まれられない、諸行往生の者は自分の往く報土ではないとはいいますが、その内容は詳しく説かれていません。そこを親鸞聖人は、「三輩段」と「定散九品」であると見たのです。散善の九品では人間の機類がいろいろ分かれる。それは自力を表すわけです。自分を自力心で認めるということです。

そうすると認められないような悪業を生きている下下品は、コンプレックスの固まりのようなものですから、罪に苛まれてほとんど救からない。だから臨終の一念で救って欲しいとなるのです。上品の方は生きているうちに良いことをたくさん積んで、臨終には救けて欲しいとなる。そこには自分が正しいことをして良いことを積んでいるという自惚れ心が死ぬまで続くのです。そういう人間のさまざまな違いの残っている信心を、第十九願の実際の内容としました。自らが自らを利せんとする信心で、自利各別です。その場合に生まれた世界は胎生です。閉鎖的で、菩薩、声聞、聖衆を見ない。三宝を見聞しない深い罪を見ているのです。

「もしこの衆生、その本《もと》の罪を識《し》りて深く自ら悔責してかの処を離れんと求めば」（聖典八三頁、三二九頁）、この前に、「但し五百歳の中において三宝を見たてまつらず。もろもろの善本を供養し修するを得ず。これをもって苦とす」、三宝を見ることができないから、善本を供養し修することができないとあります。仏法僧はこの世を超えるような価値ですから、この世を超えるような価値に、この世の功徳を振り向けるのが善本を供養するということです。見い出されることによって人間が意味づけられるような如来の世界を見失うために、せっかく浄土に触れながら、求道の方向性のない生活に埋没してしまう。

この世に埋没している生活だけでは救からない、だからそれを超える要求を起こしたのが「至心発願」ですが、「至心発願」は自分が救かりたいという要求に、自力に対する信頼があって、如来を本当に信じるということがない。親鸞聖人は「至心発願」ということに大きな罪があると見るわけです。

『観無量寿経』では、至誠心、深心、回向発願心といわれています。親鸞聖人はその回向発願の中に二重性を見ています。如来の回向発願に触れているのか、単に自分で振り向けて救かっていこうと思っているのか。その場合は、自分を苦しめ、励まして、頭の毛に火がついたように修行する。そういう思いで行じても虚しい。本願力が支えているということに出遇わなければ、自分でどれだけ修行しても救からない。この世で自分の努力でたとえ自分を滅ぼしてでも得たいという要求で動いても救かるわけにはいかない。この世を超えた要求で必至になって行じて、結局得るものは、この世の価値に退転してくる。それで三宝を失ってしまう。

三宝がないというのは世間心の中に、ある意味の満足があってそこに埋没するということです。その内に善本を供養することができないから苦悩が出てくる。「余の楽しみありといえども、猶しかの処を楽《ねが》わず」（聖典八三頁）、苦悩がないことによって虚しく過ぎてしまうのです。楽しさの中に埋没しながら、振り向けるべき対象を失う。もう少しいえば、いのちの意味を見失う。

宗教を要求するということは、人間存在が単にこの世的な楽しみさえあればよいという存在ではないということです。楽しみの中に埋没している中に、ふと、いったい何を生きているのかという問い、意味を見失ったいのちに対する苦悩、そういう問題を人間は悩む。人間は楽しければいいというだけではない、意味が与えられればあえて苦労を欲するのが人間だと、安田先生はよくいわれていました。

この世の価値ではない価値が欲しいというときに、どのようにしてそれを獲得しようとするかというと、自力で自己のこの世的関心を叩きつぶそうとする要求になります。それが第十九願になります。自己の存在自身を振り向けてでも欲しいというのですが、その欲しい方向性が無くなると浄土に生まれた意味がない。

本の罪というのは、本当に意味あるいのちを求めたはずなのに、自力で求めて、自力に応えた世界を得たということは、自分で努力したから得たのは当たり前になって、そこには開けがないのです。特にその開けがないという問題は、第二十願にはっきり出てきます。念仏であっても、という問題として出てきます。浄土に触れたことによって、かえって同行《どうぎょう》善知識に親しまない、同行善知識から離れようとします。これは第十九願をさらに深めた第二十願の問題として扱っています。

「その本の罪を識りて深く自ら悔責してかの処を離れんと求めば」、ここに「悔責」するという言葉が出てきます。「化身土巻」に『無量寿経』の文を引いて、その『無量寿経』の課題を、善導大師の表現と照らし合わせて第十九願の問題として『往生礼讃』から引用しています。『往生礼讃』では、雑修十三失といって、十三の問題点を連続して挙げています。

「もし専を捨てて雑業を修せんとする者は、百は時に希に一二を得、千は時に希に五三を得。何をもってのゆえに。いまし雑縁乱動《ぞうえんらんどう》す、正念を失するに由るがゆえに、仏の本願と相応せざるがゆえに、教と相違せるがゆえに、仏語に順ぜざるがゆえに、係念相続せざるがゆえに、憶想間断《けんだん》するがゆえに、回願慇重《えがんいんじゅう》真実ならざるがゆえに、貪瞋諸見の煩悩来り間断するがゆえに、慚愧《ざんぎ》懺悔《さんげ》の心あることなきがゆえに。懺悔に三品《さんぼん》あり」（聖典三三七頁）とあります。十三失のうちの九失を引いています。残りの四失は二十願の問題として後に引きます。

「もし専を捨てて雑業を修せんとする者は」、「専ら念仏」ということを捨てて、他の行為を修せんとする者は、「百は時に希に一二を得、千は時に希に五三を得。何をもってのゆえに」、ほとんどダメだ。どうしてかというと「いまし雑縁乱動す」、善導大師は雑行雑修というように「専」に対して「雑」という言葉で自力心を批判します。自力心がどうして雑かというと、如来の心あるいは純粋なる菩提心に対して人間心が混じるからです。だから雑縁というのは如来の心を乱すような縁です。

一番目の失は、「正念を失するに由るがゆえに」、正念というのは八正道の一つで、親鸞聖人は「行巻」で南無阿弥陀仏は正念なりといっています。八正道は、正見（正しく見る）、正思惟（正しく考える）、正語（正しい言葉）、正業（正しい行為）、正精進、正命（正しい生活）、正念（正しく思う）、正定の八つの正しさです。すでにあったことを正しく思い起こす作用が正念です。ところが正念ということが私たちには大変難しい。正しい心を乱す雑念が入ってきてしまいます。ふつうの世間生活では正念を乱すことはたいした問題ではないのでしょうが、仏法の生活にとっては、正念は大切ないのちの方向性として教えられていて、正念を失うことは自己を失うことです。煩悩が起こることが雑念になります。煩悩が起こることによって正念を失う。ところが如来の大悲を憶念することが正念になると親鸞聖人は教えてくれます。

いろいろな行為を修することは心の乱れが起こる。例えば雑行の中に念仏以外の行為を専修する場合があります。五正行では読誦、礼拝などを専修するということもあります。そういう場合も含めて、自力が入っているときは必ず混じり気が入ると親鸞聖人はいっています。雑行を修せんとするときは、雑縁が乱動すると押さえて、ここには九つの失を出しています。正念を失する、仏の本願と相応しない、教と相違する、仏語に従わない、係念相続しない、憶想間断する、回願慇重真実ならない、貪瞋諸見の煩悩来り間断する、そして最後に、慚愧懺悔の心あることとなきがゆえに、といっています。

親鸞聖人は第十九願意、諸行往生の問題に絡んで、善導大師が指摘した言葉として引いています。「懺悔」というのは、仏教の行では非常に大事な行として教えられます。聖道門の修行の中にも懺悔の修行があります。『十住毘婆舎論』にも「助業品」に出てきます。自分で秘かに反省するというのではなく、自分の師匠の前で自分の罪を告白する。行ですから実践するわけです。そうすると自分の罪が除かれるというように教えられています。

自分という存在を自他共に明瞭に自覚するための大切な行として教えられます。「懺悔」というのは実践ですが、「慚愧」というのは恥の心です。「慚」も「愧」も恥です。慚は天に恥じ愧は地に恥じる、慚は人に恥じ愧は自に恥じるということが『涅槃経』でいわれています。

これは唯識では善の心所といいます。善の心所ということは仏法を進める用きを持ちます。「無慚愧は名づけて人とせず」(聖典二五八頁)と、『涅槃経』で釈尊が押さえられるのは、阿闍世が父親を殺した罪に苦しんで、苦しみ抜いて釈尊に出遇ったときに、釈尊はその苦しんでいる本質は慚愧である、お前には慚愧があるといって、釈尊の大悲が阿闍世を包むのです。慚愧、懺悔は大事な心理として押さえます。慚愧と懺悔は仏教の用語としては違う意味になります。

キリスト教で「懺悔」という言葉があり、「ざんげ」と読んでいます。現代用語ではこの言葉は「ざんげ」の方が通じる言葉になってしまって、仏教の「さんげ」は忘れられてしまっていますが。「ざんげ」は神父さんの前で自分の罪を告白するという行為で、似てはいます。「さんげ」はもう少し厳しいのです。「さんげ」が本当に認められるかどうかは大変な行為になります。自分より先輩三人を置いて、自分の罪を告白する。そのときに何処まで自分の罪を見ているか、その深みを試すのです。どれだけ罪を告白しても許されない。最後は無始以来の罪の自覚まで行きます。生まれてこの方では仏者として認められない。そういう実践行として「さんげ」がいわれてきています。言葉の背景にこういうことがあります。

そして「懺悔に三品あり」といっています。これ以下は『往生礼讃』ではずっと離れたところにあります。親鸞聖人はそれを懺悔を説明する言葉としてここに持ってきて、上中下三品として明らかにしています。

上品の懺悔は、毛孔の中より血が流れ、眼の中より血が出る、それを上品の懺悔という。中品は、遍身に熱い汗を出し、眼から血を流す。それに対して下品の懺悔とは、体が熱くなり、眼の中より涙が出る、その程度が下品の懺悔という。

このように上中下に分けているということと、懺悔して自分の罪を洗い流していこうとする心は、仏法にとって善ではあるが、そのこと全体に第十九願意を親鸞聖人は見るのです。だから非常に厳しいのです。

人間存在の本来を忘れているような在り方、その見方を『論註』によって、「二種の功徳相あり。一つには有漏の心より生じて法性に順ぜず。いわゆる凡夫・人天の諸善、人天の果報、もしは因・もしは果、みなこれ顚倒す、みなこれ虚偽《こぎ》なり。かるがゆえに、不実の功徳と名づく」（聖典三三八頁）、このように押さえています。上品の懺悔は純潔のように見えて、人間心から見ればそれだけで救かるのではないかと思えます。

しかし、そのこと全体を第十九願と押さえ、有漏の心から生じて法性に順じない。本質が如来の心ではなく人間心であるといわれます。親鸞聖人は、真実信心の人は三品の懺悔をする人と等しいと善導大師はいわれたという。第十九願意も、真実信心においてその内容が満ち足りるといっています。「弥勒、当に知るべし。それ菩薩ありて疑惑を生ずる者は大利を失すとす」（聖典八三頁・三二九頁）これを引用して、第十九願意として取る言葉をいったん切っています。仏智疑惑ということは、親鸞聖人においては、如来の悲願である第十九願意、第二十願意を包んで疑惑と押さえられています。

弥勒菩薩

弥勒菩薩《みろくぼさつ》、仏《ぶつ》に白《もう》して言《もう》さく、「世尊《せそん》、この世界にして幾所《いくばく》の不退《ふたい》の菩薩《ぼさつ》ありてか、かの仏国に生ぜん」と。仏《ぶつ》、弥勒《みろく》に告《つ》げたまわく、「この世界において六十七億の不退《ふたい》の菩薩《ぼさつ》ありて、かの国に往生《おうじょう》せん。一一の菩薩《ぼさつ》、すでに曾《かつ》て無数の諸仏を供養せるなり。次《つ》いで弥勒《みろく》のごときの者なり。もろもろの小行《しょうぎょう》の菩薩《ぼさつ》、および少功徳を修習せん者、称計すべからざる、みな当《まさ》に往生《おうじょう》すべし。」仏《ぶつ》、弥勒《みろく》に告《つ》げたまわく、「但し我《わ》が刹《せつ》のもろもろの菩薩等《ぼさつとう》の、かの国に往生《おうじょう》するのみにあらず。他方の仏土もまたまたかくのごとし。その第一の仏を名づけて遠照《おんしょう》と曰《い》う。彼《かしこ》に百八十億の菩薩《ぼさつ》あり。みな当《まさ》に往生《おうじょう》すべし。その第二の仏を名づけて宝蔵《ほうぞう》と曰《い》う。彼《かしこ》に九十億の菩薩《ぼさつ》あり。みな当《まさ》に往生《おうじょう》すべし。その第三の仏を名づけて甘露味《かんろみ》と曰《い》う。彼《かしこ》に二百二十億の菩薩《ぼさつ》あり。みな当《まさ》に往生《おうじょう》すべし。その第四の仏を名づけて龍勝《りゅうしょう》と曰《い》う。彼《かしこ》に十四億の菩薩《ぼさつ》あり。みな当《まさ》に往生《おうじょう》すべし。その第五の仏を名づけて龍勝《りゅうしょう》と曰《い》う。

り。みな当《まさ》に往生《おうじょう》すべし。その第六の仏を名づけて勝力《しょうりき》と曰《い》う。彼《かしこ》に万四千の菩薩《ぼさつ》あり。みな当《まさ》に往生《おうじょう》すべし。その第七の仏を名づけて師子《しし》と曰《い》う。彼《かしこ》に五百億の菩薩《ぼさつ》あり。みな当《まさ》に往生《おうじょう》すべし。その第八の仏を名づけて離垢光《りくこう》と曰《い》う。彼《かしこ》に八十億の菩薩《ぼさつ》あり。みな当《まさ》に往生《おうじょう》すべし。その第九の仏を名づけて徳首《とくしゅ》と曰《い》う。彼《かしこ》に六十億の菩薩《ぼさつ》あり。みな当《まさ》に往生《おうじょう》すべし。その第十の仏を名づけて妙徳山《みょうとくせん》と曰《い》う。彼《かしこ》に六十億の菩薩《ぼさつ》あり。みな当《まさ》に往生《おうじょう》すべし。その第十一の仏を名づけて人王と曰《い》う。彼《かしこ》に十億の菩薩《ぼさつ》あり。みな当《まさ》に往生《おうじょう》すべし。その第十二の仏を名づけて無上華《むじょうけ》と曰《い》う。彼《かしこ》に無数不可称計《ふかしょうけ》のもろもろの菩薩衆《ぼさつしゅ》あり。みな不退転にして智慧《ちえ》勇猛《ゆみょう》なり。すでに曾《かつ》て無量の諸仏を供養したてまつりて、七日の中《うち》にすなわち能《よ》く百千億劫《こう》の大士《だいじ》の所修《しょしゅ》、堅固《けんご》の法を摂取《せっしゅ》せん。これらの菩薩《ぼさつ》、みま当《まさ》に往生《おうじょう》すべし。その第十三の仏を名づけて無畏《むい》と曰《い》う。彼《かしこ》に七百九十億の大菩薩衆《だいぼさつしゅ》、もろもろの小菩薩《しょうぼさつ》および比丘《びく》等《とう》の称計すべからざるあり。みな当《まさ》に往生《おうじょう》すべし」と。仏《ぶつ》、弥勒《みろく》に語りたまわく、「但しこの十四仏国の中のもろもろの菩薩《ぼさつ》等《とう》の当《まさ》に往生《おうじょう》すべきのみにあらざるなり。十方世界無量の仏国よりその往生《おうじょう》する者、またまたかくのごとし。甚《はなは》だ多く無数なり。我《われ》但し十方諸仏の名号《みょうごう》、および菩薩《ぼさつ》・比丘《びく》のかの国に生ずる者を説かんに、昼夜一劫《いっこう》すとも尚未《なおいま》だ竟《お》うること能《あた》わじ。我《われ》今、汝《なんじ》がために略してこれを説くまくのみ。」（聖典八四～八六頁・註釈版七九～八一頁）

まずはじめに、弥勒菩薩が問い、釈尊が答える。「弥勒菩薩、仏に白《もう》して言《もう》さく、「世尊、この世界にして幾所《いくばく》の不退の菩薩ありてか、かの仏国に生ぜん」と。仏、弥勒に告げたまわく、「この世界において六十七億の不退の菩薩ありて、かの国に往生せん。一一の菩薩、すでに曾《かつ》て無数の諸仏を供養せるなり。次いで弥勒のごときの者なり」（聖典八四頁）とある。

弥勒菩薩は、補処《ふしょ》の弥勒といわれ、釈尊亡きあと、いつでも仏になってしまう一歩手前にいて、五十六億七千万年の一生の間、仏になる位を退かずして、菩薩の位の最高位にあって、五十六億七千万年後に仏になる。龍華《りゅうげ》三会《さんね》の暁《あかつき》にあらゆる衆生と共に仏になる。未来仏といわれ、未来世の一切衆生を摂め取って救けていこうという名前です。

その弥勒の名前について、「この世界において六十七億の不退の菩薩ありて、かの国に往生せん。一一の菩薩、すでに曾て無数の諸仏を供養せるなり。次いで弥勒のごときの者なり」、六十七億の菩薩がいて、次いで弥勒と同じような者であるといっています。この部分は「信巻」に引用しています（聖典二四九頁）。何故ここにこの言葉を引用してくるのかというと、これが晩年に親鸞聖人が、関東の門弟に向かってお手紙の中にくり返して、念仏の信心を得れば弥勒と同じであるという文章となっているわけです。報恩講和讃でもいっています。その根拠がここにあります。

弥勒と等しい、いつでも仏になれる一歩手前、必ず仏になることができる位、そこに身を置くという点では、弥勒菩薩は自力の金剛心の最高の位である。しかし、本願の信心を得れば、他力の、摂取不捨の利益において弥勒と等しい位を得る。こういう言葉の内容がここで引用されているのです。

真の仏弟子の在り方について、『龍序浄土文』で、王日休《おうじつきゅう》が、不退転を得るということは弥勒菩薩と等しいと注意しています（聖典二四九頁）。親鸞聖人は、それを『無量寿経』で押さえて、六十七億の不退の菩薩がこの世にいて、弥勒の跡を次ぐ者だといっています。これがつまり、第十一願成就文と第十八願成就文とを照らし合わせて、正定聚に住する利益は現生に与えられることになるのです。浄土に生まれて正定聚に住するのではなく、この世ですでに不退転にあって、報土に生まれていく。我ら信心の行者は、不退の菩薩であって、弥勒菩薩と等しいということを、積極的にいうのです。

臨終の来迎を仰いで救けてもらおうというのではない。ここに弥勒と等しい位を確立する。弥勒菩薩は、我が救いのために生きるのではなく、未来世一切の衆生を摂取するために、あえて補処の弥勒の位に立つ。そういう位を凡夫である我らが本願力によっていただく。如来が衆生を利益せんとする用きが信心としてここに恵まれた、そこに弥勒と等しい位が与えられたのです。

弥勒という名前が未来世の衆生を救ける課題を持って、『弥勒経』ができてきて、弥勒信仰が盛んだった時代があります。浄土教の歴史には、弥勒の浄土の思想と阿弥陀の浄土の思想とが優劣を競うようなことがあったのです。経典の中では、弥勒という名前は、仏弟子として教えを聞く立場にあるのですが、これが独立して衆生済度の用きをもって信仰対象になってきます。親鸞聖人は、その信仰される弥勒と我ら凡夫とが等しいということが成り立つのが本願力の信念だと語っています。

それを関東の門弟たちは誤解したらしく、そういわれても、凡夫なのに弥勒になれるはずがないとか、逆に弥勒と等しくなったんだと増上慢になってしまうという誤解です。親鸞聖人は、それを説きほどいて、他力の信心は何者に媚びる必要もないし、誇るべきものでもない。そういうコンプレックスから解放されて、与えられたいのちを堂々と生きるという在り方を語るために苦労してお手紙を書いています。

弥勒菩薩は、弥勒天の寿命（五十六億七千万年）が尽きるまで菩薩として歩むという強靱な利他の菩提心を持ち、衆生が尽きるまで待ち続けて一切の衆生を包んで成仏しようというのです。阿弥陀の願心も十方衆生が我が国に往生しないならば、自分は正覚をとらないと誓って、永劫修行して歩むと教えられていますから、その法蔵願心の永劫修行が我らの信心になるその功徳と、弥勒菩薩が未来永劫に待ち続けて、一切衆生を救けていこうという願心の名告りであることとは、何処かで響いているわけです。

私どもは自分で頑張って弥勒と等しくなるわけではないが、私どもがいただく信心の背景の大きさにおいて、十方衆生を平等に摂取せんとする願心がここに来ている。広大無碍の信心をいただけば、それは弥勒菩薩と等しい。我々は自分を何かで確保したいから、その何かが奪い去られたり潰されると、自分自身も潰れてしまう。自らは一切何者にも依らないで、それを摂取している大悲のみが我が根拠であるという心を開いていれば、何者が来ようが大悲に摂取されてあること自身は失わない。自分で作った立場でないもの、自分を超えて包んでいるものを信頼しているという信心が、自己を失わないといえるのではないでしょうか。

親鸞聖人が関東の門弟、愚痴極まりなき人々に、弥勒と等しいという自覚を持って欲しいと呼びかけている。他力の信心を持つということが何ものにも替え難い大きな意味を持つと励ましています。そういう大事な言葉として「次如弥勒」という言葉を取り上げています。

この「次如弥勒」という言葉は、次の段の「弥勒付属の文」（弥勒に名号を付属）と関係しています。『愚禿鈔』に「選択」ということをいろいろ分析する中に「釈迦如来　選択弥勒付属」（聖典四二六頁）といっています。『無量寿経』の選択は、法蔵菩薩の選択、世饒王仏《せにょうおうぶつ》の選択、釈迦如来の選択の三種。『観無量寿経』の選択は、釈迦如来の選択と韋提希《いだいけ》夫人の選択の二種というように分類しています。

本願の選択は法蔵菩薩と世饒王仏とにより、弥勒を選んでいるのがお釈迦さまです。念仏を選んで弥勒に付属するのは、お釈迦さまが弥勒を選んで、念仏を付属しているということです。本願の念仏をお釈迦さまが説かれて、それが伝わってきているのですが、それはお釈迦さまの尽未来際を貫く視点からすると、弥勒に付属するものです。

他の例えば『尊号真像銘文』では、勢至菩薩に付属するということをいっています。「「彼仏経我念仏三昧」ともうすは、かの最後の超日月光仏の念仏三昧を、勢至にはおしえたまうとなり」（聖典五一六頁）といって、勢至菩薩が念仏の人を摂取して浄土に帰せしむると『首楞厳経』にある言葉を紹介しています。しかし、『無量寿経』では弥勒に付属するといっています。だから念仏をいただくということは弥勒菩薩という意味を持つのだという意味です。

自分が弥勒になるという意味ではないが、我ら凡夫が本願の念仏をいただくことの持っている意味には、釈尊が弥勒に念仏を付属するという仕事がここに実現しているのです。それ故、我ら凡夫が本願の信心をいただけば弥勒菩薩と等しいという意味もあるわけです。この世を超えるという課題を求めたときに、何よりも大きな課題として弥勒と同じ位をいただくということを教えているわけです。

本文に戻ります。六十七億の不退の菩薩に続いて、「もろもろの小行の菩薩、および少功徳を修習せん者、称計すべからざる、みな当に往生すべし」（聖典八四頁）と出ています。この文は、間に『如来会』の胎生の問題を引用して、「化身土巻」に引いています（聖典三二九頁）。これは本願の第二十八願に、「たとい我、仏を得んに、国の中の菩薩、乃至少功徳の者、その道場樹の無量の光色あって、高さ四百万里なるを知見すること能わずんば、正覚を取らじ」（聖典二〇頁）とあって、小功徳と道場樹とが付いています。小さい功徳というのは、人間の行ずる功徳は如来の大功徳に対して小さいという意味です。

雑縁とか顛倒、虚偽の人間の立場で修する功徳です。そういう者が往生するのが化身土です。化身土を持つということは、人間の自力の努力に応えて浄土を与えようというものです。それを無下に否定はしないで、そこから出発するということで第十九願を置いているのです。しかしそこに生まれるということは、やはり個人の救い、個人の安楽という要求、自分の努力に応えた、自分の幸せという関係になりますから、そこに小功徳といわれる所以があるわけです。ここまでで一応引用が終わっています。

親鸞聖人は第十九願によって化身土を表しますが、「化身土巻」でそれを論じてきた中に、『観無量寿経』の三心と『阿弥陀経』の一心という問題を論じていって、第二十願を引いて（聖典三四七頁）、第二十願の問題をはっきりさせてきます。第二十願文に続いて、前に出てきた、「この諸智において疑惑して信ぜず。しかるになお罪福を信じて、善本を修習してその国に生ぜんと願ぜん。このもろもろの衆生、かの宮殿に生まる」という文章を出して（聖典八一頁、三四七頁）、第二十願の問題を展開しています。

第二十願の問題は大変面倒なのですが、一応は諸行を捨てて念仏に帰した。念仏に帰するまでは法然上人が教えてくださった。ところが念仏を選んだけれどもという問題を、親鸞聖人は第二十願で独自に展開されます。真実信心という場合には、その裏に三願転入《さんがんてんにゅう》という問題を持っていて、第二十願が、終わることのない信仰批判を展開していきます。どれだけ聞いていっても、人間の根に深い、仏智疑惑と指摘される、自我の執心が残る、その問題を徹底的に明らかにしていったのです。念仏を選んだといっても、実は念仏を選ぶ心が、第十九願の心と離れていない、そういう問題として第二十願の問題を明らかにしていったわけです。

和讃にも「仏智疑惑和讃」があります（聖典五〇五～五〇七頁）。「信心のひとにおとらじと　疑心自力の行者も　如来大悲の恩をしり　称名念仏はげむべし」「自力諸善のひとはみな　仏智の不思議をうたがえば　自業自得の道理にて　七宝の獄にぞいりにける」「仏智不思議をうたがいて　善本徳本たのむひと　辺地懈慢にうまるれば　大慈大悲はえざりけり」などとあります。

「仏智疑惑和讃」は一般には、第二十願といわれますが、私は第十九願と第二十願が重なっているのだと思います。十五首目の和讃は、「罪福ふかく信じつつ　善本修習するひとは　疑心の善人なるゆえに　方便化土にとまるなり」、これはもう第二十願の問題になります。一番良い行為、善の本たる念仏を修してそれを振り向けようという心、これが疑心の善人であるといっています。

「仏智うたがうつみふかし　この心《しん》おもいしるならば　くゆるこころをむねとして　仏智の不思議をたのむべし」、この「くゆるこころ」が「呵責」に当たります。こういう課題が第二十願に深くかかわってきます。良い行為をして、救かっていこうとする善人意識の批判が、第十九願、第二十願意です。

真仏弟子釈

前に述べましたが、「弥勒菩薩、仏に白して言さく、「世尊、この世界にして幾所《いくばく》の不退の菩薩ありてか、かの仏国に生ぜん」と。仏、弥勒に告げたまわく、「この世界において六十七億の不退の菩薩ありて、かの国に往生せん。一一の菩薩、すでに曾て無数の諸仏を供養せるなり。次いで弥勒のごときの者なり」」（聖典八四頁）、親鸞聖人はここを『教行信証』「信巻」に引用しています（聖典二四九頁）ので、その内容を見てみましょう。

ここは、真実信心を獲得した人間存在について、善導大師の「真の仏弟子」という言葉を明らかにしています。「「真仏弟子」と言うは」（聖典二四五頁）というところから始まっています。そこから、『無量寿経』の第三十三願、第三十四願を置いて、信心を獲た存在がどういう意味を持つのかということを、経論釈を通して明らかにしています。

『無量寿経』で押さえているのは、まず、「法を聞きて能く忘れず、見て敬い得て大きに慶ばば、すなわち我が善き親友なり（聞法能不忘　見敬得大慶　則我善親友）」という言葉です。『正信偈』の「獲信見敬大慶喜」の元になる文をここに置いて、お釈迦さまの、我が良き親友であるという意味を持つといい、「智慧明らかに達し、功徳殊勝を得べし」といって、さらに『如来会』を引用して、「広大勝解者」と「大威徳の者、よく広大異門に生まる」といい、『観無量寿経』によって「人中の分陀利華《ふんだりけ》なり」といって、経典が念仏の人を誉めていることを揚げて、念仏者の持っている意味を明らかにしています。

また、「分陀利華」の解釈として善導大師の『散善義』（聖典二四八頁）から、念仏の人は、「人中の好華《こうけ》」「希《け》有華《うけ》」「上上華《じょうじょうけ》」「妙好華《みょうこうけ》」「蔡華《さいけ》」であるという言葉を引いて、次の段に、先に触れた王日休の釈を引いています。「『無量寿経』を聞くに、「衆生この仏名を聞きて、信心歓喜せんこと乃至一念せんもの、かの国に生まれんと願ずれば、すなわち往生を得、不退転に住す」と」（聖典二四九頁）、これは本願成就の文を王日休が書いているのです。「「不退転」は、梵語にはこれを「阿惟越致」と謂う」、これは龍樹菩薩に依っています。

そして「『法華経』には謂わく、弥勒菩薩の所得の報地なり。一念往生、すなわち弥勒に同じ」」、『法華経』に弥勒菩薩が不退転を得るということを押さえて、「便同弥勒《べんどうみろく》」という言葉がここにあります。「仏語虚しからず。この『経』は往生の径術・脱苦の神方《しんぽう》なり。みな信受すべし、と」、この王日休の言葉を先に揚げて、次にいまの『無量寿経』の文を引用しています。つまり、真の仏弟子が弥勒に同じという意味を持つという王日休の言葉に、親鸞聖人は示唆を受けたのではないでしょうか。

「『大経』に言わく、仏、弥勒に告げたまわく、「この世界より、六十七億の不退の菩薩ありて、かの国に往生せん。一一の菩薩は、すでに曾《むかし》無数の諸仏を供養せりき。次いで弥勒のごとし」と」、この世界というのは、釈尊が説いている、南閻浮提で、そこから六十七億の不退の菩薩が阿弥陀の国に生まれていく。その六十七億の不退の菩薩が、次いで弥勒の如し、弥勒を次ぐものである（次如弥勒）。さらに『如来会』の文により同じ意味を明らかにしています。

次に「信巻」では「律宗の用欽《ようきん》師の云わく、至れること『華厳』の極唱・『法華』の妙談に如かんや。かつは未だ普授《ふじゅ》あることを見ず。衆生一生にみな阿耨多羅三藐三菩提の記を得ることは、誠に謂うところの、不可思議功徳の利なり、と」、律宗の用欽師の言葉を挙げています。

『華厳』の誉め方、『法華』の妙談はすばらしい。華厳は釈尊の説法の一番最初の説法といわれています。『法華』は『涅槃』と並んで最後の説法といわれます。そういうものは非常に優れているが、「かつは未だ普授あることを見ず」、「普授」というのは、あらゆる存在に必ず悟るんだという記を授けるということです。あらゆる存在に記を与えるということはない。

ところが、『阿弥陀経』の結びを見ますと、「舎利弗、汝が意《こころ》において云何。何のゆえぞ、名づけて、一切諸仏に護念《ごねん》せらるる経とする。舎利弗、もし善男子・善女人ありて、この諸仏の所説の名および経の名を聞かん者、このもろもろの善男子・善女人、みな一切諸仏のために共に護念せられて、みな阿耨多羅三藐三菩提を退転せざることを得」（聖典一三三頁）とある。

「一切諸仏所護念経」ということがくり返しいわれてきたのですが、何故そうなのかということを、舎利弗にお釈迦さまが問われる。それに対して、善男子、善女人が皆、一切諸仏のために護念せられて、「みな阿耨多羅三藐三菩提を退転せざることを得」と押さえています。無上菩提を退転しない。一切諸仏に護念せられる故に退転しないといっています。

続いて、「舎利弗、もし人ありて、已に願を発《おこ》し・今願を発し・当《とう》に願を発して、阿弥陀仏国に生まれんと欲わん者は、このもろもろの人等《ひとら》、みな阿耨多羅三藐三菩提を退転せざることを得て、かの国土において、もしは已《すで》に生じ・もしは今生じ・もしは当に生ぜん。このゆえに舎利弗、もろもろの善男子・善女人、もし信あらん者は、応当《まさ》に願を発してかの国土に生ずべし」（聖典一三二～一三三頁）と、この教えに触れて願生するものは皆不退転を得るというように押さえてきております。この『阿弥陀経』の文章を、「衆生一生にみな阿耨多羅三藐三菩提の記を得る」といっているのでしょう。

記を得るということは、必ず悟りを開くことができるという授記です。未来に対しての確実性を釈尊が確保してくれるということです。釈尊が晩年に信頼するお弟子方に記を授けたということがあったのですが、釈尊が亡くなったあとは、記を授ける資格のある人はいない。そこに大乗仏教が生まれてきて、どうしたら授記が得られるかということが説かれています。

たとえば、『法華経』には「提婆達多授記品」というのがあります。提婆達多ですら記を授けられるということが説かれている。けれども、どうしたら提婆達多が救かるかという方法は『法華経』自身には書いていない。だから『法華経』を聞いて真理そのものを悟るしかない。天台大師は、修行して真理を悟る、悟れば『法華経』の語る功徳を得るのだといっています。それに対して日蓮上人は、あの経は優れているから、題を唱えればその功徳が与えられるのであるといわれます。『法華経』にそれが書いてあるのではなくて、外から直感したわけです。

しかし仏名を称えて欲しいというのは、本願の願いとして語っていることですから、本願において一切の衆生に不退転を与える。阿耨多羅三藐三菩提に退転しないということを与えるまで諸仏が護ってくださるということが書いてあります。それは経典自身が不可思議功徳だからです。曇鸞大師が『浄土論註』においてくり返し不可思議ということを強調しています。律宗の用欽師は、あらゆる衆生が阿耨多羅三藐三菩提の記を得る方法がここに説かれている、と押さえています。

　本当の仏弟子という意味は、特別の存在だからという意味ではなく、如来の本願が、あらゆる衆生に不退転を与えたい、あらゆる衆生に正定聚の位を与えたい。そのために、我が名を称えよ、我が名を信ぜよといいます。名を信ずるところに本願が用くのです。存在自身が立派になってとか、人並みはずれた能力を身につけたからというのではなく、如来の願心に触れたことに、如来が讃めてくださる意味があるのです。しかもそれは弥勒に等しい意味である。諸仏と等しく、弥勒と同じである。

『真宗聖典』の『正像末和讃』は、蓮如上人が三帖和讃に組み込んだものですが、親鸞聖人が草稿本を作られたあとで何回も手を入れて編集し直されたものです。一番最初に親鸞聖人が康元二（一二五七）年の夢を記している和讃は、高田の草稿本では「夢告」の文が一番あとにあります。

　ここに編集されている和讃では、「夢告」の文を一番最初に持っていっています。あたかもまず最初に夢を見て、後で作ったようになっていますが、事実はそうではなく、書いている途中か、書き上げてから夢を見た。その夢を感動とともに記しているのです。

「弥陀の本願信ずべし　本願信ずるひとはみな　摂取不捨の利益にて　無上覚《むじょうかく》をばさとるなり」（聖典五〇〇頁）、摂取不捨の利益というのは『観無量寿経』の「念仏衆生　摂取不捨」から来ていますが、「無上覚」は『如来会』の第十一願の言葉です。「阿耨多羅三藐三菩提」の翻訳語が「無上覚」です。最後に見た夢が『正像末和讃』を貫くテーマであるということで、編集し直されて一番最初に持っていったわけです。

草稿本といわれる和讃では、「五十六億七千万　弥勒菩薩はとしをへん　念仏往生信ずれば　このたびさとりはひらくべし」から始まっています。末法時の衆生において、弥勒菩薩と出遇う。弥勒菩薩は、お釈迦さまが入滅して五十六億七千万年待ち続けて、人類滅亡とともに成仏しようという願いを持った菩薩として仰がれていま す。釈尊亡きあと、仏法を証明する人はたくさんあるのですが、悟りの道を開き、誰でもが信頼する人はいない。そこに弥勒菩薩が信頼されて、たとえそれぞれの道があっても、五十六億七千万年待てば必ず弥勒菩薩が救ってくれる。そういうことから末法に来て弥勒信仰が盛んになるのです。

そういう弥勒菩薩の信仰に対して、一方で浄土の信仰も盛んになります。親鸞聖人は王日休の言葉をヒントにして、弥勒菩薩の信仰で五十六億七千万年待つ必要はない。むしろ念仏者は弥勒菩薩と同じである。同じ位、同じ仕事、同じ自覚を持てる。こういう喜びを『正像末和讃』を通して明らかにしました。あとで編集したこの和讃では、「釈迦如来かくれましまして　二千余年になりたもう　正像の二時はおわりにき　如来の遺弟《ゆいてい》悲泣せよ」（聖典五〇〇頁）という和讃から始めています。

正像末の課題が夢告にあり、時代の自覚がまずここにある、「正像の二時はおわりにき　如来の遺弟悲泣せよ」という和讃から始まるように編集し直したのです。親鸞聖人が和讃を作ったのち何回も編集し直したと考えられます。ただ親鸞聖人直筆の、こういう『三帖和讃』の次第になったものは残っていませんので分かりません。それで、課題が陰に隠れましたが、実は一番はじめは弥勒菩薩から始めているということです。

二十六首目に、「念仏往生の願により　等正覚にいたるひと　すなわち弥勒におなじくて　大般涅槃《だいはつねはん》をさとるべし」（聖典五〇二頁）といって、念仏往生の願という言葉をここで押さえています。第十八願によって、第十一願成就の課題である等正覚に至る。本願全体を括《くく》って、それが弥勒に等しくて大般涅槃を覚る、無上菩提を成就する。それが人間の資格ではなくて、本願の用きとして私どもの上に与えられることを押さえています。

次の和讃は、「真実信心うるゆえに　すなわち定聚にいりぬれば　補処《ふしょ》の弥勒に同じくて　無上覚をさとるなり」、補処の弥勒とは第二十二願の問題でもあります。第二十二願で、「一生補処」というのは、弥勒菩薩の位です。弥勒菩薩の位を浄土の功徳として与えようというのが、第二十二願のはじめの部分の誓いです。後半が第二十二願の内容としては大事ですが、まず弥勒菩薩の位を与えようということです。その問題と絡んで、念仏者がすでに弥勒と同じであるということを親鸞聖人は押さえています。

阿弥陀の本願力を信受すると、聖道門仏教が畢竟の課題としている「一生補処」という位を本願力によっていただくことができる。これが真の仏弟子のいただく課題です。親鸞聖人は、このことを関東の門弟にくり返しお便りしています。

それまでの浄土教の方向は、悪人正機といわれるような人間の機の自覚を教えてきた。『観無量寿経』を通して、浄土の教えに触れる機は、罪の深い、悪の重い、救かるはずのない存在である。それにもかかわらず、救けてくださる。大悲を本当に頷ずく身として、人間の機の自覚を、中国の浄土教以来、非常に大切にしてきた。機の自覚は大切ですが、それが人間のコンプレックスに止まる傾向が残る。私は罪悪深重ですからとか、できが悪いが救かるというような救いは、浄土教の意味ではない。本願の機の大切さをもっともっと強調しなければいけない。

一切衆生が救かる道なので、できの悪い人間ですら救かるということに止まってはいけない。本当に本願力に乗託すれば善悪は問わないのである。善悪の分別は人間のもので、如来の本願に帰すれば善悪は問わない。善悪を超えられる信念こそが本願の信心です。そこにこそ本願の謂れがあるのです。そのことを明らかにするために、人間の傲慢性、虚偽性を自覚させなければいけないから、悪人正機をいうのです。

晩年の親鸞聖人は、むしろ浄土教の癖にまでなっている悪人強調主義を脱皮して、弥勒と等しい、諸仏と同じという格調の高いことを主張しています。浄土に生まれればいいのではない、仏陀の弟子になるということは、大般涅槃を覚る資格を得るということです。それが不退転に立つということです。

こんな罪深い身でも浄土に生まれてから、有難いことに仏弟子にしていただく、そんなことをいわなくてもいい、いまここで仏弟子なのだ。こういわれるわけです。生活は貧しいし、社会の底辺に身を置いているが、本願の念仏をいただけば、念仏者として弥勒菩薩と同じであるということをくり返しいっています。コンプレックスに止まらなくてもよいのだ、お釈迦さまも、善き親友であると誉めてくださるといっています。

この『正像末和讃』を書く機縁になったのは、親鸞聖人において一番悲しい事件であった自らの子どもの問題です。善鸞《ぜんらん》の義絶事件が親鸞聖人の八四歳のころに起こっています。罪の深い息子を持った。親を殺すに等しい、僧伽を破壊した五逆罪である。おそらく親鸞聖人も自己自身は五逆罪の身だという痛みを持ったのではないでしょうか。同朋たちに向かっては、この子に悩まされてはならないといっても、同朋たちは遠慮する。それを止めさせるために親子の縁を切ったのです。しかし自分個人は縁を切れません。おそらくその罪の気持が、親鸞聖人において、『正像末和讃』を作らざるを得ない深い動機だったのではないかと思います。

本願の仏法は、そういう罪の深い五逆の存在をものともしない。弥勒と同じであるという信念を自ら確認して『正像末和讃』を作った。そして夢を見た。だからこの夢告というものが大きな感動になった。念仏者は大般涅槃を覚るということを、夢において証せられたわけです。だから親鸞聖人は嬉しさに書き付けたのでしょう。そんなことがなくても聞法して確信していたのでしょうが、ますます確信したのでしょう。その内容がこの弥勒菩薩の押さえなのです。

「便同弥勒」という言葉に対して非常に重い意味を読んだわけです。私どもは、身も心も愚かな煩悩の罪深い人間ですが、本願を信じる信心は如来の信心です。如来回向の信心の持つ意味は弥勒と同じです。その自覚を持って生きるのです。これが親鸞聖人が関東の門弟に呼びかけた言葉です。

呼びかけられた関東の門弟は、しかし、なかなか分からなかっただろうと思います。それは機の深信が徹底していないから、反省心で遠慮していたのでしょう。救かるはずがない身を救けようというのが本願なのですから、遠慮する必要はない。

真の仏弟子というのは弥勒と同じという意味です。他の仏法では本当に不退転の位を与えるとはいっていない。ましてや凡夫が不退転などということは考えられない。しかしそれを成就するのが不可思議功徳の本願力です。資格があって記を受けるのは不可思議ではないので、資格がない存在が授記を得る。しかもその方法は本願名号として与えられている。これが、真実信心を得れば、弥勒と同じく補処の位を得るという親鸞聖人の確信になるのです。

摂論家の念仏批判

五濁悪時悪世界から不退の菩薩がたくさん生まれてくるというのは、本願の念仏者が無数に生まれてくるということです。ここに「一一の菩薩、すでに曾《かつ》て無数の諸仏を供養せるなり」（聖典八四頁）、という言葉があります。これは「行巻」に、『平等覚経』の文を引用して阿闍世の名が出てきている。

「この阿闍世王太子・五百の長者子《ちょうじゃし》、菩薩の道を作してこのかた無央数劫に、みなおのおの四百億仏を供養し已りて、今また来りて我を供養せり。この阿闍世王太子および五百人等、みな前世に迦葉仏《かしょうぶつ》の時、我がために弟子と作《な》れりき。今みなまた会《え》して、これ共にあい値《あ》えるなり」（聖典一五九頁）といっています。

それを受けて、『東方偈』とほとんど同じ内容が出ています。これはよく分からない内容です。そこに、「この功徳あるにあらざる人は、この経の名を聞くことを得ず。ただ清浄に戒を有《たも》てる者、いまし還りてこの正法を聞く。悪と憍慢と蔽と懈怠のものは、もってこの法を信ずること難し。宿世の時、仏をみたてまつれる者、楽《この》んで世尊の教を聴聞せん」（聖典一六〇頁）という言葉が出ています。

似たような言葉が「化身土巻」の第二十願意にも引用されています。「もし人善本なければ、この経を聞くことを得ず。清浄に戒をたもてる者、いまし正法を聞くことを獲ん」（聖典三四八頁）、さらに、「『平等覚経』に言わく、この功徳あるにあらざる人は、この経の名を聞くことを得ず。ただ清浄に戒をたもてる者、いまし還りてこの正法を聞く。悪と憍慢と蔽と懈怠とは、もってこの法を信ずること難し。宿世の時に仏を見たてまつれる者、楽みて世尊の教を聴聞せん。人の命《いのち》希《まれ》に得べし。仏は世にましませどもはなはだ値《もうあ》いがたし。信慧ありて致るべからず。もし聞見せば精進して求めよ」と、ここにもう一度引用されています。何が課題なのか分かりにくいのですが、しかし親鸞聖人は大事な文として、「行巻」と「化身土巻」の第二十願意に引用しています。

こういうことが背景にあって、『安楽集』では、摂論家から、念仏に対して非難があった。それは「別時意《べつじい》」という非難です。聖道門仏教からすると念仏の意味が分からないのです。努力して心を清めて煩悩が起こらないようになって悟りを開こうとする。それを立場としている聖道門からすると、魔がさしたとき、煩悩が起こったとき、南無阿弥陀仏と仏の名を称えるのは確かに有効な方法です。心を落ち着けたり、事件から身を措くための実践的な方法です。

曇鸞大師も一面で念仏の功徳をいうときに、そういう例を出しています。例えば、転筋《こむらがえり》に苦しむときに呪文を唱えると転筋が治る。転筋をおこしたときに木瓜《ぼけ》、木瓜と念ずると転筋が治る。木瓜ですらそれだけの名がある、まして仏の名は大きな功徳があるという比喩を出しています。『金剛般若経』では、金剛般若という名前が金剛のような功徳を持つということから、『金剛般若経』を念じると盗賊が切ってきても、切られないといっています。中国では当時そういうような現世利益が蔓延《はびこ》っていたようです。

しかし、南無阿弥陀仏は人間の役に立つ呪文というよりも、如来が、我が名を念ぜよ、我が名を念じるならば不退転を与えたいという仏法上の方法です。聖道門仏教にあっても、仏法の行として一応認めていますが、念仏してすぐ悟りが開けるかというと、そうではない。だから、いまたくさん念仏しておけば、一回一回の行は大したことないけれど、いずれは役に立つ時が来るという意味（別時意）しか認めていない。そういうのが念仏に対する論難です。そういう論難を出す人は、難行ほど尊い行だが、龍樹菩薩は、誰でもが不退転を得る道が本願の名にあるので、易行が大事だということは認めるわけです。しかし易しいということは大したことはないという誤解があり、くり返し論難が来ます。

それに対して、道綽禅師は『安楽集』で、いま一回称えるのは軽いように見えるが、念仏を称えるようになったということとには深い背景があるという。それまでに無数の仏に遇ってきたから、いま念仏ができるというのが道綽禅師の別時意に対する反論です。

善導大師は、さらに、南無というところには、帰命がある。帰命こそ一番大事な行であるという。別時意の立場からは、念仏には願はあるが行がないというのに対して、南無のところに願（発願回向）がある、阿弥陀仏というのは行である。摂取不捨という用きを持っている行であるというのが善導大師の反論です。南無阿弥陀仏という名の中に願も行も具足しているということです。

親鸞聖人は南無阿弥陀仏は本願の行で、人間の行ではない。人間の行は小さい行であるのに対して、本願の行は大行《だいぎょう》であるといいます。どれだけ激しく行じても人間の行なら雑行雑修で、念仏こそ大行である。何故念仏が説かれるかというと、人間の行は、阿耨多羅三藐三菩提を開くということになったら、役に立たないのです。自分自身が少し功徳を積むことはできるかもしれないが、一切衆生を本当に救けるような用きはできない。かえって個人の功徳が邪魔をして、人を救けることもできないし、コンプレックスを与えたりする。本願の用きこそが本当の行だというのが、親鸞聖人の説く内容です。この文では、個人が念仏に出遇うということは、歴史によって出遇うということです。求道の歴史があるからこそ念仏に出遇うのです。

道綽禅師の解釈、親鸞聖人の和讃でいえば、「三恒河沙の諸仏の　出世のみもとにありしとき　大菩提心おこせども　自力かなわで流転せり」（聖典六〇三頁）とある。仏法を供養してきたのは自力で、自力で歩んできた。いま初めて本願力に出遇った。こういう意味でそれは「行巻」と第二十願の課題であり、歴史に遇いながらそれを自分の功徳にしている。我々は初めて出遇うのだけれども、初めて出遇ったということの中に再会という意味があります。心親しい場所というのは初めて行っても、初めて来たとは思えない。仏法も親しく遇ってみると、この一生で初めて遇ったのではない。ずっと求めて求めて遇ってきた。そういうことに出遇わない人間は頷けないのではないかと思います。

本当に頷くということは、歴史が頷くということです。そういうことがこの言葉「一一の菩薩、すでに曾て無数の諸仏を供養せるなり」の秘密のように付いている意味であると思います。念仏に触れる因縁は一人ひとりの宿縁においてそれぞれ与えられる。そういうたくさんの方々が皆、阿弥陀の国に往生してきた。そのそれぞれがそれぞれ無数の諸仏を供養してきた。深い深い求道の歴史の背景をいただいて教えに出遇うのです。

そのことの意味は、「次いで弥勒のごときの者なり」（聖典八四頁）と、ここに個人の功徳を超えた広大な真理があります。弥勒菩薩が五十六億七千万年をかけてあらゆる苦悩の衆生を摂め取りたいという願いと、同じ位をいただくということです。私どものような根性の小さい者がそんな課題を持てるはずはないが、本願の信心というものの持つ意味がそういう意味を持つ。それに感動する私どもには、私の心がそういう仕事をするのではなく、本願の信心が持っている用きが弥勒と等しい位を持つのです。

これが「自信教人信」ということの持つ深い意味だと思います。親鸞聖人は、真の仏弟子の課題の中に『往生礼讃』の文を「仏世はなはだ値《もうあ》い難し、人信慧《しんね》あること難し。たまたま希有の法を聞くこと、これまた最も難しとす。自ら信じ人を教えて信ぜしむ、難きが中に転《うた》た更《また》難し。大悲、弘く普《あまね》く化する、真に仏恩を報ずるに成る、と」（聖典二四七頁）と引用しています（一般に伝わっている『往生礼讃』では、「大悲伝普化　真成報仏恩」となっています。親鸞聖人が見た本は、多分、「弘」という字になっていたのだと思います）。

真の仏弟子を語る中にこの文を置いています。前の文でお釈迦さまのお仕事を讃めて、続いて、希有の法に出遇った存在が、「自ら信じ人を教えて信ぜしむ、難きが中に転た更難し。大悲、弘く普く化する、真に仏恩を報ずるに成る」、つまり念仏者という者はいろんな因縁において本願を信受する、その本願を信受した存在の持っている意味に、このような用きがあるということです。

人間が生まれては死に生まれては死にしていく如くに、そういう人を通して、本願の教えが伝わっていく。人間に大悲が伝わる。伝わった大悲が人間を通してまた伝わっていく。難中の難である事実が、事実としてくり返し人を通して伝わっていく。この事実が本願が人間の上に信じられる。その一連の流れの中に弥勒に同じということを押さえて、その弥勒に同じという意味が、この世にあって浄土に生まれていく、ここにあって不退の菩薩がかの国に生まれていくということです。かの国に生まれたら不退転に住するというのですが、本願の信に立てば現生正定聚です。

龍樹菩薩が「聞名不退《もんみょうふたい》」といっているのは現生不退です。さらに曇鸞大師が願生と得生において不退だといっています。その他の祖師方はあまり表《おもて》にはいっていません。しかし、親鸞聖人はこの世にあって不退の菩薩が生まれてくると書いてあるので、これが真の仏弟子の利益であるといいます。

大般涅槃を超証する

続いては、智慧段の最後部分です。『真宗聖典』八四頁の、「仏、弥勒に告げたまわく、「但し我が刹《せつ》のもろもろの菩薩等の、かの国に往生するのみにあらず。他方の仏土もまたまたかくのごとし。その第一の仏を名づけて遠照と曰う。彼《かしこ》に百八十億の菩薩あり。みな当《まさ》に往生すべし。その第二の仏を名づけて宝蔵と曰う。彼《かしこ》に九十億の菩薩あり。みな当《まさ》に往生すべし」から、「仏、弥勒に語りたまわく、「但しこの十四仏国の中のもろもろの菩薩等の当に往生すべきのみにあらざるなり。十方世界無量の仏国よりその往生する者、またまたかくのごとし。甚だ多く無数なり。我但し十方諸仏の名号、および菩薩・比丘のかの国に生ずる者を説かんに、昼夜一劫すとも尚未だ竟《お》うること能わじ。我今、汝がために略してこれを説くまくのみ。」」（聖典八五～八六頁）までです。

ここからはたくさんの国のたくさんの仏の名前が出てきます。これが大乗仏教の物語的な悠々としたところです。お釈迦さまの説法されるこの穢土から往生する者も数知れないが、他方の仏国も同じである。他方仏国の第一番は「遠照」という仏で、そこに百八十億の菩薩がいる。第二の仏は「宝蔵」です。法蔵菩薩（ダルマーカラ）の異訳で「法宝蔵」と訳す場合があります（『平等覚経』）。第三には「無量音」で、そこには二百二十億の菩薩がある。第四の仏は「甘露味」です。甘露味は仏法の味に喩えられます。本当にのどが渇いたときのたった一滴の水を甘露といいます。水の方に味があるというよりも、甘露を味わう側に甘露の意味があります。

親鸞聖人は「信巻」に『安楽集』（『大集経』の例え）を引いて、「説法の者《ひと》においては、医王の想《おもい》を作せ、抜苦の想を作せ。所説の法をば、甘露の想を作せ、醍醐の想を作せ」（聖典二四六頁）、と言っています。これも真仏弟子釈の中にあります。説法するということは、人の病気を治そうという想いをなせ、苦悩を抜く思いをなせ。説くところの法については甘露の思いをなせと出ています。『華厳経』にはくり返し「甘露」の喩えが出てきます。のどが渇いて本当に欲しいと思ったら法を聞け、そうすれば仏法に甘露の味がある。本当に欲しいと思わないから味がしない。受ける側が本当の味を味わって欲しい。

これは『安楽集』の教えである「説聴方軌」を明かすところにあるのですが、親鸞聖人は真の仏弟子のところに引いています。どんな甘いものでもお腹が空いていなければ美味しくないのです。飢餓状態のときは本当に美味しいのです。だから豊かということはある意味で悲劇です。日本では甘露味を忘れてしまっているのではないでしょうか。

第五以下同じように「龍勝」、「勝力」、「師子」、「離垢光《りくこう》」と続いています。十二番目の「無上華」のところに来ると、「彼《かしこ》に無数不可称計のもろもろの菩薩衆あり。みな不退転にして智慧勇猛なり」とある。第十三の「無畏」のところでは「彼に七百九十億の大菩薩衆、もろもろの小菩薩および比丘等の称計すべからざるあり。みな当に往生すべし」、このように不退の菩薩の往生とは、この土の菩薩だけではない。無数の諸仏の世界から、それぞれ数え切れない菩薩方が安楽浄土に往生していく。無限大の中に不退の菩薩が何処からもかしこからも往くといっています。不退の位がいまここに与えられるということが間違いなく書いてあるということで、ここに引用しているのです。

真の仏弟子の位は正定聚である。正定聚は第十一願文だが、位を得るのは第十八願上である。このことを結んできて、親鸞聖人は「信巻」で、「真に知りぬ。弥勒大士、等覚金剛心を窮むるがゆえに、龍華三会《りゅうげさんね》の暁、当《まさ》に無上覚位を極むべし。念仏衆生は、横超の金剛心を窮むるがゆえに、臨終一念の夕《ゆうべ》、大般涅槃を超証す。かるがゆえに「便同《べんどう》」と曰うなり。しかのみならず、金剛心を獲る者は、すなわち韋提と等しく、すなわち喜・悟・信の忍を獲得すべし。これすなわち往相回向の真心徹到するがゆえに、不可思議の本誓に藉《よ》るがゆえなり」（聖典二五〇頁）という。

これは『弥勒上生経』『弥勒下生経』という弥勒の経典です。龍華三会というのは、一切衆生を救うために弥勒菩薩は三回会座《えざ》を開くといわれています。五十六億七千万年までの間に二回会座を開く。それで最後に残った人をもう一回、滅多に咲かない花である龍華の花が開いたときに三回目の会座を開いて、一切衆生をもれなく摂め取るのです。そのときに初めて自分は無上覚を開く。それまでは菩薩の位を登らない。最後の一歩手前に立って待ち続けるのです。

それと同じく念仏の衆生は、横超の金剛心を窮めるゆえに、臨終一念の夕、大般涅槃を超証するのです。大般涅槃を超証するという課題は、「聞其名号　信心歓喜　乃至一念」の前後、ここに「前念命終　後念即生」となる。封建教学の学者は、この臨終一念の夕というのがあるので、身が死ぬときと解釈するのです。

親鸞聖人の超証という言葉は「信巻」で扱われています。親鸞聖人は、横超の金剛心ということを出して、善導の「横超断四流」釈によって、本当に超えるというのは人間が自分で超えるのではなく、本願力が超越させてくださる。この横超は真宗の利益である。浄土の仏法は、九品とか、十地という階段を必要としない。一挙に無上菩提を超証するのです。無上菩提を超証するという位をいまここに得るのが不退転です。不退転を得たのちは本願力の用きで無上正真道を超証する。身が死ぬまで横超が来ないのではなく、横超の事実は信心にあるのです。いまここに前念命終、後念即生という事実が成り立つ。我々は凡夫ですから、乃至一念の前念に立つ。後念即生は本願力の用きです。念々にいまここに本願力の一念に立つのです。一念一念に生きるところに本願力に死んでいくわけです。「信に死して願に生きよ」（曽我量深）というのは、いまここに信の一念に立てば、信に死ぬわけです。後念即生というのは本願力の用きで、自分で後念即生するのではないのです。信心の事実の中に死して生きるということが与えられるのです。

親鸞聖人にとって真仏土というのは、死んでから往くのではなくて信心に直結している世界です。我々は凡夫として闇の世界に生きていますが、しかし光と離れていないのが南無阿弥陀仏です。それが信心に直結している無量光明土の世界です。浄土真宗は念々に信の一念（本願力の中）にあるのです。たとえ地獄の中にあっても、本願力に触れればその信念をいただくのです。

ここの部分は親鸞聖人が、念仏者を讃める文として大変喜んで読んでいるところだと思います。

第7章　流通分

弥勒付属の文

仏《ぶつ》、弥勒《みろく》に語りたまわく、「それ、かの仏の名号を聞くことを得て、歓喜踊躍《かんぎゆやく》して乃至《ないし》一念することあらん。当《まさ》に知るべし、この人は大利《だいり》を得《う》とす。すなわちこれ無上の功徳《くどく》を具足するなり。このゆえに弥勒《みろく》、たとい大火ありて三千大千世界に充満《じゅうまん》せんに、要《かなら》ず当《まさ》にこれを過ぎてこの経法《きょうぼう》を聞きて、歓喜信楽《かんぎしんぎょう》し、受持読誦《どくじゅ》し、説のごとく修行すべし。所以《ゆえ》は何《いか》ん。多く菩薩《ぼさつ》ありてこの経《きょう》を聞かんと欲《おも》えども得ること能《あた》わず。もし衆生ありてこの経《きょう》を聞けば、無上道において終《つい》に退転《たいてん》せず。このゆえに応当《まさ》に専心《せんしん》に信受し持《じ》誦《じゅ》し説行《せつぎょう》すべし。」仏《ぶつ》の言《のたま》わく、「吾《われ》今もろもろの衆生のためにこの経法《きょうぼう》を説きて、無量寿仏《むりょうじゅぶつ》およびその国土の一切所有《しょう》を見せしむ。当《まさ》に為《な》すべきところの者はみなこれを求むべし。我《わ》が滅度《めつど》の後をもってまた疑惑《ぎわく》を生ずることを得ることなかれ。当来《とうらい》の世《よ》に経道《きょうどう》滅尽《めつじん》せんに、我慈悲哀愍《われじひあいみん》をもって特《こと》にこの経を留めて止住すること百歳せん。それ衆生ありてこの経《きょう》に値《あ》う者は、意《こころ》の所願に随《したが》いてみな得度《とくど》すべし。」仏《ぶつ》、弥勒《みろく》に語りたまわく、「如来《にょらい》の興世《こうせ》、値《あ》い難《がた》く見たてまつり難《がた》し。諸仏《しょぶつ》の経道《きょうどう》、得《え》難《がた》く聞き難《がた》し。菩薩《ぼさつ》の

勝法《しょうほう》、諸波羅蜜《しょはらみつ》、聞くことを得ることまた難《かた》し。善知識《ぜんじしき》に遇《あ》い、法を聞きて能《よ》く行ずること、これまた難《かた》しとす。もしこの経《きょう》を聞きて信楽《しんぎょう》受持すること、難《かた》きが中に難《かた》し、これに過ぎて難きことなし。このゆえに我《わ》が法、かくのごとく作《な》し、かくのごとく説き、かくのごとく教う。応当《まさ》に信順《しんじゅん》して法のごとく修行すべし。」（八六～八七頁・註釈版八一～八二頁）

ここからは流通分です。この経を釈尊が弥勒菩薩に付属し、末代に流通するように示される「弥勒付属」の文といわれる一段です。「仏、弥勒に語りたまわく、「それ、かの仏の名号を聞くことを得て、歓喜踊躍して乃至一念することあらん。当《まさ》に知るべし、この人は大利を得とす。すなわちこれ無上の功徳を具足するなり」、ここの文により、法然上人は、『選択集』で「利益章」という一章を開いています。

本願成就の文である「聞其名号　信心歓喜　乃至一念」の「一念」にも触れていますが、まだそこでは念仏の利益には触れていません。しかしここに来て、本願の念仏の「一念」で無上の利益があるということを初めて明らかにして、この一文を喜んでおられます。

称名の一念に無上の功徳および大利を得るということが語られていることは、明らかに行《ぎょう》の利益です。だから親鸞聖人は、これは行の一念と押さえています。この文の意味について、親鸞聖人は、『一念多念文意』で註釈を付けています。「歓喜踊躍乃至一念」について、「「乃至」は、称名の遍数《へんじゅ》のさだまりなきことをあらわす」（聖典五三九頁）といいます。「乃至」という言葉があるということは、数を一回と決めているのではなくて、上は一生の間から、たとえ一念であってもという意味です。

続いて「「一念」は功徳のきわまり」といって、「一念に万徳ことごとくそなわる、よろずの善、みなおさまるなり」、称名の一念に万徳が備わり、万の善が皆収まっているといっています。「「当知此人」というは、信心のひとをあらわす御《み》のりなり。「為得大利」というは、無上涅槃をさとるゆえに、「則是具足無上功徳」とものたまえるなり」といいます。

親鸞聖人は、第十一願を押さえて「無上涅槃の願」であるとし、『如来会』によって「証大涅槃の願」といっています。無上仏道を成就するという本願の用きによって、念仏が無上功徳なのであるという押さえ方です。念仏に具わった利益、功徳は、そのままだと、人間が要求する幸福とか、利益という言葉ですが、それを仏道の利益として押さえて、無上涅槃を覚るが故に、「則是具足無上功徳」であると押さえているわけです。

念仏の一念のところに大涅槃の利益を得るということです。第十八願の信心を獲れば、第十一願が誓う用きによって無上涅槃を得る。つまり信心において真実証を獲るという背景を明らかにしたのです。法然上人では、念仏に無上功徳があるという意味がはっきりとは押さえられていなかったのを、親鸞聖人は仏道の利益は無上涅槃であると押さえたのです。

本文に戻ります。「このゆえに弥勒、たとい大火ありて三千大千世界に充満せんに、要《かなら》ず当にこれを過ぎてこの経法を聞きて、歓喜信楽し、受持読誦し、説のごとく修行すべし」とあります。

親鸞聖人の和讃では、「たとい大千世界に　みてらん火をもすぎゆきて　仏の御名《みな》をきくひとは　ながく不退にかなうなり」（聖典四八一頁）とまとめていますが、三千大千世界に満てらん火をもすぎて、仏の名を聞く。この場合は経法を聞く。経の体は本願で、本願が誓うのが名号ですから、それは仏の名を聞くことです。

この言葉はすでに『東方偈』に出ていました。「たとい世界に満てらん火をも、必ず過ぎて要《もと》めて法を聞かば、会《かなら》ず当に仏道を成ずべし、広く生死の流《ながれ》を度せん」（聖典五一頁）、三千世界というのは、過去、現在、未来とその一つ一つに十の段階（地獄、餓鬼、畜生、修羅、人、天、声聞、縁覚、菩薩、仏）の修道の位があり、その各々に十の位があるというように、一念に三千世界を具足するということです。単なる時代の流れだけでなく、今の一念の時の中の立体的な感覚です。

一念、一念に、過去から未来にわたる無限の時を孕んだ今の一念一念がある。私どもの有限の一個体としては、三千世界というような時間は相応できないように感じられますが、そうではなく一念一念のところに三千世界を含んでいる。唯識からすれば、その一念の時の内容が三千世界として感じられるということです。客観的に三千世界があるのではなく。三千世界といわれるほどの時と空間を今の一念の中に孕んでいる。

三千世界に充満する火というのは、一切のものを焼き尽くして終わることのないようなもの、煩悩を象徴しています。特に怒りの煩悩を象徴しています。善導大師の、「自身は現にこれ罪悪生死の凡夫、曠劫《こうごう》より已来《このかた》、常に没し常に流転して、出離の縁あることなし」（聖典二一五頁）といわれている曠劫以来の煩悩の歴史です。時間とともに消えていくような現象ではなく、そういう現象を場として感覚する立体的時間です。三千世界を充満させていくような煩悩の生活が今ここにあるということが三千世界を過ぎ行くということです。たとえ三千世界を充満する火があっても必ずこれを過ぎて、教えを聞く。聞かしむるものが本願の呼びかけです。

「歓喜信楽」の「歓喜」については、「「歓喜」は、うべきことをえてんずと、さきだちて、かねてよろこぶこころなり」（聖典五三九頁）といっています。そして、「受持読誦し、説のごとく修行すべし。所以は何ん。多く菩薩ありてこの経を聞かんと欲えども得ること能わず。もし衆生ありてこの経を聞けば、無上道において終《つい》に退転せず。このゆえに応当《まさ》に専心に信受し持誦し説行《せつぎょう》すべし」（聖典八六頁）とあります。

「人身受けがたし」といいますが、人間に生まれるということも当たり前ではない。本当に千載一遇である。

そして人間に生まれて生活していても、教えに出遇うということは容易ではない。菩薩のように道を求めて、菩提を求めて歩む存在であっても、この経を聞きたいと思っても得ることができない。

『東方偈』では、「寿命は甚だ得難し。仏世また値《もうあ》い難し。人、信慧《しんね》あること難し」（聖典五〇頁）といって遇うということが難しいといっています。さらに「もし聞かば精進して求めよ」と。聞くということが簡単にできるものではないといっています。

本願の説いてあることの意味に出遇うことは本当に難しい。いのちあるものとしてここにあることも得難い。さらに仏の世は値い難い。仏が亡くなって三千年近く経っていますので、我々の時代は仏無き世、仏に出遇うことのできない時代に生きている。そして信じることが難しいといわれています。だからこそ、この経法に出遇うならば「歓喜信楽し、受持読誦し、説のごとく修行すべし」と確認しているのです。

「もし衆生ありてこの経を聞けば、無上道において終に退転せず」、もしこの経を聞くことができる衆生がいたならば、終わりに至るまで無上仏道において退転しない。「無上仏道」と翻訳される言葉は、「無上涅槃」あるいは「無上菩提」と同義語です。「阿耨多羅三藐三菩提」を中国語に翻訳したものです。必ず無上道に相応していくことができる。それが本願力に遇うということです。無上道は歩みの果てに置かれる言葉ですが、それに向かって退転することがない歩みです。それを孕んで本願力が摂取不捨の用きとして我々に呼びかける。

それを親鸞聖人は、本願力が信心の人を護念するといっています。彼方の浄土があって、そこに往くまでは救からないというのではなく、そこから用き出ている本願力が、現に今を包んで歩ませる。三千世界を貫く迷いのいのちを包んで必ず退転しない用きが、本願力が念仏とともに我らに用いてくるのです。

「このゆえに応当《まさ》に専心に信受し持誦し説行すべし」、「信受」というのは本願と主体との関係において、本願が我らを受け入れるとともに、我らが本願を受け入れる。「信巻」で親鸞聖人はこの信を本願自身が発起したもう心といっていています。「能発一念喜愛心」、我らの煩悩の生活、三千世界に満てる火を生きるような生活を貫かせるような用き（「白道」）を、本願自身が我らの中に発揮するといいます。

雑毒雑心の生活の中に、一転全生活を照らし出すような真実が我々の中から発起する、これが信心です。我らの質とは違う質である本願が発起するわけです。だから難信《なんしん》といわれる。我らの中に我らが作るものなら、どれだけ困難でも不可能ではないが、これは不可能で、発《おこ》るはずがない。不可能にもかかわらずここに発るという意味で難中の難といわれます。

『教行信証』の解釈書である『六要鈔』では「所行能信」といいます。南無阿弥陀仏の行は我々に与えられるもの、しかし我々の中に発起する能動的なものは信である。信は、我々の煩悩生活としての能動性に対していうならば、ある意味で受動性だけれども、その受動性が煩悩生活を破って、貫いて立ち上がるような能動性を持つということです。

聖道の菩提心は、凡夫性とか煩悩性を叩き伏せて立ち上がるような能動性ですが、横超の菩提心という場合は、凡夫が作ったり、発したりする心ではない。本願力を受け入れるという意味で受動的ですが、それが本当の超越的な意味を持つと、親鸞聖人はいっています。退一歩するような方向にもかかわらず、そのことが精神生活を真に豊かにしていく積極性を持っています。

大涅槃への積極性です。それは単に退嬰的なのではなく、いったんそれをくぐって、人と人の間に大涅槃の功徳をもたらしていく、自信教人信という用きを持ってくるものです。単にこの世的な人間関係を肯定して、積極的になるのではないので、この世を煩悩の火の世界として見抜くような視点を本願力の信によっていただくという意味です。この世の生活につまずく、この世での事業に失敗する、あるいは人生自身が終わっていくというのが、退転ではないのです。大涅槃への歩みが本願力の中にあって、本願自身の歩みとして確保されていることです。「このゆえに応当に専心に信受し持誦し説行すべし」ここで「弥勒付属」の一段が終わります。

経道滅尽のとき

次は、「仏の言《のたま》わく、「吾今もろもろの衆生のためにこの経法を説きて、無量寿仏およびその国土の一切所有を見せしむ。当に為すべきところの者はみなこれを求むべし。我が滅度の後をもってまた疑惑を生ずることを得ることなかれ。当来の世に経道滅尽せんに、我慈悲哀愍をもって特にこの経を留めて止住すること百歳せん。それ衆生ありてこの経に値う者は、意《こころ》の所願に随いてみな得度すべし。」」（聖典八六～八七頁）とあります。

諸々の衆生のために教えを説き、仏とその国土の一切を見せしむ。「当に為すべきところの者はみなこれを求むべし」、もう一度この言葉が出てきます。これは前に「阿難見土の文」（聖典七九頁）で、仏が『無量寿経』の経典を呼び起こした対告衆である阿難を呼んで、「無量寿仏を礼したてまつるべし」といって、そのときに、阿難の前に無量寿仏および安楽国土の菩薩、声聞大衆を現して見せしむる段がありました。その内容がここでは、「吾今もろもろの衆生のためにこの経法を説きて、無量寿仏およびその国土の一切所有を見せしむ」といっています。そして「我が滅度の後をもってまた疑惑を生ずることを得ることなかれ」といわれます。

教主世尊が自らの滅度の後のことに触れています。「当来の世に経道滅尽せんに、我慈悲哀愍をもって特にこの経を留めて止住すること百歳せん」、ここに「経道滅尽」という言葉が出てきます。このことについては曇鸞大師は、『讃阿弥陀仏偈』で触れ、親鸞聖人も善導大師の言葉として使っています。「経道滅尽ときいたり　如来出世の本意なる　弘願《ぐがん》真宗にあいぬれば　凡夫念じてさとるなり」（聖典四九五頁）とあります。

また、この言葉については、法然上人が『選択集』の「特留章」でこの文を引いて論じているのですが、そこに善導大師の文を引いています。それによって親鸞聖人は善導和讃で取り上げています。親鸞聖人自身はあまりこの「経道滅尽」の文を大事な文として取り上げることはないように思います。

浄土教の教えに触れたものとしては、「特留止経　止住百歳」という言葉がある。他の教えが完全に滅んだのち、百年だけこの経を留めるということが、この経が持っている大変大事な意味であることを強調することが多いのです。

法然上人も『無量寿経』の重要な意味として取り上げています。法然上人は、何故この経を留めるのかを論じています。どんな経典でもこの経は大事だといって留めることはあり得ることだ。何故『無量寿経』自身がこの経を留めるかというと、お釈迦さまの慈悲である。お釈迦さまの慈悲としてこの経を留めるということは、この経には阿弥陀の本願が説かれているからである。

たとえ教えが滅びようと、戒律が無くなろうと、あるいは人類がまったく倫理などを見失う時代が来ようとも、本願、如来の大悲に触れることが救われるきっかけになる。そういう意味で如来の本願ひとつを残したいというのが釈尊の慈悲である。だから、法然上人は、『無量寿経』を留めるのであると押さえています。無戒名字《むかいみょうじ》の時代になって本当に人類の拠りどころになる経典として『大無量寿経』を残すのだと押さえています。

親鸞聖人は、経道が滅んだ時こそ、如来が出世本懐してこの経を説いた意味がいよいよ明らかになる時である。その時が来て見れば、この経が釈尊の説きたかった本意だということがはっきりするという押さえ方です。比喩的にいえば、昼間はたとえ曇っていようと太陽の光のもとでは、どんな明るみも大して意味はないし、一面ではどれが正しいか分からない。ところが真っ暗闇になったときに、一点の光が残る、これのみが本当の光だということがはっきりするということです。

私どもの感覚からいえば、いろんなことが頼りになる、自分のした良いことがなにがしかの頼りになる間は、如来の本願によって名号が誓われていることの意味が本当には腹に入らないのです。しかし一切のものが役に立たないという状況が来たならば、本願が真に我らを支え、我らの中心に立ち上がってくる力として感じられてくる。そういう意味を持ちます。ですから、経道滅尽は恐れるに足りない、経道滅尽こそ本願力が立ち上がる時である。このように親鸞聖人は受け止めています。

これは末法のいただき方と同じです。多くはつらい、悲しい、情けない時代という否定的感覚でいわれるのですが、親鸞聖人が末法をいうときは、この時代にこそ本願が生きるのだという受け止め方です。本当に時代をはっきり自覚せよ、このときこそ本願の時代であるといただいています。

釈迦教がその時代の人々を励ますべく八万四千の法門として説かれている。そのときになおこの教えを留めるということです。「化身土巻」には善導大師の、「たとい千年の寿を尽くすとも法眼未だかつて開けず」(『定善義』、聖典三四〇頁)という言葉を受けて、「門余《もんよ》」と言うは、「門」はすなわち八万四千の仮門なり。「余」はすなわち本願一乗海なり」といっています。釈尊が教えを説いてこの教えに触れよというよりも、釈尊が阿弥陀を説いて阿弥陀の本願のもとに行けと教えている。我がもとに来たれ、我がもとに真理ありという説き方をしてきた釈尊が、阿弥陀の本願のもとへ行けと末世の衆生に残しているという意味です。

我亡き後、疑惑を生ずるな。『涅槃経』では「一切衆生悉有仏性」という見方のもとに法身を頼めといわれています。その法身が、『法華経』では、釈尊という人格から語り出された言葉である『法華経』こそが釈尊の法身であるという考え方です。それに対して本願の教えは、自分の一生は自分で終わるので、法身の用きを未来際まで用かせるものとして阿弥陀を立てる。阿弥陀のもとに本願を説き、その本願こそが未来際まで一切衆生を摂していくという教えです。

親鸞聖人は、『涅槃経』の課題を本当に具体化したものが『無量寿経』の本願であると見ています。もし『無量寿経』なしに『涅槃経』だけだったら、『涅槃経』の法身常住というのは単なる理念になります。理念になるから具体的な経典として『法華経』こそが法身の表現であると日蓮上人は理解したのです。

しかし『法華経』自身の中には、我が名を唱えよとはいっていません。経題を唱えれば救かるというのは、日蓮上人の直感です。それはおそらく、無量寿仏の名を称えよという本願の言葉をもって、日蓮上人は『法華経』を唱えよというところに持っていったわけです。この経典が真実だということはいっているが、その真実を人間が具体化する方法について語っているわけではない。そういう釈尊教の課題を、阿弥陀の本願を説くことにおいて十方衆生の上に具体化するもの、それが阿弥陀の大悲です。こういうことをはっきりさせたわけです。

他の経典は経道滅尽するときが来る。安田理深先生は、学問として仏教を研究するという関心になったときに仏教は滅ぶ、それは図書館に入るということだ。つまり理性の対象として研究対象になるなら、仏法としては滅んだのである。究極的関心が人間に動いて、その内容として仏教が語られてこそ仏陀の言葉が生きているといえるとよくいわれていました。

経道滅尽というのは、教えの言葉が完全に忘れられていくということですが、それははるか未来の話ではなく、現に我々がいま生活している状況でも、宗教無き時代ということがいわれ、合理性が人間を覆っている時代ですから、すでに経道滅尽の時代といっても言い過ぎではありません。人間の中に信頼を立てることができない時代で、何かを立ててみてもかえって窮屈になるだけで、人間が解放されず、生きてこないのです。

「それ衆生ありてこの経に値う者は、意の所願に随いてみな得度すべし。」」、経に値うということは、禅宗では「看経」、あるいは法華では「持経」といわれます。経を真実として持つということです。たとえ受難に遭おうとも、この経の真実性を語らずんば止まんという積極的な姿勢です。ここで経に値うということは、本願に遇うということです。ここには聞いていくということがあります。

安田先生は、本当に遇うということは、遇い難きものに遇うので、遇うべくして遇うのは本当に遇うとはいわないといっています。経典にも喩えがあります。大海で亀が泳いでいて、たまたま頭を持ち上げたときに、大木の端に穴があいていた。その穴に頭が入ってしまう。そのような滅多にない出遇いを「値遇《ちぐう》」といいます。それは教えに遇うことの困難さと遇ったことの尊さ、その姿勢として、真実の歩みを与えられる場所に出遇うのだというういただき方がこの言葉に出てくる。

「意の所願に随いて」という言葉は、前にも触れたのですが、『浄土論』に「衆生所願楽　一切能満足（一切所求満足功徳）」（聖典一三六頁）という荘厳があります。浄土に触れる者には、一切の願いを満足させようといっています。これを曇鸞大師が註釈して、「破闇満願《はあんまんがん》」といっています。無明の闇が晴れるということと願が満たされるということとが重なる。しかし人間が人間的に要求するものをそのまま満たすということではない。聞法生活の満足は、無明の闇が晴れるということにおいて、現実生活が満ち足りてくるということです。観音さまが衆生の願いをそのまま満たすという形で救うのとは違います。

「しかるに称名憶念あれども、無明なお存して所願を満てざるはいかん」（『浄土論註』起観生信章、聖典二一三頁）、名を称えてみるけれど願が満たされない。その場合の願は、如来の教えに遇っていないで、自分の願いを満たして欲しいというものです。曇鸞大師はそれは名の問題ではなく、信の問題だといっています。本願によって満たされるということは、たとえこの世で人間的に不平不満がいっぱいでも、本願力に値遇することにより、満たされる生活を発見するのです。

『浄土和讃』に「たとい大千世界に　みてらん火をもすぎゆきて　仏の御名《みな》をきくひとは　ながく不退にかなうなり」（聖典四八一頁）とあります。三千世界を満たす火の中に、願が満たされる一筋道があるのです。そういう「破闇満願」の功徳に遇うことが無上大利ということです。人生の意欲に従って、しかも得度する、ここに聞法生活と現実生活とが密接に関係すると思います。

満たされないから念仏して満たそうとするのではなく、満たされない場所を聞法する場所として、満たされないままに満たされる生活を発見していく。満たされて何も要求がなくなるというときは、この世を引退するときです。この世の人生の意欲の通りにしてもらうというのがふつうの奇跡頼みの信仰ですが、生活意欲に傷ついて、あるいは流されて生きながら、そこを場として充実した生活が与えられてくるのが聞法生活なのです。

安田先生がおもしろい言い方をしています。「生活全体が本願の象徴となるのだ。本願の生活が単に抽象的生活であるのではなくて、本願が響いてくる場所である。抜き差しならない現実こそが本願の象徴になるのだ」といっておられました。これが聞法の味です。

親鸞聖人はそういう方向性を「非僧非俗《ひそうひぞく》」という言葉で表現したのではないでしょうか。単に僧（出家者、仏法の専門家）ではない。しかし単に俗でもない。清沢満之先生は、現代の宗教生活は出家者ではないが、しかし僧侶という生活がある。だから半僧半俗である。しかし半僧半俗ではダメだといっています。非僧非俗というのは、この世とは違う聖なる世界とこの世のドロドロした人間世界とを二つに分けて、どちらに入るかという考えだと聖道門の発想になります。親鸞聖人はそうではない、俗の場所を求道の場所とする。まったく俗であるにもかかわらず俗ではない。僧と俗を分ける発想を完全に否定しています。

状況に流されて主体性がないというのが俗です。煩悩生活の真っただ中にありながら、そこに俗でない道を一本開いていただくというのが白道です。その白道が本願力の生活によって与えられる光です。俗であるにもかかわらず、単なる俗でない意味をこの身に賜るのです。

煩悩の意欲は満たされない、その満たされないいのちの場所を聞法の場所とすることにおいて、生きた聞法ができるのです。世間は忙しい。だから宗教の話は時間ができたらやろう、年をとってからやろうというのは、ある意味で、聖道門と浄土門を分けるのと似た発想です。一番抜き差しならない場所でこそ、本当に聞けるということです。必要不可欠なものが欲しいということがないと聞けないものです。

如来の興世は値い難い

次は、「仏、弥勒に語りたまわく、「如来の興世、値い難く見たてまつり難し。諸仏の経道、得難く聞き難し。菩薩の勝法、諸波羅蜜、聞くことを得ることまた難し。善知識に遇い、法を聞きて能く行ずること、これまた難しとす。もしこの経を聞きて信楽受持すること、難きが中に難し、これに過ぎて難きことなし。このゆえに我が法、かくのごとく作《な》し、かくのごとく説き、かくのごとく教う。応当《まさ》に信順して法のごとく修行すべし。」」（聖典八七頁）とあります。

この経を留めるといった後、今度は、この経典に遇うことが難しい、「難」ということが出ています。親鸞聖人は『正信偈』の依経分の結びのところに「弥陀仏の本願念仏は、邪見憍慢の悪衆生、信楽受持すること、はなはだもって難し。難の中の難、これに過ぎたるはなし」（聖典二〇五頁）、という言葉でこの問題について触れています。その「邪見憍慢の悪衆生」ということは善導大師の言葉に依っています。

「化身土巻」（聖典三五一頁）にこの文が引用されていますが、この文を引用する前に善導大師の『散善義』の言葉が引用されています。そこに、「五濁悪時・悪世界・悪衆生……」（聖典三四九頁）といわれ、次の『法事讃』に、「また云わく、劫尽きんと欲する時、五濁盛りなり。衆生邪見にしてはなはだ信じがたし。専らにして専らなれと指授して西路《さいろ》に帰せしめしに、他のために破壊せられて還りてもとのごとし。曠劫より已来《このかた》常にかくのごとし。これ今生に始めて自ら悟るにあらず。正しく好き強縁に遇わざるに由って、輪廻して得度しがたからしむることを致す、と」（聖典三五〇頁）、といわれて、五濁、邪見という言葉が出てきます。そういうことが背景にあって、親鸞聖人は、『正信偈』にこのようにまとめてきたものと思います。

「難の中の難」という問題は『無量寿経』の経文の意味ですが、一般には、「人身受け難し」、人のいのちを得るのは希であるということから出てきますが、ここでは、「如来の興世が値い難」いというところから出ています。親鸞聖人が如来というのは、近くは釈迦如来から、阿弥陀如来、諸仏如来の三仏です。その如来が世に出興することに出遇うことは値い難い、難値難見といわれます。法（ダルマ dharma）から生まれて、法を如実に生きるあり方について、如から来て、如に帰る、そういう用きを如来あるいは如去（タターガタ tathagata）といいます。

如来の興世という場合は、如来がこの世に出興している事実に値遇するということですから、時を同じくする必要があります。時を同じくするということが難しい、また、たとえ同じ時代を生きても、今度は見たてまつり難い、つまり見ることができない、出遇うことが難しい。例えば釈尊の時代であっても、釈尊を如来と仰ぐ出遇いを持った人は数が少ない。千二百五十人というようなことがいわれますが、それでも多いとはいえない。それが如来の興世が値い難く、見たてまつり難いということです。

「諸仏の経道、得難く聞き難し」、その如来の教えを証明する。あるいは如来の教えを自らも引き受けて生きている方々を大乗仏教では諸仏と仰ぐのです。如来の場合は如来の存在の事実に出遇うということですが、それに対して、諸仏の経道というのは、説かれた教えを通して道が伝えられる、その経道が得難く聞き難い。「得」という字は主体化する、獲得するということで、諸仏の言葉となった教えが得難いということです。

唯識では「色・心・心所・不相応・無為」ということをいいますが、意識とそれに付属して起こる心理、心と心所に、身体となるような場合の物質性、これに不相応法を加える。不相応法というのは、この三つに入らない。けれども有為法である。有為法というのは、時間とともに起こって消えていく法です。

その不相応法の一つに「得」ということがありますが、「得る」というのはどういうことかというと、単に心理でもないし、意識でもない、かといって物質でもない（物であれば物の場所が変わったということですが）。しかし主体にとっては「得る」ということがあります。特に仏法の場合は、物でもないし、心理でもない、そういうものを主体化する概念を「不相応法」といいます。

功徳の徳という概念も不相応法といいます。それは事実として起こるけれども、単なる意識経験というわけにはいかない。日常の言葉では得るといったら、場所が変わったもの（他所のものが自己の所有になる等）を得るといいますが、仏教では、いったん得たならば落とすとこがないことを「得」と定義をします。日常では、得たものを落とすこともあります。例えば、お金を落とす、地位や名誉も落とします。仏教ではそういうものは、本当に得たとはいわない。仏教で「得る」といったならば、得たものは失うことはないといわれています。

教えを得る、教えの真理に本当に頭が下がったならば、もうそれを失うことはない、忘れることはあっても失うことはないのが得るということの定義です。諸仏の言葉は真理を開くような用きがありますから、『摂大乗論』では、「教法」は「浄法界等流」と定義されます。清浄な法の世界から、浄法界を失わずして我々の経験世界の中に流れ出てくるものといわれています。

人間のふつうの経験は煩悩の経験で、その煩悩の経験を表す「言葉」も不相応法です。言葉それ自身は意識でもないし、物でもありません。発音もされるし、表記もされるが、言葉それ自身は意味を持って伝達するものですから不思議な用きです。そういう言葉を通して如来が、自分が覚られた法を語り伝えようとされた。その言葉は「浄法界等流」で、そういう言葉の真理性に出遇う体験を「得る」というわけです。しかしその「教法」を得ることは難い。さらにその言葉を聞くのが難い。これは、親鸞聖人が第二十願のところに引用していますし、「信巻」にも引用しています、『涅槃経』の「聞不具足」という問題です。

私どもが耳から聞くのですが、耳は音を聞く作用はある、意味を聞くのは耳ではない。耳を通して聞こえた言葉の意味には、存在が出遇うのです。仏法の「浄法界等流」の言葉を聞くという場合は、単に理性で分かるというのとは違います。ふつうは理性で判断し、理性で意味を解釈しますが、「浄法界」というものは、解釈する基準が、我々がいままで存在を了解してきた経験では了解できないところから来ている。

だから聞くことは本当はできない。聞き当てるということは、私どもはいままでに自分で身に覚えがあったり、教えてもらったりして、自分の中に頷きがあって言葉の意味を了解するわけですから、その経験を超えたものは私どもは考えてみようがない。

ですから、仏法の言葉を聞くということは不思議な用きです。親鸞聖人が『涅槃経』によって「聞不具足」ということを出すのは、十二部経の半分を聞いて、聞いたとはいえない、十二部経全部を聞いて初めて聞いたといえる。しかし十二部経を聞くということは単にすべての経典に目を通したという意味ではない。

聞くということは不思議な作用で、唯識論では「聞薫習」ということをいいます。我々は雑染の、煩悩の経験を無始以来積んでいますから、その経験の蓄積において言葉を了解するのですが、「浄法界等流」の言葉を聞くうちに、それが我々の体験の中に不思議な能力を呼び起こしてくるのです。だからその場合の経験構造は、唯識でも説明しにくいのです。

阿頼耶識に蓄積される経験は煩悩がらみの経験です。ただその阿頼耶識に如来の経法の言葉を聞くと、薫習されないはずなのに「聞薫習」ということが事実起こって、私どもの中にハタッ！と目覚めることがある。これは不思議なことです。長く聞いたら分かるというものでもないし、まして初めて聞いて分かるはずはない。

しかし、聞いている中に、いままでの解釈する基準とは違うものに出遇うということは起こり得る。これは唯識論では説明できない。阿頼耶識以外のところに蓄積されるはずはないので、やはり阿頼耶識に経験が残るはずですが、それは純粋清浄な経験ではないのです。我々の解釈を通していますから、言葉の意味を自分の体験の中に取り込んで解釈するのです。

だから、仏法を聞くということは、聞き得ないはずのもの、如来の言葉を通して人間の言葉の範疇ではないものをどこかで呼び起こすのです。これを信頼して如来は言葉にしてくださった。その言葉の用きは、単なる呪文ではないが、単なる理性の言葉でもない。そこに人間の迷いを自覚せしめて、迷いを翻すような用きを言葉に込めて教えとして如来が説いてくださっている。それを聞き当てることが本当に聞き難いということです。「菩薩の勝法、諸波羅蜜、聞くことを得ることまた難し」、今度は「因位」の菩薩です。果である諸仏の言葉を引き受けて、それを生きようとする意欲を持った存在を菩薩（ボディーサットバ）といいます。菩薩の法の代表は六波羅蜜（パーラミター paramita）です。菩薩の法で代表的な経典は『華厳経』で、菩薩と菩薩の対話で展開されていて、如来は出てきません。因位が説かれています。これを本当に聞くということが難しい。いままで如来と諸仏と諸菩薩の経道の仏法僧の三宝が出てきました。

「信巻」では、「聞」というのは「信」を表すといっています。信なくして聞くということはない。かくの如く聞くの「聞く」ということは、真理の言葉に対して信頼があって聞ける。だから親鸞聖人は、信心の問題のところに「聞」（聞其名号）の問題を入れています。「「聞」と言うは、衆生、仏願の生起・本末を聞きて疑心あることなし」（聖典二四〇頁）、疑いの心と聞とは矛盾します。聞くというときには、疑い心がなくなって初めて聞けるのです。疑っているということは聞けていないのです。

信心ということについて親鸞聖人が「聞不具足」ということを出すのは、「聞不具足」を超えて初めて信なのだということです。「聞く」ということは何でもないことのようですが、「聞」というのは「信」なのです。聞くことができたということが信じることができたということと一つなのです。

「真仏土巻」には「眼見《げんけん》」と「聞見《もんけん》」ということをいっています。「また言わく、一切覚者を名づけて仏性とす。十住の菩薩は名づけて一切覚とすることを得ざるがゆえに、このゆえに見るといえども明了ならず。善男子、見に二種あり。一つには眼見、二つには聞見なり」（聖典三一二頁）、十住の菩薩というのは、十地の段階にある菩薩で、まだ如来に成っていない因位の位にあるものという意味です。因位の菩薩の見るところは明了ではない。

そして「見」に二種ありといって、「眼見」と「聞見」といっています。

見ることに眼で見るということと聞いてみるということの二つの意味があるということを出しています。単に眼に映っているから見ているとは限らない。確かに眼で見るということがある。眼根が機能している場合には、眼で見るということは正直なことです。一面で眼で見るということが大きな意味を持っていることがあります。見ると聞くとが大違いということはありますが、見るということが非常に大きな意味を持ちます。しかし眼見というものには限界があります。見栄えにだまされるということもあります。如来を見るというのは、如来が身で説法しているその身を見るので「眼見」です。

「聞見」というのは、「如来所有の口業《くごう》を観ぜん」（聖典三一三頁）、如来の説く言葉を観ずるということです。中国語の「見」には、大きく二通りの使い方があります。仏教で使う場合は、一つは我見、邪見という場合の「見」です。それに対して、見道という場合の「見」は真理に出遇うという意味の「見」です。安田先生はよく、『観無量寿経』の「観」に対して、『大無量寿経』の場合は「見」なのだといっていました。『浄土論』で「阿弥陀仏を見たてまつる」と「見」という字が使われる、「見」という字は「げん」という発音があって「現れる」という意味があります。この場合の「聞見」というのは、真理に出遇うというような意味を持つ「見」です。

善知識の意義

「善知識《ぜんじしき》に遇い、法を聞きて能く行ずること、これまた難しとす」とあります。諸仏という言葉から善知識という言葉に転じています。「善知識」というのは、自分にとって仏法を先に主体化して、それを伝えてくださった方です。三宝を具体的に教えてくれる人です。

善知識の問題も「難」という問題と絡んで、「信巻」と「化身土巻」に二度引かれています。「もし諸根浄明利を得れば、すなわち善知識に親近《しんごん》することを得。すなわち善知識に親近することを得れば、すなわちよく広大善を修集《しゆじゆう》す」（聖典二三一頁）、これは信心の内面に善知識ということが絡むということです。「化身土巻」には、「一切の梵行《ぼんぎよう》の因は善知識なり。一切梵行の因、無量なりといえども、もし善知識を説けばすなわちすでに摂尽《しようじん》しぬ」（聖典三五二頁）、一切の仏法に向かっての歩みの因は善知識である、善知識ということで一切が尽きるといっています。

私は有難いことに良い師に恵まれたのですが、師に出遇うということは、自分を超えて真の自分を教えてくださる方に出遇うことで、そこに一切が尽きている。安田先生が曽我量深先生のことを話すときに、自分は曽我先生を対象化して語ることはできないとくり返しいって、自分が考えることも、自分が語ることも、すべて曽我先生からいただいたものであるといわれていました。

はじめ私がよく知らないで聞いていたときには、曽我先生の考え方、言葉と、安田先生の考え方、言葉とは全然異質な感じがしました。課題も違うし、教養も違うし、言葉も違う。全然異質のものがあるのにそんなことをいうのは、一応世間一般の遠慮で先生を立てるためにいわれたのかなと思いました。

安田先生の思索に、自分の課題を自分で本当に考えたいのだという迫力が溢れていましたから、はじめは世間的常識かなあと思って聞いたのです。ところがそうではないのです。それはやはり善知識に出遇うということの持つ大きさです。何を考えてもいただいたものだということが自覚されてくるのです。

真宗大谷派の「管長」という職をしたことがある竹内良恵さんという方がいましたが、安田先生の一周忌に、

「自分は一代かかって曽我量深をやさしくして広めるのだといわれたことがある」といわれました。私はその通りだとは思ったのですが、何をいうのかという顔をした方もいました。曽我先生も九十歳の卒寿記念で、「自分がこうして一代、九十まで仏法の道を歩むことができたのは、清沢満之先生に遇ったおかげである」といっています。九十になって現役の学長である先生が、六十年以上前に死に別れた清沢先生のことを憶念して、「自分の考えている問題はすべて清沢先生から来ている」ということに、いまさら思い当たるといわれたのです。

このときは私は常識的には考えられないから、妙なことをいうなと思いました。しかしよく読んでみると、曽我先生が考える思想のテーマは清沢先生から来ているのです。九十歳のときに「如来あっての信か、信あっての如来か」というテーマで講演をなさったのですが、自分があるから如来がいるのか、如来がいるから、自分がいるのかという問いを清沢先生からいただいて、一代自分が間違えずに仏教徒として歩むことができた。こういうことを反省して曽我先生がいったのです。そういう出遇いが、善知識と出遇うということだと思います。

ちょうど孫悟空と同じです。自分では釈尊の手の中にいるとは思っていない。いっぺんに地球の果てまで行って帰ってきたと報告する。ところが何処まで行ったかというと釈尊の手の中だった、釈尊の指に孫悟空の書いた字があったという物語がありますが、その出遇いというのは結局自分の根本問題に出遇うわけです。自分の持った根本問題が一代を歩むのです。そういう出遇いが善知識と出遇うということです。だから善知識をいただいたということはある意味で恐ろしい。そこからどれだけ出ようとしても出られないのです。しかし一度は出ようとしなければいけないのです。

安田先生が厳しく師、師といって師を利用するのはやってはいけないことだ、いったん出遇ったら、そこから出なくてはいけないといわれました。師を踏み台にして新しく立ち上がっていく、けれども、いくら出ようとしても出たつもりでも所詮出られないということが、何十年か経って自覚されてくるということではないかと思います。だから善知識と出遇うことなしに仏教を得々と語っている人を、私は信頼しません。本当に仏法に出遇っているとは思えません。自分を超えて自分を教えられるということが、宗教問題の場合には非常に大事ではないかと思います。

善知識を持つということが一切であるといってもよい。しかし、これが難中の難なのです。存在と出遇うということは、時・場所を同じくしなければならない。またその意味を聞き当てるということも容易ではない。言葉の意味に出遇わないなら、見ただけでは出遇ったとはいえない。

本文に戻ります。「法を聞きて能く行ずること」とは、聞法してそれを行ずること、真宗の教えを聞くということ、本願に生きるということです。この場合の「能行」は、いわゆる所行能信に対する「能行」という意味ではなく、願を行ずるということです。念仏は念じても念じても「所行」であるといわれていますが、その「所行」の法を生きるという意味です。これまた難しとする。

次に「もしこの経を聞きて信楽受持すること」、この「経」は『大無量寿経』ですが、本願を説いてある経という意味です。ですから、本願を聞くことが難しい。それを信楽受持することは「難きが中に難し」です。

「難」ということについて善導大師は、時代ということを押さえます。「また云わく、劫尽きんと欲する時、五濁盛りなり」（聖典三五〇頁）、この「五濁」に共通しているのは、単に、心が悪いとか、行為が悪いとかという個人の罪の問題ではなく、存在全体が歴史的、社会的に積み重ねてきた濁り、無始以来、無数の個体の経験の結果として、個人の中に蓄積されている生きる能力、その能力はいのちの歴史からいただくものですが、それが歴史とともに濁ってきているのです。そこに人間存在が避けられない濁りを生きているということがあるのですが、特に「見濁《けんじょく》」です。この「見」は邪見とか我見の見です。現代の言葉でいえば、イデオロギーとか理性の問題だろうと思います。

この「邪見」は、唯識では、六識に付く場合の煩悩として貪、瞋、痴、慢、疑、悪見があり、「悪見」の五見の中の一つです。生まれてこのかた、経験の蓄積にいつでも付いているような見です。ところが、末那識相応の煩悩に我痴、我見、我愛、我慢がありますが（末那識というのは、深層心理に属している、寝ても覚めても執《つ》いている「見」ですが）、こういう見は、自我意識が強いというようなものではなく、自分を意識して生きているその根に、自分のことを忘れて人のために働いているような状態にあっても、付いているのが「我見」です。人が悪いとか善良であるとかいう問題より、もっと深いところにあるものです。

末那識相応の「我見」は、倶生起の煩悩といわれます。煩悩は大きくは倶生起の煩悩と分別起の煩悩とがあります。自分で分かって起こす「見」は分別起の煩悩です。ものの考え方とか、社会的な制約の中で身に付けた見です。そういうものを破ってみても残る「見」が倶生起の煩悩です。自分でも意識できない深みにあるのが「我見」です。けれども、仏教はそういうものこそ一番面倒な問題として押さえてきた。

本願の教えという場合は、確かに分別起の邪見というものが邪魔をする。時代が悪いとか、社会が悪いとかです。それが自我意識を強くして宗教を否定するのですが、それだけではないのです。どれだけ教えられようと、どれだけ自分の自我意識に苦しもうと抜けられない問題が、倶生起の我見です。これが、親鸞聖人が第二十願の問題で押さえている「難」だろうと思います。

「化身土巻」の第二十願意のところで「信じがたい」という問題を押さえています。「また云わく、仏世はなはだ値《もうあ》いがたし。人、信慧あること難し。遇《たまたま》希有の法を聞くこと、これまた最も難しとす。自ら信じ人を教えて信ぜしむること、難の中に転たまた難し。大悲弘く普く化するは、真に仏恩を報ずるになる、と」（聖典三五五頁）、「自信教人信　難中転更難」という有名な言葉が出ています。ここでの重点は「難」にあります。

それを結んで、「真に知りぬ。専修にして雑心なるものは大慶喜心を獲ず。かるがゆえに宗師（善導）は、「かの仏恩を念報することなし、業行を作すといえども心に軽慢を生ず。常に名利と相応するがゆえに、人我おのずから覆いて同行・善知識に親近《しんごん》せざるがゆえに。楽《この》みて雑縁に近づきて、往生の正行を自障障他するがゆえに」と云えり。悲しきかな、垢障の凡愚、無際より已来《このかた》、助・正間雑し、定散心雑するがゆえに、出離その期なし。自ら流転輪廻を度《はか》るに、微塵劫を超過すれども、仏願力に帰しがたく、大信海に入りがたし。良《まこと》に傷嗟すべし。深く悲歎すべし。おおよそ大小聖人・一切善人、本願の嘉号《かごう》をもって己が善根とするがゆえに、信を生ずることあたわず、仏智を了《さと》らず。かの因を建立せることを了知することあたわざるがゆえに、報土に入ることなきなり」（聖典三五五～三五六頁）、ここに専修念仏の中に雑心があるといっています。

前に見たように、善導大師は雑修について「十三失」を挙げていますが、はじめの九つについては、第十九願意に挙げています。「また云わく、もし専を捨てて雑業を修せんとする者は、百は時に希に一二を得、千は時に希に五三を得。何をもってのゆえに。いまし雑縁乱動す、正念を失するに由るがゆえに、仏の本願と相応せざるがゆえに、教と相違せるがゆえに、仏語に順ぜざるがゆえに、係念相続せざるがゆえに、憶想間断するがゆえに、回願慇重真実ならざるがゆえに、貪瞋諸見の煩悩来り間断するがゆえに、慚愧懺悔の心あることなきがゆえに」（聖典三三七頁）。

このように、九つの雑修が第十九願意には引いてあります。第十九願意ということは、自力の思いでいろいろな行為をする、その問題に潜む九つの「難」をここに数えています。たとえ一生懸命やっていても、そこには根本問題が抜けている。それを九つ挙げて、十三の後の四つを、この結びの第二十願意に持ってきたのです。

「かの仏恩を念報することなし、業行を作すといえども心に軽慢を生ず」（聖典三五五頁）、菩提心に立って行為をするというけれども、心に軽慢を生じる。次に「常に名利と相応するがゆえに、人我おのずから覆いて同行・善知識に親近せざるがゆえに」、同行と善知識に近づかない。そして「楽みて雑縁に近づきて、往生の正行を自障障他するがゆえに」、こういう問題について押さえて、「悲しきかな、垢障の凡愚、無際より已来、助・正間雑し、定散心雑するがゆえに、出離その期なし」という。「垢障」ということは、煩悩の障ということです。表の形は念仏を取りながら、内の心に雑心が混じる。こういう問題をここに取り上げています。

それを結んで、「自ら流転輪廻を度《はか》るに、微塵劫を超過すれども、仏願力に帰しがたく、大信海に入りがたし」、ここの「かたい」という字は、「叵」で、ほとんどあり得ないという、「難」よりも強い意味です。本願に触れて念仏しているにもかかわらず、その念仏の中に潜む雑心はいくら取り除こうとしてもできない。その故に大信海には入りがたい。「良に傷嗟すべし。深く悲歎すべし。おおよそ大小聖人・一切善人、本願の嘉号をもって己が善根とするがゆえに、信を生ずることあたわず、仏智を了らず。かの因を建立せることを了知することあたわざるがゆえに、報土に入ることなきなり」、このように結んできています。

出遇い難いものに出遇う

第二十願意の問題は、本願力に帰し難いという、そこに深い「見」があるのです。この「見」は生まれてからこのかた増幅された「見」だけではなくて、深く人間存在に付いている見です。たとえ親鸞聖人の時代であろうと、現代であろうと、時代の悪さよりもっと深いものです。そういうところに本願力に帰し難いという問題があります。

この「見」は、執着という意味ではなく、人間存在が理性的存在である故に、単に起きてから働く理性だけでなく、分別作用を持っているということが、内に自我を感じ、外に他我を感じる、そういう意識構造自身に潜んでいるものです。

唯識では二分といって、見分、相分といいます。この場合の見分は、何かを意識するという、その意識する側を表しますが、意識するということと、意識されるということを意識が持っているということです。その意識作用にいつも見分の側に我を見る。我というものが無いのに我を感じるという問題を内に抱えているが故に、いのちの歴史が育んできたいのちの作用が持っている働きを何処かで、「自分の」という所有感覚で捉えてしまう。自分を超えていただいたものを「自分の」といつも取ってしまう故に我見といわれるのです。

末那識相応の、倶生起の我見が、本願力に帰して自然のいのちを回復する存在の道理の用きを拒絶するわけです。我々は、全部自分のという意識でしか経験の構成ができない。だから微塵劫を超過するが、本願力に帰し難い。そういうことを本当に悲しめといっています。そこに「難中の難」といわれる問題があるのです。

『正信偈』では、「邪見憍慢悪衆生」と短い言葉で押さえていますが、「邪見」という言葉が持っている意味は、第二十願意を押さえてみますと、抜き難い問題です。善導大師が『往生礼讃』で使っている邪見、憍慢、悪衆生という言葉を押さえながら、難中の難が何故難かといえば、衆生が邪見憍慢なるが故ということです。

「邪見憍慢」という意味は現象的にひどい人だという意味ではなく、もっと深い意味があります。現象ではたとえ善人として悪事をなさないような在り方であっても、生きているいのちに感じている構造に深い我見がある。

これあるが故に仏願力に帰し難い。だから、むしろ聖人として、求道者であり、善人であるような存在ほど、仏願力に帰し難いというのです。帰せしめるものは勅命だというところまで行かないで、自分が念仏している、自分が本願に帰しているというように、「自分が」を残しているのです。

安田先生は、「難」に二義あるといっています。例えば、総序の文で、「ああ、弘誓の強縁、多生にも値いがたく、真実の浄信、億劫にも獲がたし」(聖典一四九頁)という場合は、本当に遇い難いものに遇い得たという感動を「難」というのだ。遇い得ないものに遇い得たという感動、難中の難というものに出遇った不思議さに対する感動がある。

我々は懺悔してもしきれない存在、深い仏願力に帰することができない存在、反省して直るような存在ではない。そこに親鸞聖人は、法然教団の中に潜む魔を見ていたわけです。喜んだように専修念仏しているが、外に念仏していても、内に雑心の自覚が欠如している。結局、聖道門仏教に退転していくわけです。大きな声で称えてみたり、何時間も称えてみたり、という形で努力の行為に変えていく。そういう問題が第二十願の問題で押さえられてきます。そういう「難」もある。

事実としては、本当に仏法を生きている人に出遇うのが難しいということですが、出遇うのが難しいことの根は、自分の意識構造に深い罪があるということです。だから念仏に生きている人がいても、一人もいない如くにしか見えないわけです。

本当は出遇い難いものに出遇うことにより、仏願力に対する深い報謝の思いが与えられてくるのです。「たまたま浄信を獲ば、この心顛倒せず、この心虚偽ならず。ここをもって極悪深重の衆生、大慶喜心を得、もろもろの聖尊の重愛を獲るなり」(聖典二一二頁)、浄信を獲れば、不顛倒、不虚偽である。この場合の「うる」は

「獲」という字を使っています。親鸞聖人は獲と得を分ける場合は「獲」という字は因についていい、「得」の字は果についていいます。ここでは仏因を獲たということです。極悪深重の衆生が大慶喜心を得る、この場合は「得」という字を使っています。

大慶喜心は事実としてすでに得ている。本願の信が浄信であるなら、大慶喜心を得るということです。歓喜というのは、喜ぶけれども、その内容に未来を孕む。信心歓喜の「歓喜」は必ず成仏するということを、いまここに獲たということです。それに対して「慶喜」というのはすでに得たという喜びです。

人間の身を得たという喜びは慶喜ですが、仏に成ることを獲たという場合は、因を獲たのです。ここでは、「真に知りぬ。専修にして雑心なるものは大慶喜心を獲ず」（聖典三五五頁）、第二十願意では雑心あるが故に、大いなる喜びが湧いてこない。本願に帰するといいながら、内に疑いがあり、自力に対する執着が残るので喜べない。本当に喜ぶことができなければ、もちろん感謝の念も湧いてこないでしょう。こういう問題が「邪見」として押さえられます。

『無量寿経』の「この経を聞きて信楽受持すること、難きが中に難し、これに過ぎて難きことなし」（聖典八七頁）のところは、『正信偈』で、「弥陀仏の本願念仏は、邪見憍慢の悪衆生、信楽受持すること、はなはだもって難し。難中の難、これに過ぎたるはなし」といわれます。経典を留めるが、この経典自身は、得難い、聞き難い、信じ難い、出遇い難いものである。信じ難いという意味は秘密があるとか神秘的であるという意味ではない。人間存在に自覚することができない深い罪があるから、本願の教えを信じることが難しいという意味です。

続いて本文では「このゆえに我が法、かくのごとく作し、かくのごとく説き、かくのごとく教う。応当に信順して法のごとく修行すべし。」」、釈尊が教えを身口意の三業で、かくのごとく作し、かくのごとく説き、かくのごとく教える。教えるということは衆生を導くための意業です。まさに信順して法のごとく修行すべし、このように結ばれてきます。ここに「如是」がくり返されています。天親菩薩は「如実」といっています。この「如是」ということを親鸞聖人は、衆生の側からの如是ではない。如来の側からの如是であるといっています。

私どもは仏の心に従わないで、どこかで不遜なものがあり、如是にならない。こういうことを自覚し続けていくしかないわけです。聞法はいつも信不具足あるいは聞不具足ということを孕んで、それを自覚しながら歩んでいくことです。蓮如上人は、「心得たと思うは、心得ぬなり」（聖典八九四頁）といっています。何処まで行っても得終わるということはないのです。得終わるということになったときには、一番大事な問題を何処かで見落としていることがあります。ですから、「如是」ということが実は難しいということです。

『浄土論註』の言葉を「信巻」に「経の始めに「如是」と称することは、信を彰して能入とす」（聖典二三二頁）と引用しています。「如是」ということが信を表すということです。これがなかなか難しいのは、得手に聞いて（聞き易いように聞いてしまう）、如是でないものを加えていってしまうからです。これが、人間存在が仏法を主体化することが難しいということではないでしょうか。

「化身土巻」に、「また云わく、また「如是」と言うは、すなわちこれは法を指す、定散両門なり」（聖典三三三頁）、といっていますが、ここでは、如来が衆生の自力の抜き難いのを見そなわして、かくの如く説くということで、第十九願意の「如是」です。如来の深い心に出遇えないでかくの如しと取っているということです。同じ如是ですが、『無量寿経』の「我聞如是」は信心を表す。同じ如是でも意味が違うということを押さえています。如是作、如是説、如是教というのは、如来が作し、説き、教えるように聞くということです。

善導大師は、真仏弟子のところに「三随順」ということをいっています。本当に如来に随順するということが真仏弟子だといいます。自力心の強い人間存在にいのちの自然に帰る、回復すべき存在に帰るためには、如来のいわれる如是を我々が主体化することですが、これが非常に難しいわけです。裏にそういうものがあって、仏智に随順するということが「信巻」でいわれる真仏弟子です。仏願に随順するということが真仏弟子です。「応当に信順して法のごとく修行すべし」ということです。

親鸞聖人は『浄土和讃』で、「如来興世の本意には　本願真実ひらきてぞ　難値難見とときたまい　猶霊瑞華《ゆれいずいけ》としめしける」（聖典四八三頁）といわれます。

お釈迦さまにいつもいつも付いていた阿難がお釈迦さまに遇っていなかった。それがあるとき突然、お釈迦さまを光の如く輝ける存在として礼拝した。そのことを難値難見といいます。「無量億劫に値いたてまつること難く、見たてまつること難し。霊瑞華の、時あって時に乃《いま》し出ずるがごとし」（聖典八頁）とあります。

一人の老人として、その老人を手伝って、生活の面倒を見ている形で付き添っていた場合に、その説法を覚えており、なすこと全部を見ていて尊敬はしているが、そのことがいったい自分にとって何であるかということが見えていなかった。眼見はしていたけれども、聞見がなかったのです。それが見えたということは、「霊瑞華の、時あって時に乃し出ずるがごとし」です。めったに咲かない花が咲くようなものだという喩えです。これがこの和讃の意味です。

そのことで、お釈迦さまが初めて十方衆生を救う法をいま説く。そこに阿難は、釈尊が八万四千の法門を説くときとは違うお姿を仰いだ。阿難は初めてお釈迦さまを如来として仰いだ。それを難値難見といいます。そのことと「難」の問題が呼応しているのでしょう。

私どもはこうして親しく『無量寿経』を読みながら、聞き難い、得難い教えとしていただけないのです。言葉が本当に存在を解放するような用きを持ってこないのは、それは、如是作、如是説、如是教が「如」にこちらに響いてこないからです。やはり本当に「如是」に聞いていくことが大事なのではないかと思います。

『大無量寿経』と『教行信証』

その時に世尊《せそん》、この経法《きょうぼう》を説きたまうに、無量の衆生、みな無上正覚の心を発《おこ》しき。万二千那由他《なゆた》の人、清浄法眼《しょうじょうほうげん》を得き。二十二億の諸天人民《にんみん》、阿那含果《あなごんか》を得き。八十万の比丘《びく》、漏尽意解《ろじんいさと》り、四十億の菩薩《ぼさつ》、不退転を得《え》、弘誓《ぐぜい》の功徳《くどく》をもって自《みずか》ら荘厳《しょうごん》す。将来世《しょうらいせ》において当《まさ》に正覚を成るべし。その時に三千大千世界、六種に震動《しんどう》す。大光普《あまね》く十方国土を照らす。百千の音楽、自然《じねん》にして作《な》し、無量の妙華《みょうけ》、粉粉《ふんぷん》として降《くだ》る。仏《ぶつ》、経《きょう》を説きたまうこと已《おわ》りたまいしに、弥勒菩薩《みろくぼさつ》および十方来《じっぽうらい》のもろもろの菩薩衆《ぼさつしゅ》、長老阿難《あなん》、諸大声聞《しょだいしょうもん》、一切大衆、仏の所説を聞きたまえて歓喜《かんぎ》せざるはなし。

仏説無量寿経《ぶっせつむりょうじゅきょうかんげ》 巻下

（聖典八七～八八頁・註釈版八二～八三頁）

最後に、この経を聞くものの利益について述べられ、釈尊の説法に天地が奇瑞を現したと、文学的表現が続いて終わっています。「阿那含果」は、不還果とも漢訳し、小乗の修道の階位の四果、須陀洹《しゅだおん》、斯陀含《しだごん》、阿那含《あなごん》、阿羅漢《あらかん》の第三位で、ふたたび迷いの境界に還らない位をいいます。

上下二巻に分かれた『大無量寿経』を拝読することができました。大きく上巻は「如来浄土の因果」、下巻は「衆生往生の因果」と押さえられていますが、親鸞聖人は、上下二巻を通して「本願を説く経」と押さえて、その体は名号であるといっています。親鸞聖人が『教行信証』を表したのは何故か。この『大無量寿経』を優婆提舎した天親菩薩が『無量寿経優婆提舎願生偈』を作り、「世尊我一心　帰命尽十方　無碍光如来　願生安楽国」といって、『無量寿経』によって『無量寿経』と相応したその心を偈に作った。続いて、

　我依修多羅　真実功徳相　　我修多羅、真実功徳の相に依って
　説願偈総持　与仏教相応　　願偈を説いて総持して、仏教と相応す。（聖典一三五頁）

と述べている。「修多羅」というのは、大乗の経典、なかんずくこの『大無量寿経』です。「真実功徳」というのは「名号」だと親鸞聖人は押さえています。天親菩薩が、『大無量寿経』の中心を名号と押さえ、それによって「一心」を得た。一心というのは、『大無量寿経』の教えに相応して得た心で、これを親鸞聖人は真実信心といっています。その「一心」が一心に止まるのではなく、一心が得た内容を偈文の内容として展開した。浄土の姿が二十九種荘厳として展開されていますが、天親菩薩は、唯識の学生ですから、奢摩他《しゃまた》、毘婆舎那《びばしゃな》（つまり止、観、意識を止めていく止と、そこから新しい世界を見てくるという観察）の行が一心の内容として開けるという形を取っています。つまり仏教一般の修行の内容として開けるという形で偈文が展開されています。

　その一番はじめに「世尊我一心　帰命尽十方　無碍光如来」を置いて、以降開かれる我が一心の内容がここに依るということを押さえています。そしてそこから、奢摩他、毘婆舎那の行として開かれる二十九種荘厳功徳を展開しています。「一心」というのは、信心ですから、ある意味で無分別の心といってもよいのでしょうが、それは無内容ではなく、無限に自由に如来の世界を感覚することとです。したがってその内容を、三界を超えたよう

な世界から始めて、功徳として展開しています。

天親菩薩の『浄土論』は観察門の内容ですから、「彼の世界相を観ずる」、一心を得た菩薩が阿弥陀の世界を観ずるということから始まって、最後は「我作論説偈　願見弥陀仏」（我論を作り、偈を説きて、願わくは弥陀仏を見たてまつり）といって、「普共諸衆生　往生安楽国」（普くもろもろの衆生と共に、安楽国に往生せん）という言葉で終わっています。そういう内容として『大無量寿経』を優婆提舎した、仏陀の教えと一つになったということで、自信を持って『浄土論』を説いたのです。その『浄土論』自身は仏説の「格」を持つような内容なのです。

優婆提舎というのは論義経と翻訳されていますが、経典はいろいろな説き方があり、その中の一つです。教えの意味を思想的に解明する形をとれば優婆提舎といわれます。教えの意味を比喩的に説いたものが、比喩経といわれ、『法華経』は比喩経です。非常に象徴的で何をいっているのか分からないのですが、直感的に感じる人間には、非常に強く響くわけです。

唯識に一つの例があります。「汝の顔は奴《やっこ》の如し」と説法者がいったとたんに、一人の男が立ち上がって「何をいうか」と怒った。自分は日ごろ奴だといって馬鹿にされていたのでしょう。だから、「汝の顔は奴の如し」という話が出たときに自分のことをいわれたと思って立ち上がったわけです。そういうのを「受」というのです。引き受けるということです。外にあるものを自分のものとして引き受けてしまう、それは感情です。人間には外のものを内のものとするという力があります。

人間生活の上の関心、価値観、欲望は誰でもよく分かります。けれども、釈迦如来が見い出した真理というのはふつうの関心では求めることすらできないような、真理に目覚めて見れば真理ですが、誰もそれとは気づかないものです。

一如は不増不減の真理であるといわれます。ですから能率とか利益とかばかり考えている人間にとっては、ほとんど意味がない真理ですから、こういうものは説いても分からないだろう、ほとんど分からないだろうが、説かずにおれないというのが、釈尊が立ち上がった深い動機です。

インドの神々である梵天《ぼんてん》が説けと勧めたといわれています。梵天の勧請を受けて説法に立ち上がったわけです。それはおそらく同感する能力を信頼されたのだと思います。説いても分からないだろうが、自分が感じているものはきっと感じてもらえるに違いないということで、言葉を換え、品を変えて説かれたのです。

一如法界とか、大涅槃といわれても、我々は何のことか考えても分からない。ただ言葉の上では、人間の苦楽を超えたもの、有無を超えたもの、そこからいろいろな働きが出てくるものとか、いろいろなことがいわれています。結局はこういものというわけにはいかないが、それに触れて見ればまったく新しいものが見えてくる。そういうものを表そうとしたのです。

人間がそれを得たときにいろいろの縛りから解放される、知らない間に自分を縛り、人を縛っている価値観やコンプレックス、あるいは責任感があります。そういうものをいったんゼロのところから見直すような視点を与えるのです。涅槃に返すといっても、涅槃という場所が何処かにあるというわけではない。それに触れることにおいて、人間が単に生まれて生きて死んでいくだけではなくて、生死を貫いて、涅槃というものを基本に据えてものを見直してくるところに、日常経験で見る価値観とは違う存在の意味が感じられてくるのです。こういうものを教えています。

天親菩薩は、他の経典ではなくこの『大無量寿経』によって「一心」を得た。この一心は無上菩提に直結するような因である。「一心」が見る世界は阿弥陀如来の世界、阿弥陀如来に出遇うところに、大涅槃界から与えられるような功徳をいただくことができる。「一心」を得るところに、仏道の課題、菩薩道の課題すべてが解決した、そういう内容として、『無量寿経優婆提舎願生偈』を置いた。そして天親菩薩は『願生偈』の偈文を結んで、この功徳を「普くもろもろの衆生と共に、安楽国に往生」するという功徳に振り向けよう（回向門）と結んでいます。

この偈文を結ぶと同時に、そこから新しく自分自身で偈文を解釈しました。これを解義分といいます。解義分では、偈文の言葉の意味を解釈するのではなく、まったく違った解釈をしています。ふつうに読むと何のためにこの解釈をしたのかが分からないほど、無関係のようなことが書いてあります。

ところが親鸞聖人は、解義分という解釈文をよく読んで、偈文ができるのは、天親菩薩が信心を得たということ、そして信心を得たということを解釈するについては、こういう信心をどうして得ることができたかということを明らかにした。いうならば、天親菩薩の信仰体験の歴史的背景、どうしてそういう心が与えられてくるのかを考えたのです。それは実は、『大無量寿経』の経説の法蔵菩薩の物語と呼応していると親鸞聖人は見たわけです。

親鸞聖人は、天親菩薩の『浄土論』を徹底的に読むことによって、これが『大無量寿経』の歴史である、『大無量寿経』を初めて歴史の上に主体化して、『大無量寿経』と同じ「格」だと自ら自認して残した偈文、これも『大無量寿経』であると見たのです。

曇鸞大師に『讃阿弥陀仏偈』というものがあります。曇鸞大師が『浄土論』を解釈した『浄土論註』とは別に、阿弥陀仏を歌で讃嘆するものです。『讃阿弥陀仏偈』を、親鸞聖人は「真仏土巻」にほとんどを引用しています

（聖典三一六頁から）。もともとは漢文で作られた歌です。親鸞聖人の『三帖和讃』の最初の「弥陀成仏のこのかたは　いまに十劫をへたまえり　法身の光輪きわもなく　世の盲冥《もうみょう》をてらすなり」（聖典四七九頁）という和讃は、曇鸞大師の『讃阿弥陀仏偈』を和語にしたものです。この『讃阿弥陀仏偈』について親鸞聖人は面白いことをしています。

「『讃阿弥陀仏偈』に曰わく、曇鸞和尚造」とあって、次に漢文で「南無阿弥陀仏、釈名無量寿傍経　奉賛亦曰安養」となっています。ふつうですと「南無阿弥陀仏、釈して無量寿と名づく。経に傍えて賛め奉らん。また安養と曰う」と読むのでしょうが、これを親鸞聖人は、「南無阿弥陀仏、釈して『無量寿傍経』と名づく。賛め奉りてまた安養と曰う」（聖典三一六頁）と、『無量寿傍経』と読んでしまっています。無量寿に添えて作った経もまた経典であるという意味です。

曇鸞大師の仕事を親鸞聖人は非常に高く評価しています。ふつう、天親菩薩の『浄土論』に比べて曇鸞大師の『浄土論註』の釈文は、思想内容という点からすれば「格」が違います。天親菩薩の仕事は論師の仕事、曇鸞大師はそれを解釈した釈家の仕事で、対照的な解釈学者から見れば、天親菩薩の仕事と曇鸞大師の仕事とは「格」を変えるぐらいの意味の違いがあると思いますが、親鸞聖人はそうではなく、曇鸞大師の仕事がなければ、自分は天親菩薩のお仕事は分からなかったといわれます。

天親菩薩の『浄土論』は、唯識の学生が唯識観の実践として浄土を見たとも読めなくもないのです。一番はじめの「帰命尽十方無碍光如来」は別としても、奢摩他、毘婆舎那の行の成就ということが書いてありますから、努力して聖道門の行のようにして浄土を見たように読めなくもないのです。また「解義分」を見ると何を書いてあるのかさっぱり分からない。どういう意味かということが、それだけを読んだのではなかなか分からない。

曇鸞大師はそれを徹底して『大無量寿経』の本願に照らし返して、『浄土論』を解釈したのです。いうならば「格」の高い論を我等の位に引き下げて解釈してくれたのです。そうすると、ああそういう意味か、ということが分かったわけです。曇鸞大師によって『浄土論』が我等のものになったということで、親鸞聖人は、『浄土論註』を『註論』といっています。『教行信証』で『浄土論』にいわくと引いていても、内容は『浄土論註』です。そのくらい『浄土論註』の仕事を尊いものとして見ています。

それと同時に『讃阿弥陀仏偈』について、『無量寿傍経』といって、『大無量寿経』に添えて作られた曇鸞大師の讃文は『大無量寿経』だと読んだのです。この『讃阿弥陀仏偈』を和讃で讃めています。『大無量寿経』の内容をまとめたものに相違ないが、非常に優れた内容です。これはやはり曇鸞大師が阿弥陀の信仰に触れていたに相違ないということを表しています。『大無量寿経』は『大無量寿経』という経典が一つあるだけでなく、人がまた『大無量寿経』を作り直すと親鸞聖人は見ていたのです。

『教行信証』を作るについて総序の文が終わると、「大無量寿経」と置いています。そして「真実の教　浄土真宗」といっています（聖典一五〇頁）。総序の文は徹底して現在の信心を歌っています。教えに出遇った現在の自己の在り方を経典を通して語っています。

総序の文の結び（聖典一五〇頁）は、「ここに愚禿釈の親鸞、慶ばしいかな、西蕃・月支の聖典、東夏・日域の師釈、遇いがたくして今遇うことを得たり」といって、歴史を通してきた経典と釈論に遇うことができた、「真宗の教行証を敬信して、特に如来の恩徳の深きことを知りぬ」。真宗の教行証を敬信してということは、自分が発見した『大無量寿経』が明らかにしている仏法の構造を自分は敬い、信じる。「ここをもって、聞くところを慶び、獲るところを嘆ずるなりと」。聞いた恩徳を感謝して、それを讃めるのであるといって、先ほどの「大無量寿経」というようにいっています。

つまり、体は『大無量寿経』です。そして『大無量寿経』の歴史である三国七高僧の教えを、真宗の教行証として構造化できる、それが真実の教、浄土真宗であるという自信です。だから親鸞における『無量寿経優婆提舎』なのです。親鸞を通した『大無量寿経』の再生産であるという意味が『教行信証』制作の目的になっているわけです。

真実の教『大無量寿経』

浄土の歴史は、『大無量寿経』の歴史で、『大無量寿経』の真実功徳相によって「一心」を得た歴史です。本願の用きを信ずることを通して、仏教の目的として教えられている一如あるいは真如の用きと等しいものに、本願を通して触れたという歴史です。これが親鸞聖人が出遇った「仏教史観」です。

釈尊から始まった仏教は八万四千の法門だけれども、『大無量寿経』の仏教はむしろ釈尊以前の法蔵願心の歴史が歩んできた仏教だということです。ですから曽我量深先生は、釈尊から始まったというより、釈尊以前の仏教といっています。個人釈尊の体験内容から始まった仏教ではなく、釈尊もそれに触れて本当に解放されることができたような仏教です。釈尊が得た内容を説くについて、阿難を媒介にして、誰でもがそれに触れることにおいて、自分が得たものと同じものに触れていくことができる道理を表すことができた、それが本願です。それにより初めて自分の体験内容を超える道を見い出したのです。

自分が得た真理と同じ真理をいかに伝えるか。いくら説いても理論として説いただけでは、真の体験にはなってこないのです。そういう点でいえば、『大無量寿経』は、人間の理性的直感内容というようなものではないが、人間の悩み、苦しみとともに一緒に歩んできたような菩提心、法蔵菩薩で語られるような、人間の精神の闇とともに歩んできたような菩提心、人間を解放せずんば止まんという願心として本願を呼びかけたわけです。

その呼びかけた本願が言葉となって残っているが、その願の形は、実は、一切衆生を大涅槃界に帰せしめんがためである。その大涅槃界に帰せしめんがためには、何をどのように呼びかけるかです。そこにまず浄土、国を建てる。本願が用く環境を開くのです。これが「願生安楽国」という要求を衆生に呼びかける元です。

安楽国というのは我々のふつうの要求では分からない国ですが、そこに還ることにおいて安んずることができる国です。そういう国を与えたいというのが願いです。だから善導大師は、浄土は涅槃が開かれる環境（涅槃界）だといっています。

本願は、浄土に生まれることを通して涅槃に還るという方法をとったのです。その環境をいかにして与えるかというときに、もう一つ名号の行を与える。浄土を建立しようとする願心自身が名告りを上げる、その名告りには一切の諸仏が皆賛同する。十方衆生を救おうとする諸仏方が阿弥陀の本願のもとには賛同する。そういう願を名として表現する。逆に名号を通して、我々は浄土の境界をいただくことができる。心安らぐ環境は「一心」の世界です。「一心」は浄土を自由に感覚できる心です。

涅槃とか滅度は無に帰するといわれるが、本当に無なものは無限にあらゆるものを包むのです。曇鸞大師は「真智は無知なり」（聖典二九〇頁）といっています。何か知っているということが妨げになる。無知の故に知らざることとなしということです。無知は何も知らないけれども、あらゆるものを受け入れるので、全部を知ることができるのです。

阿弥陀のいのちは「無生《むしょう》の生《しょう》」です。我々の有限の智恵とか、有限のいのちは有限なるが故に苦しむ。苦しむいのちの中に、その有限性を超えたようなものを見開く眼を与える、その眼が「一心」です。これに触れることにおいて、私どもは各々有限のいのちを生きながら、そこに涅槃の境をいただいていくことができる。これが『大無量寿経』が無数の衆生に呼びかける宗教的な喜びの世界なのではないかと思います。

親鸞聖人は、歴史の論書を再構築し直し、往還二回向を通して、『大無量寿経』を了解し直したわけです。そこから真実の願の六願を選び出した。第十一願、第十二願、第十三願、第十七願、第十八願、第二十二願の六つを真実の願としました。第十九願、第二十願は、人間を育てるための方便の願です。これらの願の構造を明らかにしたものが『教行信証』です。

これにより、『大無量寿経』の教えを聞いて、どのようにいただけばいいのかという道理を明確にしてくださった。『大無量寿経』を『大無量寿経』として読んでも、なかなか天親菩薩のように「一心」を獲得することはできない。『大無量寿経』の内容が、実は、凡夫に対する本願力の用きであって、我々は本願力の用きである名号をいただくならば、そこに浄土が開けてくるのです。

浄土は遠い世界の話ではなく、私どもの世界を超越した世界です。超越した世界というのは、我々が考えれば無限に遠いけれども、実は無にして我々を包んでいる世界です。有のままにして行こうとすれば無限に遠い、しかし我々自身が無になればそこに来ているのです。これは信心と真実証の関係ですが、私どもは大涅槃を得るというわけにはいかない。私どもは本願に乗託するしかない。本願に触れれば本願がそのまま大涅槃と直結している。本願が「不虚作住持功徳」として阿弥陀の力を私どもにもたらしてくれる。

観仏本願力　遇無空過者　仏の本願力を観ずるに、遇うて空しく過ぐる者なし。

能令速満足　功徳大宝海　　能く速やかに功徳の大宝海を満足せしむ。（聖典一三七頁）

この『浄土論』に示されたように速やかに功徳の大宝海を満足せしむるのが浄土の用きです。功徳大宝海は一如、大涅槃の用きです。その用きは本願力を感ずる、本願力を感ずれば、むなしく過ぎるものはない。本願力に出遇う人に一如法界の功徳が満足する。親鸞聖人は、信じるものの身に無上の功徳が充ち満つるといっています。完全に本願力にお任せすることができたという感動が、自分のような者に本願の功徳（浄土の功徳）が満ちていると表現するのです。

天親菩薩が何故願生したかといえば、人間の力では菩薩道の壁を破れなかったからです。上下差別があるから、私どもは、少しでも上に行けば嬉しいし、下がれば悔しいということで頑張っているのです。しかし頑張ってみても大涅槃からすれば等しいのです。

釈尊が、最後に遺言したのは、「我を見んと思えば法身を見よ」ということです。法が用いているということが存在の本当の意味なのです。法というのは、『大無量寿経』を通せば本願ですから、本願が用いている身が法身です。

私の身はこの肉体を持った煩悩の身です。しかしこの私の身を通して本願を受け入れ、本願が用けば法身です。その法身が釈尊とも相感動するし、親鸞聖人とも相感動するのです。個人個人は、時代、環境が違うのでまったく分かりません。永遠に残る法身としての叫びが『教行信証』です。親鸞聖人は『大無量寿経』に法身を見い出したのです。

明恵上人は、『華厳経』や『法華経』を学んで、釈尊の法身に近づこうとしたのですが、どうしても近づけなかった。それは国が違うからだと考えて、どうしてもインドに行きたいと考えたのです。インドへ行きたいといって船まで造り、乗船するところまでいったのに、嵐が来て壊されて、とうとうインドへ行けなかった。人間が違うのに同じになろうとすると、たとえ仏者でも、どうしても乗り越えられない壁があります。宿業が人間の壁を作っています。

一人ひとりが何故違うかといったら、「宿業」によって生まれるからだといわれています。いのちが与えられるときの大きな縁が業です。それが業縁《ごうえん》です。人間をきれいにするような方法で突破しようとしても業縁を破ることはできないのです。業縁が業縁に止まるならば、それは壁になり、閉鎖的な自我関心になります。業縁の中にそれを突き破って開けるような大地を与えようというのが大涅槃です。それが法蔵菩薩の名のもとに呼びかけられる本願だと思います。信心の行者は弥勒と等しい。人類の救済を象徴する弥勒菩薩と等しい位を一人ひとりの宿業の凡夫がいただく。

本願の時間軸を立てるならば、それは弥勒菩薩の時間軸といってもいいものです。それは、無始よりこのかた流れてきたいのち、五十六億七千万年待つような時間、その中に自分があるということです。「後生《ごしょう》」（後世《ごせ》ともいわれます）という言葉は蓮如上人の言葉です。このいのちの後のいのちこそ本当に大事にすべきいのちだということです。

今のいのちは、一端の浮生、流れゆく落ち葉のように流され、流されして、いつの間にか消えていってしまう、そういうほんの一時の流れの如きいのちです。それに対して、後生で大事ないのちに触れないなら地獄行きになってしまう。「後生こそまことに永生《ようしょう》の楽果《らっか》」（聖典七七一頁）だから、永遠の極楽のいのちというものに触れなければならんぞという呼びかけを蓮如上人はされた。

後世を知らないものよりは一文不知《いちもんふち》の尼入道《あまにゅうどう》の方がよほど賢い、「八万の法蔵を知るというとも、後世を知らざる人を愚者とす」（聖典八三三頁）ともいっています。この世の時間、我々の時間軸というのは生きている間だけしか感じない、死んだ後は分からないのですが、死んだ後のことをもっと大切に思えといっています。

現代の人間にとって「後世」ということは分かりにくい、分かりにくいというよりも、そんなことを何のためにいうんだろうと考えると思います。浄土の要求は、願生、あるいは欲生、阿弥陀の国に生まれんと思えという、そういう呼びかけをしている。ところが蓮如はそれを自分の死後というように呼びかけた。何かそこに庶民に近い感覚、庶民が恐れている感覚の中に呼びかけて本願に目覚めさせようという配慮だろうと思うのですが、本来は「後生」ではないんです。

本来は「願生」ですから、我々の生を本当に超越するようないのちへ還ろうとすることです。願生浄土の要求はべつに後生の要求ではない。私は同質ではないと思っています。しかし人間が感じている時間軸を一歩破ろうとして蓮如は「後生」という言葉を使ったわけでしょう。

今生で大事にしている財産だとか地位とか名誉とかいうものは、置いて行かなければならない時が来るのだ。今生のものは終わるぞ、その後どうするんだという、そういう発想を持って見よというのが蓮如の呼びかけでしょう。人間の非常に強い執着を、いったん死というものをくぐって考え直してみようということだろうと思います。それは一つの方便でしょう。

本願の呼びかけである「願生彼国　即得往生」というのは、いまの一瞬一瞬のいのちに新しい時間軸の開けを持てということです。これは法蔵願心が感じる時間です。我々が『大無量寿経』を根拠にして教えを聞くということは、八万四千の仏教とは方法が違うのです。八万四千の仏教は、何処までも個人が個人を破って普遍に触れていくという考え方です。そこに個人が個人を破るための修行が課され、自己を無にしていく道程が教えられます。

それに対して、本願の教えは一歩一歩ではない。大涅槃には人間は行くことができない。行くことはできないけれども、そこに帰らなければ人間は安んじることができない。そういうものを与えようということで、本願が我々に呼びかけているのが『大無量寿経』です。それを真実の経として選び出したのが親鸞聖人です。

法然上人は浄土、念仏を教えていますが、何故浄土なのか、何故念仏なのか、もう一つはっきりしないものがあったのです。浄土三部経の『大無量寿経』『観無量寿経』『阿弥陀経』は法然上人では平等の浄土の経典です。親鸞聖人は三経の中から『大無量寿経』を真実の教として選び出した。そして『観無量寿経』『阿弥陀経』の意味を『大無量寿経』に照らして明らかにしたのです。『大無量寿経』は『観無量寿経』『阿弥陀経』も包んでいる、『大無量寿経』の中には、第十九願、第二十願の願文もあるし、成就の文もあります。それを包んで真実が輝いているのが『大無量寿経』です。

『大無量寿経講義』あとがき

『大無量寿経』は、親鸞聖人が「真実教」と決定された浄土の教えの根本聖典である。弥陀の本願を述べている『無量寿経』の異訳の経文が、「五存七欠」といわれているように、たびたび翻訳されてインドから中国に持ち込まれている。それは一切衆生を平等に救いたいという法蔵菩薩の本願に共感を持ち、それに自己の救済を願った多くの人々がいたからなのであろう。その中で、この魏訳『無量寿経』が、数多くの祖師たちに使われ引用されている。それはこの翻訳が、言葉としても思想としても、一番洗練され深められているということなのであろう。

この大きな経典を文字に沿って読んでいくということは、よほど浄土の教えや思想に興味があるにしても、容易ではない。しかし、その思想が浄土の教えの中に占める重さは、親鸞が示したように、絶対に見過ごしてはならない課題を孕んでいて、この経典の意図を省いたなら、浄土が単なる他界観念のユートピアか死後霊魂の慰撫の場所としての意味を超えられないのではないか、と思う。

その意味で、親鸞はこの経を「大無量寿経　真実の教　浄土真宗」（聖典一五〇頁）と打ち出して、主著『教行信証』を作っておられるのである。この経典を読むについて、親鸞の理解を前提にして読むことは、一種の偏見であるとする立場もあるであろう。愚生は仏教を生きた信念として伝承している流れに値遇することで、この人生に生き甲斐を見い出すことを得た一人の凡夫である。苦悩と不安の生存に、それがどれほどつらい巡り合わせであろうとも、十分の意味と満足を感ずることができるという見方をいただいた者である。したがって、客観的な言葉の意味を求めたいとの要求から経典を読もうとするものではない。

親鸞は求道の途次で、抜け出すことができない矛盾かアポリアにぶつかり、悩んだ末に源空上人（法然）のもとを訪ねた。妻であった恵信尼の書簡に記されているように、「百か日、降るにも照るにも、いかなる大事にも、参りて」（聖典六一六頁）、ついに「雑行《ぞうぎょう》を捨てて本願に帰す」（聖典三九九頁）という決断を得て、専修念仏を標榜する吉水の教団に入門した。

『無量寿経』について親鸞は、すでに異訳や解釈書（新羅の憬興の『述文讃』等）、さらには、『観無量寿経』の解釈書（善導の『観経疏』等）を学んでいたであろう。もちろん、天台法華宗の基本的な学び（『涅槃経』『華厳経』『法華経』・その他の大乗の経典等）や、さらに浄土の流れとしての論書（『往生要集』等）も必死の思いで修学していたことと思う。それによって、どうしても解決のつかない疑問とは何であったのか。

一言でいえば、曠劫以来の流転の身に、いかにして必ず成仏できるという確信がいただけるか、という求道の根本問題（不退転の信念の獲得）ではなかったであろうか。経言の学びが深かっただけに、この根本問題をめぐって、源空との間に百か日の通いの時間が必要だったに相違ない。そして、「本願に依るが故に」という一語への師源空の絶対信順に促されて、「本願に帰す」という帰順を賜ったのであろうと思うのである。

我らはこの親鸞の眼を学び取り、また我らもこの帰命による人生の豊かさを回復すべく、この膨大な経言の海に突入したのであろうと思うことである。

さて、この『大無量寿経』の講義録は、第一巻『法蔵菩薩の誓願』の「あとがき」に発起人代表の森弘さんが書いておられるように、愚生が住職を勤めている東京台東区今戸の本龍寺を会処として毎月一回行われている「禿龍洞」という名の聞法会の記録である。森弘、川江登のお二人に勧請されて、「三経一論」を読み始め、十九年ほどかかりなんとか読み終えることができたのである。

冗長な講義を、森さんが丁寧に筆録してくださり、川江さんが整理保存してくださった。その講義録を、当時法藏館の東京文社に勤務しておられた池田顕雄さんにお渡ししていたのが、こうして三巻の講義録として出版されたのである。

＊

最後に、全三巻よりなるこの講義録の内容構成、及び編集の基本方針について述べておきたい。

この講義録は、一九九〇年より一九九八年に至る八年間九十三回に及ぶ講義録を元に編集した。したがって講義の中では、一九九五年のオウム真理教事件など、当時の課題に触れながら思索しているが、時代の課題と切り結ぶことの大切さの点からも、講義の内容をできるだけ残して編集をしている。

第一巻は、「三経一論」についての全体的展望を述べた第1章からはじめて、『大無量寿経』上巻の冒頭部分から、四十八願の中の第二〇願までの講義を収めた。第二巻は、第二十一願から、上巻の最後までの講義を、この最終の第三巻は、『大無量寿経』下巻の講義を収録している。

なお、各巻の章立ては、経典の内容（科文）にしたがって行い、読者に読みやすいように適宜小見出しを付けた。また、引用文の原典については、目次のあとの「凡例」に記した。

＊

本講義録刊行に当たっては、法藏館の西村明高社長と西村七兵衛会長に格別のご高配を賜った。また、広島市在住の仏教書編集者の池田顕雄さん、装丁家の井上二三夫さん、校正者の岩崎智子さんには三巻を通じてお力添えをいただいた。厚く御礼を申しあげるものである。

二〇一〇年三月二十一日

本多弘之

本多弘之（ほんだ　ひろゆき）
1938年，中国黒龍江省に生まれる。1961年，東京大学農学部林産学科卒業。1966年，大谷大学大学院修了。大谷大学助教授を経て，2001年，親鸞仏教センター所長に就任。真宗大谷派本龍寺住職。大谷大学大学院講師。朝日カルチャーセンター（新宿区）講師。1983年，大谷大学を辞任の後，『安田理深選集』（全22巻，文栄堂）の編集責任にあたる。
著書に『親鸞教学―曽我量深から安田理深へ』『親鸞思想の原点―目覚めの原理としての回向』（以上，法藏館），『浄土―その解体と再構築』『浄土―その響きと言葉』『浄土―おおいなる場のはたらき』（以上，樹心社）『親鸞の救済観』（文栄堂），『他力救済の大道―清沢満之文集』『親鸞の鉱脈』『静かなる宗教的情熱―師の信を憶念して』（以上，草光舎）ほか多数。

人間成就《にんげんじょうじゅ》の仏道
――大無量寿経講義 第三巻――
二〇一〇年五月一〇日　初版第一刷発行
著　者　本多弘之
発行者　西村明高
発行所　株式会社法藏館
京都市下京区正面通烏丸東入
郵便番号　六〇〇-八一五三
電話　〇七五-三四三-〇〇三〇（編集）
〇七五-三四三-五六五六（営業）
印刷・製本　亜細亜印刷株式会社

ISBN 4-8318-3393-8 C3315

法蔵菩薩の誓願　大無量寿経講義1	本多弘之著	九〇〇〇円
浄土と阿弥陀仏　大無量寿経講義2	本多弘之著	一〇〇〇〇円
親鸞思想の原点　目覚めの原理としての回向	本多弘之著	二八〇〇円
親鸞教学　曽我量深から安田理深へ	本多弘之著	三八〇〇円
大系真宗史料　全25巻別巻1	真宗史料刊行会編	好評刊行中
信楽峻麿著作集　全10巻		九〇〇〇円～一五〇〇〇円
現代親鸞入門　真宗学シリーズ1	信楽峻麿著	一九〇〇円
曇鸞浄土教形成論　その思想的背景	石川琢道著	六〇〇〇円
證空浄土教の研究	中西随功著	九五〇〇円